数字技术赋能
乡村振兴

来自"千村调查"的发现

许　涛◎主编

上海财经大学出版社

图书在版编目(CIP)数据

数字技术赋能乡村振兴：来自"千村调查"的发现/
许涛主编.—上海：上海财经大学出版社，2024.4
ISBN 978 - 7 - 5642 - 4340 - 1/F.4340

Ⅰ.①数… Ⅱ.①许… Ⅲ.①数字技术-应用-农村
-社会主义建设-中国-文集 Ⅳ.①F320.3 - 39

中国国家版本馆 CIP 数据核字(2024)第 049652 号

数字技术赋能乡村振兴

——来自"千村调查"的发现

主　　编：许　涛

责任编辑：朱静怡

封面设计：张克瑶

出版发行：上海财经大学出版社有限公司

地　　址：上海市中山北一路 369 号(邮编 200083)

网　　址：http://www.sufep.com

经　　销：全国新华书店

印刷装订：上海华业装潢印刷厂有限公司

开　　本：787 mm×1092 mm　1/16

印　　张：20.5

字　　数：376 千字

版　　次：2024 年 4 月第 1 版

印　　次：2024 年 4 月第 1 次印刷

定　　价：98.00 元

编 委 会

主 编

许 涛

副主编

刘兰娟　刘莉亚　粟 芳

编 者

崔丽丽　姚 澜　许 庆　刘 进
谈儒勇　何志强　冯 玲

"千村调查"组织与管理架构

1. 领导小组

组长：许涛、刘元春

常务副组长：朱鸣雄、刘莉亚

2. 专家委员会

主任：刘莉亚

委员：许庆、张锦华、柳永明、吴方卫、林立国、魏航、朱为群、刘小川等

3. 2023年项目组

首席专家：刘兰娟

副组长：刘莉亚、许庆、倪志兴

组员：崔丽丽、陈媛、曾庆丰、冯玲、粟芳、胡乃红、谈儒勇、闵敏、吴方卫、孙超、王常伟、盖庆恩

4. 调查培训组

组长：许庆

成员：刘长喜、吴淑凤等

5. 调查工作组

组长：倪志兴

成员：王雅静、何志强、丁晶、郑策

6. 宣传报道组

组长：章益国

成员：王雅静、何志强、丁晶、李雪梅

7. 成果转化组

组长：科研处

成员：宣传部、发展规划处

8. 联络组

数字经济系：崔丽丽

金融学院：闵敏、谈儒勇

城乡发展研究院：盛伟、刘进

学生处：何志强、丁晶

发展规划处：郑策、蒋潇仪

年度项目组秘书：李雪梅

党委校长办公室：冯晨

前　言

上海财经大学"千村调查"自 2008 年启动,迄今已经连续实施 15 年,2 万多人次学生加入了"走千村、访万户、读中国"的队伍。"千村调查"项目还入选了全国"高校思政工作精品项目"、国家级一流本科社会实践课程和上海市高校"三全育人"示范案例、第六届全国高校"礼敬中华优秀传统文化"系列活动示范项目,获得了高等学校科学研究优秀成果奖二等奖、国家教学成果奖二等奖等社会肯定。习近平总书记在中国人民大学考察调研时强调,"希望广大青年用脚步丈量祖国大地,用眼睛发现中国精神,用耳朵倾听人民呼声,用内心感应时代脉搏"。从 2019 年开始,上海财经大学升级实施千村调查 2.0,加强国情教育、社会实践、劳动教育、科学研究、学科建设五位一体人才培养模式的内涵建设。2019 年聚焦"农村教育问题",2020 年受疫情影响实施"停调不停研",2021 年关注"中国乡村产业振兴调查",2022 年开展"数字千村"项目。

目前,我国已处于脱贫攻坚成果巩固拓展和全面推进乡村振兴的衔接期,加快构建以国内大循环为主体、国内国际双循环新发展格局的战略机遇期,以及新一轮科技革命和产业变革与产业链供应链现代化水平提升的历史交汇期,需要主动顺应农业农村数字化趋势,通过扩大正规金融服务在"三农"领域的覆盖面,不断发挥数字普惠金融在巩固脱贫攻坚成果、促进乡村振兴、实现共享发展和共同富裕中的作用。因此,2023 年"千村调查"仍采取了"大方向、小聚焦"的方式,最终确定的调查选题为《数字技术赋能乡村振兴》。同时,实地调研范围也从以往的"村、户"走向"村/社、户、企/店",从农户走向乡村社会。

"大方向"围绕全面推进乡村振兴加快农业农村现代化、促进共同富裕的中央"三农"工作方针和政策要求,实地走访、调研县域和乡村的社会经济发展,深度了解地方特色产业现状及发展需求,梳理和搜集当地的市、县、村各级政府对乡村数字乡村建设的各类政策支撑材料,了解和把握新技术在乡村治理领域方面的应用进展,全面追踪互联网平台在乡村发展的现状。在"小聚焦"上,分析我国县域与乡村的数字乡村建设的整体发展现状,动态跟踪乡村数字乡村发展轨迹,深入了解相关用户在数字乡村需求方面的体验并发现痛点,洞察发展趋势,梳理乡村数字化发展中存在的风险点,提出促进数字乡村建设和发展的合理化建议,为高质量打造服务乡村振兴数字金融银行提供相关参考。

调查研究目标

本次调查研究的基本目标主要包括以下两大方面。

第一,兼顾调查研究的科学性和学生暑期社会实践的双重需要。进行社会调查需要大量的人力和物力,同时还必须具有一定的科学性,才能保证调研结果的合理。因此,根据我校过去15年"千村调查"的经验,仍然采用随机抽样的定点调查和以学生属地为原则的返乡调查相结合的调查方法,从而将学生深度参与田野调查确定为培养学生的重要环节,以提高学生的社会实践能力。特别鼓励在校学生尤其是本科一年级学生积极参与,以求让学生真正参与其中,深度了解和认识"三农"问题,加强接地气的财经素养。除此之外,考虑到当前"三农"问题研究中存在实地调研数据的覆盖性不全、代表性不足等问题,因此可以通过"千村调查"以获得有代表性的全国样本,并以此为基础构建上海财经大学"三农"研究数据库,进一步提高"千村调查"的社会影响力和学术影响力。为此,我们采用随机抽样的方法在全国确定了36个定点调查点进行定点调查,通过调动全校师生尤其是以往参与过"千村调查"、具有丰富实地调查经验的师生参与。通过这两方面的努力,力求能够获得关于"三农"问题的第一手数据。

第二,立足学术研究,强化数据开放与合作。与历年"千村调查"不同,过去大多为截面数据,难以进行高质量的深度研究,本次调查将延续上一年的调查,立足建立一个面板数据以供后续研究之用。基于面板数据能够更加准确而全面地反映农村发展的趋势,因此,"千村调查"将尽可能保持调查问卷和样本的连续性,进行持续追踪调查。特别是在数据收集环节,本项调查通过对调查问卷的所有问题进行编码,并按照编码的规则将调查数据进行整理。此外,"千村调查"的数据将向师生开放,并尽可能与其他兄弟学校进行沟通和合作,在调查完成后进行数据共享,整合不同资源,共同致力于提高"三农"的研究水平。

研 究 内 容

为实现上述研究目标,本次调查由乡村振兴跟踪调查和数字乡村专题调查两大部分构成,并深入分析在数字经济的背景下乡村振兴的新变化,以及数字经济在乡村振兴中的作用。最后,将调查结果总结整理成本报告,总体框架及基本内容具体构成如图 0-1 所示。

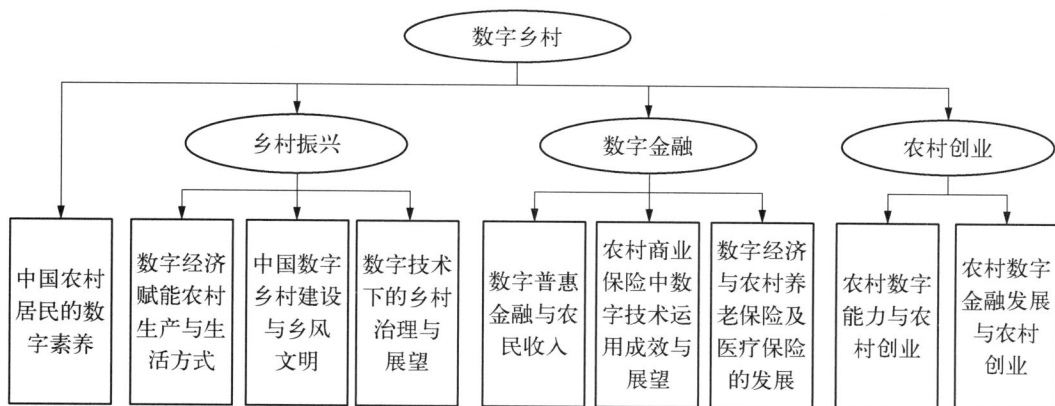

图 0-1 研究内容框架

第 1 章是中国农村居民的数字素养,量化分析了农村居民的数字素养整体状况,并且探讨了个人属性对农村居民数字素养的影响。我国农村居民的数字技能平均水平处于中等水平,对于数字社会的生存态度普遍比较理性、客观;农村青少年群体的数字素养较高。

第 2 章是数字经济赋能农村生产与生活方式,全面分析了基于数字经济下农户的生产和生活方式的变化,进行了区域间横向比较,并深入分析了数字经济给农户带来的影响,为后续政策制定提供参考。

第 3 章是中国数字乡村建设与乡风文明,探讨了基层政府在推进乡风文明实践中的主导引领作用,村民作为关键主体的参与度,以及数字技术在乡风文明中的发展现状,从而对相应的问题与挑战提出化解路径。

第 4 章是数字技术下的乡村治理与展望,从农村基层党组织与干部队伍建设现状、村级事务公开现状、乡村治理数字化现状等角度出发,深入浅出地分析了乡村振兴治理有效的基本内涵和现状。

第 5 章是数字普惠金融与农民收入,重点梳理了 2023 年"千村调查"数字金融促进农民增收的现状,并对发展过程中存在的问题进行梳理与分析。

第 6 章是农村商业保险中数字技术运用成效与展望,总结了数字保险技术在农村生产生活中的运用情况。首先是根据调查数据总结了农民的风险意识以及农村保险的基本情况。然后,对数字技术在农村商业保险和农业保险中的运用进行了概括;最后,对数字保险服务农村的基本情况进行总结,并提出建议与展望。

第 7 章是数字经济与农村养老保险及医疗保险的发展,调查分析了我国农村地区的养老保险和医疗保险的发展现状,以及数字赋能养老和医疗事业发展的路径。

第 8 章是农村数字能力与农村创业,构建了中国农村数字能力指标体系,并衡量了全国及区域农村数字能力发展现状;分析了农村数字能力与农村创业的关联性分析。

第 9 章是农村数字金融发展与农村创业,首先考察了我国农村创业整体情况以及农村数字金融的整体发展情况,然后从微观层面考察了数字金融的使用情况对农户创业行为的影响和作用机制。

调 查 情 况

按照上海财经大学学校党委的统一部署和 2023 年"千村调查"推进会的工作要求,学校相关部门的前期准备充分,过程精细实施。共有 1 922 名学生报名参加千村调查,实际有 1 915 名学生参与了调研。总共调研了全国 31 个省(市、自治区)、230 个地级市、512 个区县的 991 个村,入户调研数 14 953 户。

其中,学校组织定点调查 36 支队伍,每支队伍为 10～12 人,共计 389 人,调研全国 22 个省(市、自治区)、38 个地级市的 379 个村,走访 7 589 户。定点调查中,由校领导、教师或辅导员带队,每个代表队必须完成 10 个村、每村 20 户的调查。具体的定点调查县如表 0 - 1 所示。

表 0 - 1　　　　　　　　　2023 年千村调查的定点调查点

序　号	定 点 县	带队老师
1	福建省晋江市石狮县	黄伟芳
2	江西省赣州市寻乌县	徐　颖
3	湖北省荆州市公安县	付颖静
4	重庆市巫山县	粟　芳
5	上海市青浦区	杨　羊
6	浙江省嘉兴市嘉善县	吴胜男
7	江苏省扬州市仪征市	王爱丽
8	河北省石家庄市无极县	陈媛媛

续　表

序　号	定　点　县	带队老师
9	河南省南阳市卧龙区	康姣姣
10	安徽省宣城市泾县	吴纯杰
11	河北省保定市安新县	姚　澜
12	四川省巴中市南江县	姚　远
13	山东省德州市乐陵市	田大有
14	浙江省嘉兴市桐乡市	卞　梁
15	广西壮族自治区玉林市北流市	花　苑
16	山西省长治市平顺县	张　玮
17	江苏省苏州市吴江区	吴晨钰
18	江西省赣州市兴国县	何志强
19	河南省洛阳市偃师市	牛志勇
20	河南省周口市鹿邑县	张祥建
21	吉林省松原市乾安县	曹　姝
22	安徽省安庆市桐城市	黄继章
23	云南省红河州元阳县	叶　方
24	贵州省遵义市道真县	谷紫藤
25	四川省内江市东兴区	饶艳超
26	山东省潍坊市诸城市	姚黎明
27	陕西省渭南市蒲城县	魏文峰
28	辽宁省丹东市宽甸满族自治县	杨　丹
29	甘肃省陇南市康县	张　淼
30	陕西省西安市周至县	李　爽
31	江西省景德镇市乐平市	杜　越
32	湖南省永州市东安县	魏海燕
33	江西省上饶市余干县	樊　莹

续 表

序　号	定　点　县	带队老师
34	广东省揭阳市普宁市	范　静
35	江苏省南通市启东市	刘　进
36	湖南省衡阳市衡东县	曾庆丰
37	山东省菏泽市单县	赵　宁
38	杭州市淳安县下姜村	姜书娴

共有 1 526 名学生参与了返乡调查,调研了全国 31 个省(市、自治区)、222 个地级市、484 个区县的 615 个村,走访了 7 364 户。整体上,2023 年参加"千村调查"的调研小组一共 722 个。定点调查和返乡调查的各调研小组地区分布如表 0 - 2 所示。

表 0 - 2　　　　　　　　　　调研小组的地域分布表

地　区	省　份	数　量	小　计
东北	吉林省	11	32
	黑龙江省	11	
	辽宁省	10	
华北	河北省	27	66
	山西省	16	
	内蒙古自治区	13	
	北京市	9	
	天津市	1	
华东	上海市	131	331
	浙江省	55	
	江苏省	52	
	山东省	36	
	福建省	24	
	安徽省	33	

地　区	省　份	数　量	小　计
华南	广东省	17	36
	广西壮族自治区	14	
	海南省	5	
华中	河南省	31	86
	江西省	20	
	湖南省	18	
	湖北省	17	
西北	新疆维吾尔自治区	27	71
	陕西省	17	
	甘肃省	14	
	青海省	8	
	宁夏回族自治区	5	
西南	四川省	34	100
	云南省	25	
	贵州省	21	
	重庆市	15	
	西藏自治区	5	
合　计			722

2023 年,定点和返乡调研学生共收集问卷 15 943 份。经过筛查,仅保留填写完整、不相互矛盾的问卷作为有效问卷。最终得到有效问卷 15 928 份,其中入村问卷 989 份,入户问卷 14 939 份。问卷的地域分布如表 0-3 所示。

表 0-3　　　　　　　　　　调查问卷的地域分布表

地　区	省　份	入户问卷（份）		入村问卷（份）	
		数　量	小　计	数　量	小　计
东北	吉林省	308	724	19	47
	黑龙江省	120		10	
	辽宁省	296		18	

地　区	省　份	入户问卷（份）		入村问卷（份）	
		数　量	小　计	数　量	小　计
华北	河北省	678	1 286	44	88
	山西省	344		22	
	内蒙古自治区	144		12	
	北京市	108		9	
	天津市	12		1	
华东	上海市	1 572	5 976	120	406
	浙江省	1 176		77	
	江苏省	1 091		71	
	山东省	996		62	
	福建省	428		29	
	安徽省	713		47	
华南	广东省	388	780	25	51
	广西壮族自治区	344		22	
	海南省	48		4	
华中	河南省	888	2 796	54	168
	江西省	960		55	
	湖南省	568		34	
	湖北省	380		25	
西北	新疆维吾尔自治区	300	1 356	25	93
	陕西省	568		34	
	甘肃省	332		21	
	青海省	96		8	
	宁夏回族自治区	60		5	
西南	四川省	750	2 021	50	136
	云南省	452		31	

续　表

地　区	省　份	入户问卷（份）		入村问卷（份）	
		数　量	小　计	数　量	小　计
西南	贵州省	416		28	
	重庆市	343	2 021	22	136
	西藏自治区	60		5	
合　计		14 939		989	

在撰写报告的过程中，不同部分的研究角度有所不同，可能会选择不同的样本进行分析。因此，除非特殊说明，本报告的所有数据来源均来自上海财经大学 2023 年"千村调查"。除非特别说明，研究分析的样本均为入户问卷 14 939 份，入村问卷 989 份。

全书由刘莉亚、刘兰娟和粟芳负责策划，具体由粟芳负责统稿及总纂。各部分撰写分工如下：前言，粟芳；第一章，崔丽丽；第二章，姚澜；第三章，刘进；第四章，许庆；第五章，谈儒勇；第六章，粟芳；第七章，粟芳；第八章，何志强，第九章，冯玲。除此之外，下列人员也参与了报告的研究工作：黄雯静；郑志强、丁雅慧、丁钰颖、王雪頔；吕滨竹；葛佳宁；范祥、刘琳、杨菁；孙钰祥、陈腾军；金菲、方馨瑶；刘青玉、关欣佳；李亭、吕靖华、贺中天（按参与的章节顺序排名）。

"千村调查"项目得到了社会各界基金的大力资助。他们是：浙江泰隆慈善基金会、中信兴业投资集团有限公司、上海璞慧公益基金会、上海市慈善基金会"比心-玩出梦想"专项基金、上海财经大学教育发展基金会"千村调查"专项基金。在项目实施过程中，各调查团队得到了调研当地政府管理机构、相关部门及其成员、村级干部人员、农民朋友的大力支持和密切配合。在此，一并向他们表示衷心的感谢。

本次"千村调查"项目的顺利开展，得益于上海财经大学发展规划处、学生工作处、宣传部、党委校长办公室等部门的参与、指导和管理，特向相关部门及全体成员表示诚挚的谢意，感谢参与调查和研究的本科生、硕士研究生、博士研究生。本报告在撰写过程中，参考、运用和吸收了国内外已有的成果、数据和资料，特此向有关部门和作者表示衷心的感谢。囿于时间和能力的限制，我们呈现的报告存在许多不足之处，敬请读者批评指正。

目　录

数字经济与农民农村

数字经济与农村金融

数字经济与农村创业

数字经济与农民农村

第 1 章

中国农村居民的数字素养

1.1 引　　言

2023 年 5 月 23 日,国家互联网信息办公室发布的《数字中国发展报告(2022 年)》指出,2022 年我国数字经济规模达 50.2 万亿元,总量稳居世界第二,占 GDP 比重提升至41.5%,数字经济成为稳增长促转型的重要引擎。[①] 同时,随着数字技术不断渗透日常生活、工作和社会互动,人们的数字素养关乎社会经济、文化的发展。特别地,数字技术与思维的应用,对经济相对滞后地区的跨越式发展至关重要。总体而言,如何结合社会公众的数字技术使用习惯,推动产业、社会、文化的发展,对实现中国式现代化具有重要意义。

因此,深入分析农村居民的数字素养及其影响因素,对于评估农村地区的发展潜力,鼓励农村居民提高数字社会生存能力和数字化创新能力,更好地利用数字技术改善生产效率,提升农村治理水平,增加收入和幸福感,具有重要的现实意义。

本章基于 2023 年千村调查数据,量化分析了农村居民的数字素养整体状况,探讨了个人属性对农村居民数字素养的影响,结果显示:我国农村居民的数字技能平均水平处于中等水平,对于数字社会的生存态度普遍比较理性、客观;农村青少年群体的数字素养较高。在数字素养与个体属性特征归因分析中,文化程度与数字素养呈现显著的正向关系。基于上述发现,本章给出了提升农村居民数字素养的对策建议,以期为我国数字社会构建打造良好的群众素养基础。

---

① 国家互联网信息办公室,《数字中国发展报告(2022 年)》。

1.2　中国农村居民数字素养的整体状况

本次千村调查以"数字技术赋能乡村振兴"为主题,覆盖了全国 31 个省(市、自治区),设计了村问卷和农户家庭入户问卷。村问卷由熟悉村行政管理等各方面情况的村支书等完成,入户问卷由户主完成。调查结束后,针对"数字素养"模块成功回收入村问卷 1 002 份,其中有效问卷 996 份,有效率为 99.4%;成功回收入户问卷 14 946 份,其中有效问卷 12 663 份,有效率为 84.7%。这一大规模的实地调查为我们更全面地了解农村状况和数字技术在乡村振兴中的应用提供了有力支撑。

1.2.1　中国农村居民数字素养基本状况

1. 电脑的使用普遍较少

12 663 份入户问卷由农村居民填写。问卷数据显示,手机和平板是目前农村居民最主要使用的智能设备,仅有 24% 的农村居民经常使用电脑。这可能是由于农村地区相对缺乏电脑的使用场景,而且电脑软硬件及联网更复杂,需要专门学习其使用和维护;进一步地,农村地区的居民接受电脑应用教育培训的资源和意愿相对欠缺,从而影响使用电脑的倾向;此外,农村地区的互联网基础设施覆盖水平和速率等指标可能不及城市,也是造成农村居民电脑使用率较低的诱因。相对而言,智能手机、平板的使用门槛更低、使用场景更丰富,足以满足日常生活所需,是农村居民接入数字世界的首选设备,因此也印证了习近平总书记关于"手机成为新农具"的论断。

图 1-1 是农村居民使用电脑情况的区域差异分析,可以看到,使用电脑频率最高的是华东地区,占 29.5%,其次是华南地区,占 29.1%。华东地区(如上海、江苏、浙江等)和华南地区(如广东、福建等)是中国经济发达的地区之一,地区经济繁荣,可能促使更多的企业和个人有需要且有能力购买和使用电脑;地区制造业产业集聚水平较高、城乡产业发展水平差异相对较小,可能需要大量的智能办公设备来支持其业务发展和创新活动;地区高水平的教育,也会导致更多的人使用电脑进行学习、工作和生活。

2. 智能手机等的普遍使用时间为每天 2～4 小时,大多能自律

智能手机或平板作为"新农具",农村居民对其的每天使用时长如图 1-2 所示。整体来看,农村居民每日普遍使用时长在 2～4 小时的占有效调查样本总量的 42%;其次是 5～7 小时和小于等于 1 小时,分别占比 18%;大于等于 8 小时的占比 9%,仅 13% 的农村居民不使用智能手机或平板。

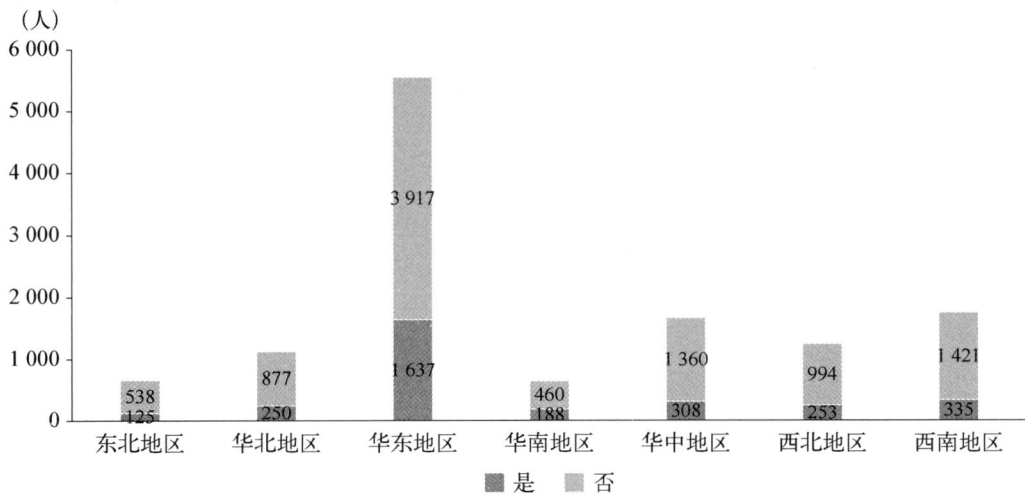

图 1-1　各地区农村居民经常使用电脑情况

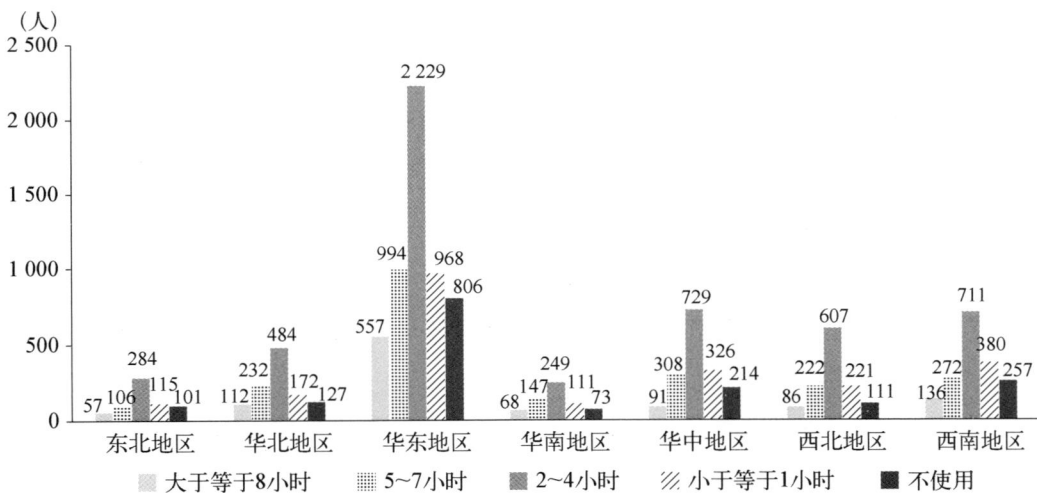

图 1-2　各地区农村居民每天使用智能手机或平板时长

　　这与 2023 年中国互联网络信息中心发布的第 52 次《中国互联网络发展状况统计报告》数据相吻合,截至 2023 年 6 月,我国网民人均每周上网时长为 29.1 小时,即日均上网 4.16 小时。① 考虑到农村居民的生活作息习惯,日均上网 2～4 小时恰好吻合农村居民的娱乐时间,从侧面反映了中国农村居民的普遍生活节奏和习惯。

　　针对前文提到的农村居民认为使用网络投入的时间情况,问卷也对上网手机时间控制情况进行了调查,约 60％的农村居民会刻意控制自己刷抖音、打游戏、逛网店的时间,

_____

① 中国互联网络信息中心,第 52 次《中国互联网络发展状况统计报告》。

或是对上网费用有计划;从地区看,华南地区刻意控制上网时间的农村居民比例最高(64.8%),华中地区的比例最低(56.6%),见图 1-3。

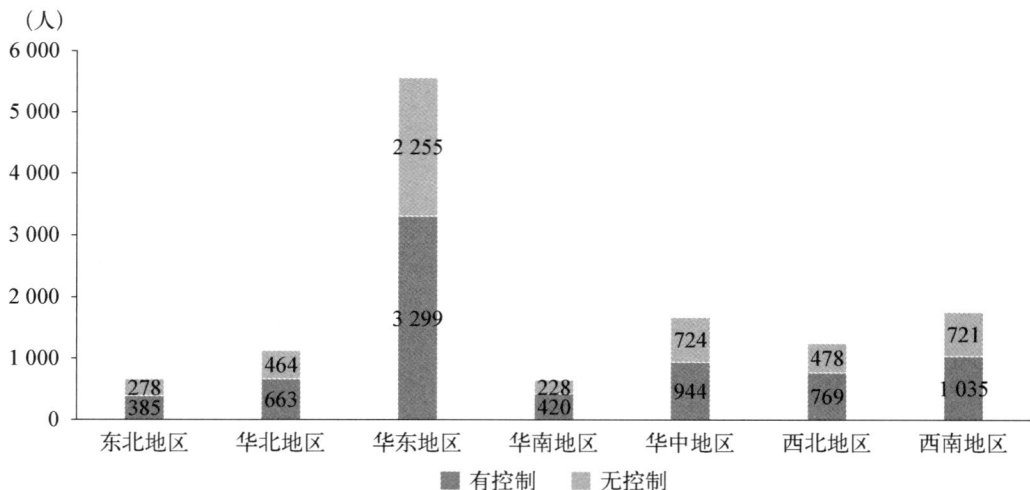

图 1-3　各地区农村居民对上网时间的控制情况

刻意控制上网时间的农村居民,可能的原因是面临有限的时间和经济资源,更注重生计和工作,因而有意识地限制自己在娱乐和购物平台上所花费的时间和费用,以保障更重要的活动。同时,农村居民的行为也可能会受到身边社区成员的影响,形成一种共同的价值观和行为模式,如果社区中有人强调合理消费和时间管理,人们就更容易接受并采纳这种观点。无论是否刻意控制上网时间,提高农村居民对数字娱乐和购物行为的管理意识都是应该把握的核心。

3. 智能设备的主要用途是娱乐和聊天,对娱乐音视频的掌握程度最高,最常用微信

受制于农村居民的年龄和文化水平,真正将智能设备用于生产和知识更新的仍是少数。如图 1-4 所示,人们使用电脑或移动终端主要用于娱乐和聊天,其次为看新闻和购物,用于学习的人数较少。对于农村地区,教育资源不如城市充足,农村居民没有网上学习的需求及资源,对于文化学习的不够重视也使得农村居民不懂得如何利用网络进行学习、缺乏学习的动机。

进一步调查发现,农村居民对娱乐音视频应用的掌握程度最高。表 1-1 中,将农村居民对不同应用的掌握程度从"完全不会"到"精通"分别按 1~5 分赋值,并计算平均值,得到农村居民对某一应用的平均掌握程度。可以看到,农村居民对娱乐音视频应用的掌握程度最高,平均值为 3.43,介于"基本使用"与"熟练使用"之间;其次是网页浏览应用,平均值为 2.79;对 Office 办公软件和电子邮件的掌握程度属于"了解但不会用";对于教

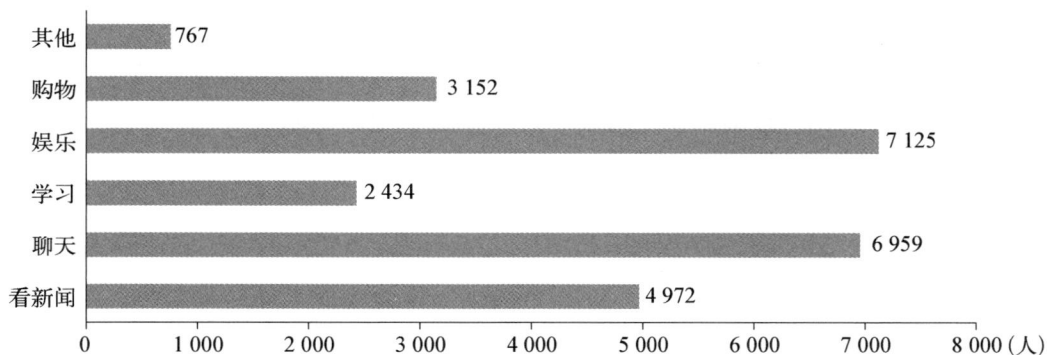

图 1-4 农村居民使用智能设备的主要用途

育教学类应用的掌握程度最低,平均值为 1.64,介于"完全不会"与"了解但不会用"之间。

表 1-1 农村居民各类应用掌握程度

掌握程度	网页浏览应用	Office办公软件	电子邮件	娱乐音视频应用（如抖音、快手）	教育教学类应用（如中国大学、Mooc）
精通	1 194	491	470	1 734	347
熟练使用	2 121	1 005	909	3 830	599
基本使用	3 522	1 767	1 811	3 862	1 172
了解但不会用	1 406	1 674	1 855	563	1 518
完全不会	2 731	6 037	5 929	985	7 338
平均值	2.79	1.93	1.92	3.43	1.64

人们更愿意花时间使用娱乐音视频应用(如抖音、快手等),一是这类应用提供了轻松的娱乐和社交方式,更贴近日常生活,更容易引起农村居民的兴趣,二是这类应用通常设计得更加直观和易于使用,对于没有经过专业技术培训的人来说,学习曲线较为平缓。相比之下,由于即时通信聊天类应用的普及,电子邮件已成为"上一代"应用,在农村地区鲜少有人使用。办公软件和教育应用可能在农村地区缺少使用场景,这一定程度地表明,农村产业的业态仍普遍停留在体力劳动的层面,知识型生产占比还较小。

综上,农村中还没有形成学习型社会氛围。为了提高农村居民对各类应用的掌握程度,可能需要采取一系列措施,包括提供更直观、更易用的应用,加强数字技能培训,提高人们对学习应用的兴趣,构建农村学习型社会,持续缩小数字鸿沟,带动农村产业向知识型、智能化运作方向发展。

社交应用是我国社会公众应用最广泛的。从农村居民的社交工具使用情况看,高居榜首的是微信,近 67％的农村居民通过微信进行社交,其次是抖音/快手,约占 14％,使用 QQ 的寥寥无几,见图 1-5。

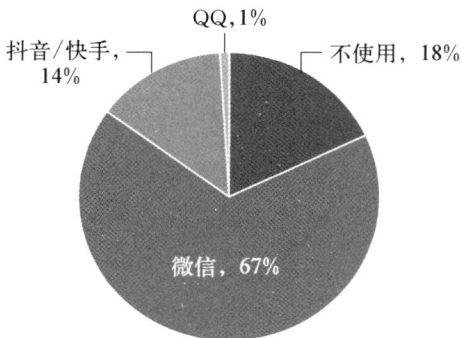

图 1-5 农村居民社交应用的使用情况

农村居民对于社交应用的选择受到多种因素的影响,包括功能、用户体验、社交趋势,以及推广和口碑效应等。微信在社交中提供了多种功能,不仅包含即时通信、朋友圈,还有支付等,功能的多样性使得它更符合农村居民广泛的社交需求,因此更受欢迎。相比之下,QQ 的功能相对单一,主要以即时通信为主,而抖音/快手等短视频平台简短、生动的内容形式更符合当今社交媒体的潮流,农村居民可能更愿意使用这类平台来分享和浏览有趣的短视频。此外,微信和抖音/快手在推广方面投入了大量资源,广告宣传较为广泛,这些平台的流行可能部分归功于强大的口碑效应。

4. 社交应用最主要的功能是聊天与社交,发发朋友圈,看看 QQ 空间

就社交应用的具体功能而言,使用人数排名前三的是聊天/社交、娱乐(看视频/直播)、查看朋友圈并互动,分别为 8 285 人、5 022 人、5 017 人;排名其后的是浏览并分享信息、发布动态、玩游戏,分别为 2 585 人、1 681 人、816 人,见图 1-6。这与上文社交应用中微信、抖音的使用情况相对应,侧面证实了问卷的有效性。

聊天/社交、查看朋友圈并互动,是满足农村居民社交需求的主要方式,这反映了社交应用在农村地区更加强调人际关系和社区连接的重要性,聊天和互动既能够维系朋友和家人之间的联系,也是社区信息传递的一种方式。娱乐功能,尤其是看视频/直播,更符合农村居民的娱乐偏好,提供了轻松愉悦的消遣方式,与社交又结合得较为紧密,使得用户能够在娱乐的同时保持社交互动。在农村地区,人们可能更强调面对面的社交互动,而不是虚拟空间中的信息分享和游戏。

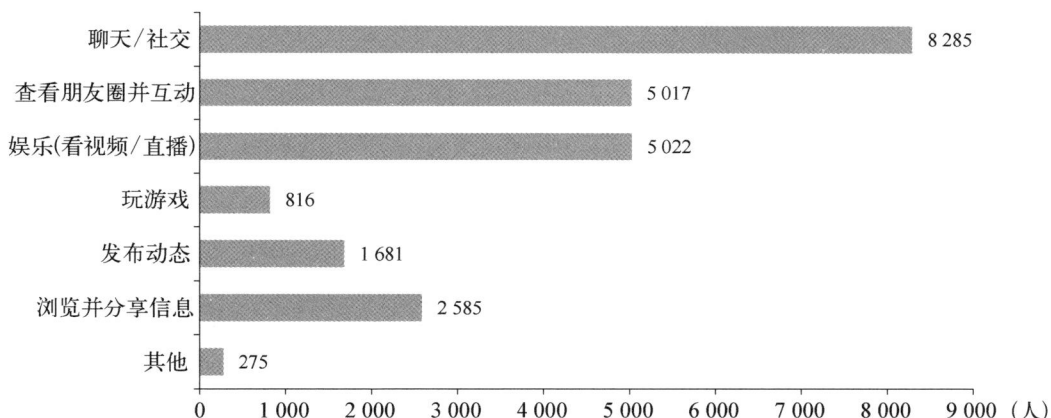

图 1-6　农村居民社交应用具体功能的使用情况

农村居民日常上网关注的内容中,最多的是朋友圈/QQ 空间。调查发现,农村居民最关注的是朋友圈/QQ 空间,有 5 595 人;其次是时政新闻,有 5 144 人;关注较少的是金融信息、企业/业界资讯、致富信息,分别有 440 人、835 人、1 199 人,见图 1-7。

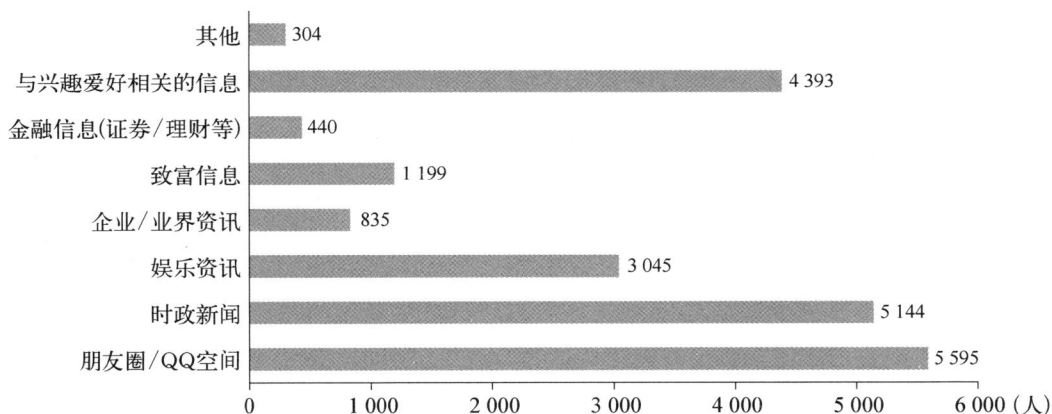

图 1-7　农村居民日常上网关注的内容

朋友圈/QQ 空间是社交应用中与朋友、家人保持联系的主要途径,农村地区的社交联系更为紧密,因此农村居民更关注朋友圈等社交功能。人们通常更关心与自身直接相关的事务,因而对当地时政新闻、与自己兴趣爱好相关的内容更关注。因为金融信息、企业/业界资讯、致富信息与日常生活和经济活动关系较远,信息较抽象且难以获取,所以受关注程度较低。农村地区的文化差异也可能导致居民们更关注直接与生活相关的内容。

5. 短视频是农村居民生活的重要组成部分,但看的多、发布较少

短视频类网络社交应用已成为农村居民生活中不可分割的一部分,半数以上的农村居民每天都会多次使用短视频类网络社交应用,东北、华东和华北地区排名前三,达到

45.7％、39.0％、38.6％,见图 1-8。

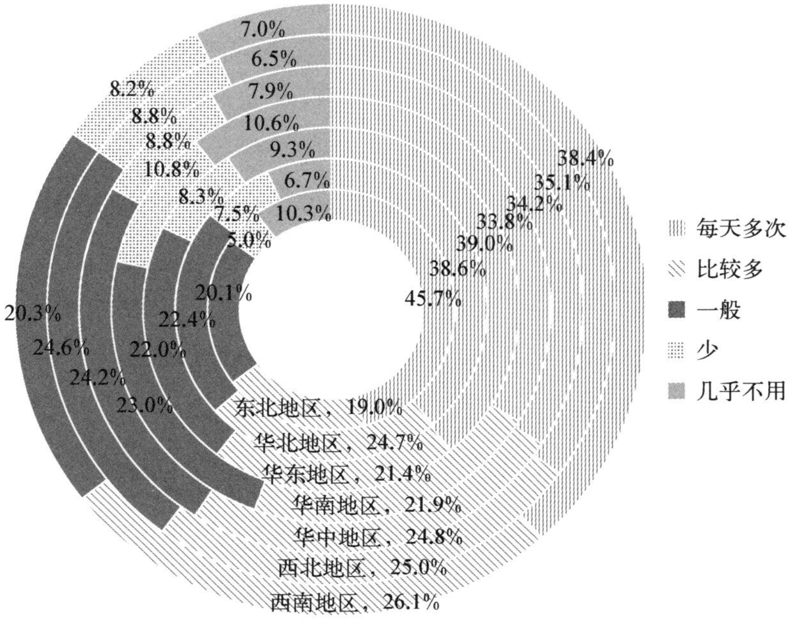

图 1-8 各地区农村居民使用短视频类网络社交应用的频率

北方地区的文化更倾向带有娱乐化特征,东北地区的寒冷气候也可能导致农村居民冬季在室内活动较多,这使短视频成为一种室内娱乐方式。华东地区的农村居民数字化水平整体较高。华北地区包括北京,作为政治文化中心,可能受到政府的政策和投资支持,例如数字基础设施建设。这有助于提高农村地区的网络覆盖和互联网速度。再者,华北地区的城乡一体化发展相对较好,城市和农村之间的信息交流可能更加频繁,社交媒体在这一过程中发挥了重要作用。

与短视频类网络社交应用相比,农村居民发表视频或分享内容的频率与之形成了强烈的反差,虽然农村居民使用社交应用的频率高,但是发布内容的频率低,仅有 20％的农村居民 1～2 周甚至 1～2 天分享一次内容,见图 1-9。

可以看出,农村居民在日常生活中更习惯使用社交应用进行消费性活动,如浏览他人发布的内容,而对于主动创作内容的发布频率相对较低。一是由于数字素养较低导致农村居民可能不太了解或不太熟悉如何创建高质量的内容;二是生活方式和职业可能导致农村居民的日常活动主要集中在农田劳作或其他实用性活动上,生产并分享社交媒体内容的时间很少;三是受传统观念的影响,农村居民也许更注重隐私和安全问题,不愿意在公共平台上频繁分享个人生活。

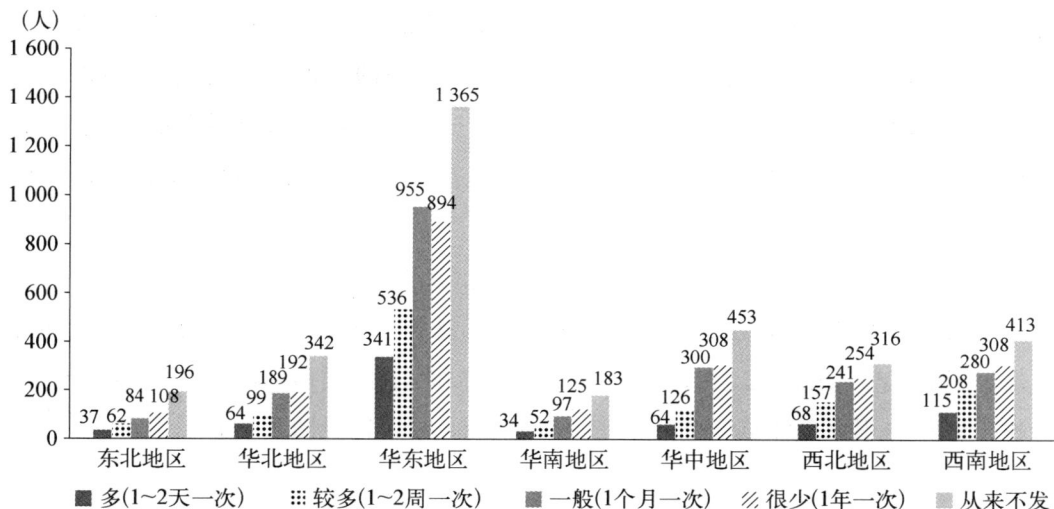

图 1-9　各地区农村居民发表视频或分享内容频率的人数情况

6. 大多数农村居民对网络社交持积极态度

网络社交对现实生活的影响主要在于交往的渠道便利化、范围扩大化、方式多样化，这获得了多数调查对象的认可。有 10 221 人认为网络社交方便了人际沟通与联系，5 612 人认为网络社交拓宽了交往的内容与范围，5 154 人认为网络社交改变了传统交往的方式；也有少数人认为网络社交减少了家庭沟通、占用了闲暇时间，分别是 1 542 人、2 257 人，见图 1-10。

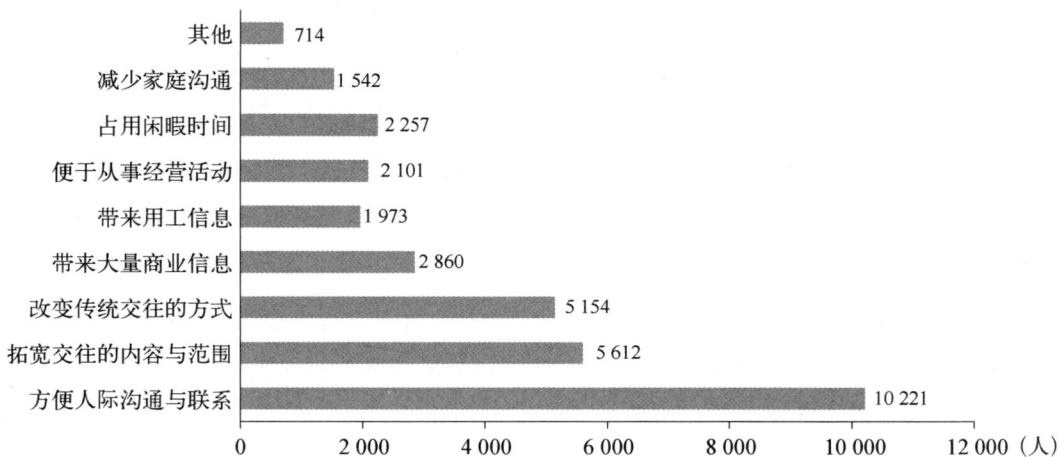

图 1-10　农村居民认为网络社交对现实生活产生的影响

从数据中可以看出，在享受社交网络带来的便利性和多样性的同时，农村居民也有一些担忧。虽然通过网络平台可以轻松与异地的亲朋好友保持联系，但在日常生活中也可能因为过度沉浸于虚拟社交而减少了与家人面对面的交流。此外,互联网的普及让一些农村居民觉得时间被网络消耗,本应用于家庭和休闲的宝贵时光被占用,使得原本不多的闲暇时光变得更有限。在此背景下,人们开始审视网络社交的利弊,寻求更加平衡的生活方式,这使得数字社交不再是独立存在的部分,而是有机地融入人们的现实生活。

7. 农村居民甄别信息主要靠个人经验和直觉,注重信息来源的可信度

信息的高效获取是构建数字社会的重要标志,社会公众正确认识和甄别信息的能力也是数字素养的突出表现。在我国,农村居民筛选和选择合适信息的方式大多以个人经验和直觉为主,其次是浏览多个来源,最后是通过他人推荐,见图1-11。

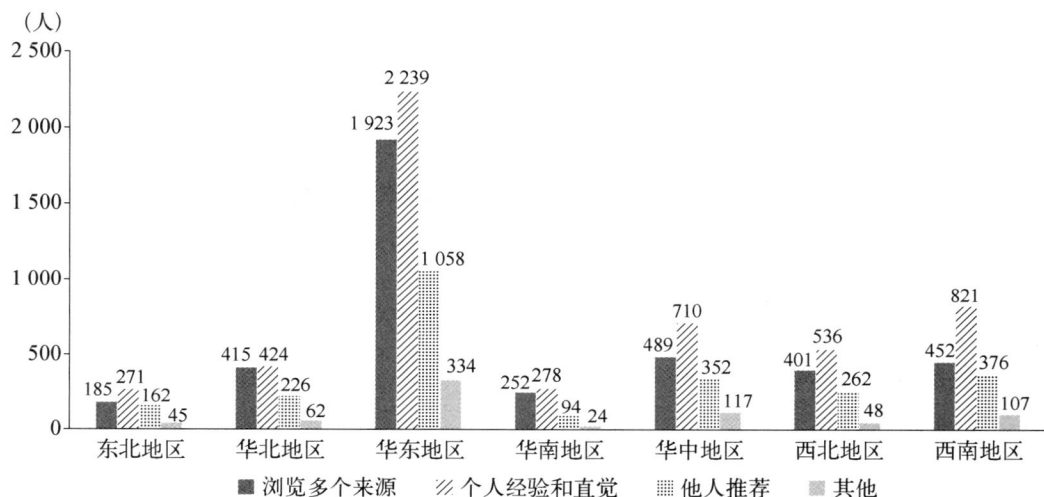

图 1-11　各地区农村居民筛选和选择合适信息的方式

部分农村居民由于教育水平和数字素养相对较低,导致他们更倾向于以个人经验和直觉来评估信息的可信度;缺乏相关的教育和培训可能使他们难以理解和应用更为复杂的信息评估工具。相比于听取他人的推荐,农村居民更重视个人的经验,以及个人经过多方对比后得到的信息,从而避免了一些人云亦云的情况。对于提高农村居民对信息的筛选和甄别能力,村委会可以考虑加强数字素养培训,帮助农村居民学会多角度、多渠道获取信息,以及推动社区内部的信息共享和交流。

客观来讲,农村居民获取信息时考虑的主要因素为来源可信度,其次是兴趣爱好,较少关注信息时效性,见图1-12。

一些农村地区,由于社区通常相对封闭、信息传播渠道比较有限,大家更依赖于口口相传,加上信息更新速度较慢,使得农村居民更注重确保信息的来源可信,习惯性地认为

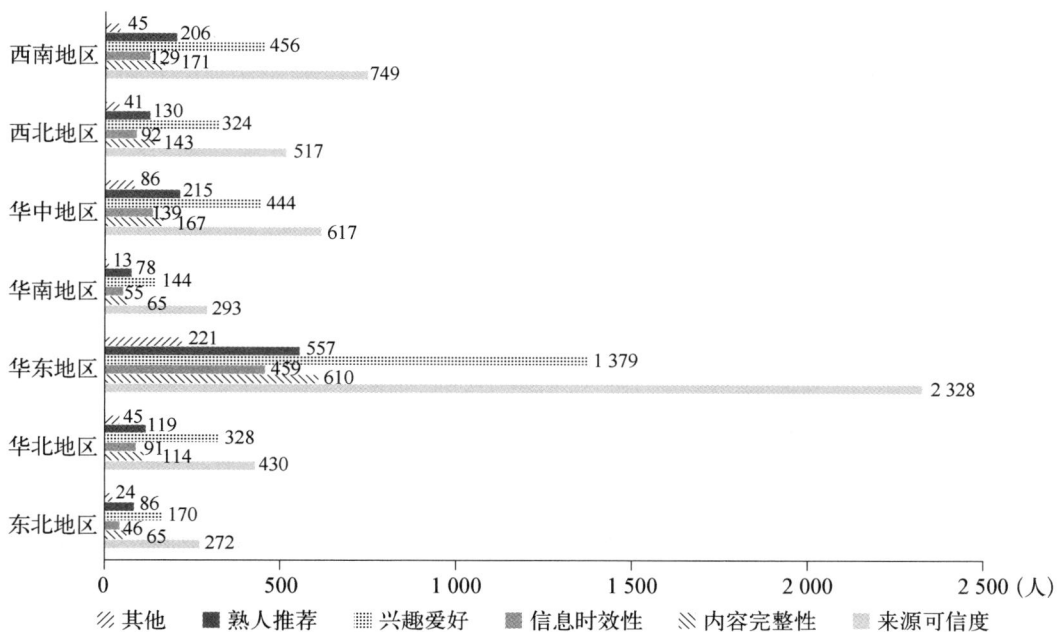

图 1-12　各地区农村居民获取信息时考虑的主要因素

信息不容易发生变化,减少了对时效性的关注。同时,农村居民更关心与日常生活、工作相关的信息。这些信息与瞬息万变的新闻和时事不同,通常较稳定,也使得他们对信息时效性的要求较低。较低的基础教育水平阻碍了农村居民对信息时效性概念及信息价值影响的理解。

8. 农村地区的网络速度一般

网络速度是影响智能设备使用体验的重要因素。2019 年中央经济工作会议和《政府工作报告》指出,进一步推进网络提速降费、增强网络基础能力,不仅能给企业和群众增便利、添实惠,更能拉动有效投资和消费、带动扩大就业、发挥数字经济等新动能对经济社会发展的支撑引领作用,是既利当前又惠长远的一举多得之策。

农村地区的移动网速情况中,华东地区、华中地区、华南地区位列前三,网速一般及以上的比例分别是 89.9%、88.2%、88.0%;东北地区、西北地区、西南地区排名靠后,网速一般及以上的比例分别是 85.2%、85.7%、85.9%,见图 1-13。

移动网速受到多种因素的影响,如基础设施建设、自然地理条件、人口密度等。华东、华中、华南地区经济发达,政府能投入更多资源进行通信基础设施建设,如建设更多的基站、铺设光纤网络等,这有助于提高移动网速;这些地区较高的人口密度也促使运营商加强基础设施投资以满足需求。东北、西北、西南地区多山脉、沙漠,这可能对网络信号传播产生一定的阻碍,从而影响移动网速。

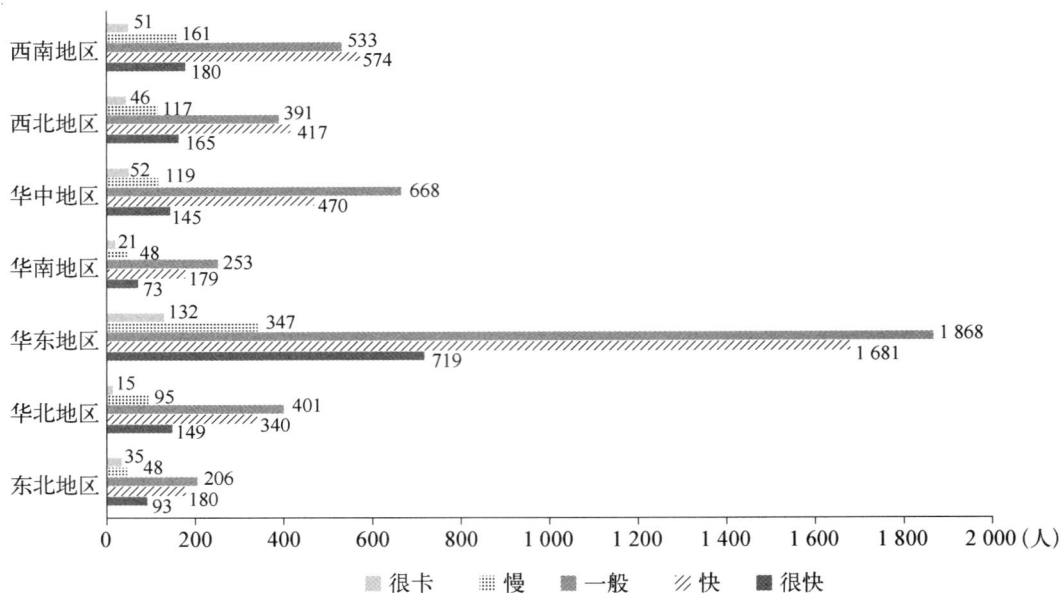

图 1-13　各地区农村居民移动网速情况

9. 农村居民的最大困难是技术障碍，数字接入的最主要障碍是网络故障

根据数字鸿沟相关文献显示，技术可能是最大的障碍。① 农村居民在使用电脑和移动终端时，遇到最多的困难是技术障碍，其次是网络连接不稳定和缺乏必要的知识技能；至少遇到的困难是语言文化差异和安全隐私问题，见图 1-14。

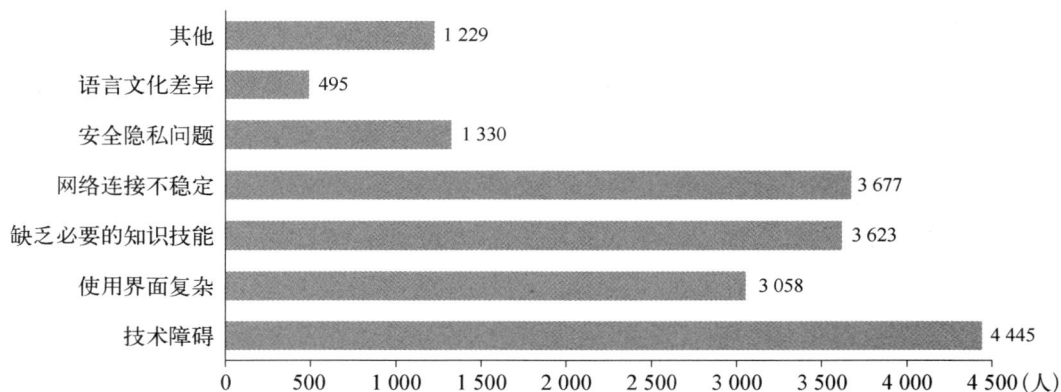

图 1-14　农村居民使用电脑和移动终端遇到的困难

技术障碍包括设备故障、软件问题等，农村居民缺乏相关的技术培训，无法自主处理，通常需要专业技术人员解决。网络连接不稳定与技术障碍类似，都属于非人为因素，

---

① 雷焕贵.弥合城乡数字鸿沟：乡村振兴进程中数字乡村建设实践路径研究[J].新视野，2023（06）：72-78.

大多因地理环境、投资不足等因素导致,农村居民无法控制其发生。缺乏必要的知识技能是对操作系统、应用程序和网络使用的基本了解不够,通过知识和技能的培训可以解决问题。至于安全隐私问题未成为主要困难,可能是由于农村居民对此较少关注和了解,因而在数据层面未显示。

由于缺乏专业技术技能,农村居民在遇到网络故障问题时,寻求帮助是最主要的解决方式,约占 70%,仅 15%～20%的人选择自行解决,见图 1-15。

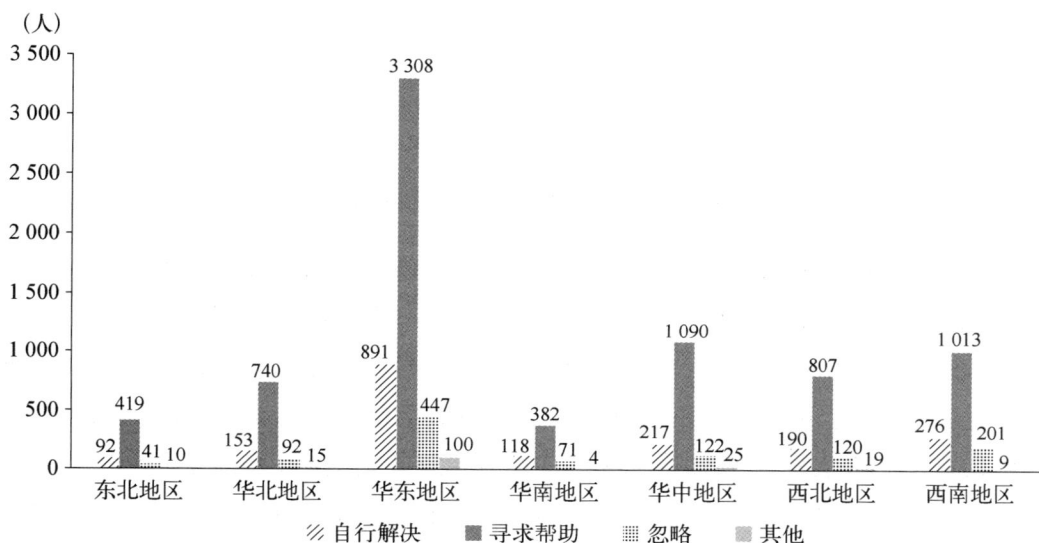

（人）

图 1-15 各地区农村居民解决网络故障问题的方式

此外,基于农村地区较为普遍的"熟人社会"关系,人们习惯于就近寻求帮助,在面对网络故障时选择向家人、朋友或邻里寻求帮助。有趣的是,在自行解决网络故障问题数据分析中,华南地区占比最高,约占五分之一。相较于其他地区,华南地区的农村居民更具备一些技术能力,更有信心并能够自行解决一些基本的网络故障问题,尤其是常见和简单的问题。这可能与华南地区、特别是珠江三角洲地区电子制造业集聚有一定的关系,也可能归因于华南地区的人群平均年龄较低、数字技术受教育水平较高。在寻求帮助解决网络故障问题中,华中和东北地区最高,均为 75%,这可能有两方面的影响因素:一是地区的个人数字化水平,二是地区的人情社会程度。

10. 绝大多数农村居民对网络使用持积极态度,较看重对个人隐私的保护

在网络使用中,绝大多数农村居民的看法是积极的,6 446 人认为网络的使用增加了便利性,5 550 人认为沟通工具得到升级;仅少数人有消极态度,如 585 人认为网络使用浪费时间,1 729 人认为网络上的虚假信息多,见图 1-16。

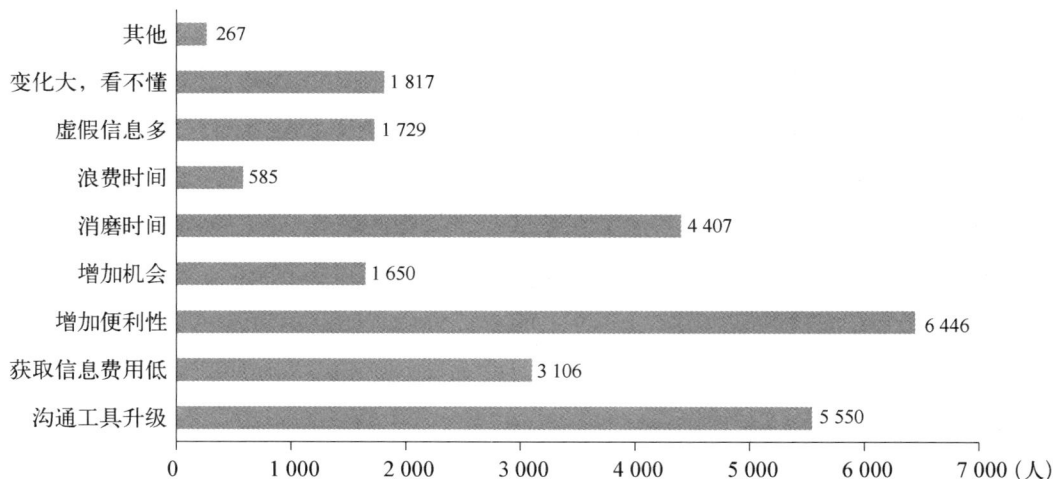

图 1-16 农村居民对网络使用的看法

通过互联网可以方便地获取信息、购物等,这对于居住在相对偏远地区的农村居民来说,是一种实实在在的生活改善;沟通工具升级也表明农村居民真真切切地感受到网络通信技术的进步。少数人认为的网络使用浪费时间,可能是因为他们在社交媒体上花费了过多时间而忽视了其他的重要事务,但这与个体的使用习惯和时间管理有关。农村的信息滞后,以及农村居民缺乏判断真伪的能力,可能会对网络信息的可靠性产生疑虑。这些观点反映了网络在农村地区的双重影响:一方面提供了便利和改善,另一方面又带来了一些问题和疑虑。这种复杂性需要在发展网络技术和提升数字素养的同时,重视解决潜在问题,以确保网络的使用给农村居民带来更多实际的益处。

虽然网络给农村居民带来诸多便利,但是这种便利不是毫无限制的自由主义。在农村,随着近几年一些涉及个人隐私的典型案例的宣传与普及,人们对于个人隐私保护非常重视。各地区近90%的农村居民都认为网络中的个人隐私保护是重要或非常重要的,见图1-17。

农村居民生活联系通常较为密切、社会结构相对紧密,在这种环境中,个人隐私可能被视为一种尊重和保护个人尊严的方式。一些农村社区相对封闭,人们更容易知晓彼此的私人信息,加之信息的传播范围相对有限,泄露可能让他们更加敏感。随着互联网的普及,农村居民越来越意识到网络上存在信息泄露和隐私侵犯的风险,引发了大家对个人隐私保护的关注,尤其是涉及金融、健康等敏感信息的情况。

11. 网络购物有纠纷,大多依赖平台解决

在网络购物越来越普遍化的现代社会里,农村居民在网络购物中发生消费纠纷时如何处理,也是课题组的关注点。农村居民最多的做法是寻求电商平台的帮助,有5 314

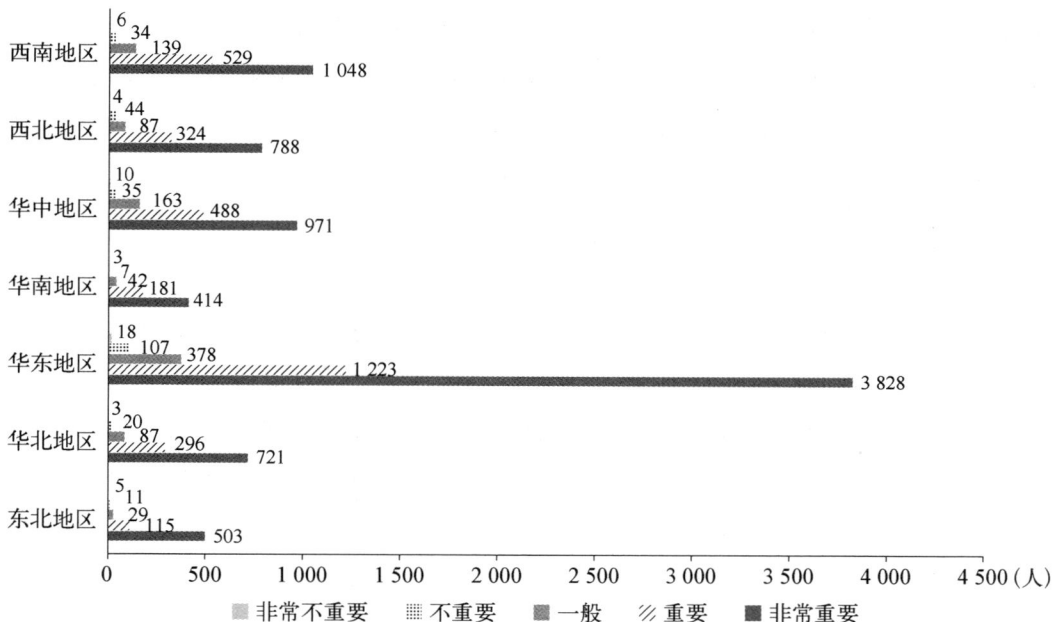

图 1-17　各地区农村居民对网络个人隐私保护的看法

人；其次是不知道怎么办和认栽，分别有 1 633 人和 1 403 人；在抖音/快手等平台发布视频声讨是最少依赖的手段，仅有 39 人，见图 1-18。

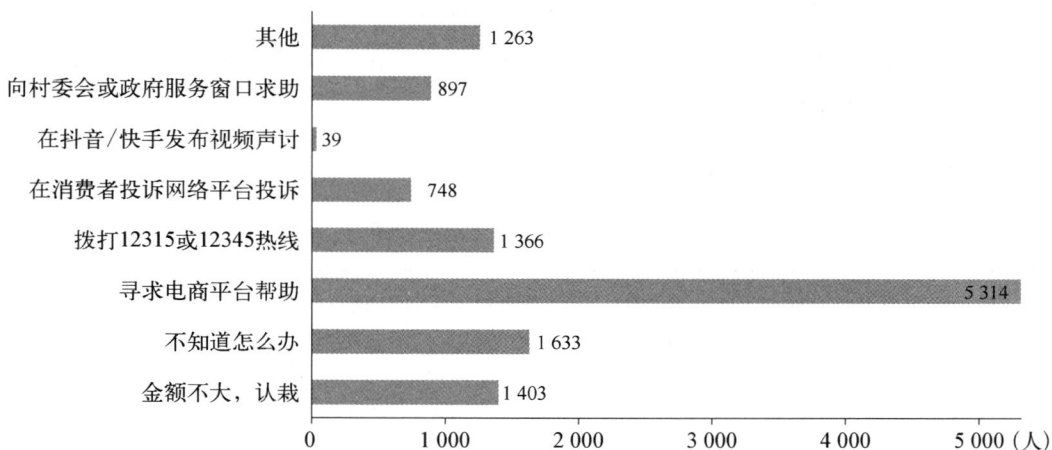

图 1-18　农村居民在网络购物中发生消费纠纷时的处理办法

　　电商平台通常有明确的交易规则和保障政策，旨在保护消费者的权益，人们遇到问题寻求电商平台的帮助合情合理。电商平台记录了网上交易的各个环节，包括订单信息、支付记录、物流信息等，这些数据都可以作为解决纠纷的依据，以确定责任和制度解决方案。至于很少有人选择抖音/快手等平台发布视频声讨的原因，可能是个人数字素养的欠缺,无法进行视频的编辑上传、传播发声。对于多数人选择不知所措以及认栽的情况,恰恰反映了农村消费者权益意识的不足,这需要引起当地村委会和政府的重视,及时进行关于消费者权益的教育和培训活动,如通过定期举办讲座、分发宣传资料、案例经验分享会等方式让农村居民更加了解和关注自己的权益。

1.2.2 中国农村居民数字技能现状

中国农村居民的数字技能,可以从系统功能操作、信息管理使用、基础性问题解决、应用场景问题解决、社交软件技能和数字内容创作技能六个维度概括。

系统功能操作、信息管理使用、基础性问题解决、社交软件技能、数字内容创作技能各对应1个问题,分别是:"您主要使用的功能""您使用电脑或移动终端的主要目的""您认为自己在解决网络及软硬件故障问题上的能力""您每周使用短视频类网络社交工具软件的次数""您在微信或者抖音/快手上发表视频或分享内容的频率"。

应用场景问题解决则是由5个问题综合组成:"您对网页浏览的掌握程度""您对Office等办公软件的掌握程度""您对电子邮件的掌握程度""您对娱乐音视频应用(如抖音、快手等)的掌握程度""您对教育教学类应用(如中国大学、Mooc等)应用的掌握程度"。

10个问题均从"差"到"好"。按1~5进行分别赋值。"您主要使用的功能"和"您使用电脑或移动终端的主要目的"是多选题,根据农村居民的选择个数进行赋分;其余8个问题是单选题,根据实际选择的频率或程度赋分。最终将所有农村居民的均值作为每个维度的得分,取6个维度的均值来量化农村居民数字技能,见表1-2。

表1-2　　　　　　　　　农村居民数字技能得分及问卷数

得分　问卷数	系统功能操作	信息管理使用	基础性问题解决	应用场景问题解决	社交软件技能	数字内容创作技能
5	1 385	764	325	847.2	3 958	723
4	258	1 120	1 086	1 692.8	2 409	1 240
3	2 077	2 344	3 958	2 426.8	2 333	2 146
2	3 171	3 321	3 159	1 403.2	864	2 189
1	5 772	5 114	4 135	6 293	3 099	6 365
平均值	2.08	2.14	2.23	2.16	3.26	2.03

从表 1-2 可以看到,社交软件技能维度的得分最高,为 3.26 分,说明人们对于社交软件的使用情况较为良好。数字内容创作技能维度的得分最低,为 2.03 分,说明农村居民虽然会浏览朋友圈或短视频,但个人创作能力不高、分享欲望不强。

通过计算,我国农村居民的数字技能得分为 2.32,介于"差"和"一般"之间,这值得政府部门关注,并要从根本上加强数字素养与技能教育的培训。

1.2.3　中国农村居民数字态度现状

数字品德和价值观塑造是培养合格数字公民的前提,必须提高公民辨别信息真伪、维护自身安全、规避网络风险的能力,树立正确的数字态度。[①] 参考 2023 年中国移动通信研究院发布的《共享数字红利,共谋普惠发展——中国公民数字胜任力白皮书》对数字态度的定义,即人们所具有的能够帮助树立数字意识、发挥主体作用的数字融入、数字伦理、数字安全、数字管理等方面的意识观念,我们将农村居民的数字态度从数字融入意识、数字伦理意识、数字安全意识和数字管理意识 4 个维度概括。

4 个维度各对应 1 个问题,分别是:"您是否认为上网也是现实生活的一部分""您在使用互联网和社交媒体时是否注意遵守一定的行为规范(比如一般未经确认的信息不传播,不随意暴露自己的隐私信息,不随意在网上评头论足等)""您在使用网络时是否了解如何识别和防范网络谣言和虚假信息""您是否定期管理(清理、归类等)您的数字资料(如电子照片、电子文件等)"。

问题的回答均采用"是"或"否"的形式,最终将选择"是"的农村居民人数占总人数的比例作为每个维度的得分,取 4 个维度的均值来量化农村居民数字态度。

表 1-3 为农村居民数字态度 4 个维度的得分情况及占比。

表 1-3　　　　　　　　　　农村居民数字态度占比及问卷数

	数字融入意识	数字伦理意识	数字安全意识	数字管理意识
是	9 233	11 459	9 134	7 594
否	3 430	1 204	3 529	5 069
占比	72.91%	90.49%	72.13%	59.97%

可以看到,我国农村居民在数字伦理意识维度的得分最高,达到 90.49%,说明人们

---

① 梁钦,杨慧梅.数字时代要培育大众数字素养[N].光明日报,2023-04-04:15 版.

日常在互联网进行社交时非常注重行为规范。数字融入意识维度和数字安全意识维度的得分分别是 72.91％和 72.13％。数字管理意识维度的得分为 59.97％，说明农村居民虽然想要管理自己的数字资料，但可能限于能力问题，管理的频率不高。

通过计算，我国农村居民的数字态度得分为 73.88％，说明人们都具有较好的数字意识。

1.3 中国农村居民数字素养的影响因素

中国农村居民的数字素养受到多方面因素的影响，具体可以分为内部因素（如教育水平、认知水平、兴趣动机等）和外部因素（如经济条件、政策支持、社区环境等）。根据问卷所涉及的内容，我们从个人属性来探讨对农村居民数字素养的影响。

个人属性分为农村居民的年龄与文化程度对数字素养的影响。年龄反映其在社会中的不同角色和需求，不同年龄段的人对数字技术的接受程度、学习能力、使用习惯等均存在差异；文化程度则涉及其教育水平、知识储备和学习经历，直接关联到个体对数字技术的理解和应用能力。

在数字素养研究中，考虑年龄信息有助于量身定制针对性的数字培训和教育计划，考虑文化程度有助于设计更贴近认知水平的教育内容，这些促使学习更为高效和深入，推动数字化进程在农村地区的顺利发展。

在年龄方面，考虑到农村地区存在较多未成年（即初中毕业）就开始工作的情况，依据九年义务教育的年限、工作的年限以及退休的年限，将农村居民的年龄划分为 0～14 岁（38 人）、15～39 岁（2 751 人）、40～59 岁（5 986 人）、60 岁及以上（3 888 人）。

在文化程度方面，划分为小学以下（1 161 人）、小学（2 735 人）、初中/中专（4 979人）、高中/职高（2 020 人）、大专（1 092 人）、本科及以上（676 人）。

1.3.1 年龄对中国农村居民数字素养的影响

1. 年龄与农村居民的数字技能

将数字技能相关项目设置从"差"到"好"按 1～5 赋分，并根据年龄段分组求平均值。表 1-4 为不同年龄段的农村居民数字技能情况。数字技能得分最高的年龄段是 15～39 岁，为 2.95 分；其次是 0～14 岁和 40～59 岁，分别为 2.78 分和 2.37 分；最低的是 60 岁及以上，仅为 1.73 分。

表 1-4　　　　　　　　　　不同年龄段农村居民数字技能得分情况

年　　龄	系统功能操作	信息管理使用	基础性问题解决	应用场景问题解决	社交软件技能	数字内容创作技能	平均值
0～14 岁	2.61	2.47	2.79	2.88	3.79	2.16	2.78
15～39 岁	2.51	2.66	2.87	3.12	3.91	2.62	2.95
40～59 岁	2.05	2.19	2.29	2.13	3.44	2.14	2.37
60 岁及以上	1.52	1.66	1.70	1.53	2.52	1.46	1.73

整体来看,60 岁以下的农村居民数字技能得分虽然都高于全国平均数字技能得分(2.32 分),但是相差不大,可以进一步学习增强。

不同年龄的农村居民数字技能得分在一定程度上反映了不同阶段对数字技能的需求和学习能力。15～39 岁通常是数字技能学习的关键时期,这个阶段的农村居民接受的教育,不仅包括基础教育,还包括职业培训,所接触的数字技术对于学业和职业的发展至关重要,因此得分最高。0～14 岁阶段所接受的教育更基础,仅存在少数复杂的数字技能;40～59 岁的中年阶段,人们更多地忙碌于非数字化工作,且前期接受的数字化教育较少,尽管有时间和机会参与继续教育和培训以适应不断变化的数字环境,但是接受程度没有年轻人快、学习曲线相对较陡,得分也略低于 0～14 岁。60 岁及以上的人群包含了大量的退休农村居民,他们在职业生涯中很少接触数字技术,目前学习难度大。

2. 年龄与农村居民的数字态度

将数字态度的相关项目按"有""没有"对应设置 1 或 0 选项,并根据年龄段分组后求具备数字态度的人数占比。表 1-5 为不同年龄段农村居民数字态度情况。数字态度得分最高的年龄组是 0～14 岁,具有数字意识的人占 90.13%;随后依次是 15～39 岁、40～59 岁、60 岁及以上,分别为 86.88%、76.26%、60.85%。

表 1-5　　　　　　　　　　不同年龄段农村居民数字态度占比情况

年　　龄	数字融入意识	数字伦理意识	数字安全意识	数字管理意识	平均值
0～14 岁	81.58%	94.74%	94.74%	89.47%	90.13%
15～39 岁	85.97%	95.13%	86.08%	80.33%	86.88%
40～59 岁	76.39%	91.43%	74.21%	63.01%	76.26%
60 岁及以上	58.23%	85.73%	58.85%	40.59%	60.85%

整体来看,与数字技能情况一致,60 岁以下的农村居民数字态度得分都高于全国平均数字态度得分(73.88%),且相差较大,这说明随着时代进步,人们对于数字社会的认可度较高。

不同年龄的农村居民数字态度得分在一定程度上反映了不同阶段对数字技术的接受程度和态度。0~14 岁的群体非常年轻,更愿意尝试新的数字技术工具和娱乐方式,对新技术的接受程度较高。15~39 岁的群体正在职业发展中,通常需要具备一定的数字技能来适应工作和社会生活,对数字技术的态度积极。40~59 岁的群体在职业生涯中相对稳定,对数字技术的态度可能因个体差异而异,有的积极学习和应用数字技术以适应变化,有的对新技术持保守态度。60 岁及以上的群体因年长,更倾向保持传统方式,也缺乏数字化管理意识。

1.3.2 文化程度对中国农村居民数字素养的影响

（1）文化程度与农村居民的数字技能

将数字技能相关项目设置从"差"到"好"按 1~5 赋分,并根据文化程度分组后求平均值。表 1-6 为不同文化程度的农村居民数字技能情况。数字技能得分最高的是本科及以上,为 3.19 分;最低的是小学以下,为 1.58 分。

表 1-6   **不同文化程度农村居民数字技能得分情况**

文化程度	系统功能操作	信息管理使用	基础性问题解决	应用场景问题解决	社交软件技能	数字内容创作技能	平均值
小学以下	1.40	1.45	1.48	1.37	2.28	1.48	1.58
小学	1.67	1.75	1.84	1.63	2.89	1.71	1.91
初中/中专	2.05	2.18	2.25	2.05	3.39	2.08	2.33
高中/职高	2.21	2.39	2.49	2.44	3.42	2.18	2.52
大专	2.44	2.73	2.90	3.28	3.88	2.58	2.97
本科及以上	2.68	2.86	3.20	3.81	3.97	2.61	3.19

从数据中可以明显看出,随着文化程度的不断提高,农村居民数字技能得分不断增加,小学、初中/中专、高中/职高、大专分别是 1.91 分、2.33 分、2.52 分、2.97 分,两者有着显著的正向关系。整体来看,初中/中专及以上文化程度的农村居民数字技能得分虽然都高于全国的平均数字技能得分(2.32 分),但是相差不大。

农村居民文化程度对数字技能的影响主要有教育培训、信息获取、认知能力和职业需求四个方面。首先,受过较高程度教育的人更容易接受并参与数字技术的培训,同时也更有可能主动获取信息,包括通过数字渠道获取。其次,较高的文化程度通常与较高的认知能力相关联,如分析、解决问题和学习的能力,这对于理解和应用数字技术至关重要,因此,受过高等教育的个体更容易理解和运用数字技术。最后,数字技能在一些行业和职业中必不可少,较高文化程度的农村居民更容易进入这些行业,并由此被迫或自愿学习数字技术。

（2）文化程度与农村居民的数字态度

将数字态度的相关项目按"有"或"没有"对应设置 1 或 0 选项,并根据文化程度分组后求具备数字态度的人数占比。表 1-7 为不同文化程度农村居民数字态度情况。与不同文化程度的农村居民数字技能结果完全一致,数字态度得分最高的是本科及以上,占比为 91.53%;最低的是小学以下,占比为 52.07%。

表 1-7　　　　　　　　　　不同文化程度农村居民数字态度占比情况

文化程度	数字融入意识	数字伦理意识	数字安全意识	数字管理意识	平均值
小学以下	46.25%	81.14%	47.63%	33.25%	52.07%
小学	62.45%	86.47%	60.51%	44.13%	63.39%
初中/中专	76.04%	91.48%	74.17%	62.22%	75.98%
高中/职高	80.64%	93.96%	80.79%	70.69%	81.52%
大专	87.18%	95.70%	89.56%	82.23%	88.67%
本科及以上	91.86%	96.75%	92.16%	85.36%	91.53%

小学、初中/中专、高中/职高、大专占比分别是 63.39%、75.98%、81.52%、88.67%,两者有着显著的正向关系。整体来看,初中/中专及以上文化程度的农村居民数字态度得分都高于全国农村居民的平均数字态度得分（73.88%）,且相差较大。

农村居民文化程度对数字态度的影响主要有信息获取、社会互动和创新思维三个方面。受过较高程度教育的农村居民更倾向使用数字媒体和互联网来获取新闻、知识和信息,这种信息获取行为有助于提高对数字技术的认知和理解,从而形成更高水平的数字意识。再者,较高文化程度的群体通常更活跃于社会互动,数字时代的这种社会互动可能涉及数字平台,如社交媒体、在线社区等,通过参与数字化的社会互动,数字意识得到了增强。最后,受过高等教育的个体更具有创新思维,更愿意尝试和接受新的技术。

1.4 提升中国农村居民数字素养的对策建议

农村居民数字素养水平的提升是实现全面现代化的必要步骤之一。为帮助农村居民更好地适应数字化社会,本章提出加强媒体宣传、开展数字教育、定制差异化内容、提倡评优评先等综合对策,为农村经济的发展和社会的进步提供坚实的基础。

1.4.1 构建农村数字素养养成的多元参与机制

在数字化时代,数字素养已成为公民必备的素质。素养的养成是一个中长期过程,既不仅仅针对3～5年的时间,也不仅仅针对一代人。构建一个农村地区卓有成效的素养养成机制,促进全民数字素养水平的提升,是当前社会面临的重要课题。基于数字经济开放共享的特征,农村数字素养的养成应多方参与,共举共襄,着力构建多元参与的机制。

首先,政府应发挥主导作用,制定数字素养培育政策,确保社会公众有充分可得的数字教育。同时,鼓励企业、社会组织和个人参与数字素养教育资源的开发和推广。

其次,企业应将全民数字素养的提升纳入社会责任目标。科技企业不仅要在产品设计中充分考虑用户体验,还应提供数字素养培训,帮助用户更好地使用产品。非科技企业可以结合自身的公益活动,依托共青团、工会、妇联等社会组织以不同形式开展与数字素养相关的活动。

再者,学校是数字素养教育的重要阵地。从基础教育阶段开始,学校就应注重培养学生的数字素养。除了常规的信息技术课程外,还应组织多样化的数字实践活动,让学生在实践中提升数字素养。可以基于学生数字素养教育的结果,通过社会实践、劳动教育等教育活动的开展,将数字素养的培育范围扩展至农村家庭。

此外,乡镇村居委和家庭是数字素养教育的重要参与方。乡镇村居委可以举办数字素养培训班,给有需要的社会公众学习。

总之,数字素养养成的多元参与机制需要各方共同努力。只有政府、企业、学校、社区和家庭形成合力,多主体、多元化参与,形成全方位的数字素养培育氛围,才能有效地提升公民的数字素养,为推动全社会的数字化进程打下"人"的基础。

1.4.2 有区别地开展寓教于乐的数字素养及技能宣教

科技快速发展,数字化已成为时代前进的必然选择。提升农村居民的数字素养及技能,不仅有助于他们更好地融入现代社会、享受科技带来的便利,更是乡村振兴战略的重要一环。然而,相比城市,农村地区面临着更多的数字鸿沟挑战。

随着信息技术设施的改善,当前农村地区面临的数字鸿沟挑战主要体现在两个方面:一是应用场景的缺乏,二是人口老龄化问题。这使得农村居民在接受和使用数字技术时面临诸多不便。目前,农村居民老年人居多,他们对数字技术缺乏了解和信任,这就加大了数字素养宣教的难度。为了缩小鸿沟,因地制宜、因人而异地开展寓教于乐的宣教活动非常必要。

首先,农村地区因其独特的生态环境和文化背景,在开展数字素养宣教时必须充分考虑当地居民的实际需求和接受能力。对于年长的农村居民,要用平实、易懂的语言,结合生活的实例,讲解数字技术的便利性和安全性;对于年轻一代,则可以引导他们探索数字世界的无限可能。

其次,寓教于乐是一种有效的宣教方式。通过生动有趣的活动,如数字技能比赛、线上互动游戏等,让农村居民在轻松愉快的氛围中提升数字素养。

此外,结合当地的传统文化和风俗习惯,将数字技能融入其中,更能激发农村居民的学习兴趣和参与热情。

以因地制宜、因人而异的方式,为农村地区的数字素养宣教工作注入活力,点亮农村的数字未来。

1.4.3　有机融合数字素养于乡风文明建设行动

在农村地区,提升数字素养对于乡风文明建设具有重要意义。随着互联网的普及,农村居民信息获取的途径逐渐多样化。通过数字素养教育,有助于农村居民辨别真假信息,避免传播谣言,从而维护农村稳定;有助于增强农村居民的网络道德和自律意识,抵制不良信息侵蚀,营造文明、和谐的农村网络环境;有助于引导农村居民树立正确的价值观,促进乡风文明建设。

数字素养还能够激发农村居民的创新意识,为乡风文明建设注入新活力。数字素养教育的培训内容不仅包括比较正式的数字设备使用、网络信息甄别、数字安全等,还包括为农村居民使用这些技术创造场景。例如,基于在线医疗咨询、农业技术指导的农村刚需场景,为居民提供数字化服务,让其自觉自发应用与使用。再如,组织开展各种文化活动,通过数字电影放映、网络直播、线上演出等丰富农村居民的精神文化生活,提高他们的文化素养,同时也有助于他们更广泛地应用数字技术。

在乡风宣传维度,可以开展"数字乡贤"或数字社会公民等与当前数字中国与数字农村建设相匹配的优秀个人称号评选活动,鼓励涌现在数字技术应用、互联网创新、农业数字化等数字领域有突出贡献的个人。通过活动,表彰在数字素养推广、教育培训、社区服务等方面做出杰出贡献的农村居民,借此引导更多农村居民投入数字化学习和实践。借助评选的机会,可以邀请评选候选人或得奖者参与数字科普宣传,通过言传身教,激发更多农村居民积极参与数字素养的提升,促进乡风文明的建设。

1.5 小 结

加强中国农村居民数字素养不仅是适应现代社会发展的需要,也是提高农村居民生活质量、促进农村经济社会发展的有效途径。数字技能和数字态度的提升将使农村居民更好地融入数字化时代,为其个人发展和社区发展创造更多机遇。本章根据 2023 年"千村调查"的相关数据分析了中国农村居民数字素养的整体状况,以及个人属性对数字素养的影响。需要强调的是,个体差异仍存在,如文化程度越高的农村居民数字素养越高,但并不意味着低文化程度的个体无法具备强大的数字技能。因此,在提升数字素养的过程中,应因地制宜,与时俱进。

第 2 章

数字经济赋能农村生产与生活方式

2.1 引　　言

2015 年政府工作报告首次提出"互联网＋"概念,这一理念在数字化的大背景下给人们的生产生活带来了巨大的改变。无论是"互联网＋金融",还是"互联网＋教育",这些案例都实实在在地告诉我们利用好互联网能够为我国的经济增长与人民生活水平提高带来莫大的助益。2017 年,党的十九大报告中提出乡村振兴战略,受益于互联网与数字化的我们也应该思考如何将相关福利运用到农村建设当中。近年来,随着互联网与科技的发展,出现了许许多多数字化、智能化的设备,从微观角度来看,这些设备不仅可以帮助农户提高农产品产量,还可以降低成本、提高生活质量。从宏观角度来看,数字化、智能化可以很好地帮助企业管理生产过程,提高整个生产过程的精准化监测、智能化决策、科学化管理和调控,可以帮助施工人员监控农业装备与设施,以更好地实施工况监测、远程诊断、服务调度等工作。总而言之,借助数字化发展农业对于生产提升与生活改善具有重大的意义。

随着信息化时代的到来,信息获取所需时间、信息获取成本大大下降。城市已经很大程度地享受了互联网带来的福利,如果互联网能够在农村地区得到合理且广泛的使用,那么农村农业的发展一定能够再上一个新的台阶。因此,在现阶段数字化背景下,对农村农业生产生活现状及数字经济在其中发挥作用大小进行探究,进而预测数字经济在农村发展的前景,无论对个人还是对国家都有着重要的意义。

在广袤的农村,数字技术给农民生产生活带来的变化每天都在悄然发生——从村粮食种植需求;气候条件也对粮食产量有显著影响,华南、华东地区气候湿润、降水量较多,这一定程度增加了洪涝和病虫害的风险,对农作物产量造成一定影响。

与务农的占比相反,务工的占比在华南、华东地区最高,达28%,东北地区最低,仅为9%,华北地区为24%,西北地区为19%,西南地区为18%,华中地区为17%。

由原因分析可知,经济驱动导致了务工占比在不同地区之间的明显差距。图2-4为各地区农户人均年收入,由数据可知,各地区的人均收入都已超过50 000元,华东地区最高,达到106 665.86元/人,华南地区紧随其后,为85 116.33元/人,华北、西北、华中地区分别为63 989.83元/人、62 600.62元/人、60 967.11元/人,东北、西北地区最低,分别为59 665.55元/人和57 658.01元/人。由此可以看出,华东、华南地区的经济水平高于其他地区,务工人员占比较大,东北、西北地区经济水平较低,务工人员占比也相对较小。

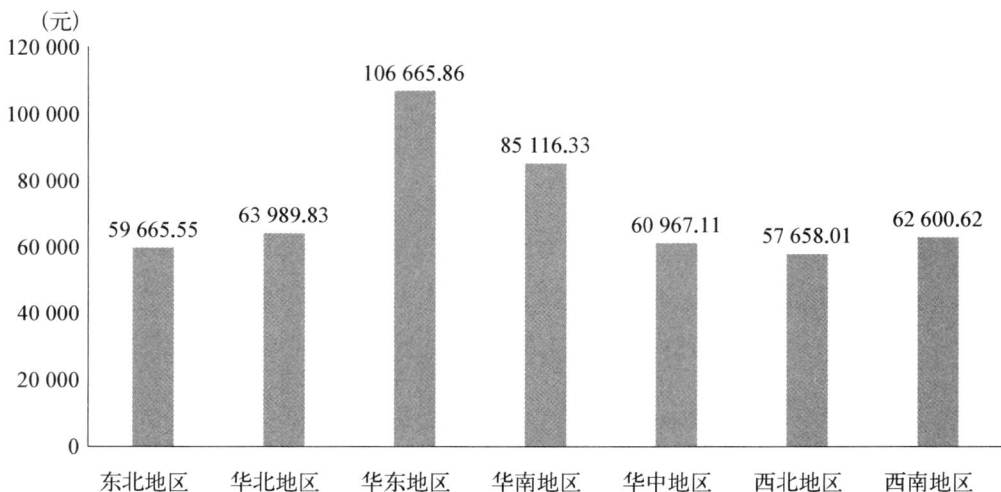

图2-4　各地区农户人均年收入情况

不同的生产方式对农户的销售方式、收入产生不同影响。小农户生产是农村常见的农业模式,具有土地有限、劳动力不足和生产方式传统等特点。家庭农场是指以家庭成员为主要劳动力,从事农业规模化、集约化、商品化生产经营,并以农业收入为家庭主要收入来源的新型农业经营主体。农村合作社是在农村家庭承包经营的基础上,同类农产品的生产经营者或同类农业生产经营服务的提供者、利用者,自愿联合、民主管理的互助性经济组织。图2-5是全国农户农业生产方式的占比情况。全国平均而言,农户生产方式占比最高是小农户生产,高达67.77%,家庭农场占比最低,仅为2.69%,种粮、种菜等专业大户占比5.13%,农村合作社占比4.27%。

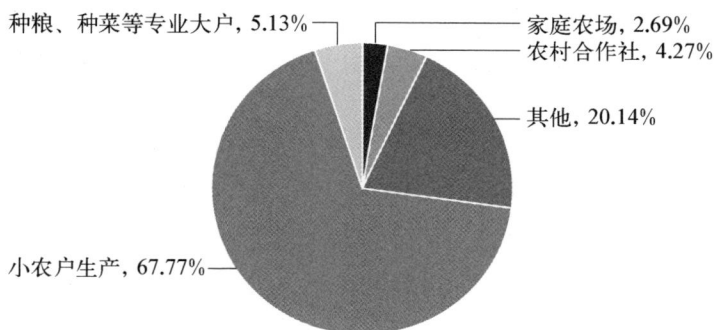

图 2-5　全国农户农业生产方式占比情况

　　进一步看,各地区农户农业生产方式占比存在较大的差异,说明我国地区生产方式跨度较大。在所有地区中,小农户方式占比均高于 60%,其中西南地区占比最高(78.51%),华东地区占比最低(61.17%);种粮、种菜等专业大户方式的占比,东北地区最高(9.67%),华南地区最低(3.97%);家庭农场方式的占比,西北地区最高(3.86%),华北地区最低(1.26%);农村合作社方式的占比,西北地区最高(5.65%),华南地区最低(2.18%)。

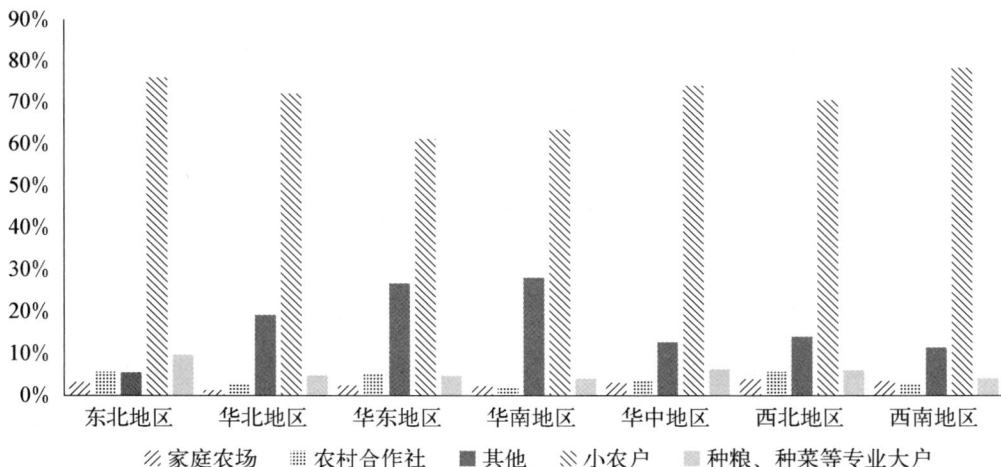

图 2-6　各地区农户农业生产方式占比情况

2.2.2　数字经济与农户生产方式

（1）农产品的主要用途是自给

本次调查数据显示,全国 31 个省、市、自治区的农户所生产的农产品,用于自家吃的农户占比高达 52.79%,19.10% 的农户将生产的农产品主要卖给收购商(收购商是从分散的农民手中收集农产品,经过短期收集、储存或初步加工、整理,再转运后进一步加工、整理),10.76％的农户将生产的农产品主要用于自销,17.35％的农户将生产的农产品主要用于其他用途。

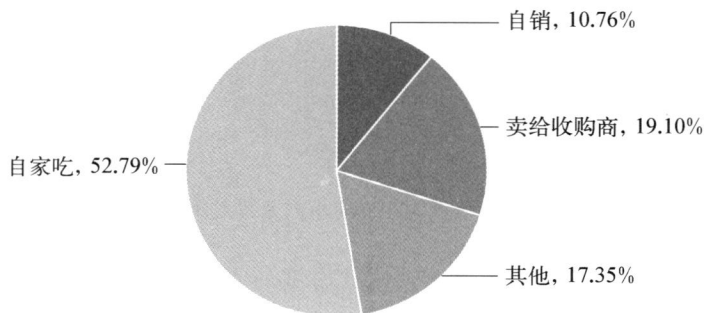

图 2-7 全国农户的农产品主要用途占比情况

农产品的自销方式比较丰富。一是农民市集。农民市集是农产品自产自销的重要形式之一。农民将自己种植或养殖的农产品带到市集上出售,消费者就可以直接购买到新鲜、优质的农产品。农民市集一般设立在城市的公共场所,如广场、公园等,以方便市民前来购买。二是农户门店。一些农民自己开设门店,将农产品直接销售给消费者。农户门店的形式可以更好地展示农产品的特色和优势,吸引更多的消费者前来购买。农户门店通常设立在农村地区或城市的农业产区,以方便农民销售农产品。三是农产品订购。一些农民通过互联网平台或电话等方式接受消费者订购,然后将农产品直接送到或快递到消费者手中。农产品订购的形式可以给消费者购买农产品提供更好的便利性,也能让农民更好地管理、销售和配送农产品。

（2）少量农产品通过线上销售

现在,越来越多的消费者选择线上购买农产品,通过产地的 App 及相关平台,消费者可以更便捷地选购所需农产品。因此,农产品生产者与这些平台合作,将自己的产品与线上渠道对接,以扩大销售。线上销售方式既可以为消费者提供方便,也可以增加农产品的需求量。从全国 31 个省、市、自治区数据来看,9.10％的农户线上销售农产品,90.90％的农户未曾线上销售农产品,见图 2-8。由此可以看出,我国的农产品线上销售数量供给远远不够,普及线上销售知识、提供线上销售平台,将有助于农户自销自家农产品。

进一步分析,从事不同工作的农户线上销售农产品的比例有较大差别,以经商为主要工作的农户线上销售占比最多,为 15.31％,远高于从事务农和务工的农户;从事

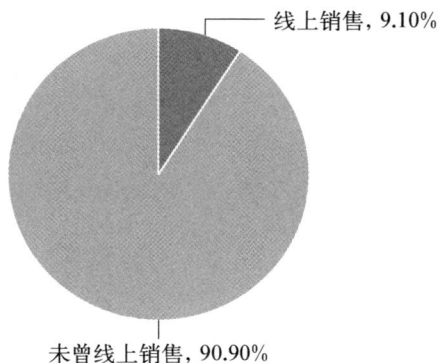

图 2-8　全国农户线上销售农产品的占比情况

务农的农户线上销售的比例为 9.60％,从事务工的农户线上销售的比例为 8.88％,见图 2-9。

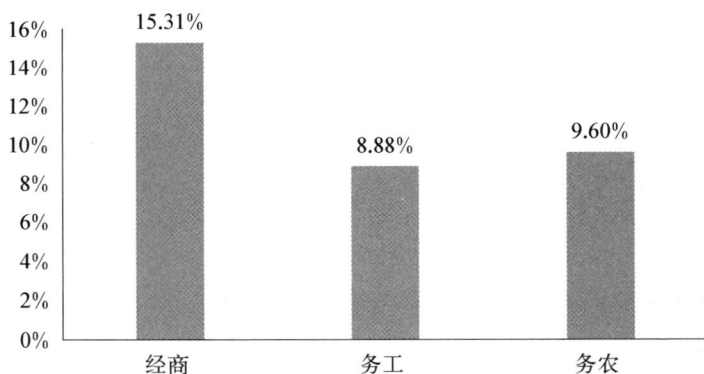

图 2-9　从事不同工作的农户线上销售农产品的比例情况

本节主要讨论数字经济与农户生产方式的关系,经商与务工的情况将在后续进行讨论。

更进一步探究,务农的农户中,不同生产方式的线上销售比例也不同。以家庭农场为主要生产方式的农户线上销售比例最高,有 22.67％的人通过线上销售来出售粮食,农村合作社次之,有 18.25％的人采用线上销售的方式出售农产品,种粮、种菜等专业大户有 17.70％的人采用线上的方式出售农产品,而小农户占比最低,仅有 8.18％的人通过线上销售出售农产品。

其背后的原因,可以从规模经济、用途等方面进行分析。

集约化、商品化水平相对较高,规模相对较大,是家庭农场的目标性特征。家庭农场的收入主要依赖农业生产,对增加农业生产投入,采用新品种、新技术有较高的积极性,资源要素利用的集约化水平明显提升,土地产出率提高,商品化水平必将大幅度提高。

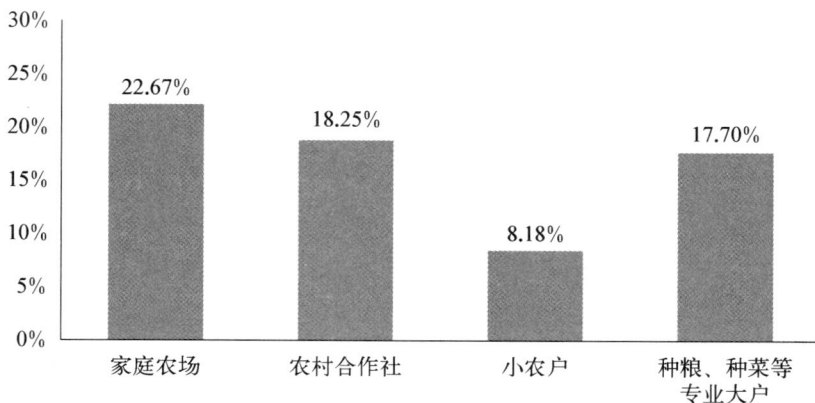

图 2-10　不同生产方式的务农农户线上销售农产品的占比情况

所以,家庭农场方式的农户线上销售比例最高。相对来说,小农户土地经营规模小、碎片化问题严重,并且农村劳动力老龄化、"空心村"问题普遍存在,导致小农户方式的农户线上销售占比最少。

从农户经营农产品的主要用途来看,自销、卖给收购商的农产品会大大提高网络销售的需求量。在图 2-11 中可以看到,小农户将 65.2% 的农产品用于自家吃,19.7% 的农产品卖给收购商,12.1% 的农产品用于自销;家庭农场仅有 34.5% 的农产品用于自家吃,36.0% 的农产品卖给收购商,26.2% 的农产品用于自销;种粮、种菜等专业大户将 51.5% 的农产品卖给收购商,19.3% 的农产品用于自家吃;农村合作社虽将 11.6% 的农产品用于自销,但有 36.5% 的农产品卖给收购商。这种比例分配导致家庭农场、农村合作社、种粮种菜专业大户的农户线上销售比例远远高于小农户。

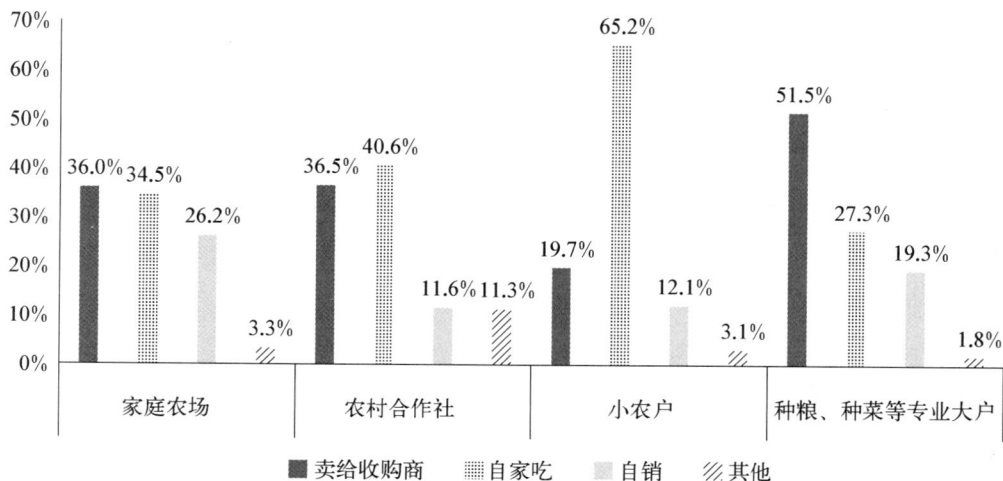

图 2-11　不同生产方式的务农农户生产农产品的主要用途占比情况

（3）地区性差异

由于农户所处的区位及生产条件等有较大区别，线上销售比例也受此影响。数据显示，东北地区和华北地区有超过 10% 的农户线上销售农产品。具体来看，东北地区线上销售的比例最高，为 10.8%；华北地区次之，为 10.1%；西南地区为 9.7%；西北地区为 9.5%；华南地区为 9.4%；华东地区为 8.9%；华中地区最低，仅为 7.3%。

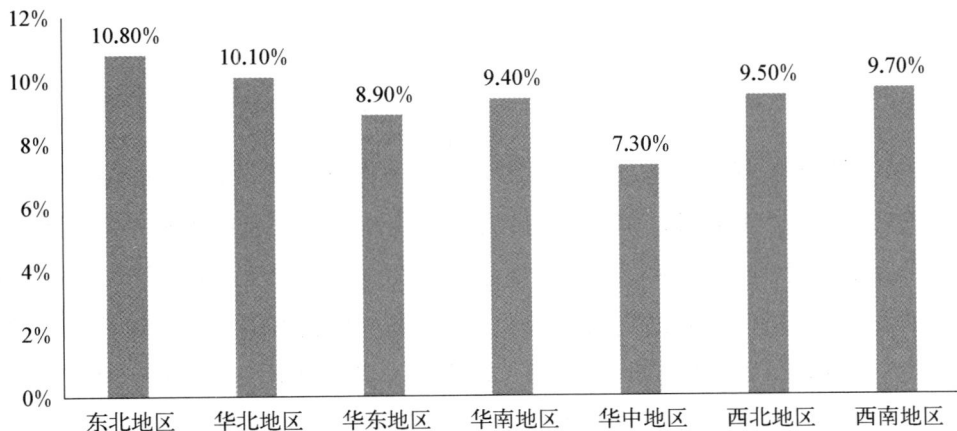

图 2-12 各地区农户线上销售农产品的比例情况

在数字经济背景下，产品生产、营销和消费之间的距离被拉近。同样，在农产品生产中，信息化、机械化的操作使农产品的生产成本越来越低，供应量又在不断加大，通过农产品直播电商营销，不仅效率高，而且形式新颖。于是，网络直播农产品的销售模式顺势而生。

2.2.3 数字经济与物流状况

（1）物流现状总括

基于当前的市场前景，农村电商正在逐步崛起。随着乡村振兴战略的推动，农村地区的电商平台和快递配送网络不断完善，为农村电商的蓬勃发展提供了有力保障。农户通过电商平台销售农产品，以专业的物流配送，将农产品迅速送达消费者手中，这不仅提高了农产品的销售效率，也为农户增加了收入。同时，电商平台为农村消费者提供了更多、更方便的购物渠道，满足了他们的消费需求。因此，下文重点关注当前村民对村镇发展物流业的期望以及各生产方式对物流发展的需求现状。图 2-13 是所有样本希望村镇发展物流产业的人数占比，其中希望村镇物流业发展的人数占比为 22.82%。

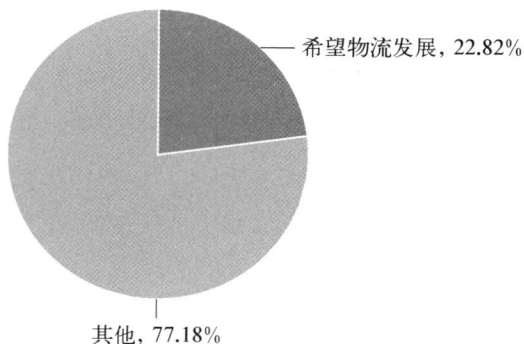

图 2 - 13　希望物流发展的人数比例

图 2 - 14 是所有样本中通过线上销售农产品和不通过线上销售农产品的两类人希望物流业发展的人数占比。其中,通过线上方式销售农产品的人群中,有 28.15% 希望村镇未来发展物流业,而从未通过线上销售农产品的人群中,也有 22.29% 希望村镇未来发展物流业。虽然通过线上销售农产品的村民更希望物流业得到发展,但二者差异并不显著,我们初步判断,这是因为物流的需求层面不仅包含生产销售,也包含购物需求。我们这里将主要讨论生产销售方面的物流需求,购物需求方面将在后文介绍。

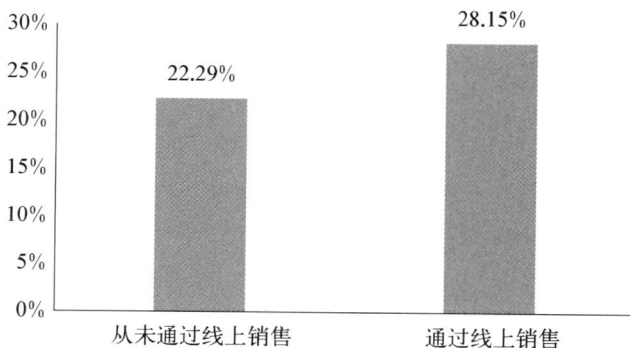

图 2 - 14　不同销售农产品方式人群希望物流发展的比例

(2)物流与农业生产

对于务农群体,从图 2 - 15 可以发现,27.73% 线上销售农产品的村民希望物流业得到发展,21.14% 从未通过线上销售的村民希望物流业得到发展。可见,对于务农群体,通过线上渠道销售农产品的村民对物流业发展的期望略高于仅通过线下渠道销售农产品的村民。

图 2 - 16 是务农群体不同经营方式人群希望发展物流业的人数占比。可以发现,务

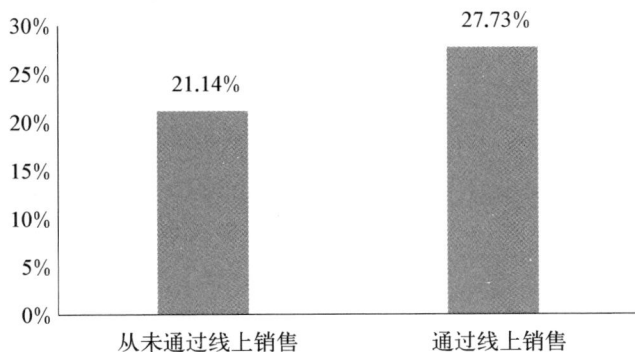

图 2-15　务农群体中不同销售农产品方式人群希望物流发展的比例

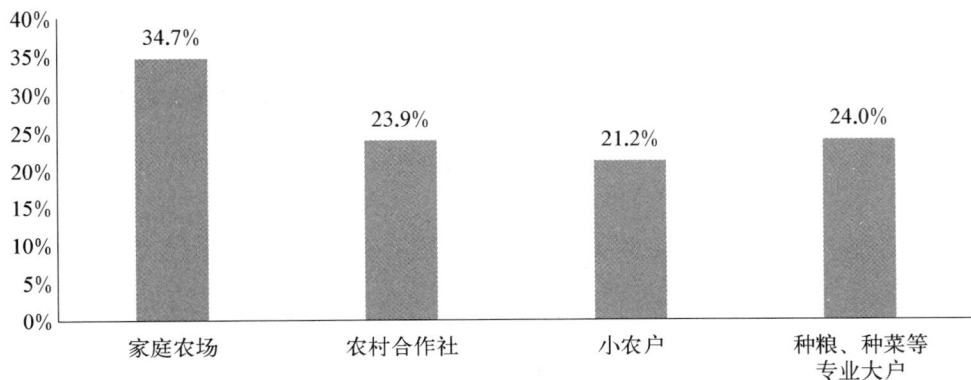

图 2-16　务农群体不同经营方式人群希望发展物流业的比例

农群体中,34.7％经营"家庭农场"的村民希望发展物流业,加入农村合作社的村民为34.7％,小农户为21.2％,种粮、种菜等专业大户为24.0％。初步得知,经营家庭农场的村民对物流业的需求最大,小农户对物流业需求最小。

　　图 2-17 展示了务农人群不同生产方式不同生产用途人群对物流业发展的需求。经营家庭农场的村民中,卖给收购商、自家吃、自销对物流需求的人数占比分别为31％、30％、47％;加入农村合作社的村民中,卖给收购商、自家吃、自销对物流需求的人数占比分别为29％、13％、26％;小农户卖给收购商、自家吃、自销对物流需求的人数占比分别为24％、20％、23％;种粮、种菜等专业大户卖给收购商、自家吃、自销对物流需求的人数占比分别为26％、18％、24％。这说明卖给收购商和自销的农户更需要物流业的支撑。

　　图 2-18 展示了务农人群不同生产方式使用线上与线下销售渠道的村民对物流业的不同需求。其中,经营家庭农场的村民中,29.86％的线下销售者希望物流业发展,50％的线上销售者希望物流业发展;加入农村合作社的村民中,21.11％的线下

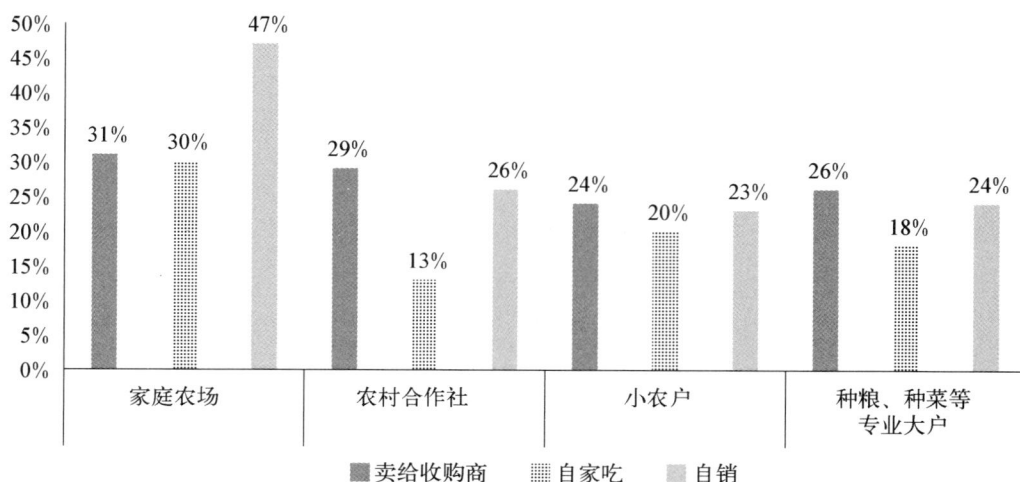

图 2-17　务农人群不同生产方式不同生产用途人群希望物流发展的比例

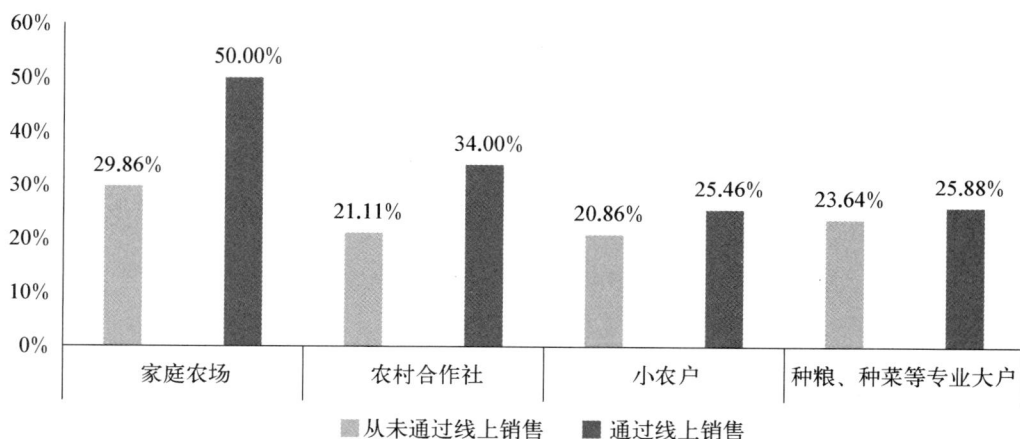

图 2-18　务农人群不同生产方式线上或线下销售人群对物流发展的需求比例

销售者希望物流业发展,34％的线上销售者希望物流业发展;小农户中,20.86％的线下销售者希望物流业发展,25.46％的线上销售者希望物流业发展;种粮、种菜等专业大户中,23.64％的线下销售者希望物流业发展,25.88％的线上销售者希望物流业发展。对于每种生产方式来说,都是线上销售者比线下销售者更希望发展物流业。

2.2.4　数字经济与农业经营性收入

（1）农户收入总括

本节讨论是否采用线上销售方式与农业经营性收入的关系。其中,需要注意的是,在各类农户中,部分人从事务农工作,部分人从事经商、务工工作,但这两类人群的农业经营性收入占比差别较大。经商或务工人群的农业经营性收入占比为 22.09%,工资性收入占比为 64.40%,其他收入占比约为 13%;务农人群的农业经营性收入占比为 41.09%,几乎是经商或务工人群的 2 倍,工资性收入占比为 41.09%,比经商或务工人群低约 20%,见图 2-19。因此,下文将讨论线上销售分别对经商或务工人群、务农人群的农业经营性收入的影响。我们还进一步将经商或务工人群分为从事农业经营领域与非农业经营领域人群两个类别。对于从事农业经营领域的经商或务工群体,主要考察是否采取线上销售方式对其农业经营性收入的影响;对于经营非农业产业的经商或务工群体,主要考察是否采取线上销售方式对其工资性收入的影响。由于农业经营性收入在对务农群体中比重较高,超过 40%,因此着重论述线上销售方式对务农群体的影响。

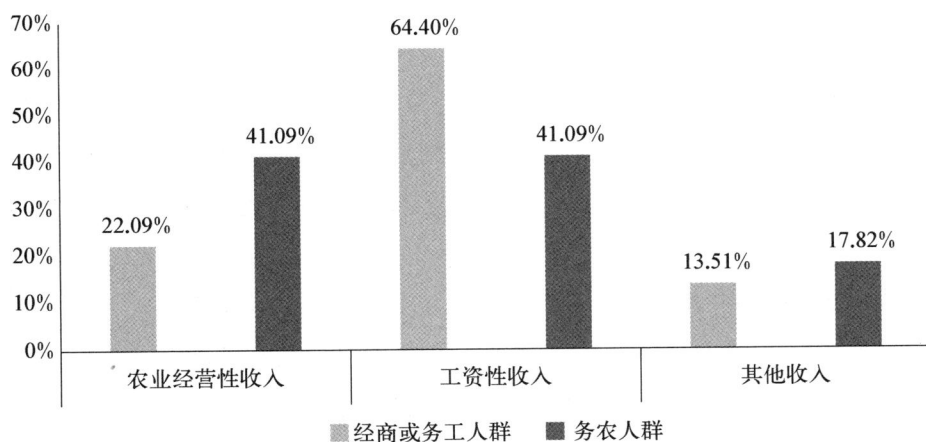

图 2-19 不同工作类型人群各类收入占比

图 2-20 展示了对于从事农业经营领域的经商或务工人群线上销售与其年均农业经营性收入的联系,以及从事非农业经营领域的经商或务工人群线上销售与其年均工资性收入的联系。

对于从事农业经营领域的经商或务工者而言,采取线上销售的年均农业经营性收入为 29 788.3 元,而从未采取线上销售方式的人群年均农业经营性收入为 7 353.76 元,比线上销售少 75.31%;对于从事非农业经营的经商或务工者而言,采取线上销售的年均工资性收入为 87 659.07 元,从未采取线上销售方式的年均工资性收入为 79 508.24 元,比线上销售少 9.30%。这说明无论是农业经营还是非农业经营,线上销售方式均对经商或务农者的平均收入有正向影响,其中对年均农业经营性收入的正向影响尤为

（元）

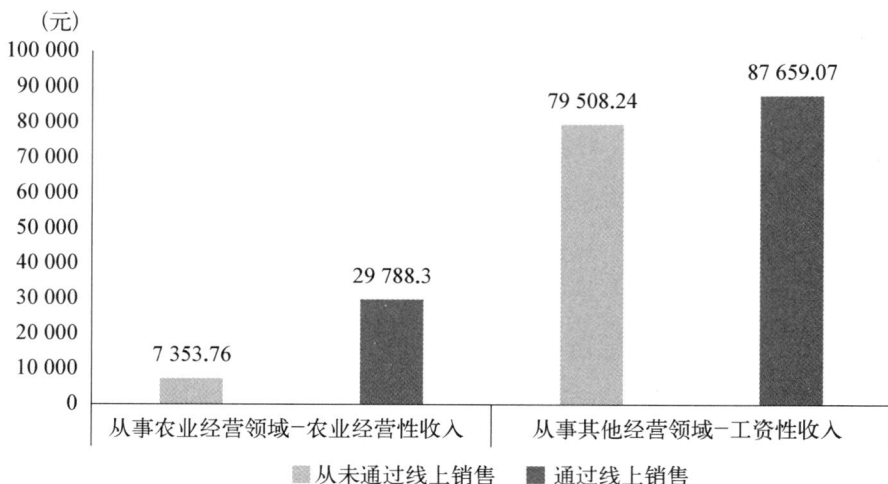

图 2 - 20　经商或务工人群不同销售方式与不同类型年均收入关系

显著。

上文已将本次调查涉及的 14 751 农户的主要从事工作,分为务农、务工、经商、退休和其他五个种类,本节讨论数字经济与农业经营性收入的关系,涉及经营性收入人群,因而只探讨从事务农工作的农户,对务工、经商、退休和其他不以农业劳动为主要收入的人群不做讨论。

（2）数字经济的使用现状

随着数字经济的发展,手机、电脑、平板等电子产品走入农村,抖音、快手、微信、QQ等各 App 在农户之间广泛流传。对使用数字工具的人群进行高、中、低三个级别的分类:高频率指每天使用手机或平板超过 2 小时并会使用电脑的人群,我们认为其可以较好地使用数字工具;低频率指每天使用手机或平板少于 2 小时且不会使用电脑的人群,我们认为其对数字工具了解极少;其余人群为中频率,我们认为其对数字经济有基本认知。在全样本数据中,45.50％的人使用数字工具频率居中,26.79％的农户高频率使用数字工具,27.71％的农户低频率使用数字工具,见图 2 - 21。

各地区使用数字工具的频率也有所不同。从全国来看,各地区使用数字工具中频率的人都占大多数,远高于使用数字工具高、低频率的人。其中,华东地区高频率使用数字工具的人占比最多,为 33％;华南地区紧随其后,为 31％;华北地区为 24％,华中、西北、西南地区均为 20％,东北地区最低,仅为 17％。

高频率使用数字工具人数比例在各地区间的差异,与农户人均年收入相似,我们进一步分析使用数字工具的频率与地区经济发展的联系。从数据中可以观察到,随着人均

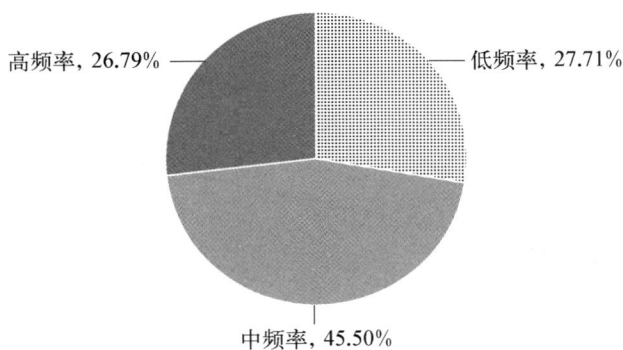

图 2 - 21　使用数字工具不同频率人数比例

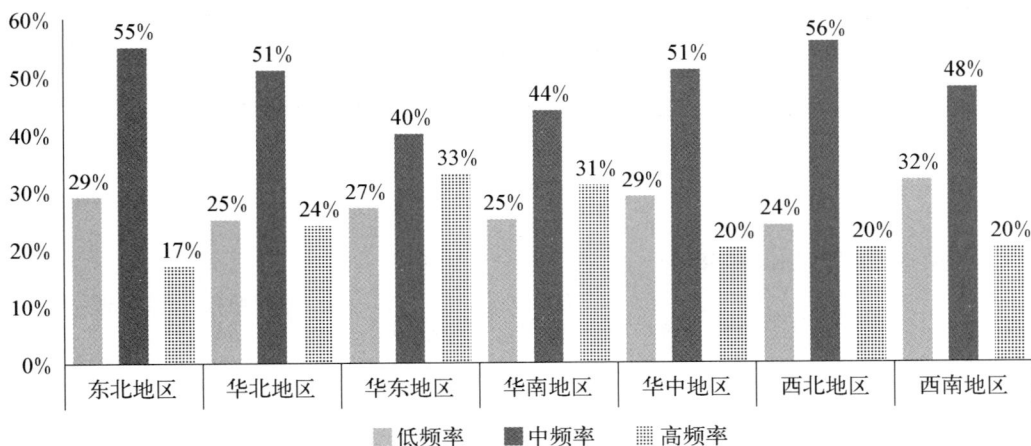

图 2 - 22　各地区使用数字工具不同频率人数比例

年收入的增加,高频率使用数字工具的人数占比也在上升,与上文的结论相互印证。分地区看,华东、华南地区的人均收入位居前二,相应的高频率使用线上工具的人数也位居前二,而东北地区的人均收入排名最末,高频率使用线上工具的人数也排名最末,见图 2 - 23。

（3）数字经济与农业经营收入

本次调查将农户收入划分为农业经营性收入、工资性收入、补偿补贴性收入和土地流转收入四类,进一步统计农户经营性收入的水平及经营性收入与总收入占比。

从收入来源角度看,第一产业（农业）依然占据着农村家庭经营性收入的主导地位。不少农村有大量老年居民,许多农民仍需要依赖农业生产以满足其基本生计需求。图 2 - 23 是务农人群的各类收入占比,从中可以看出,农业经营性收入占农户总收入的 41.09%,打工收入占农户总收入的 41.09%,补贴补偿性收入占农户总收入的 10.98%,

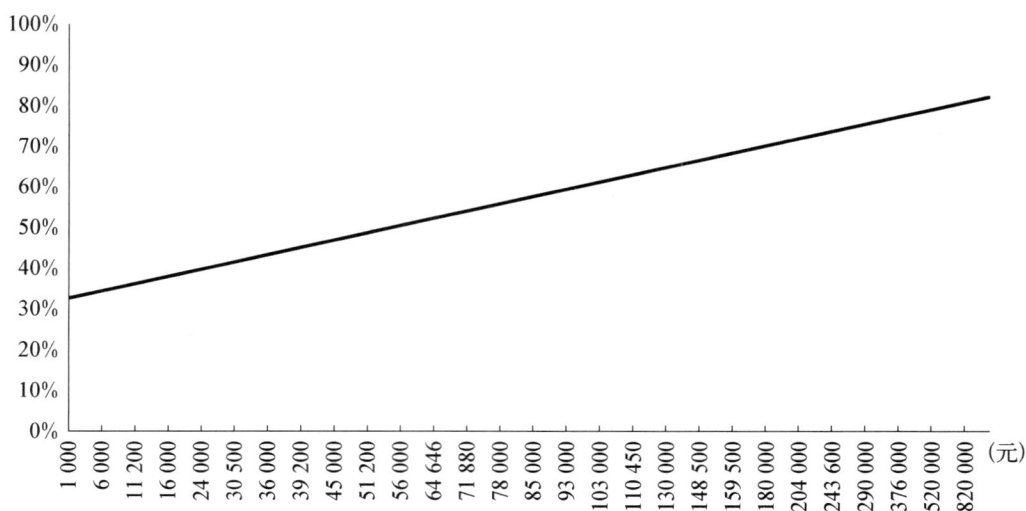

图 2-23 人均年收入与高频率使用数字工具人数关系

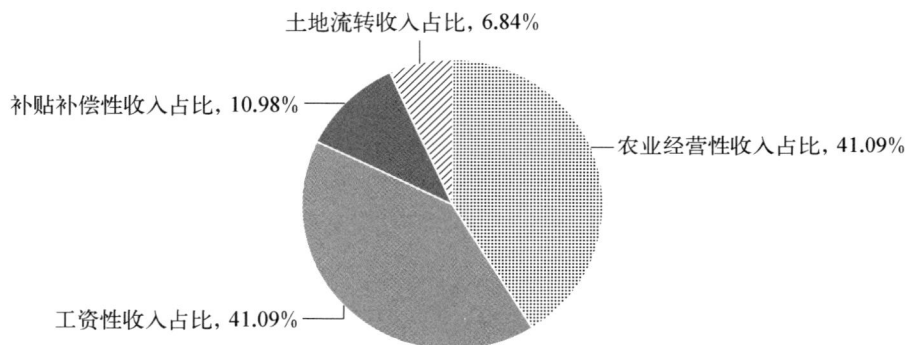

土地流转收入占比, 6.84%
补贴补偿性收入占比, 10.98%
农业经营性收入占比, 41.09%
工资性收入占比, 41.09%

图 2-24 务农人群各类收入比例

土地流转收入占总收入的 6.84%。这一数据有力地支持了农业经营收入是农村收入重要来源的观点。

因主要讨论数字经济与农户生产方式之间的关系,所以主要分析农户经营性收入的具体情况,不考虑打工性收入、补偿性收入和土地流转收入,以此刻画数字经济与农户生产方式之间的关系。

上述分析主要聚焦于农户家庭的整体情况,考虑到农户家庭农业生产方式方面的因素,进一步考察和分析不同农业生产方式农户的农业经营性收入情况。图 2-25 为务农人群不同生产方式下经营性收入占比情况,从数据中可以发现,由于农户的生产方式不同,农业经营性收入占总收入的比例也有着很大的差异。其中,种粮、种菜等专业大户的农业经营性收入占总收入的比例最高,为 52.84%;农村合作社略次之,为 49.64%;家庭农场为 47.70％;小农户最低,仅有 34.70％。这反映了农业经营性收入的提高对不同生产方式的农户有着不同程度的影响,对种粮、种菜等专业大户的影响最大,对小农户的影响相对较小。这与不同生产方式下线上销售的人员比例相互印证,正是因为不同生产方式的产业规模和产品用途不同,才导致了农业经营性收入占总收入的比例不同。

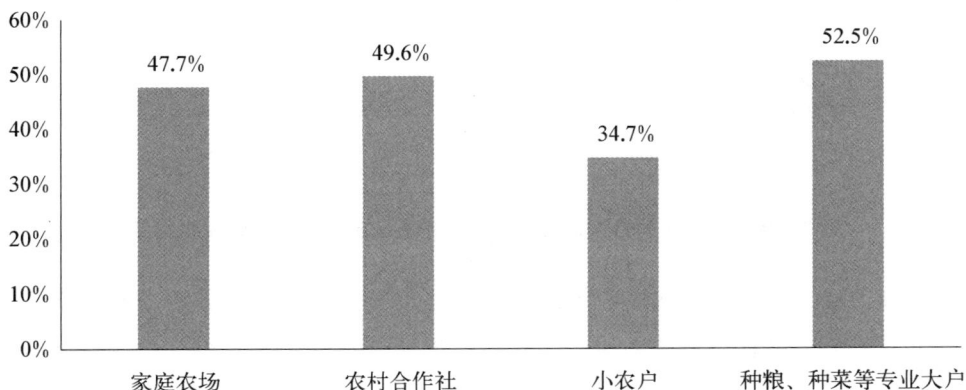

图 2-25　务农人群不同生产方式下经营性收入比例

　　线上销售带来了农户经营性收入的增加,结果显示,通过线上销售的农户人均年经营性收入为 47 846.67 元,从未通过线上销售的农户人均年经营性收入为 20 955.26 元,见图 2-26。随着直播电商行业市场规模的增加,直播电商用户规模正在逐年稳定增加。据相关数据统计[①],2021 年我国直播电商用户规模为 4.3 亿人,2022 年直播电商用户规模达 4.73 亿人,同比增长 10％,2023 年预计达 5.55 亿人。其中,农产品直播电商用户在不断增加,越来越多的消费者通过直播电商平台购买新鲜的农产品。同时,随着直播电商平台的广告宣传和用户口碑的传播,越来越多的新用户加入农产品直播电商用户群体中。2020—2022 年,电商平台累计直播场次由 2 400 万场增长到了 1.2 亿场,仅 700 多天的时间,电商直播场次翻了 5 倍,这也推动了电商直播成交额的迅速增长。数据显示,我国直播电商成交额由 2017 年的 268 亿元增长至 2021 年的 17 599 亿元,复合年均增长率达 184.7％。预计 2023 年我国直播电商成交额将达 30 159 亿元。随着网上销售农产品的用户规模不断扩大,以及网上销售农产品的成交额逐年攀升,通过线上销售的农户能够获得更多的经营性收入也成为必然趋势。

_____

① 网经社:《2022 年度中国直播电商市场数据报告》。

（元）

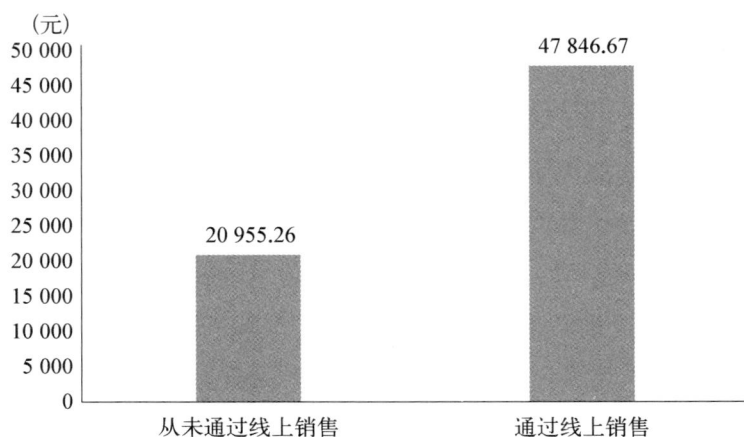

图 2 - 26　务农人群是否通过线上销售与人均农业经营性收入的关系

不同农业生产方式对线上销售的灵敏度也不同。如图 2 - 27 所示,家庭农场的农户通过线上销售的人均农业经营性收入为 70 054.05 元,未通过线上销售的人均农业经营性收入为 49 899.43 元;农村合作社通过线上销售的人均农业经营性收入为 90 671.03 元,未通过线上销售的人均农业经营性收入为 30 372.55 元;小农户通过线上销售的人均农业经营性收入为 34 087.21 元,未通过线上销售的人均农业经营性收入为 16 714.40 元;种粮、种菜等专业大户通过线上销售的人均农业经营性收入为 73 259.12 元,未通过线上销售的人均农业经营性收入为 47 565.72 元。

（元）

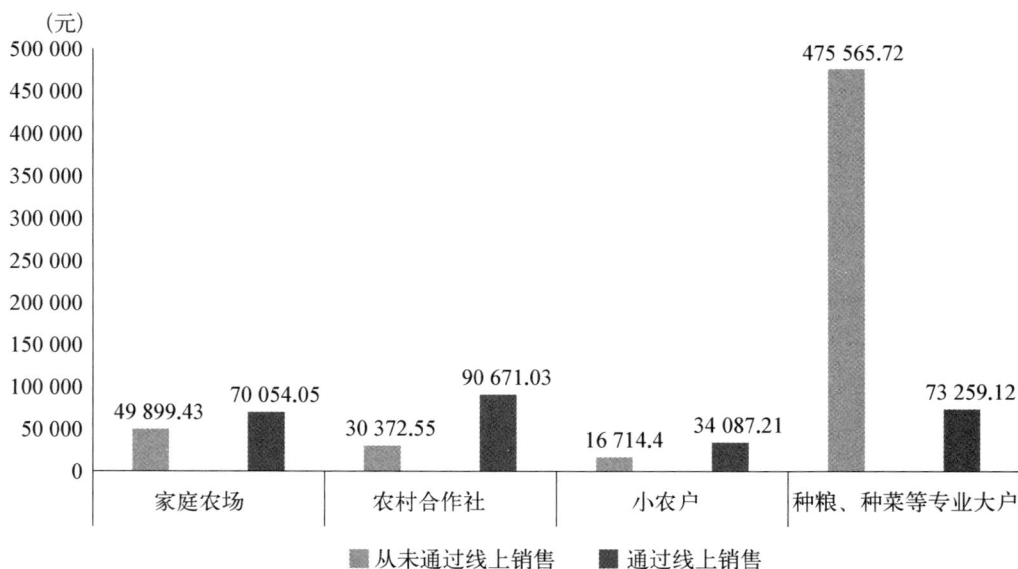

图 2 - 27　不同生产方式务农人群通过线上销售与人均农业经营性收入的关系

经对比发现,线上销售给农村合作社带来的农业经营性收入最多,线上销售提升了农村合作社 60 298.48 元的农业经营性收入;线上销售提升了种粮、种菜等专业大户 25 693.39 元的农业经营性收入;线上销售提升了家庭农场 20 154.63 元的农业经营性收入;线上销售带给小农户的农业经营性收入最少,仅为 17 372.81 元,见图 2 - 28。

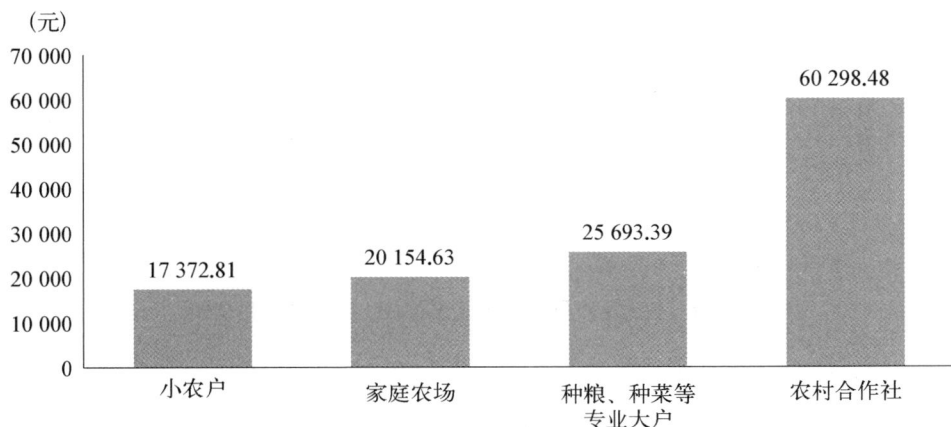

图 2 - 28 线上销售给不同生产方式务农人群带来的经营性收入增加

农业经营性收入占总收入的比例,在种粮、种菜等专业大户中比例最高,农村合作社和家庭农场次之,三者占总收入的比例均已超 45%,因而经营性收入对这三者非常重要,但数据显示,线上销售只是显著提高了农村合作社的经营性收入,而对种粮、种菜等专业大户及家庭农场的提升不大,这说明农村合作社对线上销售利用比较充分,而种粮、种菜等专业大户和家庭农场对线上销售的利用还有待开发。

不同的生产方式中,使用线上销售的人所占比例也不同。家庭农场通过线上销售的农户比例最高,占家庭农场总农户的 24.21%;农村合作社通过线上销售的农户比例次之,占农村合作社总农户的 21.74%;种粮、种菜等专业大户通过线上销售的农户比例为 18.09%;而小农户通过线上销售的农户比例最低,仅占小农户的 7.82%。

进一步分析,不同生产方式线上销售的人数占比随地区波动。在东北、华北、华南、西北地区,农村合作社通过线上销售的人数比例最高,分别为 17%、20%、29.5% 和 23%;在华东、华中、西南地区,家庭农场通过线上销售的人数比例最高,分别为 27%、18%、28%,见图 2 - 29。地域性区别显著,因此不同的地区应实行不同政策,呼吁农户通过建立线上销售渠道、开拓线上销售市场。

农村电商的快速发展对于农民增收起到了积极的推动作用。随着乡村振兴战略的不断推进,农村地区的基础设施逐渐完善,网络宽带覆盖率不断提高,为农村电商的发展

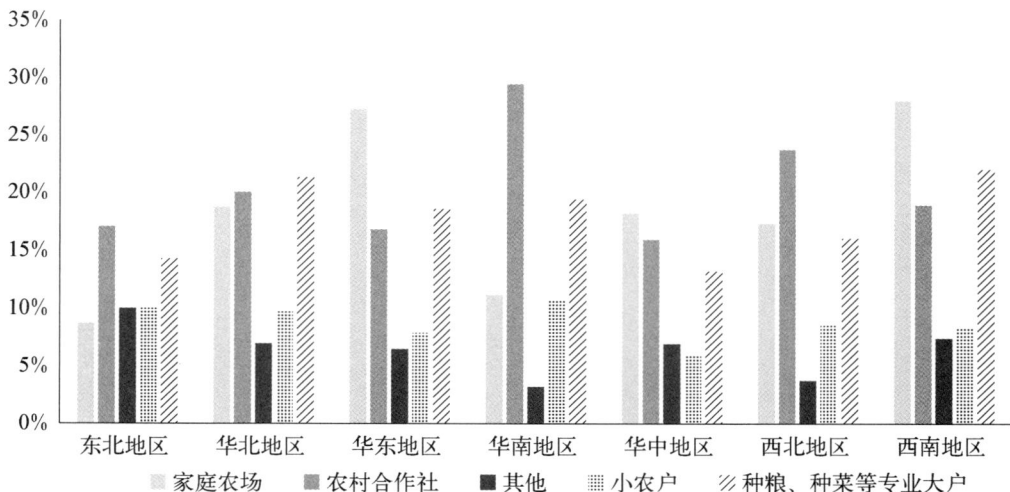

图 2 – 29　各地区不同生产方式通过线上销售的人群比例

提供了坚实的基础。农民通过电商平台可以更方便地销售农产品,同时也能够便捷地购买自己需要的商品。这无疑增加了农民的收入来源,提升了农民的生活水平。

农村电商的发展不仅能够带动农民个体收入的增加,还能够激发农村经济的活力。通过电商销售农产品,农民可以更好地将农产品直接送到消费者手中,去掉了中间环节,实现了商品流通的高效性。此外,电商的普及还带动了快递服务的发展,快递公司纷纷进入农村市场,为农村消费者提供了高品质、高效率的服务。可以说,农村电商的发展不仅提高了农民的收入,也为农村经济带来了新的机遇。

2.3　数字经济赋能生活方式

《"十四五"数字经济发展规划》已明确提出了"鼓励将数字经济领域人才纳入各类人才计划支持范围",各地也相继出台了培养和鼓励相关领域人才发展的具体措施,为地方数字经济发展打好人才基石。王超认为,《中华人民共和国职业分类大典(2022 年版)》中首次增加对数字职业的标识,反映了我国数字经济领域蓬勃发展的态势。"新增的数字职业符合数字经济时代的市场需求,为人们就业提供了更高、更广阔的发展空间。"

从产业迭代到个人生活,数字经济的快速发展,正在重新构建产业发展逻辑与核心竞争力,也在进一步推动一系列新场景、新模式、新生态不断产生。有理由相信,随着数字社会新形态的图景展开,我们的生活也正在被重构,思维方式和生活方式将经历前所未有的改变。

2.3.1　数字经济与消费方式

近年来,电子商务的不断创新发展,不仅改变了传统的交易方式,提高了资源配置效率,而且完善了消费环境,使得农村居民消费更为便捷、安全。随着互联网技术的发展与普及,农村地区也逐渐享受到了网络的红利。线上购物为农村居民提供了更便捷的购物方式,为农村经济的发展带来了新的机遇。

图 2-30 展示了各地区平均月均网购支出额度,全样本月平均数为 920.28 元,东北地区为 384.55 元,低于平均值 58%;华北地区为 576.60 元,低于平均值 37%;华东地区为 1 183.27 元,超过平均值 28.5%;华南地区为 974.88 元,超过平均值 6%;华中地区为 1 036.92 元,超过平均值 13%;西北地区为 517.94 元,低于平均值 44%;西南地区为 583.90 元,低于平均值 36.6%。华东、华南、华中地区的村民月均网购开销高于均值,其余地区显著低于均值。可见,网络购物在华东、华中、华南地区普及率较高,东北、华北、西北、西南地区网络购物的形式普及率较低。

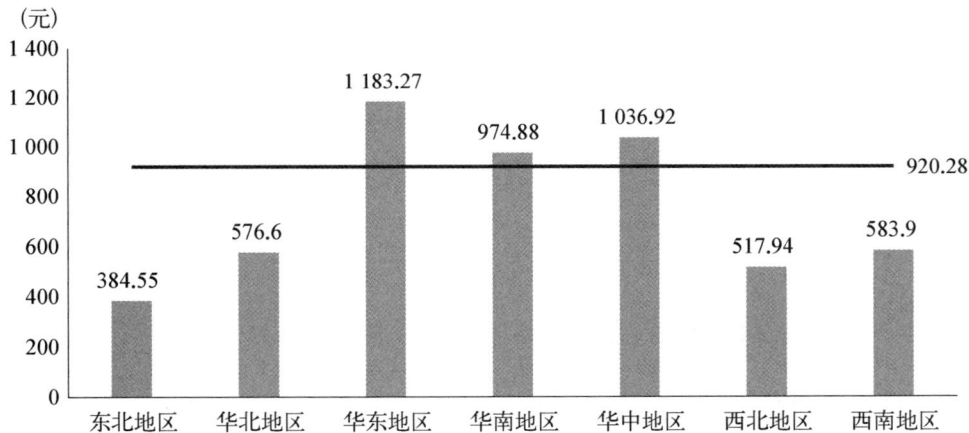

图 2-30　各地区平均月均网购支出额度

图 2-31 展示了各年龄平均月均网购支出的额度与月均网购支出占月均所有支出的比例。网购开销金额与支出占比最大的年龄段集中在 24~46 岁,大多为 1 000~2 500 元。其中较为突出的是,34 岁人群的月均网购开销约为 6 400 元,同时该年龄段月均网购开销占总支出比例最高(约为 7%)。可见,年轻人和中年人是网购的消费主力,其余年龄段人群月均网购支出为 1 000 元以下,65 岁及以上老人虽然月均网购开销小于 500 元但仍会参与线上购物。

图 2-32 是低网购支出水平和高网购支出水平人群希望村镇发展物流业的人数占

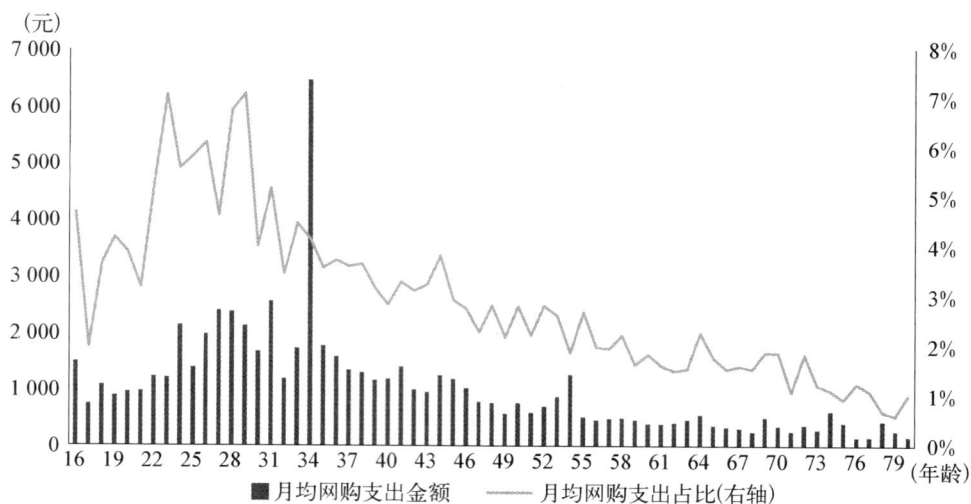

图 2-31　各年龄平均月均网购支出额度与网购支出占比

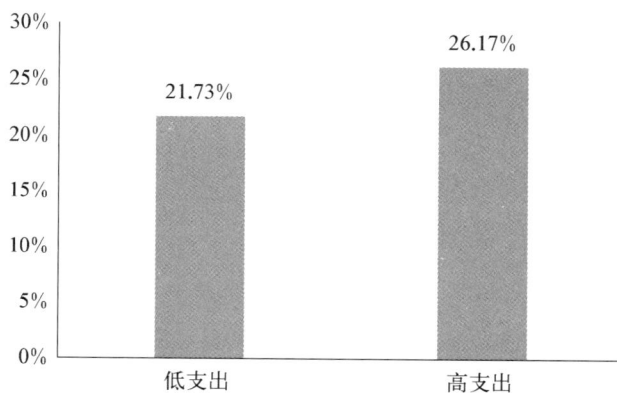

图 2-32　高、低网购支出人群希望发展物流业人数比例

比。我们将月均网购支出低于均值（920.28 元）的人群定义为"低支出"人群，将月均网购开销高于均值的人群定义为"高支出"人群。21.73%的低支出人群希望发展物流业；26.17%的高支出人群希望物流业得到进一步发展。

电子商务的发展提高了农村地区居民消费的水平，完善了农村居民消费结构。因此，研究电子商务对农村居民消费水平和结构的影响，可以更好地发挥消费在经济增长中的关键作用，具有一定的现实和理论意义。

2.3.2　数字经济与组织方式

本节介绍村镇管理组织方式与数字经济的关系，以总体和分地区的顺序介绍各类管理组织关系与数字经济的联系。

图 2-33 展示了村镇总体是否采用手机软件进行评比投票的情况。其中,28.88%的人所在村镇采用线上投票的评比方式,41.37%的人所在村镇未采用线上投票的评比方式,29.75%不清楚所在村镇的评比方式。

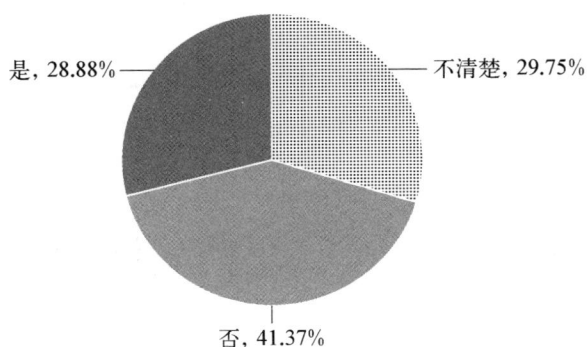

图 2-33 "村镇是否采用手机软件进行评比投票"的情况

分地区看,村镇未采用线上评比方式的人群各地区占比都最大,其中,东北地区为52%,华北地区为 51%;采用线上评比方式人群占比,西北地区最多,达 36%,华东地区为 31%,东北和华中地区分别为 28%和 27%。线上评比方式的透明度中,东北地区最高,仅 20%的村民不清楚所在村镇是否采用线上评比;华东地区较低,有 32%的村民不清楚所在村镇是否采用线上评比方式。

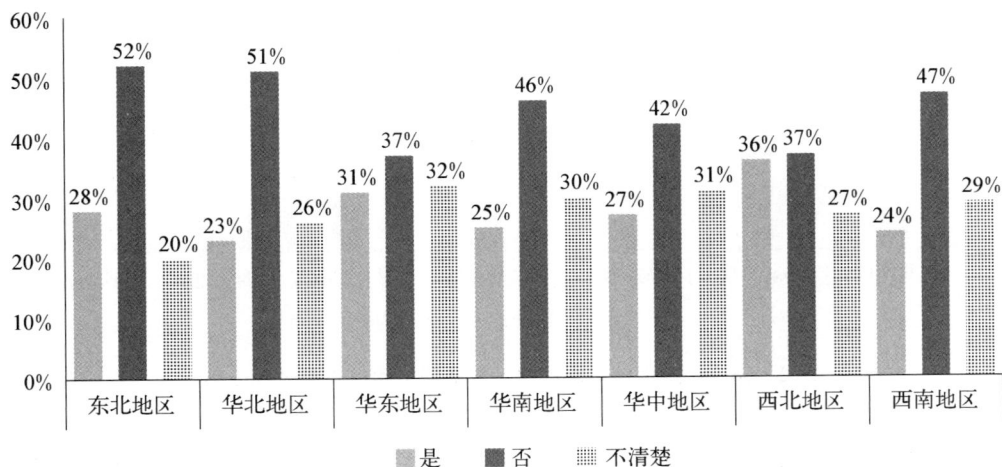

图 2-34 各地区"村里举办评比活动时是否采用手机软件进行投票"的情况

图 2-35 展示了总体使用本地在线政务服务网络平台的频率情况,40.12%的村民高频使用所在村镇的在线政务平台,19.46%的村民低频使用此类平台,40.42%的村民不使用此类平台。

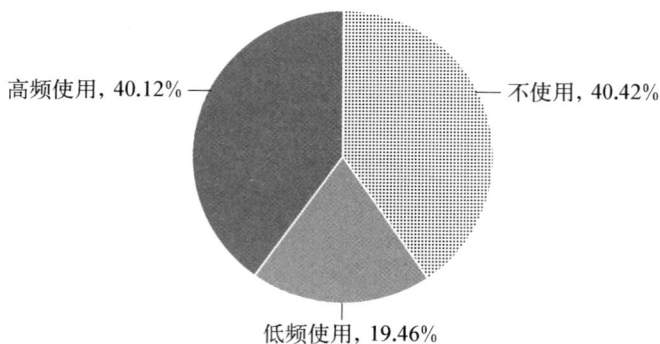

图 2‑35 使用本地在线政务服务网络平台频率占比

图 2‑36 展示了各地区村民使用本地在线政务服务平台的频率情况,各地区高频使用网络平台的村民占比均较为可观。按占比由高到低排序,华东地区为 46%,华南地区为 40%,华北地区为 37%,西北地区为 36%,东北地区和华中地区为 34%,西南地区为 32%。然而,所在村镇不采用线上政务服务平台的人群占比也较高,其中,西南地区为 49%,东北地区为 47%,华东地区为 35%。

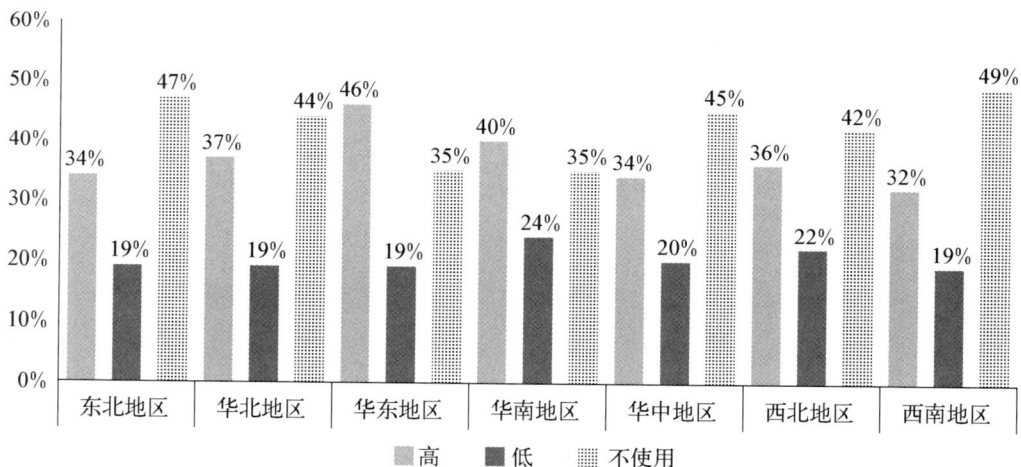

图 2‑36 各地区使用本地在线政务服务网络平台效率比例

华东地区"不清楚"自身所在村镇是否采用手机软件进行评比投票的人数占比在各地区中最大,达 32%,仅 35% 的人不使用线上政务平台。这说明这些村镇应在政务平台上公布评选方式,以增大评选方式的透明度。

图 2‑37 展示了人们"更喜欢使用的政务应用软件占比"的总体情况。其中,更喜欢使用微信小程序的人数占比最大,达 42.42%;其次为公众号,占比为 20.72%。仅

3.92％的人愿意使用网页。分地区看,不同地区也有相同趋势,各地区喜欢使用微信小程序的人数占比均最大,偏好使用网页的人数占比均最小,见图 2 - 38。

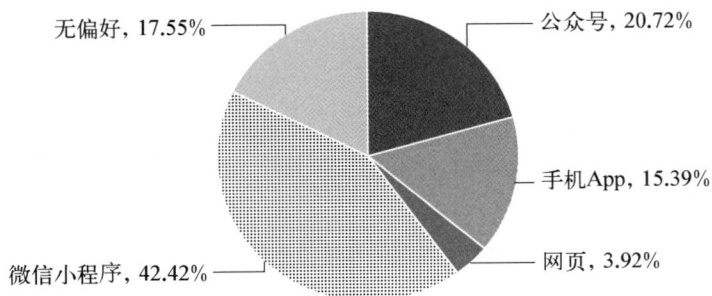

图 2 - 37　更喜欢使用的政务应用软件总体比例

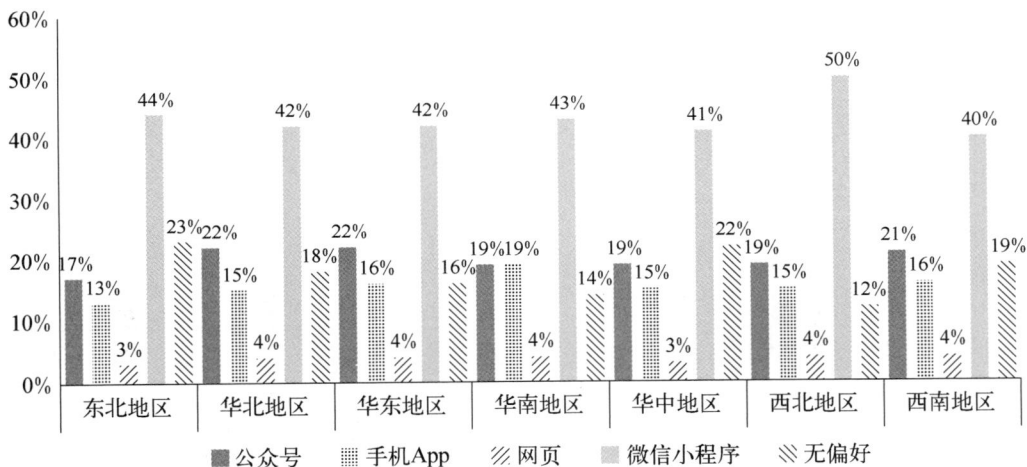

图 2 - 38　各地区更喜欢使用的政务应用软件总体比例

　　图 2 - 39 展示了人们认为当前村务信息管理系统存在的问题的情况。总体而言,20.97％的人认为当前村务信息系统无问题,10.69％的人认为该平台有用信息少,7.08％的人认为操作烦琐,7.02％的人认为交互功能少,2.39％的人认为该系统占用太多时间,见图 2 - 39。因此,建议村镇政府及时在村务信息管理系统更新村民关注的信息,并简化系统操作流程。同时,仍有 51.13％的人反映所在村镇无相关系统,说明村镇还需要进一步普及其信息管理系统或及时创建此类系统。分地区看,华南地区超过60％的人所在村镇无信息管理系统,东北、华北、华东和华东地区认为村务信息管理系统没有任何问题的人占比高于其他地区,说明该地区村民对村务信息管理系统更满意,见图 2 - 40。

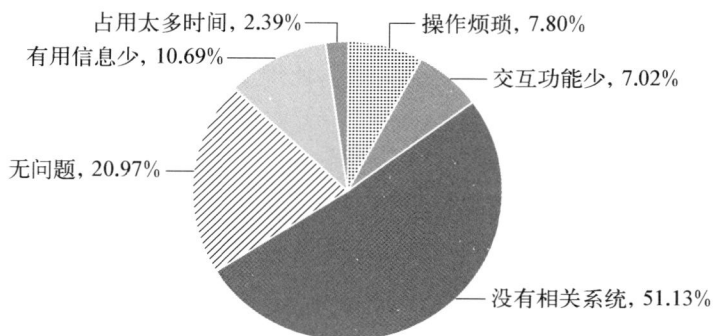

图 2-39 认为当前村务信息管理系统存在的问题总体比例

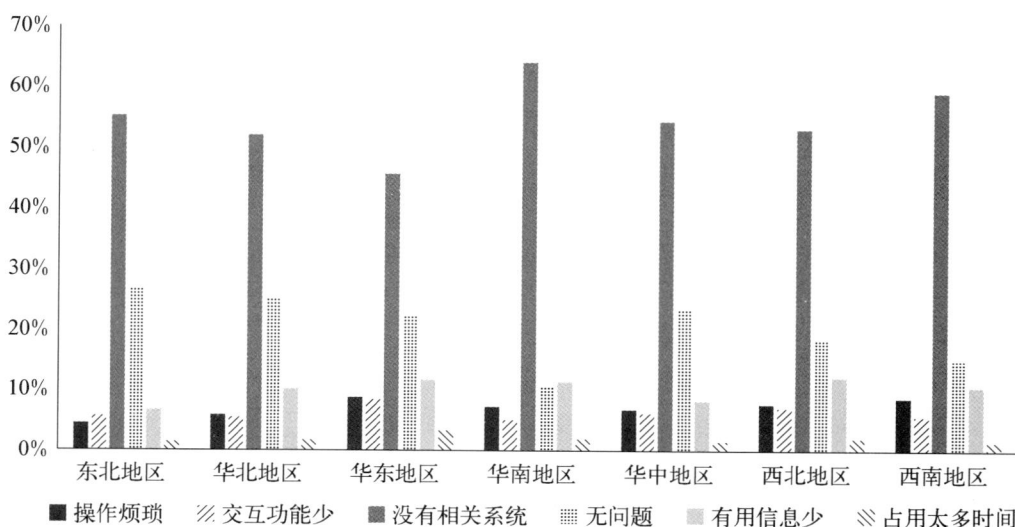

图 2-40 各地区认为当前村务信息管理系统存在的问题比例

图 2-41 展示了村民对县级以上政府政务应用平台满意度的总体情况。其中，65.65%的村民对县级以上政务平台满意，仅 1.56%的村民对此表示不满意，有 32.79%的村民不使用县级政府政务应用平台。

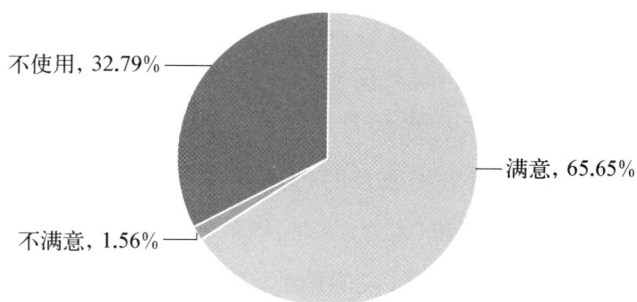

图 2-41 对县级以上政府政务应用平台满意度分布总体情况

图 2 - 42 展示了各地区对县级以上政府政务应用平台的满意度。其中,华东地区村民对县级以上政府政务应用平台满意度最高,满意人数占比达 72.12%,华南地区占比为 71.15%,西北地区占比为 67.09%,华中地区占比为 61.53%,东北、西南和华北地区占比分别为 57.60%、55.12%、53.22%,所有地区的占比均大于 50%。同时,华东和华南地区县级以上政府政务应用平台使用率最高,分别为 73.44% 和 73.21%;华北和东北地区使用率较低,分别有 45.84% 和 40.33% 的人不使用政务平台。

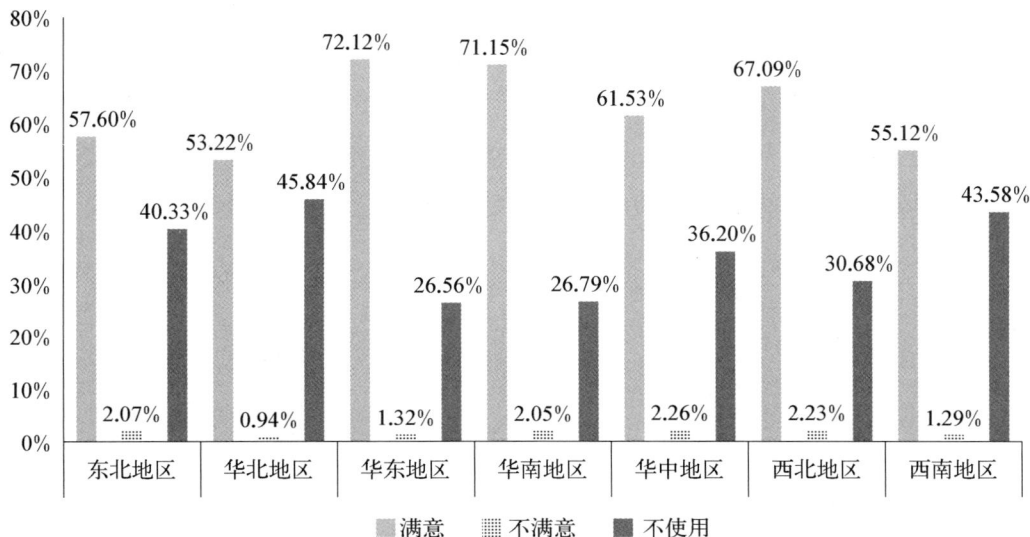

图 2 - 42　各地区对县级以上政府政务应用平台满意度分布情况

政府政务在线平台通常公布政策法规、公共服务信息、行政机构信息、政务信息等,我们分析高频使用线上政务平台的人是否能获取更多有助于经营的信息。

图 2 - 43 展示了通过网络获取农业政策补贴人群的政务平台使用频率占比。在通过网络获取农业政策、补贴信息的人群中,45.90% 是高频率政务线上平台使用者,

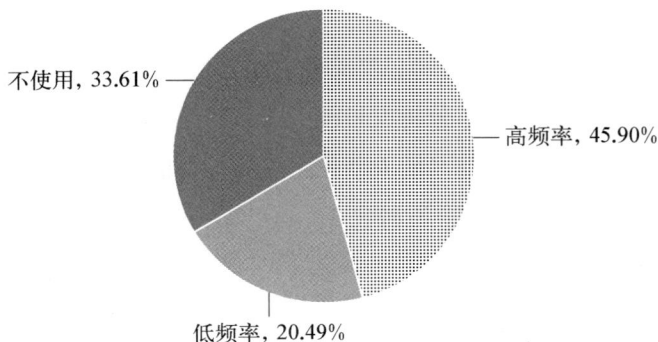

图 2 - 43　通过网络获取农业政策补贴人群的政务平台使用频率比例

20.49%是低频率政务线上平台使用者,33.61%是不使用政务线上平台的人。有更大比例的人群是高频率政务线上平台使用者,不过未通过政务平台获取相关农业政策、补贴信息的样本比例也不小,说明该村可能有其他有效的方法可以通过线下的方式通知农户农业政策的相关信息,也侧面反映当前农村信息传递渠道的健全。

图 2-44 展示了从事农业经营产业的劳动力对县级以上政府政务应用平台满意程度与其对应的年均农业经营性收入。其中,对县级以上政府政务应用平台满意者的年均农业经营性收入是 17 650.99 元,不满意者年均农业经营性收入是 16 320.80 元,相较满意者年均农业经营性收入低 7.54%;不使用该平台者年均农业经营性收入为 14 361.29元,相较满意者年均农业经营性收入低 18.64%。这说明对政务线上应用平台满意程度越高,对农户的农业经营收益益处越大,因此,各县级以上政府应有侧重地增强政务线上应用平台的功能,增大普及率,以提升当地村民农业经营收益,带动全村走向富裕。

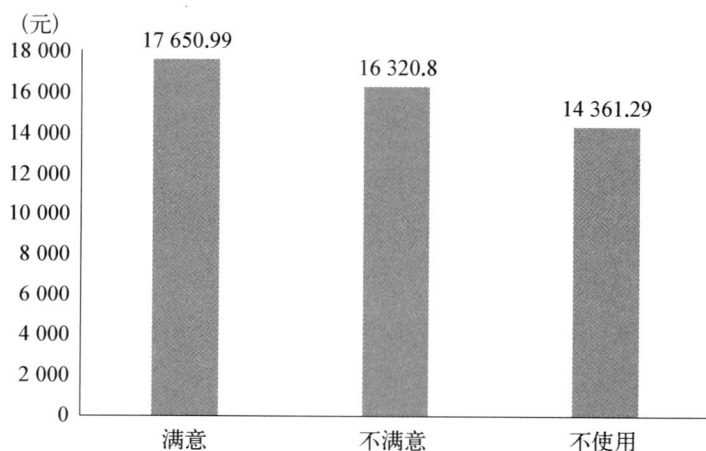

图 2-44 各县级以上政府政务应用平台满意程度对应年均农业经营性收入

2.3.3 数字经济与网络金融

金融手段是人们进行生产生活的必要支柱。随着数字经济的发展,金融手段的形式也更为多样,带来更多便利。本节分析农村线上贷款情况、用途以及发展前景。

在 16~80 岁的村民中,51.76%的人使用手机银行功能,48.24%的村民并未使用过手机银行功能。其中,使用该功能的村民中,44.33%的进行支付、缴费、转账、理财,7.31%的进行账户查询,见图 2-45。

图 2-46 展示了 16~80 岁村民总体贷款用途情况。所有村民中,81.53%的人没有贷款;有贷款村民中有 8.32%将贷款用于生产需求、6.39%的村民将贷款用于生活需

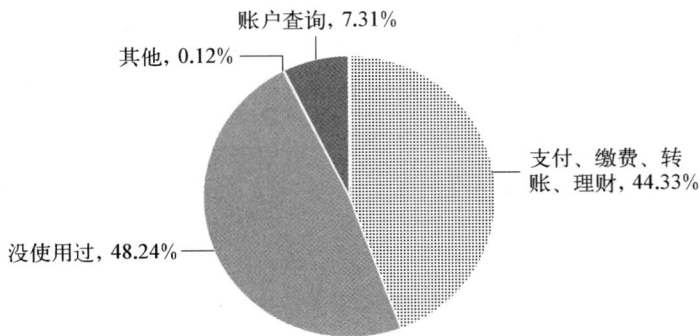

图 2-45　总体手机银行功能使用情况

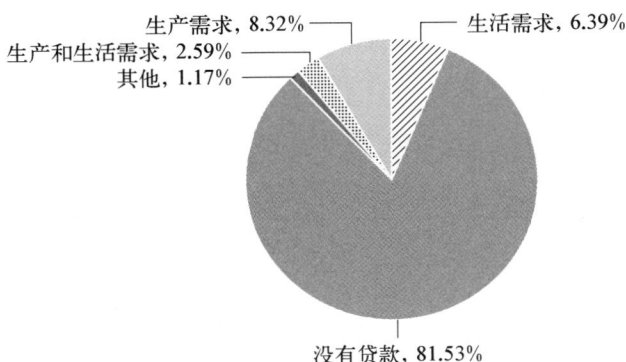

图 2-46　总体贷款用途分布情况

求、2.59%的村民将贷款同时用于生产和生活需求。这说明农村参与贷款业务的人数占比较少,而参与贷款业务的村民大部分将钱款首先用于生产,其次才用于生活。

图 2-47 展示了 16~80 岁村民中参与贷款的人线上贷款金额占贷款金额总额的比例。49.24%的贷款者线上贷款金额占贷款总额的 30%以下,20.53%的村民线上贷款占比为 30%~50%,30.23%的村民线上贷款占比为 50%以上。可见,线上贷款金额占比总体较为可观。

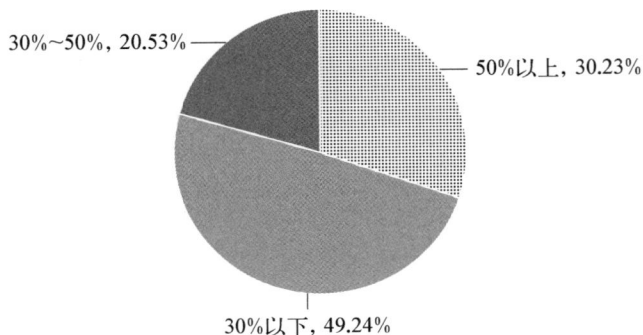

图 2-47　线上贷款金额占总贷款金额百分比总体分布情况

将贷款用于满足生产需求的人群中,线上贷款金额占比为 30% 以下的最多,其次为线上贷款金额占比 50% 以上的人;在线上贷款比例为 50% 以上的人中,将贷款用于满足生产需求的更多。这说明,人们更愿意为了满足生产需求而进行贷款,村镇应扩大线上贷款的普及率,让更多村民可以参与方便快捷且便于追踪的线上贷款方式。

表 2 - 1　　　　　　　　　　各类需求线上贷款人数比例

	30%以下	30%~50%	50%以上	总　　计
生产需求	22.05%	10.76%	12.88%	45.68%
生活需求	16.20%	5.44%	11.69%	33.33%
生产和生活需求	11.42%	4.65%	4.91%	20.98%
总　　计	49.67%	20.85%	29.48%	100.00%

2.4　警惕数字经济"陷阱"

任何事情的发展都不可能尽善尽美,数字经济在给生产生活带来飞跃的同时,也带来了许多新型陷阱,网络可以造就人才,也可以毁灭前途;网络可以带来信息便利,也可以贩卖信息威胁人身安全;网络可以带来接触世界的新渠道,同时也会携带新型陷阱走入我们的世界。农户如何正确利用数字经济,面对新型数字经济问题的解决途径,是本节所要讨论的内容。

2.4.1　农户人口结构总览

(1)农户学历总括

农户平均学历是农村发展的重要推动力,本次调查将农户学历分为小学以下、小学毕业、初中/中专毕业、高中/职高毕业、大专毕业、本科及以上六类。全国样本中,37.71% 的农户学历为初中/中专毕业,19.81% 的农户仅上了小学,15.96% 的农户毕业于高中/职高,10.43% 的农户是大专毕业生,本科及以上的农户占比只有 7.80%,8.29% 的农户没有上过小学。由此可以看出,农户的平均学历较低,对数字经济发展适应度效果不理想,对数字经济的陷阱极有可能没有防范心。

不同地区农户的学历有较大的地域性差异。分地区看,华东、华南地区本科及以上

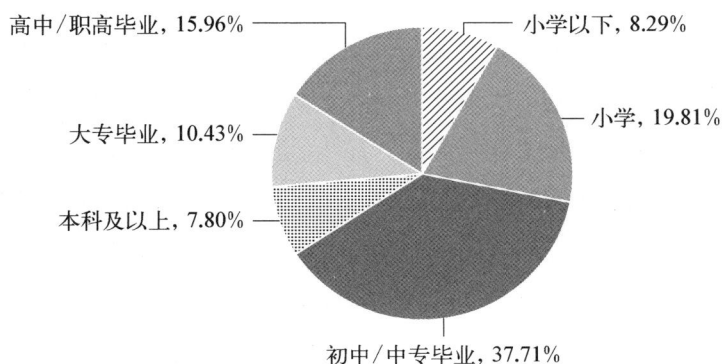

图 2‑48　全国农户不同学历比例

的农户人数占比较高,分别为 10.34％和 8.85％;西南地区次之,为 6.12％;西北地区、华中地区、华北地区农户本科及以上的农户人数占比也均高于 5％,分别为 5.20％、5.13％和 5.10％;东北地区本科及以上的农户人数占比仅有 3.59％,见表 2‑2。

表 2‑2　　　　　　　　　　　　　　　　各地区农户学历分布

	本科及以上	大专毕业	高中/职高毕业	初中/中专毕业	小学毕业	小学以下	总　计
东北地区	3.59％	4.97％	15.06％	44.89％	24.59％	6.91％	100.00％
华北地区	5.10％	7.14％	18.60％	46.78％	16.48％	5.89％	100.00％
华东地区	10.34％	13.00％	15.32％	35.49％	18.08％	7.76％	100.00％
华南地区	8.85％	13.59％	18.46％	37.56％	16.03％	5.51％	100.00％
华中地区	5.13％	8.06％	20.53％	39.79％	18.32％	8.17％	100.00％
西北地区	5.20％	7.28％	16.34％	41.01％	20.88％	9.29％	100.00％
西南地区	6.12％	8.81％	11.39％	32.89％	28.16％	12.64％	100.00％
全国总计	7.80％	10.43％	15.96％	37.71％	19.81％	8.29％	100.00％

（2）农户年龄总括

年龄是数字经济发展的一大驱动力。2021 年 5 月 11 日第七次人口普查数据对外公布,数据显示,目前我国 60 岁以上老年人的人数已经达到了 2.6 亿,约占全国人口总量的 18.7％,比 2010 年高了 5.44 个百分点,其中,65 岁以上的老年人总数约为 1.9 亿,约占全国人口的 13.5％。

从全样本看,98.04%的样本为劳动力①,劳动力样本中又有27.76%的人已超60岁。因此,我们认为此次调研的农村集合的人口老龄化严重,年轻劳动力占比较少。从供给方面看,劳动力供给的短缺将引发劳动力成本上升。由于劳动力是最重要的生产要素,这种劳动力成本的上升势必会传导到产品上,会大幅削弱产品的生产销售。尤其是对于中国这种曾经依托"人口红利"而长期拥有低劳动成本的国家而言,这种冲击可能更严重。从需求方面看,老龄化会对消费产生巨大的挤出,消费欲望的下降导致以数字经济带动农村生产生活的发展蓝图不能得到很好的实施。

进一步分析,在不同地区之间劳动力人口的平均年龄有着较大的差异。东北地区平均年龄为52.9岁,是最高的地区;华中、华北、华东地区均超过50岁,分别为51.5岁、50.9岁和50.7岁;西南地区为49.8岁;西北地区为48.5岁;华南地区最低,为48.1岁,见图2-49。

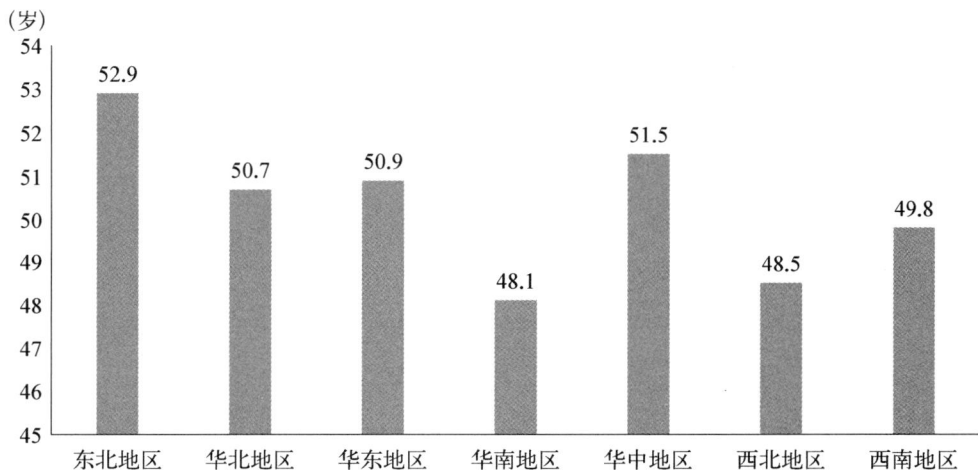

图2-49 各地区劳动力人口平均年龄

2.4.2 数字经济带来的"系列反应"

(1)总体概括

低学历与高年龄的农村人口结构,更应该让我们意识到,只关注数字经济带来的发展是远远不够的,要关注数字经济带来的负面影响,助力农村适应数字经济,避免造成农村的"逆向发展"。

在全样本数据中,70.54%的人认为网络带来了正面影响,包括方便人际沟通与联系、拓宽交往的内容与范围、改变传统交往的方式、带来大量商业信息、带来用工信息及

---

① 劳动力定义为就业人口与失业人口的总和,年龄定义为16岁至80岁。

便于从事经营活动;3.55%的人认为网络带来了负面影响,如占用太多时间、孩子沉迷电子产品、减少了家庭的沟通,见图 2 - 50。

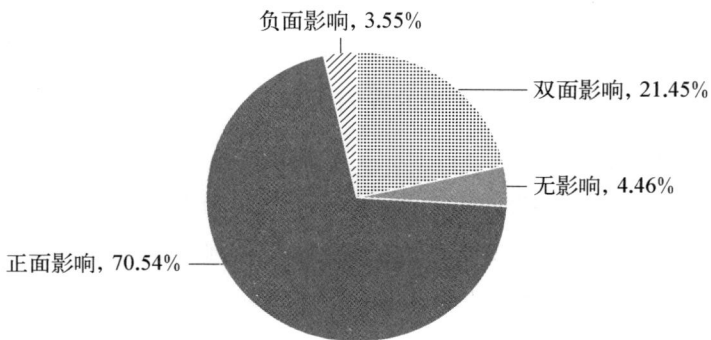

图 2 - 50　全国网络影响

不同年龄段人认为网络带来的影响有所不同。数据显示,随着年龄的增长,认为网络带来正面影响的农户比例不断下降,74.98%的 16~29 岁人群认为网络带来了正面影响,73.39%的 30~50 岁人群认为网络带来了正面影响,67.59%的 51~80 岁人群认为网络带来了正面影响;而认为网络带来负面影响的农户在不断上升,16~29 岁人群为1.80%,30~50 岁人群为 1.90%,51~80 岁人群为 5.05%,见图 2 - 51。究其原因,可能是老年人对电子产品的需求少、利用效率低,导致认为网络带来的正面影响人数的比例降低;也可能是老年人受网络危害(如家人子女陪伴的减少、社会对老年人的抛弃)的增加,导致老年群体对网络的满意度降低。

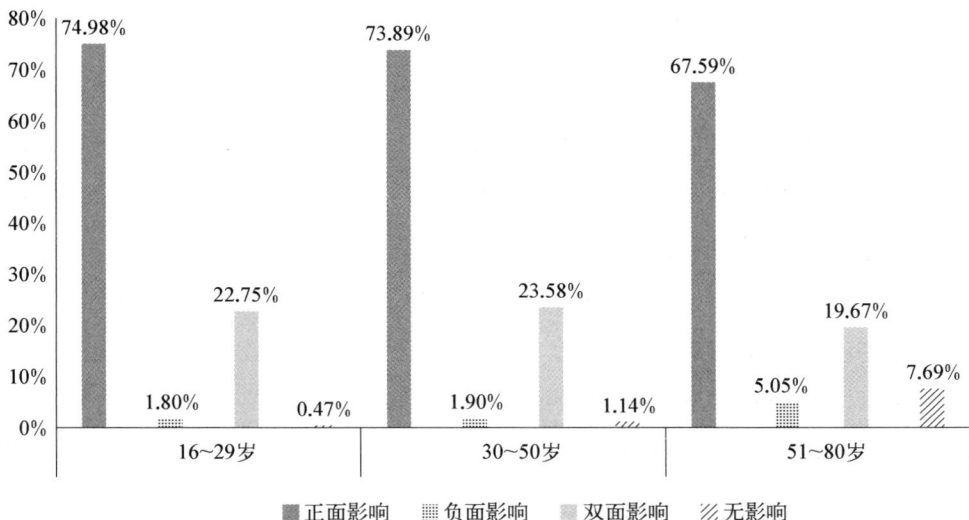

图 2 - 51　不同年龄段下网络影响人群占比

"互联网＋"时代,共享单车、快递驿站、美食外卖平台以及网约车等新生事物,为我们的衣食住行提供了许多方便,显著地提高了我们的生活水平。但与此同时,绝大部分老年人由于不会或者不善于使用智能手机,难以享受智能化带来的方便快捷,甚至不得不面对很多不便。时代在发展,人人都会老。"互联网＋"时代,强化对老年人更多关爱,不单单是关爱弱势群体,更是关爱未来的我们。

2. 处理问题能力

在遇见网络问题时,处理能力的高低是影响数字经济在农村发展的重要原因。当农户在使用网络中遇到问题时,12.38％的人表示可以很强地处理好问题,32.46％的人表示处理问题的能力一般,43.08％的农户表示处理问题的能力较弱,还有12.09％的人表示不使用或没有遇到过问题,见图2-52。这充分说明农户处理网络问题的水平远远不够支撑数字经济的发展,如何提升网络问题处理能力是当下农村数字经济发展的重要问题。

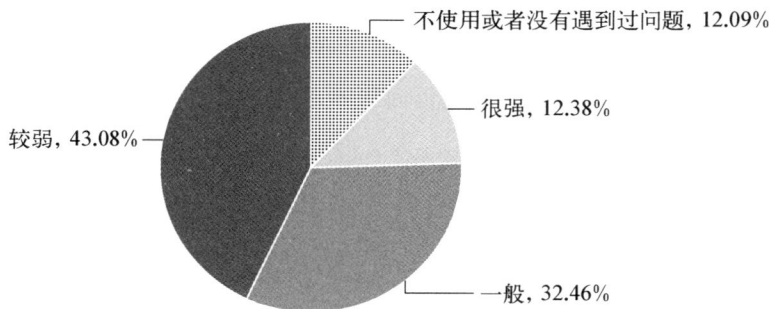

图 2-52 全国农户处理网络问题能力比例

深层次分析,各地区农户在遇见网络问题时的处理能力也有所不同。华东、华南地区的处理能力明显高于其他地区,华南地区有17％的人表示处理网络问题的能力较强,34％的人表示处理网络问题的能力弱;华东地区有13％的人表示处理网络问题的能力较强,40％的人表示处理网络问题的能力较弱;东北、华北地区均有11％的人表示处理网络问题的能力较强,46％的人表示处理网络问题的能力较弱;在华中地区有10％的人表示处理网络问题的能力较强,46％的人表示处理网络问题的能力较弱;西北地区中有13％的人表示处理网络问题的能力较强,47％的人表示处理网络问题的能力较弱;西南地区有10％的人表示处理网络问题的能力较强,50％的人则表示处理网络问题的能力较弱,见图2-53。

提升农户处理网络问题的能力,有助于农户更好地利用数字经济带来的能量,减少

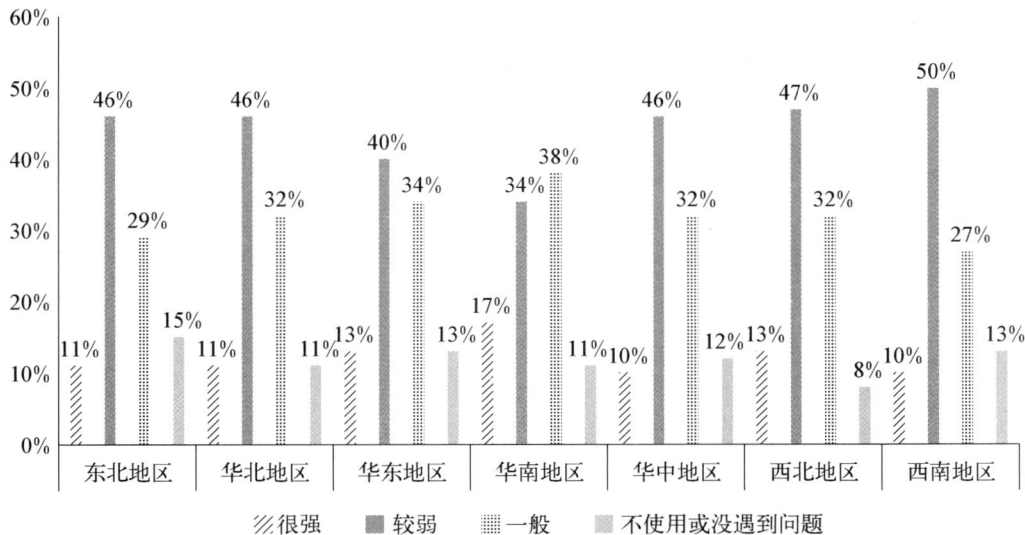

图 2 - 53　各地区农户处理网络问题能力比例

数字经济给农户带来的负面影响,这将有助于消除数字经济在农村发展的屏障,推动数字经济更好地促进乡村振兴。

3. 网络虚假信息

中国互联网络信息中心的最新报告显示[①],截至 2022 年 6 月 30 日,我国网民规模已达 10.51 亿,互联网普及率达 74.4％。互联网在与民众生活深度融合的同时,打击网络谣言与虚假信息成了全社会共同关注的话题。全样本显示,26.38％的农户不了解网络虚假信息,73.62％的农户了解网络虚假信息。

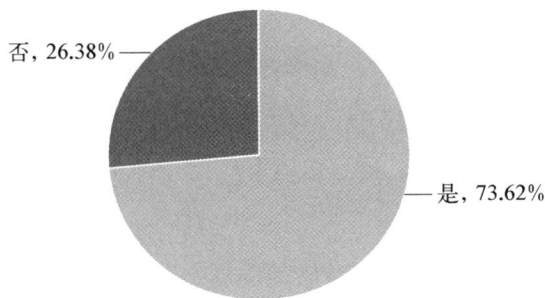

图 2 - 54　全国农户是否了解虚假信息比例

而与处理网络问题的能力相同的是,了解虚假信息的人数比例也有随着年龄升高而降低的趋势。在 16～29 岁的人群中,仅有 10.98％的人表示自己不了解网络虚假信息,

---

① 中国互联网络信息中心发布的第五十次《中国互联网络发展状况统计报告》。

这一比例在 30～50 岁中上升至 18.68%,在 51～80 岁中高达 34.52%。这进一步论证了越来越多的老年人无法适应数字经济的时代。

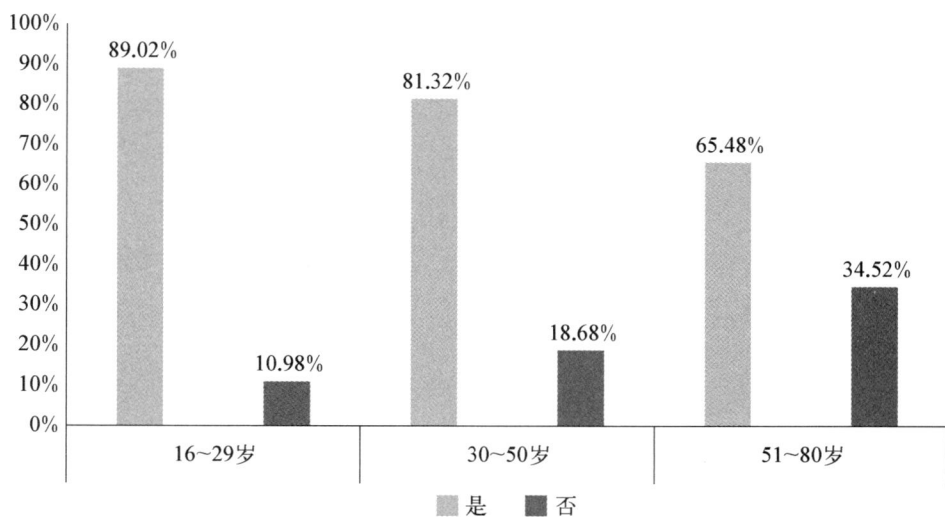

图 2－55　不同年龄段是否了解虚假信息占比

帮助农户辨别虚假信息,防止农户被虚假信息迷惑,网站平台应当开设辟谣专栏,及时转发中国互联网联合辟谣平台和相关部门权威信息,全面推送呈现。网站平台要在评论置顶位及时展示重要辟谣信息,搜索涉谣言关键词时,在搜索结果中突出显示辟谣信息。同时要研究完善算法推荐规则,对接触过谣言和虚假信息的用户,精准推送相关辟谣信息,提升辟谣效果。加强与相关主管部门的协同联动,完善信息通报、线索移交、联合处置等工作机制,发生重大网络谣言事件时,联合发布权威信息,及时澄清事实,回应群众关切。

此外,各网站平台要强化网络谣言和虚假信息线索监测报送,网站平台常态化开展日常监测和线索收集,按要求及时上报。重点网站平台要设立网络谣言和虚假信息专门举报入口,细化分类标准,发动广大网民积极举报,广泛提供证据线索。

4. 沉迷虚拟世界

经济不断增长后,过度用网、沉迷网络的问题凸显,由此带来的健康风险更不容忽视。全样本数据显示,40.04% 的人表示不会控制上网时间,59.96% 的人表示会控制上网时间。

进一步分析,在 16～29 岁的农户中,36.55% 的人表示不会控制上网时间;30～50 岁的农户中,32.90% 的人表示不会控制上网时间;51～80 岁的农户中,这一比例高达45.78%,见图 2－57。

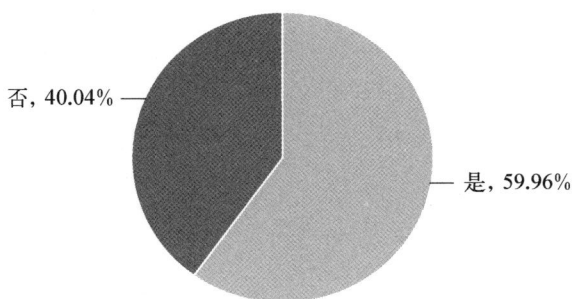

图 2 - 56　是否会控制上网时间

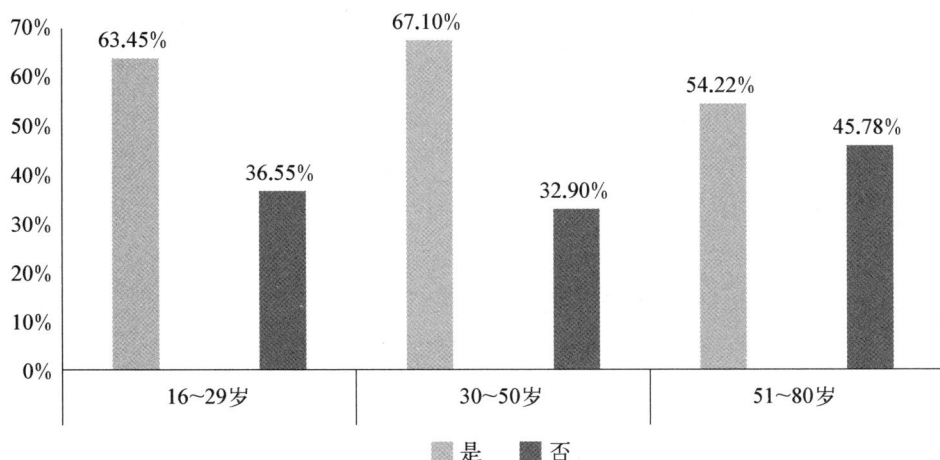

图 2 - 57　各年龄段是否会控制上网时间比例

中国社会科学院发布的《青少年蓝皮书：中国未成年人互联网运用报告（2022）》显示，未成年人上网普及率已近饱和，近半年内的上网率达 99.9％，显著高于 73％的全国互联网普及率。[①] 手机在众多上网设备中占首位，主要上网目的为休闲娱乐，使用短视频软件的未成年人比例超过六成；与此同时，青少年由于心理发展不成熟、不稳定，自制力差，网络素养不足等特点，使其在使用互联网的过程中更容易产生网络依赖，并且引发抑郁、焦虑、社交障碍等心理问题和行为，严重影响青少年的身心健康、学业表现和社会交往。

使用短视频平台的老人越来越多，除了极个别老人沉迷于打赏大额资金外，不少老人被大数据精准"拿捏"，落入"信息茧房"；也有人沉迷短视频购物，过度消费，有时还会遇到退费和售后等各种棘手的问题。有社会工作者及心理咨询师表示，短视频平台的算

---

① 中国社会科学院：《青少年蓝皮书：中国未成年人互联网运用报告（2022）》。

法推荐了解老人的喜好,不断有针对性地推送,会不断强化老人头脑中的认知,一旦接收到的是负面信息居多,就会增加老人的焦虑,建议老人多参加真实的社交,减少对互联网的依赖。

青少年和老年人沉迷网络问题近些年引发热议,关注青少年、老年人上网健康,防止青少年与老年人沉迷网络,是促进数字经济蓬勃发展的必要手段。

5. 线上购物纠纷

线上购物方便农户以更低的成本购买原材料、购买生产设施,进行更好的农业生产,也方便了农户购买自家日常用品,满足基本生活需要。但与此同时,线上销售也带来了一些纠纷,如货不对款、虚假宣传等纠纷屡有发生。数据显示,在发生线上购物纠纷时,42.79%的人寻求电商平台的帮助,11.53%的人拨打12315热线,7.35%的人寻求(家人、村委、警察)的帮助,6.21%的人选择在消费者投诉网络平台投诉,23.10%的人表示不予处置,0.14%的人不清楚该怎么做,0.28%的人在抖音/快手发布视频声讨,8.50%表示未曾线上购物,见图2-58。

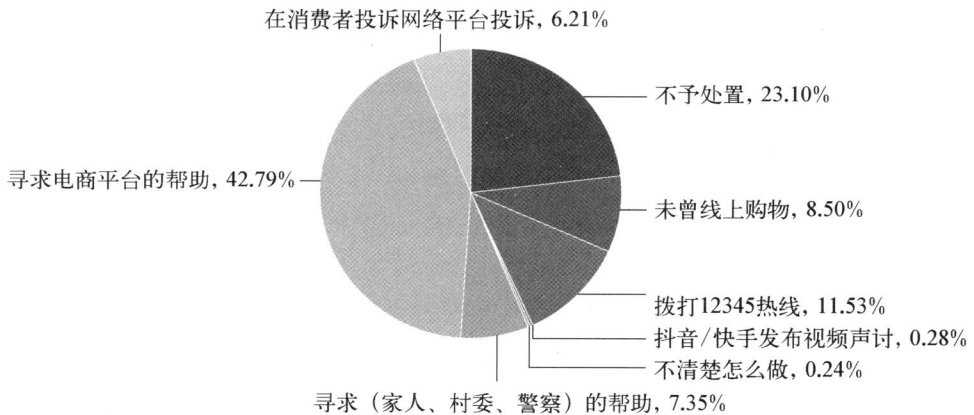

在消费者投诉网络平台投诉,6.21%
不予处置,23.10%
寻求电商平台的帮助,42.79%
未曾线上购物,8.50%
拨打12345热线,11.53%
抖音/快手发布视频声讨,0.28%
不清楚怎么做,0.24%
寻求(家人、村委、警察)的帮助,7.35%

图 2-58 遇见线上纠纷的解决方式

图2-59是不同年龄段遇见线上纠纷的解决方式比例。分年龄看,16～29岁的农户中,14%的人选择不予处置,仅有1%的人表示未曾线上购物;30～50岁的农户中,17%的人选择不予处置,3%的人表示未曾线上购物;51～80岁的农户中,29%的人选择不予处置,14%的人表示未曾线上购物。选择寻求他人(如家人、村委和警察)帮助的比例随着群体年龄的增加而有所增加,16～29岁的农户为2%,30～50岁的农户为5%,51～80岁的农户则为10%。可见,老年人对线上纠纷的知识储备不足,那么推动老年群体适应线上销售就成了农村经济适应数字经济的一大目标。

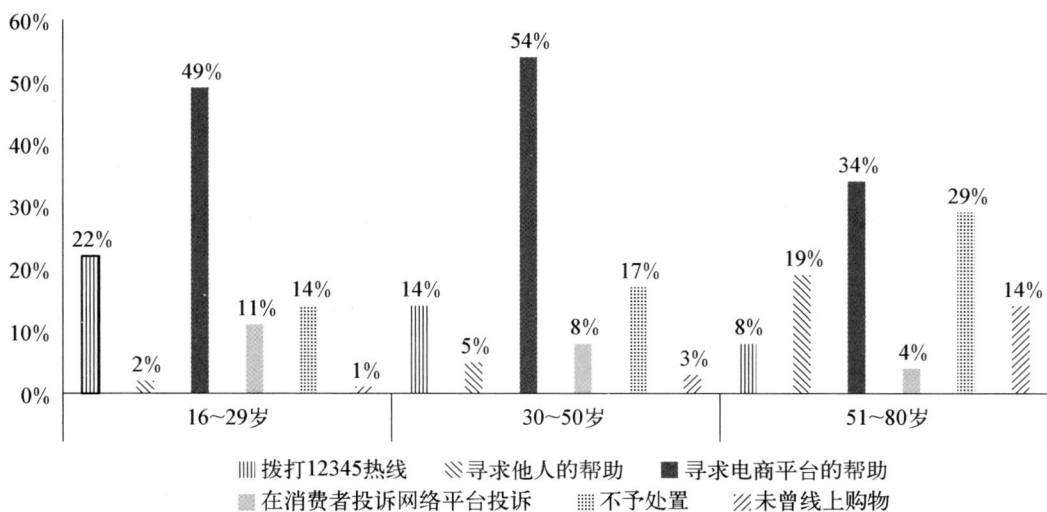

图 2‑59　不同年龄段遇见线上纠纷的解决方式比例

6. 隐私保护

令人高兴的是,大部分农户都意识到个人隐私的重要性。16~29 岁的农户中,96.71% 觉得个人隐私很重要,30~50 岁的农户中,94.51% 觉得个人隐私很重要,51~80 岁的老年农户中,该比例虽有下降,但也达到 87.20%。

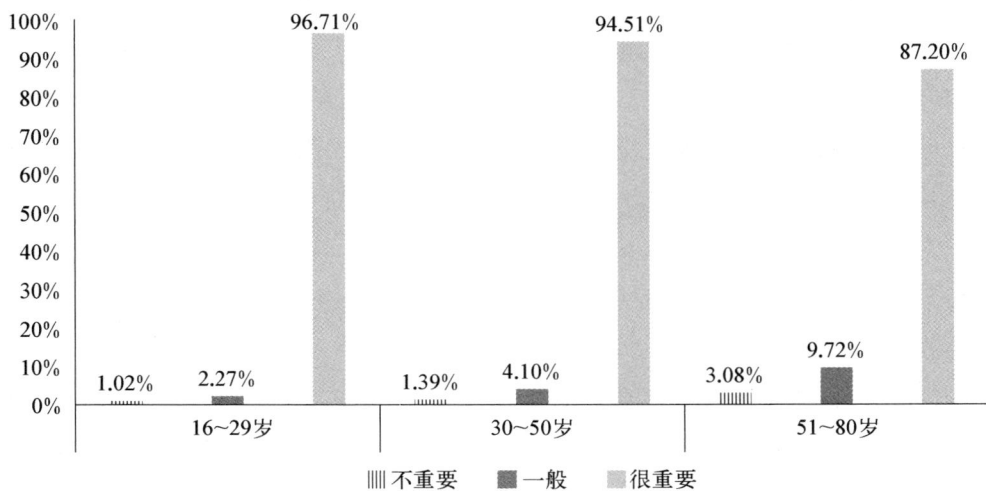

图 2‑60　不同年龄段对隐私的重视程度比例

在数字化时代,无论是生产还是生活方式均正在经历深刻的变革。为了进一步释放数字生产力,必须顺应生产方式的数字化变革要求,同时克服数字经济在发展中所产生的负面影响。

2.5 小 结

本章基于 2023 年上海财经大学"千村调查"数据,对基于数字经济下农户的生产和生活方式的变化,以及数字经济给农户带来的影响等进行了全面分析和区域间横向比较,总结了 2023 年中国农户生产、生活方面的变化及地区的发展差异。总体发现,数字经济赋能了农村的生产生活方式,农户的线上收入与消费不断提高、收入和消费结构不断优化,整体生活水平显著提高,但是域间收支差距、老龄人口难以适应数字经济问题依旧存在。

数字经济赋能了农户的生产方式,数字经济给农户带来了绝对平均收入水平提高,从事不同工作使用率差异明显、农户的不同生产方式下数字经济使用率差异明显、区域间数字经济使用率水平差距明显。从全国 31 个省份数据来看,已有 9.10% 的人通过线上销售来销售农产品,90.90% 的人还没有通过线上销售农产品。从事不同工作的农户线上销售的比例有很大区别,其中以经商为主要工作的人群中,通过线上销售的人数比例最多,高达 15.31%,从事务农的人群中使用线上销售的人员比例为 9.60%,从事务工的人群中使用线上销售的人员比例为 8.88%。不同的农户生产方式下,线上销售比例也有所不同,以家庭农场为主要生产方式的农户线上销售比例最高,有 22.67% 的人通过线上销售来出售粮食,农村合作社次之,有 18.25% 的人采用线上销售的方式出售农产品,种粮、种菜等专业大户有 17.70% 的人采用线上销售的方式出售农产品,而小农户占比最低,仅有 8.18% 的人通过线上销售出售农产品。数字经济的发展,无论对于农业经营还是非农业经营的人均年收入均有正向影响,其中,对于人均年农业经营性收入的影响尤为显著。

数字经济赋能了农户的生活方式,数字经济为村民开拓了新的消费方式,带动了村民对物流产业的需求,同时完善了村镇政务组织管理,创造了线上金融业务的融资方式。线上购物已成为村民们购买生活所需品的方式之一。华东、华南、华中地区网购消费支出高于全部样本月均值 920.28 元;24～46 岁的村民网购支出绝对值最高,且网购支出占比最大,最高可达超过 7%;六旬以上的老人,会或多或少参与线上购物。线上购物在农村的普及同时拉动了村民对本村物流产业的需求,将逐渐拉动物流业在农村的发展。偏好网购支出的群体更希望物流业进一步发展,说明线上购物的普及与群体对物流业的需求有正向的相关性:在高网购支出人群中,有 26.17% 的人希望物流业得到发展,高于低支出人群的 21.73%。村民对县级以上政府政务应用平台满意度较高,满意者占比为

65.65％。政务线上应用平台的建立使村民们得以获取各类有助于生产、生活的信息，同时对县级以上政务平台的满意程度越高，相应村镇务农农户的年均农业经营性收入将更高。网络金融也成为村民们为生产需求融资的工具，参与贷款的村民中，有 30％左右人群的线上贷款金额占总贷款金额比例超过 50％。

数字经济赋能生产生活方式的背后，其带来的影响也不容忽略。农户的平均学历较低、平均年龄较大，这样的结构提醒我们警惕农户落入数字经济"陷阱"。在全国 31 个省市的数据中，有 70.54％的人认为网络带来了正面影响，有 3.55％的人认为网络带来了负面影响。不同年龄段人认为网络带来的影响有所不同，16～29 岁的人群中有 74.98％的人认为网络带来了正面影响，在 30～50 岁的人群中有 73.39％的人认为网络带来了正面影响，在 51～80 岁的人群中，有 67.59％的人认为网络带来了正面影响；而认为网络带来负面影响的农户在不断上升，在 16～29 岁的人群中仅有 1.80％的人认为网络带来了负面影响，在 30～50 岁的人群中有 1.90％的人认为网络带来了负面影响，在 51～80 岁的人群中有 5.05％的人认为带来了负面影响。助力老年人适应数字经济时代，是推动数字经济促进农村发展的一大突破。

根据以上的分析，我们得知数字经济对农村的生产与生活产生了显著影响，总体上促进了农村的发展与脱贫致富，提高了村民生活质量。但政府、村委会以及村民个人也应通过一系列措施减少其潜在的危害。由于电子产品、数字技术对脱贫攻坚的巨大贡献，可将其应用于其他扶贫村的发展当中，缩减贫富差距，提高生活质量。

第 3 章

中国数字乡村建设与乡风文明

3.1 引　　言

党中央始终高度重视乡风文明建设,特别是党的十九大报告提出实施乡村振兴战略后,乡村文明被提升到前所未有的高度。中共中央、国务院印发的《乡村振兴战略规划(2018—2022 年)》明确指出,"持续推进农村精神文明建设,提升农民精神风貌,倡导科学文明生活,不断提高乡村社会文明程度"。2019 年,中央农村工作领导小组办公室、农业农村部等 11 个部门联合印发的《关于进一步推进移风易俗建设文明乡风的指导意见》指出:"争取通过 3 到 5 年的努力,文明乡风管理机制和工作制度基本健全,农村陈规陋习蔓延势头得到有效遏制"的总体目标。

乡村文明作为乡村振兴的"灵魂",在乡村振兴战略的总要求中占有重要地位,有利于农村物质文明和精神文明建设的双向互动发展,也为实施乡村振兴战略营造健康、文明、和谐、美好的农村社会氛围。乡风文明的主体为"乡"字,蕴含乡土、乡风与乡情,强调文化与社会,更寄予了人们对乡村未来"上安下顺,弊绝风清"的美好期望。乡风文明所蕴含的深厚文化内涵为实现乡村振兴厚植文化自信,并提供精神保障,成为实现乡村振兴最基本、最深沉、最持久的力量,它深深嵌入乡村振兴战略实施的全过程中。乡村地域文化中长期积淀而形成的地域、民俗文化传统,以及乡村生活现实中原本就存在着许多合理的文化因素,有着对于乡村生活以及乡村生活秩序建构弥足珍贵的价值。

乡村文化孕育了优秀传统文化、引领乡村文化发展方向,通过自身的不断累积而生成具有文化特色的乡村文明,传播着乡村生活理念,赋予了乡村生活意义,推动乡村精神文明建设的高质量发展,乡风文明具有的价值力量带领乡村发展迈向新征程。[①] 总的来说,乡风文明建设是一项复杂而漫长的工程,任重而道远,需要在不断的实践中创新发展乡村优秀传统文化和现代文明,保障农村精神文明建设的高质量推进,全面推进乡村振兴。

　　近年来,我国的乡风文明工作还存在巨大的发展空间,数字技术将成为实现乡风文明的有效引擎和持续动力。大数据、云计算、移动互联网、物联网、区块链等新一代信息技术逐渐成为乡村文化传播新的着力点,为乡村文明发展带来蓬勃的动力。本章以2023 年"千村调查"数据为基础,探讨在推进乡风文明实践中基层政府的主导引领作用,村民作为关键主体的参与度,以及数字技术在乡风文明中的发展现状,从而对相应的问题与挑战提出化解路径。

3.2　数字技术发展现状及乡村文化建设成就

3.2.1　数字技术普及程度和发展现状

　　2018 年 1 月 2 日,《中共中央、国务院关于实施乡村振兴战略的意见》提出,要实施数字乡村战略,做好整体规划设计,加快农村地区宽带网络和第四代移动通信网络覆盖步伐,开发适应"三农"特点的信息技术、产品、应用和服务,推动远程医疗、远程教育等应用普及,弥合城乡数字鸿沟。《国家乡村振兴战略规划(2018—2022 年)》也提出数字乡村建设的任务内容。2019 年 5 月,中共中央办公厅、国务院办公厅印发了《数字乡村发展战略纲要》。2023 年 5 月,财政部发布关于做好 2023 年农村综合性改革试点试验有关工作的通知,创新数字乡村发展机制。发挥新一代信息技术创新引领作用,大力推进数字乡村建设,推动数字技术与发展乡村实体经济、构建乡村治理体系加速融合,拓展农业农村大数据应用场景。在 2018 年数字乡村规划提出的第五年,中国在农村地区推广数字技术取得了显著进展,但仍存在一些差距和挑战。

　　1. 农村网络基础设施不断完善

　　中国政府积极推动农村互联网普及,通过建设农村网络基础设施,提供互联网接入服务,以及普及智能手机等设备,让农村居民更容易获得互联网信息和服务。在 2015 年中国政府推出了一项政策叫作"提速降费",旨在提高互联网速度并降低宽带费用。

---

① 黄莉娜. 论乡村振兴背景下法治乡村建设[J]. 南昌航空大学学报(社会科学版),2021,23(4): 52-56+114.

图 3-1 为根据工信部通信业统计公报整理的 2015—2022 年中国 4G、5G 基站数量增长情况,数据显示,2015—2019 年中国 4G 基站数量不断攀升,2019 年之后(2019 年 10 月 31 日中国开始正式使用 5G 技术)4G 基站数目逐渐趋于稳定、5G 基站数目迅猛增长。

(万个)

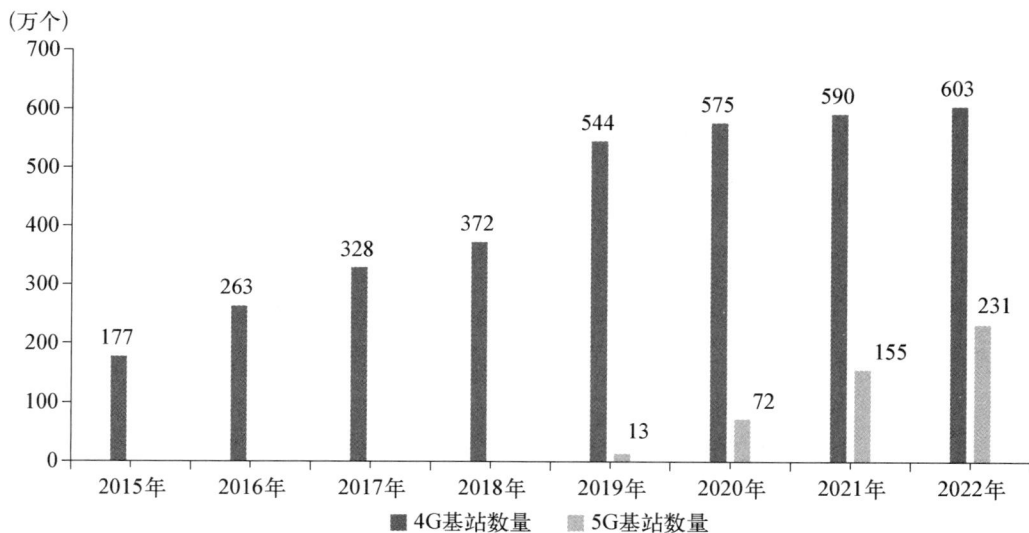

数据来源:工信部通信业统计公报整理而得。

图 3-1 2015—2022 年中国 4G、5G 基站数量统计

截至 2023 年 5 月,我国 5G 基站总数已达 284.4 万个,占移动基站总数的 25.3%,县城以上行政区覆盖率达 100%,实现"县县通 5G"。中国电信、中国联通已共建共享 5G 基站超 100 万个,实现了从城市到农村的覆盖;中国移动和中国广电共建共享了超过 50 万个 700 MHz 5G 基站,还专注于 2.6 GHz 和 4.9 GHz 频段的精准建设,以实现全国城区、县城和乡镇的连续覆盖。[1]

2. 电商文化在乡村不断蔓延

互联网的普及为农村带来了一系列的发展机遇和生活便利。便捷的网络促进了电商文化在乡村的蔓延。数据显示,2009 年全国仅 3 个"淘宝村",2022 年增至 7 780 个。2014—2022 年,农村网络零售额从 1 800 亿元增至 2.17 万亿元。[2] 根据商务部数据统计,2023 年上半年,全国农村网络零售额 1.12 万亿元,同比增长 12.5%。其中,农村实物商品网络零售额 1.02 万亿元,同比增长 11.3%。分地区看,东、中、西部和东北地区

---

① 通信世界. 信通院王志勤. 我国 5G 基站总数已达 284.4 万个. [EB/OL]. (2023-06-28) https://www. elecfans. com/d/2154742. html.

② 魏晓敏. 让农村电商这匹"黑马"跑得更远. [N]. 新华日报,2023-11-15(003).

农村网络零售额同比分别增长 9.2%、24.7%、27.8% 和 8%,占全国农村网络零售额比重分别为 75.5%、15.5%、6.9% 和 2.1%[①],见图 3 - 2。

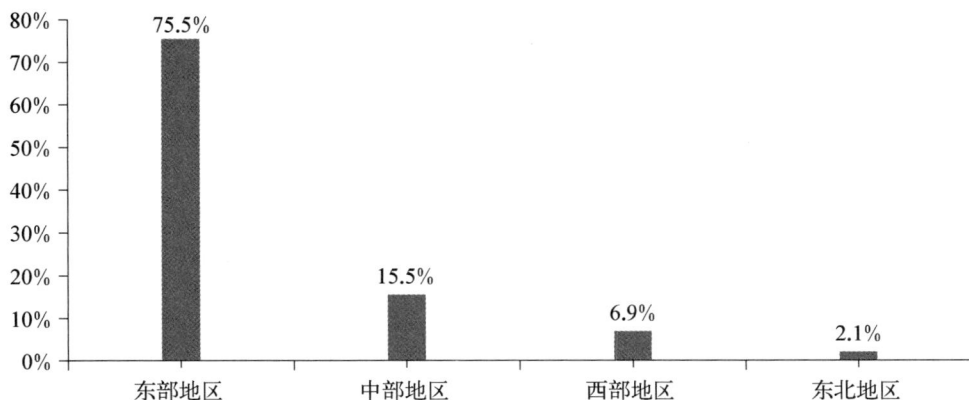

图 3 - 2　2023 年上半年农村网络零售分地区交易额占比

　　乡村文化是农村电商的重要资源和支撑,同时,农村电商也为乡村文化的保护和传承提供了新的平台和机会。农村电商可以推动乡村文化的传承和发展。乡村地区将传统的手工艺品、农副产品等通过电商平台推向市场,使这些具有浓厚乡土气息的产品得以传承和发扬。同时,电商平台还为乡村地区的文化旅游、民俗节庆等提供了宣传和推广的渠道,使得为乡村地区的文化演艺、传统手工艺表演等登上更广阔的舞台,吸引更多人了解和参与乡村文化活动。总的来说,乡村文化和农村电商具有相互促进、相互依存的关系。农村电商通过为乡村文化提供推广和发展的平台,推动了乡村文化的传承和创新;而乡村文化的传统价值观和艺术形式也为农村电商提供了独特的产品和创意灵感。

　　农村电商的势头方兴未艾,互联网在乡村金融科技、知识教育、休闲娱乐和文化旅游方面的应用也成为助推乡村文化发展不可或缺的重要动力。农村金融科技的发展使得农民可以通过手机使用移动支付、借款和存款等金融服务。2022 年上线的国家中小学智慧教育平台能够提供个性化教学资源,提高农村教育质量,并促进农村文化的传承和发展。此外,数字技术还丰富了乡村的休闲娱乐活动,以文字、图片、音视频、手机直播、虚拟现实等形式,满足农村居民对娱乐的多样化需求,同时丰富了他们的精神文化生活。

---

　　① 商务部. 2023 年上半年中国网络零售市场发展报告[R]. https://cif. mofcom. gov. cn/cif/html/upload/ 20230801094826334_2023%E5%B9%B4%E4%B8%8A%E5%8D%8A%E5%B9%B4%E4%B8%AD%E5%9B% BD%E7%BD%91%E7%BB%9C%E9%9B%B6%E5%94%AE%E5%B8%82%E5%9C%BA%E5%8F%91%E5% B1%95%E6%8A%A5%E5%91%8A. pdf,2023 - 7 - 31.

据 2022 年抖音发布的《乡村数据报告》显示①,2021 年抖音乡村相关视频增加 3 438 万条,获赞超 35 亿次,全国网友累计打卡 122 万个村庄,万粉乡村创作者同比增长 10%。此外,短视频还成为新农人学习农业知识和传播农业技术的工具。截至 2022 年 6 月 30日,抖音上农业种植、养殖、农业机械视频播放总数 6 676 亿,其中,养殖技术总投稿量9 779 万、播放量 2 829 亿,农业技术万粉创作者年增长率 66.85%②,抖音平台还引入1 500 名专业农技员,投入亿量级流量资源帮助农业信息技术普惠。③

3. 智能手机使用越来越普及

图 3-3 为我国各地区智能手机使用频率。从中可以看出,大部分地区有近九成的智能手机使用率,西部和中部地区的手机使用率最高(89.3% 和 89.1%),东北地区的智能手机使用率最低(85.9%)。究其原因,可能与地区经济发展水平和网络普及程度有关。虽然东部地区的农村经济发达,网络基础设施完备,但东部地区智能手机在村民中的使用率并不是最高(87.4%,比西部地区低 1.9%,比中部地区低 1.7%)。这可能与老年人的使用习惯有关,东部地区手机市场细分较完善,老年机的使用率较高,导致智能手机使用率略低于西部和中部地区。

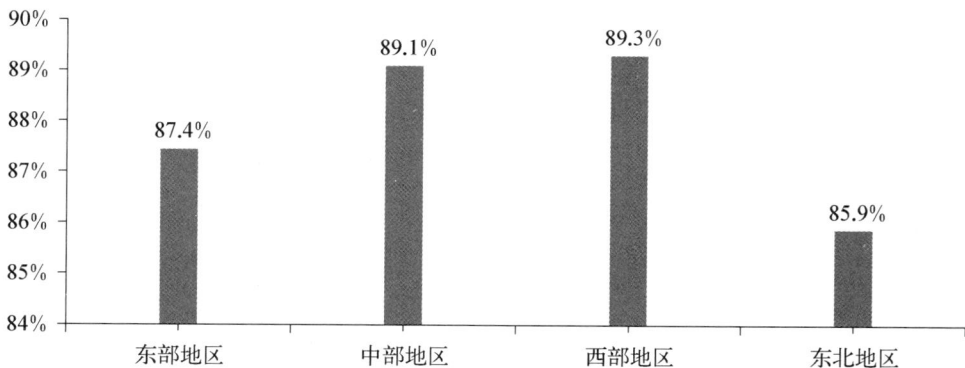

图 3-3　各地区智能手机使用频率

虽然数字技术为农村居民带来了许多便利,然而,中国农村地区的数字鸿沟仍然存在:一些农村地区的基础设施依然不足,网络连接不稳定;一些农民缺乏数字技术的培训和使用技能,数字技术在生产生活中的实际应用难以实现;互联网的传播和文化影响可能导致乡村地区的传统文化和价值观受到冲击,一些年轻人可能更容易受到全球化文

---

① 抖音.2022 年乡村数据报告.[EB/OL]. https://mp. weixin. qq. com/s/nwxG6beFcenHbNx9LSNvFA.
② 抖音和 ta 的朋友们. 来抖音学农技.[EB/OL]. https://v. douyin. com/i8mBj7co/.
③ 抖音和 ta 的朋友们. 来抖音学农技.[EB/OL]. https://v. douyin. com/i8mkG6XE/.

化的影响,而忽视本地传统;有时互联网的过度使用可能导致上瘾和健康问题,如眼部疲劳、体育锻炼不足和社交孤立。因此,虽然数字技术在中国农村地区得到了普及,但仍需进一步把握这一新兴技术的发展方向,以确保数字化的良性发展造福更多的农村居民,确保互联网对乡村地区的文明和发展产生积极的影响。

3.2.2　乡村文明建设成就及区域差异

（1）乡村文化建设赋能乡村振兴

乡村文化建设是指在乡村振兴战略下,通过保护、挖掘和创新乡村文化资源,促进乡村文化的传承和发展,提升乡村文化的品质和内涵,以满足农民群众对精神生活的需求,为实现乡村振兴目标而进行的一系列活动和措施。乡村文化建设是以农民为主体的文化建设,注重乡村文化的动态创新和静态保护,并将文化因素融入人们的生活中,以改变乡村文明的落后面貌,树立农民对乡村振兴深厚的文化自信。

乡村文化建设需要遵循乡村文化品格,突出乡村文化特征,保护和传承乡村的优秀传统文化。从主体上来说,乡村文化建设需要引导农民逐渐适应城乡文化差异,提高农民群众参与文化建设的主体意识,充分表达新农民的精神追求,满足他们多样、多层次的精神文化需求。从客体上来说,乡村文化可以结合静态保护和活态利用,寻求传统回归与文化创新的统一,在保持传统性的同时与时俱进地进行文化创新,在继承中创新,在创新中提升乡村文化,不断创造新的文化形态和新的文化自信。因此,保护乡村文化不仅仅是对传统文化的尊重,更是对乡村可持续发展的有力支持。政府、社会组织和居民共同努力,制定并执行一系列文化保护政策和措施,有助于提升乡村文化品质,满足农民精神需求,实现乡村文化的可持续发展。

2022 年,为全面贯彻乡村振兴战略,落实《中共中央国务院关于做好 2022 年全面推进乡村振兴重点工作的意见》,以文化产业赋能乡村经济社会发展,文化和旅游部、教育部、自然资源部、农业农村部、国家乡村振兴局、国家开发银行联合印发《关于推动文化产业赋能乡村振兴的意见》指出,到 2025 年,基本建立文化产业赋能乡村振兴的有效机制,该目标明确了创意设计赋能、演出产业赋能、音乐产业赋能、美术产业赋能、手工艺赋能、数字文化赋能、其他文化产业赋能、文旅融合赋能 8 个文化产业重点领域赋能乡村振兴,提出了培育壮大市场主体、建立汇聚各方人才的有效机制、加强项目建设和金融支持、统筹规划发展和资源保护利用 4 个方面政策措施。

在以上政策的推动下,各级政府采取了一系列措施来保护和传承乡村的传统文化,包括乡村戏剧、音乐、舞蹈、绘画等艺术形式。一些地方政府资助乡村文化节目和活动,举办文化艺术节,以鼓励传统文化的传承,展示当地的传统文化和艺术表演,吸引了众多的游客和观众。例如,山东聊城的胡屯镇政府举办"一村一年一场戏"文化惠民活动、河北承德的苏家店乡白云沟村邀请知名书画家开展文化下乡活动,山西和顺县通过"许村计划"在许村发展起一个美术产业的全产业链,甘肃天水市石节子村的石节子美术馆将整个自然村庄的构成都纳入了艺术范畴。诸多案例表明,"艺术乡建"已然开创了赋能乡村振兴的又一现实路径。

(2)乡风文明建设成就及区域差异

文明乡风的培育能为农村地区的产业发展提供强大的动力源泉,促进地区特色产业的发展,体现出当地优秀的地域文化特色,对农村地区社会发展具有独特的基础价值,从而推动农村振兴和农业农村现代化建设。培育文明乡风使乡村能够实现和谐有序的发展,通过村规民约的制定和执行,倡导优秀文化,起到德育和美育的作用,建构农村良好的社会秩序,对乡村的发展具有强大的推动作用。

从 2020 年开始,我国"农村社会事业促进司"为了深入贯彻落实中央农办、农业农村部等部委联合印发的《关于进一步推进移风易俗,建设文明乡风的指导意见》的精神,切实加强农村精神文明建设,每年都组织开展全国村级"乡风文明建设"优秀典型案例推荐工作。通过对优秀典型案例的宣传报道和展示推介,深入发掘案例中的优秀做法和典型经验,以示范带动各地持续推进移风易俗、培育文明乡风,助力巩固脱贫攻坚成果、推进乡村全面振兴。

图 3-4 为我国各地区在四次全国村级"乡风文明建设"优秀典型案例推荐工作中评选为优秀典型案例的数量统计图表。[①]

分地区看,东部地区的乡风文明建设优秀典型案例数量在活动中一直处于最高水平,西部地区次之。东部地区乡村文明建设较为突出的原因可能是地理位置、基础设施的差异。东部地区城市化水平相对较高,城市文明对农村文明存在一定的辐射和带动作用,能够为乡村文明建设输送其需要的"血液"。而且东部地区教育和文化资源更加丰富,这有助于提升乡村居民的文化素养,培养更广泛的知识技能,推动乡村文明的发展。相较于其他地区,东部地区的交通和基础设施相对更完善,这有助于吸引更多的资源流

---

① 数据来源:农村社会事业促进司. 全国村级"乡风文明建设"优秀典型案例名单. [EB/OL]. (2020-03-31). http://www. shsys. moa. gov. cn/gzdt/202004/t20200401_6340457. htm;农村社会事业促进司. 第二批全国村级"文明乡风建设"典型案例名单. [EB/OL]. (2021-09-01). http://www. shsys. moa. gov. cn/xcwhzd/202109/t20210901_6375425. htm;农村社会事业促进司. 第三批全国村级"文明乡风建设"典型案例名单. [EB/OL]. (2022-10-18). http://www. shsys. moa. gov. cn/xcwhzd/202210/t20221018_6413474. htm;农业农村部办公厅关于推介第四批全国"文明乡风建设"典型案例的通知. [EB/OL]. (2023-10-20). http://www. shsys. moa. gov. cn/xcwhzd/202311/t20231107_6439976. htm。

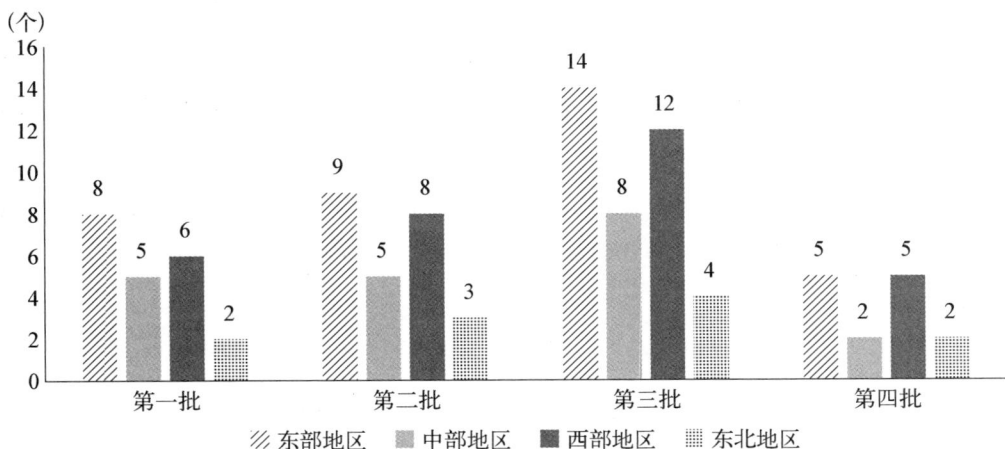

图 3-4　各地区在四次全国村级"乡风文明建设"优秀典型案例数量

入乡村,使得乡村旅游等产业获得更多的发展机遇,推动当地文明建设。总的来看,虽然东部地区的乡村文明建设相对较好,但政府一直在致力于推动全国范围内的乡村振兴,通过政策、投资和改革来促进中西部地区乡村的发展,实现全国范围内的乡村全面振兴。

在积极促进乡风文明、不断涵养道德风尚的进程中,我国各级政府和社会组织不断加强对乡风文明的引导和培育。在多元主体的共同努力下,全国各地涌现了许多鲜明的乡风文明典型案例。

浙江省绍兴市新昌县东茗乡后岱山村通过完善村文化礼堂、农家书屋、文化广场等文化阵地,有效推动了乡风文明建设。村文化礼堂天天开放,月月有活动,成为村民参与文化、陶冶情操、提升素养的重要场所,并被评为五星级文化礼堂。此外,村里还打造了农家书屋,为村内留守儿童、农闲老人提供了阅读场所。通过定期开展"春泥计划"活动,为村内幼小学生提供假期学习阅读场所,利用文化惠民进一步促进了乡风文明建设的发展。此类五星级文化礼堂,在浙江各地乡村比比皆是。

天津市北辰区韩家墅村以移风易俗行动为核心,制定了《韩家墅村规民约》,强调群众自我管理和村民的治理参与感,在婚丧嫁娶等民俗活动中推行新的简约方式,严禁封建迷信等不良活动。经过移风易俗行动,韩家墅村焕然一新,村级收入大幅增加,村民共享村集体红利,实现了精神文明和生活富足双丰收。

辽宁省庄河市鞍子山乡山海丰村通过修建党建文化广场和长廊,组织策划多样化的文化活动,全民参与、全民共享,形成了热烈景象。这一乡风文明建设典型案例在乡村振兴背景下展示了乡风文明的重要作用,让村民深度体验到文化活动带来的好处,进一步激发了对乡风文明的认同和参与热情。

陕西省安塞区白坪街道办冯家营村成立了道德评议会,积极组织"文明家庭""最美家庭"等典型选树活动,树立身边典型榜样,通过表彰"好婆婆家庭""好媳妇家庭""好妯娌家庭""最美家庭"等,化解矛盾纠纷,激发全社会崇德向善之心,提升文明程度,培育文明乡风。

这些典型案例充分展示了在乡村文明建设中各地的积极探索和创新,为更广泛的乡村文明建设提供了可借鉴的经验。未来各地将继续推动乡风文明建设,实现农村社区的全面振兴。

3.3 数字技术助力移风易俗

3.3.1 乡村移风易俗与文化建设的区域比较

（1）乡村移风易俗的区域比较

"移风易俗"一词出自《荀子·乐论》:"乐者,圣人之所乐也,而可以善民心,其感人深,其移风易俗,故先王导之以礼乐而民和睦。"这说明了礼乐可以善民心,改变旧的风俗习惯,促进人民和睦相处。移风易俗是指在乡村社会中改变陈旧的、不良的习俗风俗,推行新时代的文明新风尚,以促进社会进步和乡村振兴的一项举措。

随着乡村振兴战略的实施,移风易俗成为推动乡村振兴的必要条件。在调研中发现,不良习俗如人情攀比盛行等问题对乡村振兴产生了不利影响,给村民经济负担造成了较大压力。因此,推进移风易俗可以帮助改变不良习俗,减轻村民经济负担,为乡村振兴创造良好的发展环境。通过推动移风易俗,可以树立新风尚,塑造良好的社会形象,增强乡村社会的凝聚力和向心力,提高乡村居民的文明素质和道德观念。

① 红白喜事

红白喜事是乡村风俗文化的重要组成部分,它反映了乡村社会的价值观念、道德准则和社会关系。乡村的红白喜事往往涉及大量的人情往来和支出,由此引发的经济压力和人情攀比等问题对乡村振兴产生不利影响。通过深入研究乡村红白喜事等风俗习惯,可以识别存在的问题和原因,为制定和实施相关政策提供依据,推动乡村移风易俗、促进乡风文明建设,进一步推动乡村振兴的进程。

图3-5是针对"本村有没有制定红白喜事宴请标准?"问题的统计结果。总体来看,大部分地区有红白喜事宴请标准。

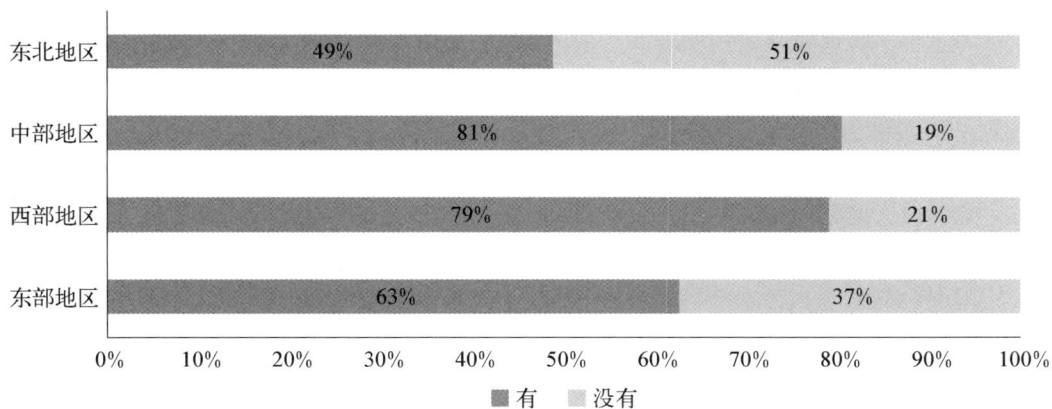

图 3-5　各地区有红白喜事宴请标准的村庄比例

分地区看,中部和西部地区有红白喜事宴请标准的村庄占比最高(分别为 81% 和 79%)。中部和西部地区重视红白喜事规格的原因,可能是中、西部地区农村的社会资源相对匮乏,历史发展进程中人们将美好生活的希冀寄托在神灵的力量上。在这样的历史背景下,红白喜事往往是生活中的一次盛事,因而会更加注重其隆重程度,再者,中、西部地区的民俗文化和传统习俗较浓厚,人们对于红白喜事有着深厚的传统认同感。

正是这样,举办红白喜事在社会上就具有一定的象征意义和文化代表性,人们希望能够庆祝和传承这些传统文化。虽然村民认为红白喜事的花费给家庭造成了一定的经济压力,但是仍旧认为该有的礼数和排场必须到位,并没有意识到移风易俗的必要性,因此,在中、西部地区农村有红白喜事宴请标准的比例最高。

(2)不良风气

图 3-6 和表 3-1 是针对"本村最亟待改变的不良风气"问题的统计结果。从图 3-6 中可以看出,东北和中部地区有不良风气的频率最高(62% 和 60%)。东北地区曾是中

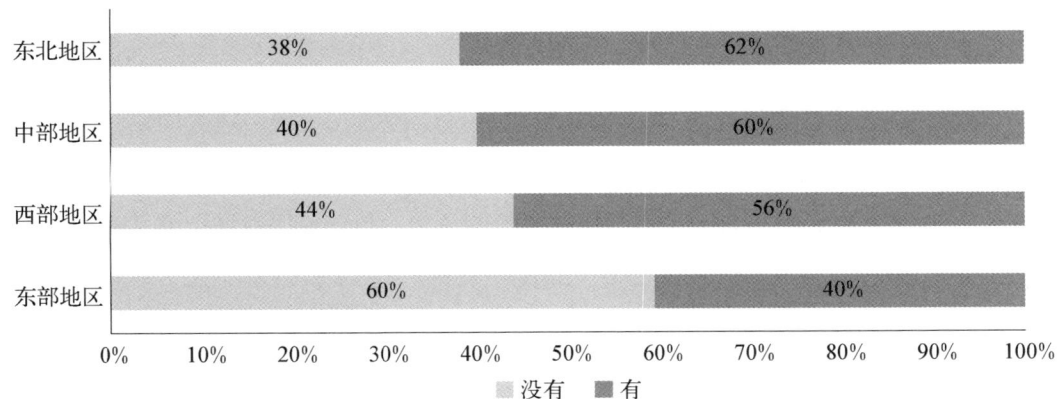

图 3-6　各地区有不良风气的村庄比例

国的工业基地,随着经济结构调整和产业升级,面临着经济下滑、产业结构调整的困境。这种经济困境可能导致社会问题(如失业、社会不公等)增加,形成不良风气。

表 3 - 1   各地区村庄不良风气的种类占比

	东部地区	西部地区	中部地区	东北地区
婚嫁彩礼高	28.3%	21.0%	31.3%	22.4%
宴席铺张浪费	25.3%	22.0%	23.2%	25.5%
人情份子钱太严重	18.2%	15.0%	18.2%	30.6%
离婚太随意	4.0%	12.0%	6.1%	4.1%
丧葬活动攀比	8.1%	4.0%	6.1%	0.0%
赌博成风	4.0%	7.0%	3.0%	4.1%
儿女不孝敬老人	4.0%	9.0%	5.1%	6.1%
封建迷信	6.1%	6.0%	5.1%	4.1%
重男轻女严重	2.0%	4.0%	2.0%	3.1%

由表 3 - 1 可发现,大部分地区存在的不良风气是"婚嫁彩礼高"和"宴席铺张浪费",这两种不良风气在各地区的占比都在 20% 以上。普遍性的宴席铺张浪费陋习可能源于中国传统的社会观念和面子文化,人们认为面子文化较重要,可能通过宴席来展示财富和社会地位,以维护个人和家族的面子。一些传统的节庆和庆典活动中,人们倾向于通过宴席和盛大的活动来庆祝。尤其是农村劳动力流动比例高的地区,在传统节日(如除夕、春节等)的节庆日,村民们普遍认为一年的"面子"都得在这个乡亲们回家的日子"挣回来",因而在宴请时注重丰盛和讲究排场。

从中华文化的待客礼仪来看,一些村民认为举办豪华的宴席可以表示尊敬和热情好客,并不太关注食物过剩的问题,这种观念就导致过度的铺张浪费。随着网络社交媒体普及率的提高,农村地区也受到了影响。一些人在社交媒体上分享宴席的豪华场面,以获取社会认同和赞誉,这就加大了追求铺张浪费的压力。也让村民对城市的某些消费习惯产生一定程度的误解,导致其在宴席上的过度消费。近年来,政府加大了对宴席浪费的监管力度,提倡节俭、反对铺张浪费。一些地方还出台了相关法规和政策,鼓励节俭办宴、倡导文明用餐。

具体来看,东北地区"人情份子钱严重"占了很大比例,西部地区"离婚太随意"占比较高。这可能是因为东北地区人们普遍重视人际关系,认为通过慷慨大方地给予人情礼物可以增进感情、表达诚意和友好,这种地域文化影响了东北地区村民在人际关系中的礼金往来数额。西部地区"离婚太随意"的不良风气比重较大的原因,可能是部分西部地区农村经历了文化观念和价值观的转变。传统的家庭观念逐渐受到现代社会的冲击,个体追求个人幸福和自由的观念可能加大了离婚的比例。一些西部地区还存在较大的人口流动,劳动力外出务工的现象比较普遍,这种情况导致家庭成员的分离,进一步增加了婚姻关系的不稳定性。

近年来,随着社会经济的不断发展和文明观念的提升,越来越多的乡村开始关注乡村文化建设。乡村不良风气,如封建思想、性别歧视、宴席铺张浪费等观念可能制约乡风文明建设的进程。针对这些传统糟粕,政府、社会组织和乡村居民共同努力,采取一系列措施来对传统文化去粗取精,通过制定相关政策、推动文化传承项目、加强社区教育等措施,这些不良习俗将会逐渐改变。例如,面对高规格的红白喜事风俗,可以在村内推行婚事新办、丧事简办等要求,创建红白理事会,上门宣传相关政策,鼓励村民节俭办宴、不收彩礼、厚养薄葬等。

2. 乡村文化建设的区域比较

乡村文化建设旨在弘扬传统文化、强调社会责任、促进公共道德,为乡村社会构建更和谐、更文明的氛围提供有力支持。如今的乡村文化建设,在一些传统节庆、习俗得到保留的同时,也逐渐注入了现代元素,使得乡村文化更具包容性和活力。这种积极的变革有助于培育新时代乡村精神,激发居民的发展潜力,为乡村振兴提供了重要支持。

普通话的普及是乡村文化建设的基础。通过提高普通话的普及程度,可以加强居民之间的交流,促进信息传递,也有助于拓宽乡村居民的视野,更好地参与现代社会的发展。普及普通话可以拉近城乡之间的语言差异,促进全国范围内的文化交流,为乡村文化的融合和发展提供有利条件。图 3-7 是针对问题"您认为您的普通话水平怎么样?"的统计。

可以看出,东北地区的普通话水平显著优于东部、中部和西部地区,普通话水平"好"的比例为 52.3%,遥遥领先。这一部分原因是普通话是以北京语音为标准音,以北方官话为基础通用语,因此,东北地区对普通话的掌握有地域优势。在东部、中部、西部地区普通话掌握情况的比较中,东部地区优于中部地区,中部地区优于西部地区;普通话掌握水平"好"的比例中,东部地区比中部地区高 12.5%,中部地区比西部地区高 1.5%,且中部地区普通话掌握水平"一般"的比例比西部地区高 12.2%。这可能的原因是,东部地区的社会交流更频繁,人们在社会交往中更常使用普通话,这有助于提高语言水平。相

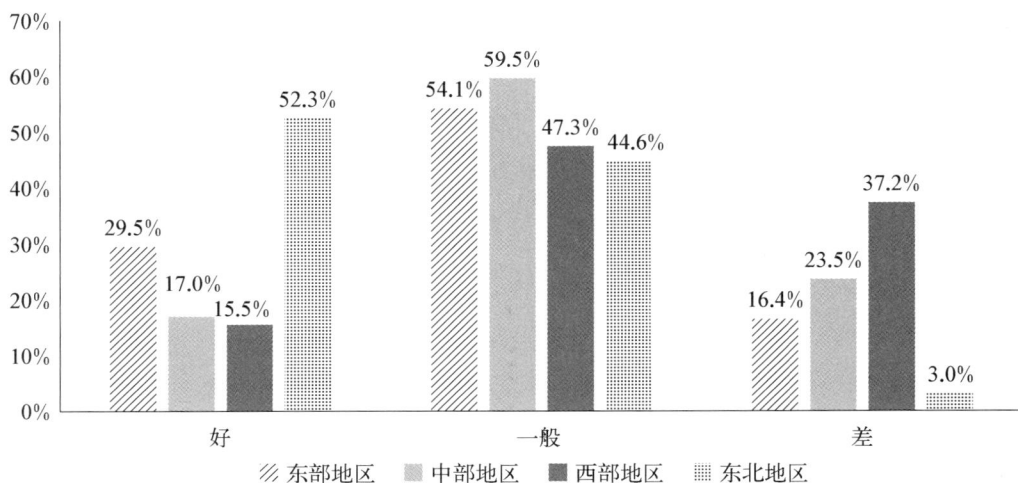

图 3-7 各地区农村居民普通话水平比较

对而言,中部和西部地区可能存在相对封闭或相对更多使用方言的社会环境。同时,东部地区的城市化程度较高,农村劳动力流向城市的数量更庞大,这促进了各地区城乡之间的语言统一。东部地区文化产业也较发达,更容易受到传播国家标准普通话的媒体影响。

图 3-8 是关于"如果政府或者村委会组织开展免费普通话培训,您愿意参加吗?"问题的统计结果。东北地区愿意参与普通话培训的比例最低,为 62.6%,这可能是因为东北地区普通话标准的人群比例较高;中部地区愿意参与普通话培训的人群比例最高,为 69.7%,这说明中部地区有较积极的语言学习社会氛围。

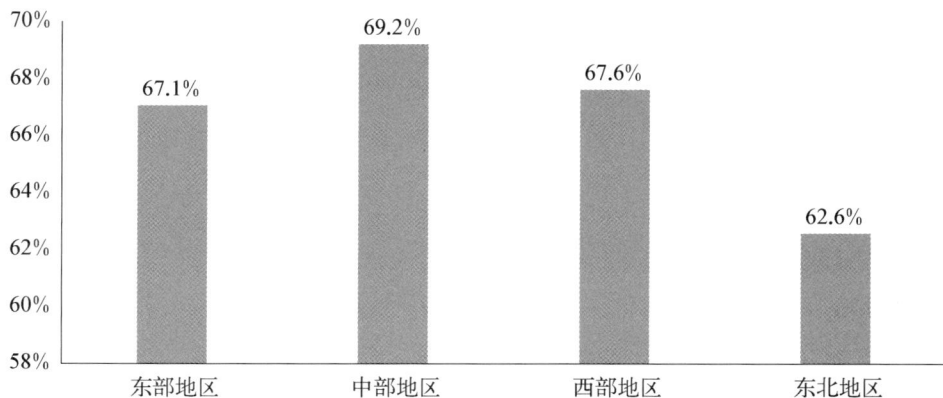

图 3-8 各地区农村居民参与普通话培训的意愿

乡村文化设施是乡村文化发展的硬件基础,乡村文化设施不足的问题,需要政府、社会组织及居民等多个层面的共同努力。政府可以加大对乡村文化设施的投入,包括修建文化活动场所、博物馆、图书馆等,提高基础设施水平。同时,建立健全资金支持机制,鼓励社会资本参与乡村文化设施的建设,确保文化设施的日常运营和维护。在乡村发展乡村文化创意产业,通过文艺演出、手工艺品制作、乡土美食等形式,为文化设施提供运营和维护的收入来源。这有助于实现文化设施的可持续发展。推出一系列文化惠民政策,如减免或优惠文化设施的入场费用,鼓励更多居民参与文化活动,提升文化设施的社会影响力。加强对乡村文化设施管理人员的培训,提高他们的专业水平。同时,考虑引进文化产业相关的专业人才,为文化设施的管理提供更多专业支持。鼓励居民参与文化设施的建设和管理。可以设立志愿者团队,开展文艺活动、文化节庆等,提高居民对文化设施的使用热情。还可以考虑与邻近城市或地区合作,共享文化设施资源。可以通过建立合作协议,实现文化设施的互通互用,提高利用率。通过这些措施,可以逐步改善乡村文化设施不足的状况,提升乡村居民的文化生活水平,促进乡村文化的繁荣与发展。

乡村移风易俗与文化建设的深入推进标志着乡村社会风貌的积极变革。过去,一些不良陋习和落后观念在一些乡村根深蒂固,但随着时代的发展和文化建设的不断推进,乡风逐渐焕发新的面貌。乡村移风易俗的推动使得一些陈旧观念和传统不良风气逐渐淡出乡村社会。通过开展文明宣传、道德讲堂等活动,乡村居民逐渐树立起文明乡风的意识,摒弃了一些束缚发展的陈旧观念,为文化建设奠定了基础。文化建设成为推动乡村发展的动力,通过加强对传统文化的传承和弘扬,乡村文明逐渐形成独特的文化特色,吸引了更多人投身乡村文艺、手工艺等方面的创作和传承事业。这不仅为乡村注入了新的文化活力,也为居民提供了更广阔的发展空间。乡村移风易俗和文化建设相得益彰,共同促进了文明乡风建设进度。

3.3.2　数字教育陶染与丰富农村精神文明展望

（1）数字技术应用丰富农村精神文明

乡村数字文化建设是指在乡村振兴战略下,为了满足农民对美好生活的向往和推动城乡融合发展,通过互联网和新传播媒介的应用,开展相关的文化建设活动,提供多样化的文化内容,加强农民的文化教育和思想引导,推动乡村文化的发展和繁荣。乡村数字文化建设需要政府在网络文化建设中的主导作用、农民的参与和主体作用,包括乡村网络文化内容的引导和传播、人才队伍的培育等方面。乡村数字文化教育旨在通过网络平台促进乡村社会主义核心价值观和优秀传统文化的传播,满足农民对美好生活的向往,推动城乡融合发展,提高农民的文化素养,实现乡村全面振兴战略的目标。

乡村数字文化建设现状可以从数字技术在乡村文化活动的应用中体现。图 3 - 9 是"本村是否利用官方的微博账号、公共邮箱、QQ 群或者微信群开展宣传?"问题汇总得到的统计结果。可以发现,大部分地区都会利用电子平台发布政策信息、民生信息,相对来说,利用电子平台发布本地特色产品和旅游信息的较少。

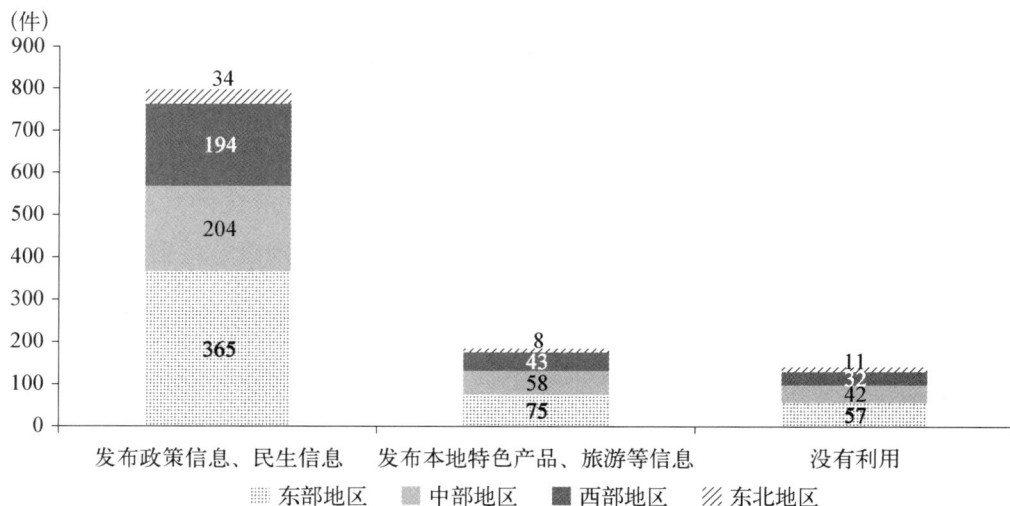

图 3 - 9　各地区应用电子信息平台发布村内事务的情况

对于没有利用电子信息平台发布村内事务的情况,可以将原因分为缺乏技术、资金不足、缺少人员、其他四种。通过图 3 - 10 的数据可以看出,各地区没有利用电子信息平台辅助村内宣传活动的原因大相径庭:东部地区没有利用电子信息平台主要是因为缺少相应的技术人员(42%),网络技术运营困难、技术更新不足;中部地区没有利用电子信

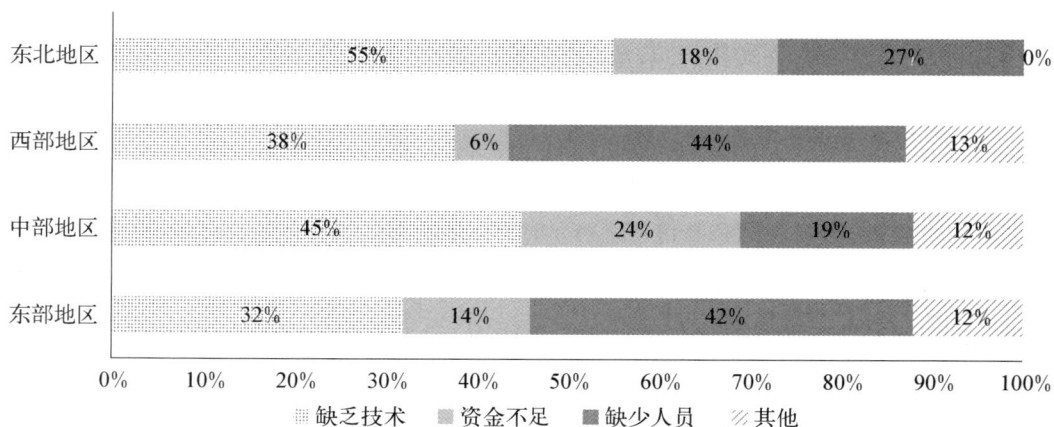

图 3 - 10　各地区没有利用电子信息平台发布村内事务的原因

息平台的主要原因在于缺乏相应技术(45%),同时缺乏资金(24%)和人员(19%);西部地区没有使用电子信息平台是因为缺少技术(38%)和人员(44%);东北地区没有利用电子信息平台的原因主要在于缺乏技术(55%)和缺少人员(27%)。

针对乡村缺乏有效的引导机制,导致文明建设的目标不够清晰、措施不够有力的问题,村内应该选树典型、树立榜样,通过评选"五好家庭"等典型人物,让优秀的个人和家庭成为村民学习的榜样,推动文明乡风的改善。因为典型人物具有引领作用,他们的良好行为和品德可以成为周围群众学习和追随的榜样。通过选树乡村典型,可以让周边群众见贤思齐、崇德向善,激发群众的积极性、主动性和创造性,引导乡民树立正确的文明价值观和行为规范,推动乡村社会风尚的积极向上发展。典型人物还可以在宣讲和传递榜样力量方面起到重要作用,通过宣传他们的感人故事,可以影响更多的人,传递正能量和良好价值观。通过典型人物的示范,人们可以感受到身边好人好事的力量,增强幸福感和获得感。因此,通过选树典型人物来带动乡风文明建设,可以促进社会的进步和乡村的振兴。现如今已有许多村庄将数字技术应用在文明评比活动中。

图 3-11 为"本村是否有开展文明家庭、五好家庭、最美家庭等评比"问题的统计结果。从中可以看出,我国各地区的村庄基本都会开展文明家庭、五好家庭、最美家庭等评比活动,且在中部地区普及范围最广(93%),东北地区最低(79%)。

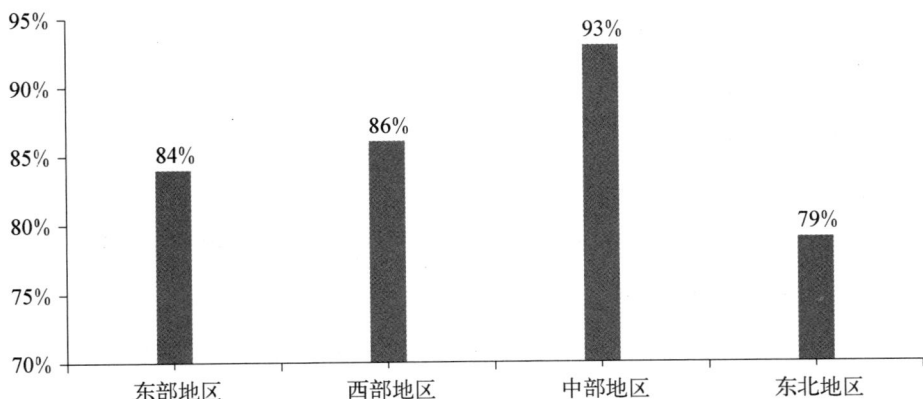

图 3-11 各地区开展文明评选的村庄比例

图 3-12 描述了在有评选活动的村庄中是否运用了数字技术。可以看出,在乡村举办文明评选等投票活动中,运用数字网络技术进行投票的行为占比较小,如占比最低的西部地区,仅有 7%的村庄在类似文化活动中使用微信、QQ 等投票,而将数字技术应用在投票评选活动中最多的东部地区,其数字技术的使用率也仅为 24%。

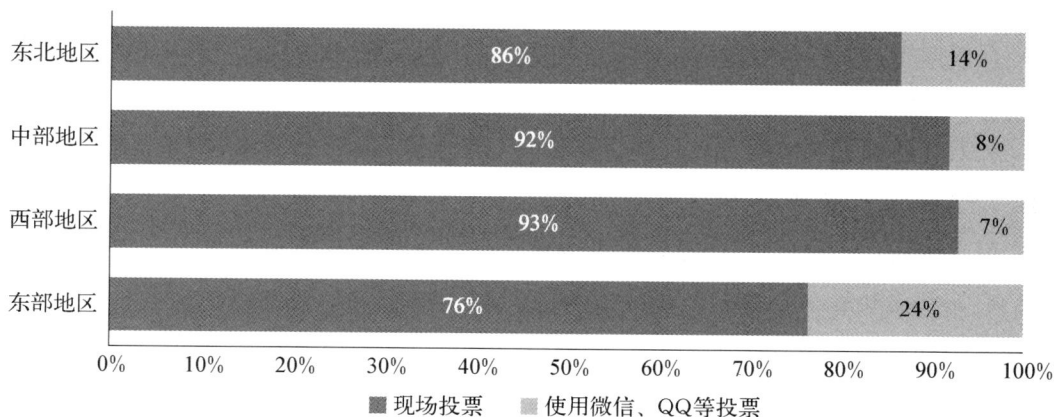

图 3-12 各地区运用数字网络技术进行投票的村庄比例

其实利用数字化投票系统,不仅可以为村内举办评选活动时在投票环节、票数实时统计环节、结果分析环节带来便利,还可以通过跨平台交互宣传,如将投票结果通过手机应用程序、电视、电台等多种方式进行通知和展示,提高文明评选活动的参与度和影响力,从而达到促进乡风文明的目的。

在村务评选活动中,数字技术为文明评比提供了更科学、客观的评价手段。通过电子化的数据收集和分析,可以更全面地了解村庄文明建设的各个方面,为评比提供更准确的依据。这种数字化的评估方式有助于激发村民的积极性,推动文明建设不断向前发展。电子村务的推行使村庄管理更加高效。通过数字化的村务管理系统,村庄事务可以更加迅速地处理,提高了工作效率。这不仅减轻了村庄管理者的负担,也为更好地开展文明建设提供了有力支持。

(2)数字教育陶冶村民精神文明

村内举办的文明评选活动可以对村民的文明行为有一定的榜样作用,利用数字教育类软件也可以陶冶村民情操,提高农村居民文明素质。

图 3-13 为"您对教育教学类应用(如中国大学、Mooc 等)掌握程度"问题的统计结果。和视频类 App 相比,教育类 App 在农村普及程度较低(所有地区平均有一半及以上完全不会使用此类应用)。分地区来看,东部、中部、西部、东北地区的教学类应用普及度逐渐降低,这可能与教育发展水平和经济水平相关。

慕课是一种大型网络在线开放课程应用,是一种迅速发展起来的新型教育模式。以互联网为基础,通过慕课平台让学生与老师或学生与学生之间进行交流和互动。它具有大规模、开放性和在线互动性等特点,为学生提供了丰富的网络教学资源,可以在

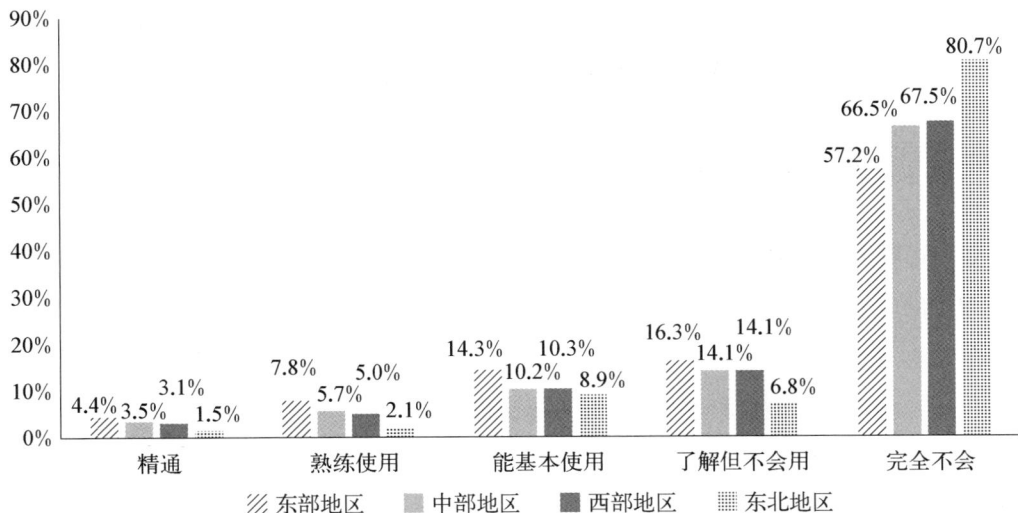

图 3－13　各地区对教育教学类应用掌握程度的人数占比

不受时间和空间限制的情况下进行学习。这种电子教学模式不仅将教育机会平等地面向各个地区,也使各种传统手艺有了传播的机会。可以将传统文化融入慕课的课程设计中,如开设地方传统特色文化的相关课程,介绍国学经典、传统艺术、民俗文化等内容。在慕课中可以注重培养村民的文化素养,包括传统文化的知识、价值观、道德规范等方面,还可以为村民提供跨文化交流和学习的机会,通过引入不同地区的传统文化课程,让学习者了解和比较不同文化之间的差异和相通之处。总之,可以通过课程内容、教学形式、文化素养培养和跨文化交流等方式将慕课与传统文化结合。这样可以使村民在慕课学习中既获得知识和技能,又增加对传统文化的认知和理解,推动传统文化的传承和发展。从图 3－13 的数据可知,数字教育在农村地区还有很大的发展空间,利用数字教育类 App 可以从新的视角活化乡村文化传播路径,助力乡村振兴。

　　数字教育在乡风文明建设中发挥着重要作用,为村民提供了更便捷、更高效的学习方式。村民们能够更方便地获取各类文明建设知识。在线教育平台、数字图书馆等资源为村庄提供了广泛而深入的学习渠道,使村民能够随时随地学习新知识,提高乡风文明的整体水平。

　　在数字教育与乡风文明的结合中,村庄更容易形成良好的学习氛围,培养更高素质的村民群体。数字化的管理方式也有助于推动村庄的现代化进程,使得文明建设更符合时代需求。因此,在未来的发展中,继续推进数字教育和电子村务,将为乡村文明的提升提供持续而可持续的动力。

3.4 网络媒体传承农耕文化

3.4.1 农耕文化传承与非遗保护的区域比较

（1）农耕文化传承及区域比较

中国的农业社会具有悠久的历史，传承下来的农耕文化浩如烟海。中华优秀传统文化中蕴含着关于乡风和教化的丰富思想，如和合思想、邻里互助思想、孝老爱幼理念和乡贤文化等，这些思想为新时代的乡风文明建设提供了丰厚的滋养。农村地区的文化是一个地区历史、传统和生活方式的体现，对于村民来说具有独特的情感和认同。传承优秀的农耕文化可以增强当地居民的地方认同感和自尊心，让居民对自己的文化和身份感到自豪和自信。独特多样的农耕文化不仅可以反映地域特色和民族传统，丰富整个国家的文化多样性，还可以与其他地区的文化互相交流和借鉴，促进文化的融合与创新。

民俗节日指的是一个国家或民族中广大民众所创造、享用和传承的生活文化。它是农耕文化中的一部分，是通过民俗活动来表达人们的信仰、思想、道德和理想的特定日子。民俗节日一般通过特定的活动形式和仪式来庆祝，代表着当地地域文化的象征符号，反映乡村社区的历史文化内涵和居民的生活状态。通过挖掘和重塑民俗节日，可以丰富乡村公共文化服务体系，并形成乡村社区居民的文化自信。

根据"村里是否举办民俗文化节庆活动（如办村晚，免费放映电影，唱戏或其他演出）?"问题，整理得到各地区农村举办文化活动的频率，见图 3－14。具体而言，大部分地区会有文化活动（即选择"偶尔有""经常有"），没有举办文化活动的村庄除了东北地区（25％）外占比均在 10％以内。分地区看，在东部、中部和西部地区占比最高的是"经常

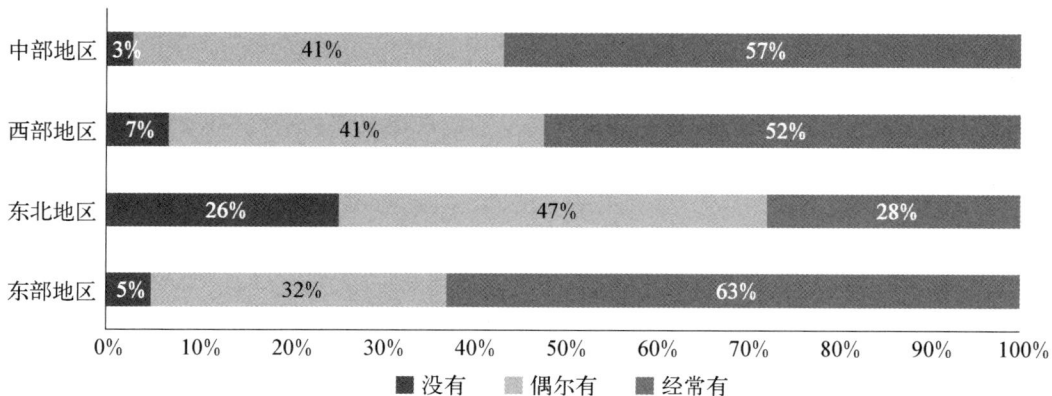

图 3－14　各地区农村举办文化活动的频率

有"(63％、57％、52％)，东北地区最多的是"偶尔有"(47％)。可见，东部和西部地区举办文化活动的要高于其他地区。

这可能的原因是，东部和中部地区相对西部地区来说，在经济发展方面更发达，农村地区也相对富裕，这使得农村居民有更多的时间和资源参与文化活动。富裕的农村地区可能有更多的场所和设施来举办文化活动，如文化广场、剧院和图书馆。东北地区文化活动举办频率较低还可能是因为其地理环境较特殊，寒冷季节较长、多山地，且处于较偏远的地区等。地理限制导致农村地区的基础设施相对滞后，缺乏适合举办文化活动的场所和设施。此外，东北地区面临着较严重的人口流出和老龄化问题。年轻一代农村居民大量流向城市寻找更好的就业机会，导致农村地区的人口减少和社区凝聚力弱化，这也限制了文化活动的参与和举办。

图 3-15 对比了 2021 年、2023 年有民俗节庆活动的村庄比例。可以看出，随着乡风文明的发展，各地区参与举办民俗节的村庄比例大多有所增加(除中部地区略有下降外)，上升最快的是西部地区，从 94.12％涨到 97.05％，这说明我国参与乡村文明建设的氛围正在逐渐形成。乡村社区营造和乡村艺术活动成为促进乡村文明建设的重要途径之一。政府、当地村民、艺术机构等多个主体通过合作共同参与乡村社区营造，以挖掘和重塑民俗节日等方式丰富乡村公共文化服务体系，提升乡村居民的文化自信。

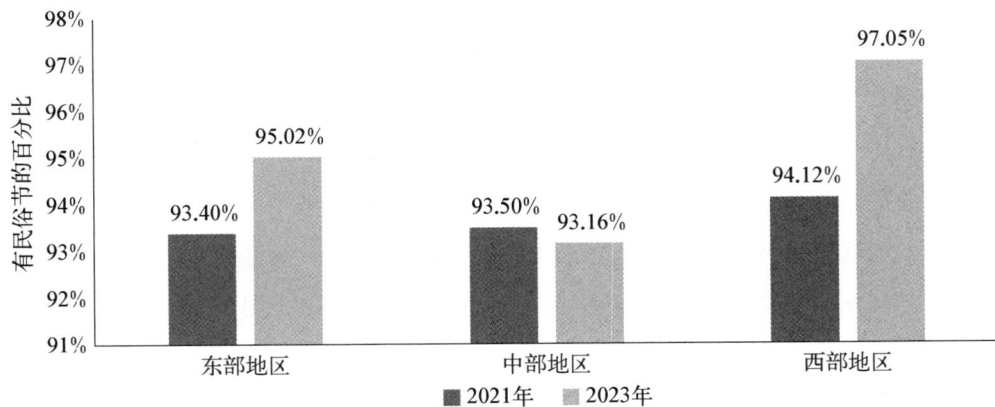

图 3-15　各地区有民俗节庆活动的村庄比例

开展当地农村特色民俗的活动令农耕文化代代相传，将民俗文化转化为经济增长的动力成为农耕文化延续的土壤。利用形式多样的活动，如演讲、文艺宣传、围屋夜话等，宣传现代新文明思想。地方政府要加大财政资金投入，完善民俗村落的基础设施建设。同时，引导村民积极参与文化遗产保护和农耕习俗的传承，禁止违规搭建房屋，保持村落整洁、环境优美。加大政策与资金扶持力度。通过加大对优秀民俗文化传承保护和民俗品牌发展建设经费的投入,提升民众对民俗文化的传承和保护意识。政府需要给予乡村民俗文化产业更多的优惠政策和鼓励措施,吸引各界有识之士参与,创新融资机制,形成良好的发展环境。以品牌为中心,联动开发,良性互动,形成产业链接。通过统筹规划和多方合作,将乡村的民俗资源集中开发、规范运营,形成具有品牌效应的乡村文化产业链。这种联动开发模式可以充分利用自然资源优势,为村民带来经济效益,同时保留传统村落和民俗文化。提炼文化内涵,搭建民俗文化载体,创建民俗品牌。通过挖掘和保护乡村的民俗文化,打造独特的文化品牌,使乡村文明得以传承,将民俗文化融入乡土,以原生态民俗文化作为主要体验方式。通过开发新型文化产业链可以将乡村传统文化与促进经济发展达到一个可持续的平衡状态。

（2）农村非遗保护及区域比较分析

乡村文明无形的文化宝藏除了传统民俗外,还有许多尚待挖掘的非物质文化遗产值得研究。大量丰富的非物质文化遗产来自农村地区,如民俗活动、传统习俗、手工艺技术等,这些是代代相传的宝贵财富。开发和弘扬留存农村地区的传统文化可以保护和传承这些非物质文化遗产,让后代体会、学习和继承,防止文化瑰宝在一代代流传中逐渐没落。

非遗文化作为国家宝贵的非物质文明,代表了中华民族上下五千年的薪火相传。乡村非遗是凝聚了数千年乡土文化的精华,保护和开发好非遗资源可以为乡村振兴提供动力。非遗文化是一个地区的精神纽带,具有凝聚家乡情感和社会认同的作用,通过传承和发展非遗文化,可以增强本乡文化自豪感和身份认同感,促进社会和谐稳定。而且非遗文化具有巨大的经济潜力,通过非遗文化的创新和传播,可以促进相关产业的发展,推动文化产业的融合与创新,带动相关经济的发展和就业增长。

中国列入联合国教科文组织非物质文化遗产名录（名册）项目共计43项,总数位居世界第一。国家级非物质文化遗产1 557项,计3 610个子项。图3-16为各省份的非物质文化遗产数量。从中可以看出,浙江拥有的非物质文化遗产数量在全国排名第一,这可以归因于浙江经济发达,注重文化建设,对当地的传统文化资源挖掘和保存较好,而且人杰地灵,自古以来出了很多能工巧匠,每个县市皆有拿得出手的特色工艺,如金华火腿、东阳木雕、义乌红糖等。

农耕文化传承与农村非遗保护在区域层面上体现了多样性和差异性的特点。这种差异既源自地域文化的独特性,也受到地方政府、社会组织等方面的支持与引导的影响。农耕文化的传承不仅是一种对农业生产技艺的传承,更是对丰富的农村生活方式、价值观念的传递。非遗保护在各地的实践中,体现了对传统文化珍贵性的共识。在未来,可

（个）

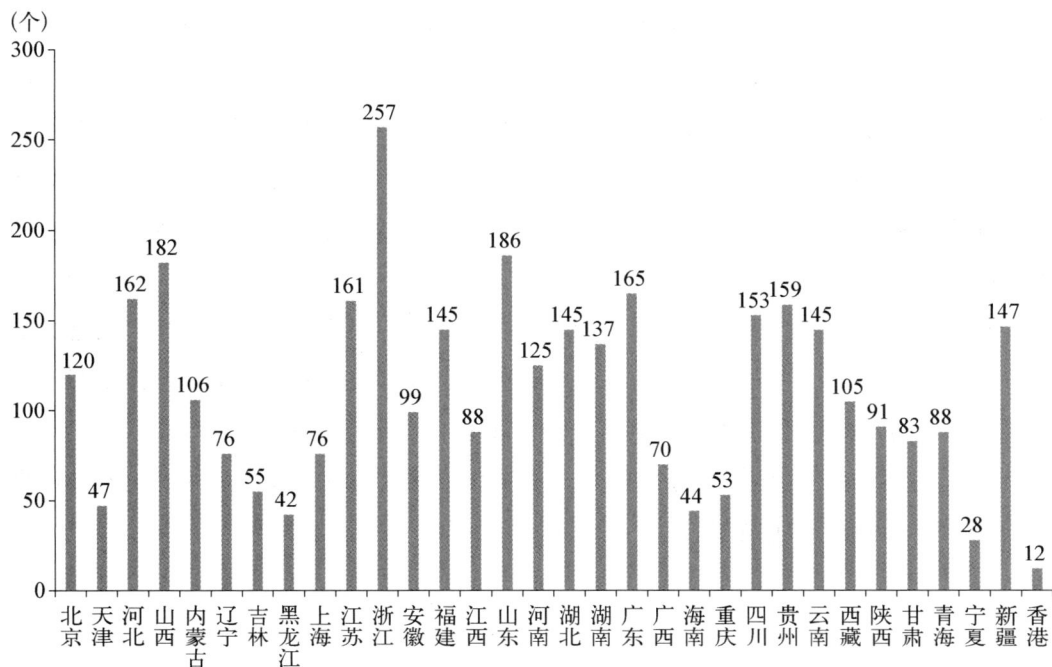

数据来源：中国非物质文化遗产网（https://www.ihchina.cn/♯page1.）。

图 3－16　各省份国家级非物质文化遗产数量

以通过加强跨区域交流与协作，共同推动农耕文化传承与非遗保护的深入发展，促进中华传统文化的繁荣与创新。这也需要各方努力，共同为传统文化的传承与发展创造更加有力的环境。

3.4.2　新媒体发扬农村文化与数字藏品保留传统遗珠

网络媒体是指利用互联网技术和平台进行信息传播和内容创作的媒体形式。它包括各类网站、社交媒体、微信公众号、博客、视频网站（抖音、快手）、音乐网站（网易云音乐）和电子商务平台等，通过互联网实现信息发布、传播、交流和互动。网络媒体的出现极大地改变了人们获取信息和参与传播的方式，使得信息传播更加便捷和快速，并且提供了更多的话语权和参与度给广大的用户。

网络媒体在文化传播中具有重要的作用。互联网的快速发展和普及，使得文化传播具有了更广泛的渠道和更高效的方式。通过互联网，人们可以随时随地获取和共享各种文化内容，包括音乐、电影、艺术作品、历史文化等，增进对于多元文化的理解和包容。传统的文化传播方式受到地域和时间的限制，互联网可以打破时空限制，将不同地域、不同文化背景的人们连接在一起，促进文化的交流和融合，扩大了文化传播的受众范围。无论是图片、音频还是视频,都可以通过网络媒体进行传播,使更多的人能够接触到文化内容。互联网使得人们可以通过各种在线平台和社交媒体分享和传播自己的文化创作,门槛较低。这使得文化创作者可以更容易地将自己的作品推广给更多人,获得更多的反馈和认可,用户可以通过评论、点赞、分享等互动方式参与到文化传播中,与其他人交流和分享自己的观点和体验,从而增强了文化传播的互动性和参与性。这种开放的环境有助于培养和传播文化创意,推动文化的创新和进步。

图 3-17 是关于"您对以下娱乐音视频应用(如抖音、快手等)的掌握程度"问题的统计结果。总体来看,大部分地区都有八成以上的村民能够熟练使用或基本能使用娱乐音视频应用,东部地区和西部地区能够精通使用视频应用的比例最高(16%),东北地区能够熟练使用视频应用的比例最低(13%),东部地区完全不会使用视频应用的比例也最高(10%),完全不会使用短视频的比例在西部地区最低(6%)。

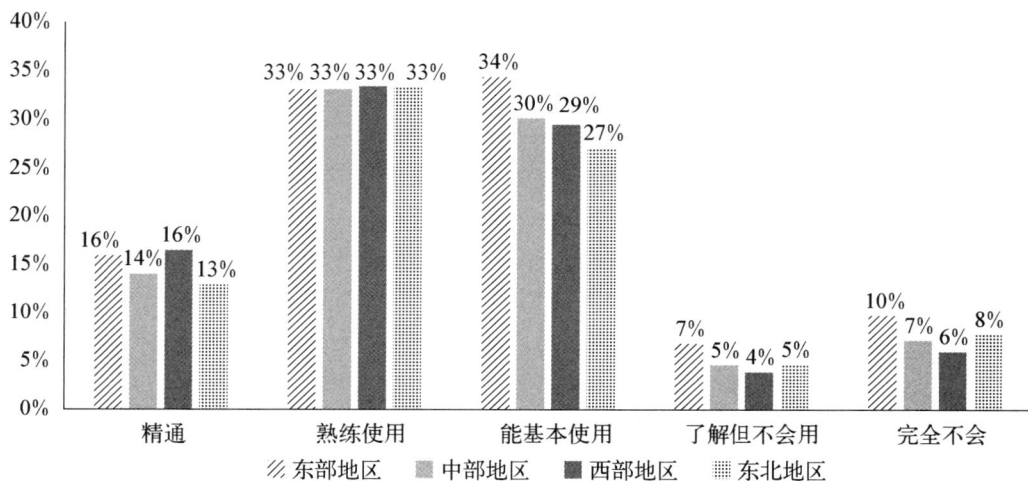

图 3-17 各地区村民对视频应用掌握熟练程度

相较于传统媒体,如录音磁带、书法绘画等艺术保存形式,视频存储可以以生动、形象的方式展示传统文化,传播传统文化的知识,创作具有创意和吸引力的视频作品,并让用户参与传统文化的传承,进一步发扬传统文化的魅力。运用优秀的拍摄手法和剪辑手段可以将传统文化与现代元素进行融合,创作出具有时尚感和吸引力的视频作品。视频App 具有互动参与的形式,如制作互动游戏、问答视频等,让用户通过视频应用的互动功能与传统文化进行互动,增强用户的参与感和体验感。通过数字教育教学视频可以分享传统文化的知识,可以制作讲解传统文化的视频,将传统文化的历史、背景、文化内涵等内容进行解说和介绍,如传统节日、传统手工艺、传统习俗等方面的知识。

图 3-18 为"您每周使用短视频类网络社交工具(如抖音/快手等)软件的次数?"问题的统计结果。总体来看,农村地区使用短视频类社交工具的比例较高,各地区"几乎不用"视频类社交软件的比例仅有一成左右,且超过半数的村民会经常使用短视频类网络社交工具。分地区看,东北地区的村民"每天多次"使用短视频类网络社交工具的比例最高(46.1%),且选择"几乎不用"视频类社交工具的比例也最高(10.2%),这说明在东北地区使用视频类网络社交工具的村民其使用频率将会偏高。

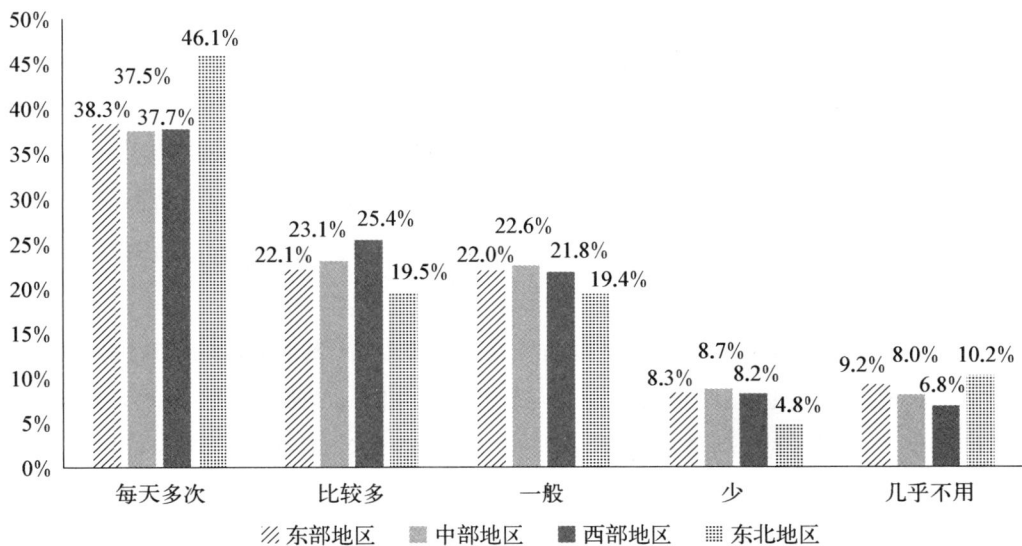

图 3-18　各地区村民使用短视频类网络社交工具的情况

当下正值短视频时代,短视频成为主流的传播方式和受欢迎的媒体形式。短视频类社交工具的特点在于视频内容篇幅短暂,一般在数分钟以内;多样的模态,包括图像、声音、文字等多种元素的组合;内容丰富,可以包含各种主题和领域的内容;用户参与度高,用户可以通过点赞、评论等互动方式与视频内容进行互动。短视频时代的到来极大地改变了信息传播的方式,使得信息更加快速、直观地传达给观众,也为创作者提供了更多展示自己创意和才华的平台。通过"千村调查"数据的整理可知,"几乎不用"短视频社交媒体的比例在各地区的比例基本在 10% 以下(东部地区 9.2%,中部地区 8%,西部地区 6.8%,东北地区 10.2%),这说明短视频社交媒体软件在农村中普及率高,可以进一步利用短视频软件保存和宣传农村地区特色。

针对不同年龄段和地区的群体,可以选择合适的短视频平台(如抖音、快手等)。这些平台具有广泛的用户基础和方便的分享功能,能够更好地传播传统文化。在不同节庆来临前,可以发布与传统文化相关的热点话题,如传统节日、民俗习惯、艺术表演等内容,确保内容具有吸引力和独特性,利用标签引流等方式吸引更多观众。利用短视频 App 发扬当地文化,需要注意的是要输出高质量、精美的作品,短视频软件有丰富的拍摄、剪辑和特效功能可以进行构图、剪辑和配乐,使之更符合传统文化的特点和美感。总之,通过运用短视频软件保存和宣传传统文化,能够更好地吸引各地区村民的关注,推动传统文化在社交媒体中的传播,并为传统文化注入新的活力。

保存农村地区的传统文化,除了利用主流短视频社交软件,还可以将农村地区传统手工艺术品转化为数字藏品(NFT),开发农村新型数字产业链。数字藏品是一种以数字化形式展示的文化产品,旨在将传统文化与数字技术相结合,实现数字化文化消费的新模式。它可以是数字化的文物、艺术品、文献资料等,通过数字技术的应用呈现出来。数字藏品能够承载传统文化的传承与创新,赋予优秀文化资源新的 IP 形象,具有文化意义和价值,在新消费时代具有重要价值,满足消费者个性化、智能化的消费需求。此外,数字藏品也可以助力传统文化的创新与融合,推动传统制造业的发展,并在数字经济背景下开拓新的消费场景。

将各地农村传统文化元素以数字藏品形式进行传播,使更多的人能够接触到和了解传统文化。通过数字化展示,将文化遗产与现代科技相结合,吸引年轻人的兴趣。数字藏品可以提供更丰富的文化体验方式。通过虚拟现实技术等手段,数字藏品可以还原场景、模拟体验,让人们身临其境地感受传统文化的魅力。这种数字化的体验方式可以吸引更多人参与,增加对传统文化的理解和认同。数字藏品的展出和购买不受时空限制,可以降低成本,并且满足多样化的需求。同时,数字藏品的发行还能够带动传统制造业的创新和发展,加速传统文化产业与数字化产业的融合。当然,还需要通过数字资产版权确权和可追溯的方式,保护传统文化数字藏品的版权,以及加强对非物质文化遗产数据采集和档案建设方面的标准化研究,并建立非遗记录工作的规范和标准。通过版权保护,可以确保传统文化的权益得到合法保障,激发更多人参与到传统文化的传承和创新中来。

数字藏品是元宇宙中的一种数字资产形式。元宇宙是一个由数字技术所构建的虚拟世界,类似于虚拟现实(VR)的延伸发展。它是一个集成了虚拟现实、增强现实、人工智能、区块链等技术的全新数字化环境。元宇宙提供了一个全新的虚拟空间,人们可以在其中创建、交互和体验虚拟世界。它模拟了真实世界的各种场景和体验,并允许用户以数字身份在其中进行各种活动,如社交互动、商业交易、娱乐体验等。元宇宙被认为是一个具有无限潜力和可能性的数字世界,它正在成为人们生活的重要组成部分,影响着社会、经济和文化的发展。元宇宙技术可以通过创建数字孪生乡村的方式,打造数字化的乡村环境,从而推动乡村文化建设和发展。通过使用 5G、区块链技术等虚拟仿真技术,可以在元宇宙中复制现实乡村的风土人情,让各地区的人们都能够在虚拟世界中体验到乡村的自然景观、历史文化等,从而宣传和推广乡村,促进社会交往和文化交流,以一种三维立体的格式保存乡村文化。元宇宙技术也可以促进乡村经济的发展。乡村可以利用元宇宙技术提供的数字化平台,将农产品和乡村特色商品进行线上销售和推广,吸引更多的消费者和客户参与。

综上所述,利用现代科技手段,通过数字化媒介如短视频、网络教育平台以及数字藏品的传播,可以为农村居民带来丰富的文化体验方式以及促进传统产业发展,发扬传统文化并推动其创新和传承,为乡村文化振兴提供新的机遇和发展路径。

3.5　数字治理落实村规民约

3.5.1　乡村道德建设与村规民约的区域比较

（1）乡村道德建设的区域比较

乡村道德建设在乡村振兴中扮演着重要的角色。乡村居民的道德建设是实现乡村振兴和治理现代化的必要条件。只有通过道德建设,提高乡村居民的思想道德水平,才能夯实乡村振兴的物质基础。在乡村治理现代化的进程中,乡村道德建设所起到的作用与自治和法治相当,为乡村治理现代化提供了道德涵养,实现了乡村居民对道德建设的认同。通过发挥道德润物无声的育人作用和指导作用,乡村居民的自治和法治的作用可以得到最大效能和优势。

乡村的道德文化建设可以通过教化和实践两条路径来实现。家庭是农村社区的基本构成单位,若家风教化得当,以小家优化大家,可营造风清气正的乡风。志愿活动是践行农村道德的方式,村民参与志愿活动将道德培育落在实处,为乡风文明提供了持久的精神力量。

合理的家训可以营建优秀的家风,这在促进乡村文明方面起着重要作用。首先,优秀的家风可以成为乡村居民的榜样,以身作则,引导家庭成员形成正确的行为规范和生活作风,从而对整个乡村文明起到积极的影响。其次,优秀的家风融入当代社会价值观,创新传承方式,通过简单易懂的方式将优秀家风家训的核心传递给年轻一代,从而实现了乡村文明的传承和发展。此外,优秀的家风家训可以通过传承乡村文化,保护宗祠建筑、礼堂和雕刻碑记等载体,让乡村成为乡土文化和独具特色的乡民文化娱乐场所。最后,优秀的家风家训可以培养乡村村民的文明素质,提升乡村村民的责任感,形成和谐美好的家庭和社会风气,为乡村振兴提供人才支撑。因此,用家风来增进乡村文明起着关键作用。

志愿活动通过丰富多彩的文艺志愿服务,讲好乡村故事,弘扬文明乡风,帮助乡村塑造更加文明的社会氛围。在志愿活动中通过宣传党的创新理论,增强文化自信,引导广大基层党员群众参与乡村振兴,推动乡村振兴战略的实施。此外,还有的志愿活动通过提供健康义诊、法律援助等具体举措,解决群众"急难愁盼"的问题,使农民群众的幸福感、获得感和道德感显著提升。

图 3-19 为各地区志愿活动参与比例,可以看出,各地区的志愿活动参与率有显著不同:东部地区的志愿活动参与率最高,为 47.1%,东北地区的志愿活动参与率最低,仅为 37.4%,中部和西部地区的志愿活动参与率相仿,均为 40%左右。这说明东部地区一些农村社区的文明程度相对较高,居民更容易认同和接受社会责任,愿意为社区的共同发展贡献力量;东北地区志愿活动参与度较低可能是因为东北农村地区缺乏多样性的就业机会,居民更注重谋求生计和家庭生活,将更多的注意力集中在实际经济活动上。

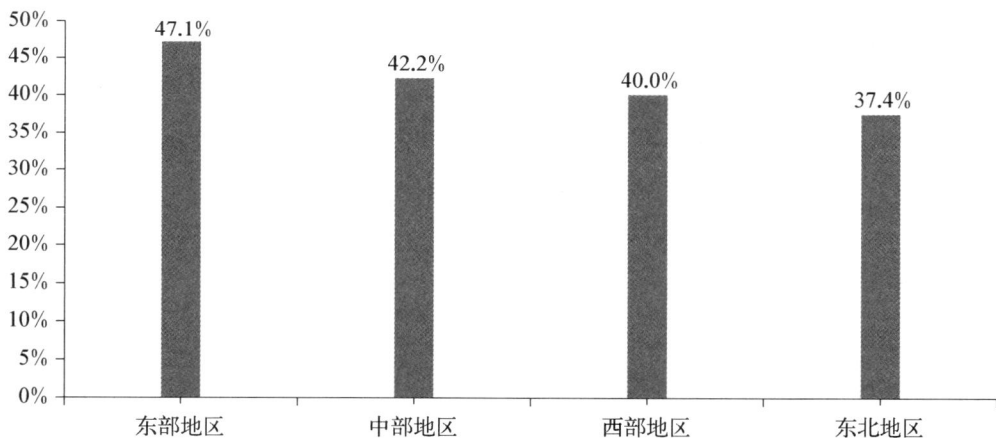

图 3-19　各地区村民参与志愿活动的比例

图 3-20 为 2021 年和 2023 年各地区村民参与志愿活动的比例。调查发现,村民参与志愿活动的积极性在各地区都有显著提高,中部地区村民对志愿活动的积极性提高程度最大,两年间提高了 13.2%;东部地区村民对志愿活动的参与度一直最高,2021 年为41.2%,2023 年为 47.1%,处于全国领先水平。

图 3-21 为"您是否参加过乡村志愿服务行动?"多选题的数据统计。整体来看,中部和西部地区参与的志愿活动类型的比例较接近。分地区看,东部地区"关爱孤寡老人"

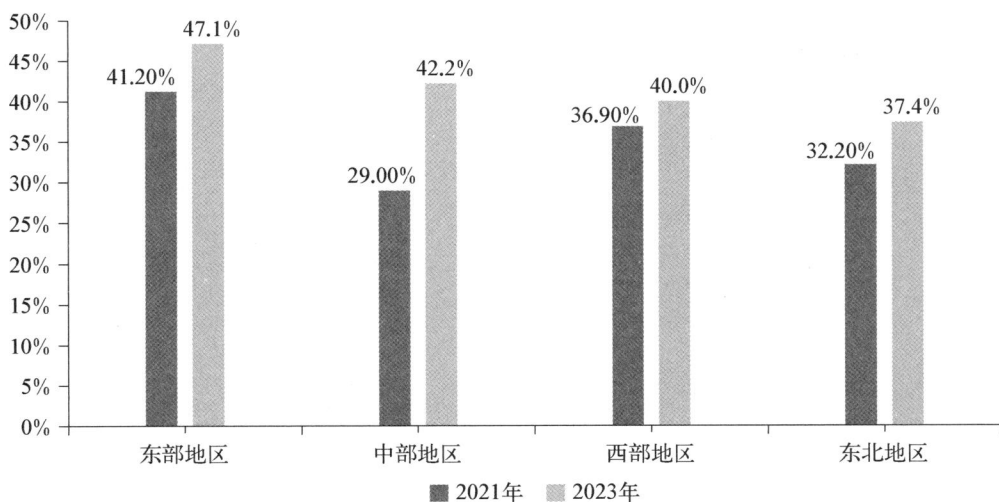

图 3‐20　各地区村民参与志愿活动的比例

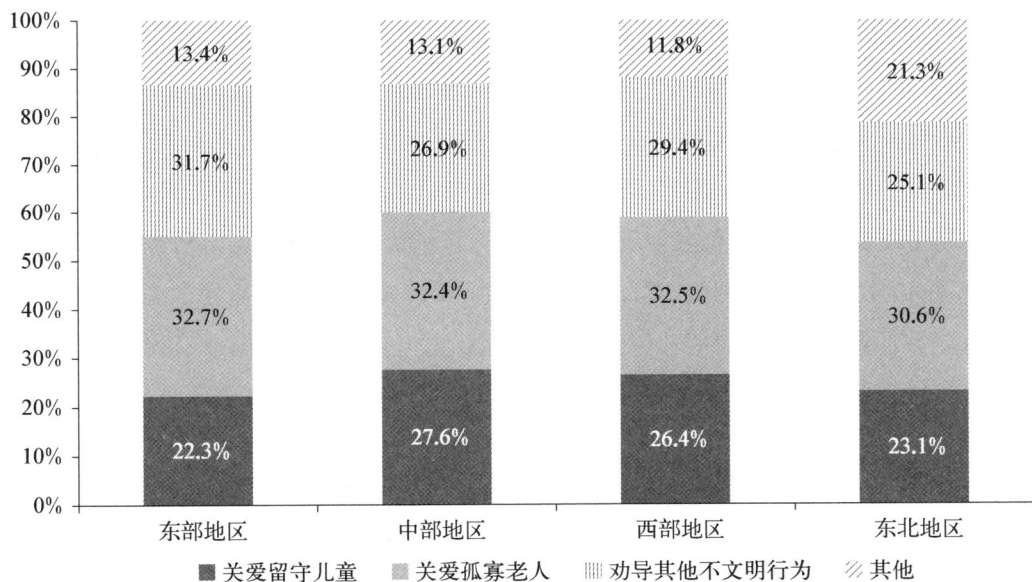

图 3‐21　各地区村民参与志愿活动的种类统计

志愿活动的参与率较高(32.7%),东北地区"关爱孤寡老人"志愿活动的参与率也较高(30.6%)。

图 3‐22 为"本村是否有文明志愿服务队,服务村民生活和村产业发展?"问题的统计数据。分地区看,东北地区的志愿服务较少,有 27.7% 的村庄没有志愿服务队;西部地区超过半数的村庄有一支志愿服务队(50.2%);东部地区两支(20.4%)、三支及以上

（32.1％）的志愿服务队比例最高，且东部地区没有志愿服务队的比例最低（8.4％）。这说明在东部地区志愿服务活动发展得比较完善。

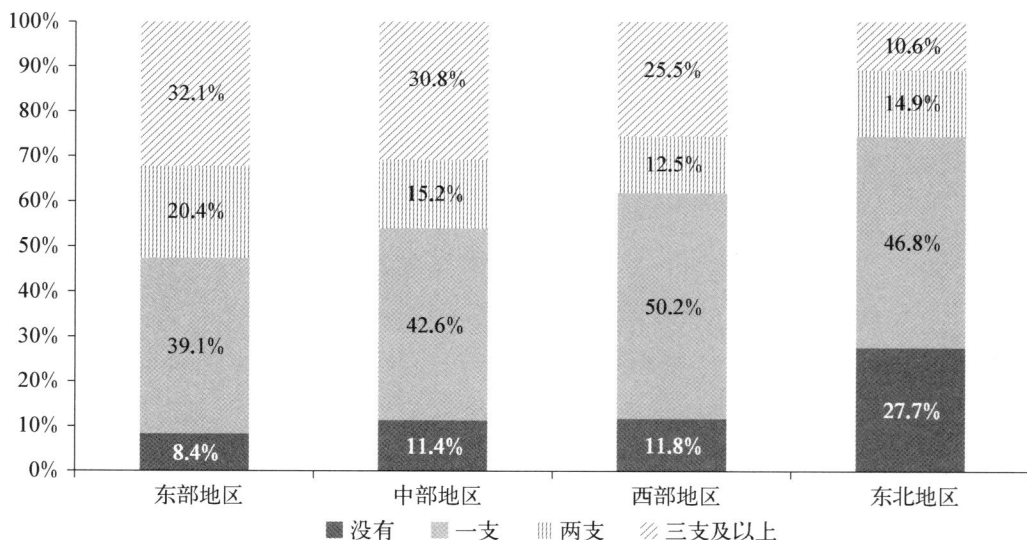

图 3-22　各地区村庄文明志愿服务队数量

志愿服务队通过组织化和专业化的方式提供志愿者活动的机会和平台，为村民志愿者参与提供了更多的选择和便利。同时，志愿服务队可以提供培训和指导，帮助志愿者提升专业实践能力和技能，使其能够更好地参与志愿活动。此外，志愿服务队还能提供志愿者之间的协作和支持网络，有助于增强志愿者的归属感和参与意愿。志愿服务队的存在和发展能够促进志愿者的参与度和活动质量，提升志愿服务的效果和影响力，因此，在志愿服务队组建率（91.6％）最高的东部地区，其志愿活动参与率也最高（47.1％），见图 3-19。

可以通过各种方式促进村民参与志愿服务活动，如积极宣传、提供多样化的志愿服务项目、加强志愿服务组织建设、培育志愿者的意识和精神、提供相应的支持和奖励等措施。通过宣传志愿活动的意义和价值，向村民普及志愿服务的概念和作用，激发他们参与的兴趣和动力；也可以根据村民的实际需求和兴趣爱好，设计各种多样化的志愿服务项目，如关爱留守儿童、志愿家教、社区环境治理等，使村民能够选择符合自身意愿和能力的志愿活动。

为了组织好每一次志愿活动，还需要在农村建立专门的志愿服务组织，如乡村志愿服务队、志愿者协会等，提供更多志愿活动的机会和平台，方便村民参与。在平时宣传志愿服务精神，培育村民的社会责任感和乐于助人的意识，引导村民愿意为他人和社区做出贡献并参与志愿活动。也可以为参与志愿活动的村民提供一定的支持和奖励,如志愿者证书、物质福利等,让村民在参与志愿活动时有一定的获得感,提高村民的志愿活动参与积极性,从而提高乡村的道德水平和传播文明风尚。

（2）村规民约的区域比较

志愿服务活动反映了村民道德建设的成果,而乡村的村规民约则是村庄道德建设的一个堡垒。村规民约在乡村治理中扮演着至关重要的角色。在《中共中央国务院关于做好 2023 年全面推进乡村振兴重点工作的意见》中,除了继续强调在乡村开展听党话、感党恩、跟党走宣传教育活动外,新增了推动全国各地因地制宜制定村规民约的规范。村规民约是指在中国乡村社区中实施的令村民自我管理、自我服务、自我教育、自我监督的一种基层社会治理方式,旨在实施奖惩措施和落实经营主体责任,规范村民的行为和加强监督能力,推动乡村的发展和改善社区的人居环境。村规民约是治理方式中最直接、最实用、最通俗、最便捷的一种,可以通过广泛宣传、村民代表大会讨论等方式制定和执行,在乡风文明建设中起到了重要的引导和规范作用。

村规民约是村民自行制定并自觉遵守的行为规范,是乡村基层社会治理的重要推动力。通过制定和执行村规民约,可以有效规范村民的行为,促进社会秩序的良好维护。村规民约的内容紧紧围绕社会主义核心价值观,覆盖了各个方面的行为规范,包括爱国、爱党、爱集体、爱护环境卫生、尊老爱幼等。社会治理中的问题,如移风易俗、破除陈规陋习、优化社会风气等都可以通过村规民约得到有效解决。同时,村规民约还可以推动乡村建设的发展。村民们以主人翁的姿态参与乡村建设,通过村规民约的规范行为,促进了乡村治理和乡村建设的发展。此外,村规民约还可以通过奖励村民参与乡村建设,推动乡村发展。村规民约在乡村治理中发挥着规范行为、促进乡村建设和推动乡村发展的重要作用。

图 3 - 23 是针对"您觉得村庄中对村民约束力最大的是哪一项?"问题的统计。大部分地区认为村规民约有一定的约束力,东北地区的村民认为"法律制裁"带来的约束力重要比例最高,为 42%,东部、中部和西部地区认为"村规民约"的约束力更大,"扣减集体福利"和"闲言碎语"等选项的比例较低。

大部分地区有超过半数以上的村民认为,村规民约是约束力最大的一项规定。这可能源于以下原因。村规民约的宣传和推广是确保其深入人心、起到规范约束作用的关键。村民通过多种方式广泛宣传村规民约,使其成为村民日常生活中不可或缺的一部分。一方面,村民通过走访、交流学习等方式,让村规民约走进村民的日常生活,形成潜移默化的作用。村内的网格员、党员等在走访、集会等场合进行宣传,起到了示范引领的作用。村民在日常生活中遵守村规民约,将之形成习惯,并逐渐将其内化为自我行为的

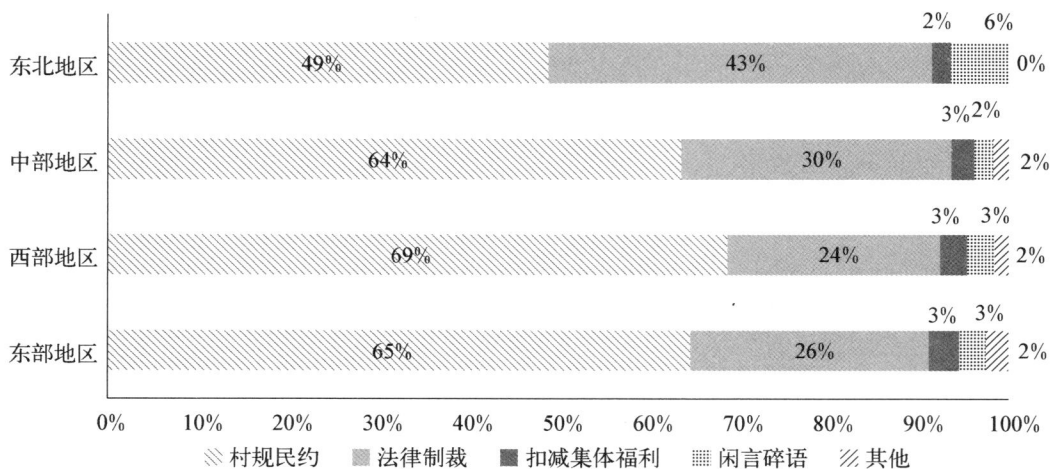

图 3-23　各地区农村最具有信服力的约束选项比例

准则。另一方面，村民通过共同修订和完善村规民约的内容，使其与社会主义核心价值观紧密结合，通俗易懂，朗朗上口。村规民约内容的修订，广泛征求了村民的意见，并结合实际生活和行为规范的制定而成。此外，村民们还参与了乡村建设，不少地区运用"党建＋村规民约＋积分制"管理模式，通过奖励村民参与乡村建设来推动乡村发展。因此，在不少村民心中，村规民约是最强的一项约束规则。

在实施村规民约的过程中，不少村庄同时推行了红黑榜、积分制来监督村民的行为，做到赏罚分明。图 3-24 是针对"本村实行红黑榜、积分制管理的作用效果如何?"问题的统计数据。总体来看，在推行红黑榜和积分制的村庄中，都有 40%～50% 的村庄认为

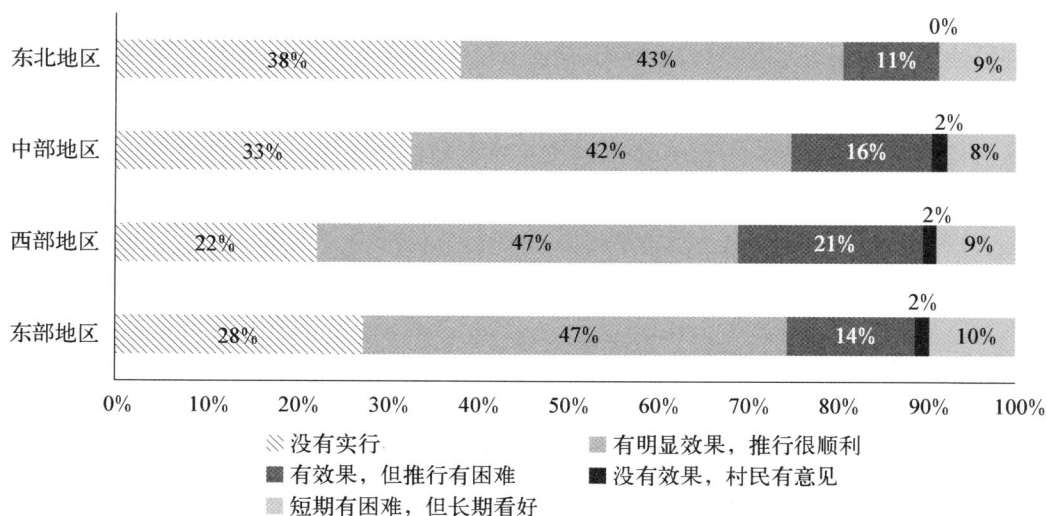

图 3-24　各地区村庄居民对红黑榜、积分制的态度

这种监督体系对村庄治理很有效果,且推行顺利;所有地区都有 10% 以下的村民认为虽然积分制、红黑榜短期推行有困难,但长期还是被看好;各地区都仅有 5% 以下的村民对此有意见,认为这种监督体系没有效果。

　　红黑榜和积分制是一种在乡村治理中发挥重要作用的管理模式。红黑榜可以通过奖励和惩罚的方式对村民的道德行为进行评价和公示。积分制通过对村民行为进行量化评分,并将积分与年终奖励、分红、物资兑换等挂钩,从而影响村民的行为。红黑榜与积分制的实施,在村民自治中发挥重要作用,通过对村民进行正确引导和有效激励,构建多元主体参与乡村治理的机制,激发了村民参与乡村治理的主动性,提升社会治理效能,推进乡村治理现代化进程。但是,红黑榜和积分制的实施过程中也存在一些亟须解决的问题,如评议公平性难以保证、人情社会关系可能破坏公正性等。因此,在推行红黑榜和积分制时需要注意平衡其积极和消极影响,并采取相应的措施以确保其规范的合法性和有效性。同时,要设立积分评定和监督小组,公正评定和合理运用积分。这种监督机制的推广运用需要党建引领,乡镇党委要督导和支持其实施,并提供适度财政支持和培训,以确保其顺利有序地运行。

　　乡村志愿服务成为道德建设的重要载体。通过参与各类志愿活动,居民深刻体验到互助、奉献、团结等社会主义核心价值观,提升了道德素养。志愿服务不仅强化了乡村社区凝聚力,也在实践中传递了乡村传统的文化和道德观念。村规民约作为管理和规范居民行为的工具,为乡村社区提供了有力支持。通过明确规范,村规民约建立了良好的行为准则,对于维护社区秩序、促进村民和谐相处起到了积极作用。这种规范不仅有助于化解矛盾,也在一定程度上引导居民形成文明、和谐的社区氛围。红黑榜与积分制的实施维护了村规民约权威性与存在感。

　　综合来看,乡村志愿服务与村规民约相辅相成,共同推动了乡村道德建设。志愿服务通过实际行动传递着社会主义核心价值观,激发着居民的社会责任感和爱心。而村规民约则为这种积极的道德建设提供了制度保障,确保了社区内部秩序的和谐稳定。进一步加强志愿服务项目的开展,完善村规民约的制定和执行机制,将更有利于建设文明乡村。

3.5.2　数字治理保障与发挥德治柔性力量效用

　　通过在乡村治理环节中数字化技术的应用,可以改变乡村政务管理方式。例如,将数字技术运用于积分制和红黑榜的实践中,通过区块链、云计算、大数据和 5G 等技术,强化村民参与公共事务的内生动力和主体自觉性,解决资源碎片化和协同惰性等问题。

在数字化平台的支持下,乡村居民可以通过参与各种活动获得数字积分,并用于购买乡村特色产品或享受特殊服务,加强了农村与市场的衔接,促进了乡村地区的产业发展。可以利用摄像头监督村民的行为,人工智能技术自动捕获不文明的行为,发布在电子红黑榜上,如村级的公众号,村内组织的公告网站以及村级层面的微信或 QQ 群的群公告中。此外,数字治理手段提高了信息流通和传递效率,村民可以通过数字化平台了解政策详情,并通过信息技术与政府互动,改变政策。数字化技术还可以扩大数据收集模式,整合农业知识普及、农产品生产销售对接等功能,提供农业培训和生产安全管理信息,助力农业农村发展。所有这些变革都有助于改变乡村生产生活方式,提高乡村治理效能,促进乡村发展。

电子技术应用于乡村集体事务为监管带来了极大的便利,但村民在互联网上的行为如同真实世界中的行为路径一样值得监管。网络文明是在虚拟网络世界中呈现的一种重要文明现象,是中华民族现代文明的重要组成部分。虚拟网络世界的网络文明和实际世界的现实文明相辅相成,共同发挥着促进社会主义精神文明发展和推动网络强国建设的功能。

图 3-25 是"本村村民在使用互联网和社交媒体时是否遵守行为规范(如对于一般未经确认的信息,不传播不实信息,不随意暴露自己的他人隐私信息,不随意在网上评头论足擅自评论,抵制网络暴力等)"问题的统计结果。总体来看,所有地区遵守网络文明行为的比例都在九成以上,东部地区村民遵守网络文明规范的概率最高,为 94.1%,西部地区村民遵守网络行为规范的概率最低,为 90.5%。在网络上的文明行为可能和互联网在一个地区的发展程度息息相关,西部地区互联网普及时间相对较晚,其村民的网络文明意识较其他地域略淡薄。

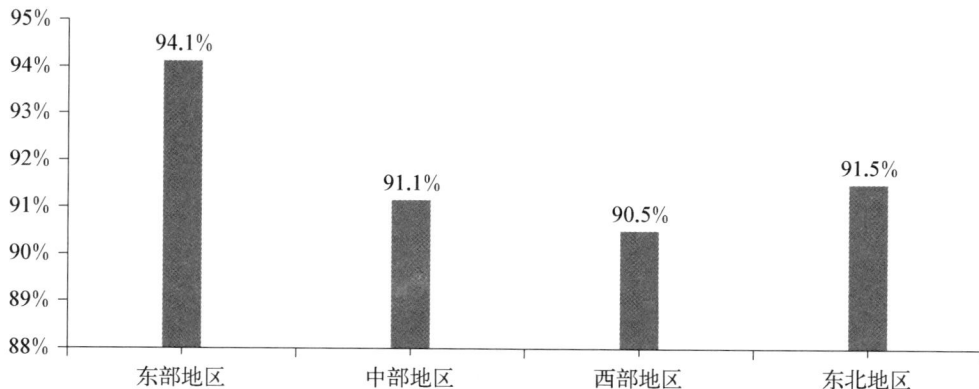

图 3-25　各地区村民遵守网络行为规范比例

为了确保乡村网络体系在道德和法治轨道上健康运行。首先,可以设立网络执法专家智库,并组织网信干部参加国家和省级执法培训,以提升网络执法水平。其次,相关政府部门需要采取一系列专项整治行动,打击网络乱象,优化整体网络环境。另外,各地区的网络安全部门需要加强技术治网,建设网络安全应急指挥中心、网络舆情态势感知平台等技术体系,加强了网络安全审查工作,并形成了强大的网信技术体系。

3.6　小　　结

本章围绕"乡风文明",结合现有文献资料和上海财经大学"千村调查"数据展开分析。将乡村文化建设现状、移风易俗现状、农耕文化传承现状、村规民约推进现状分别结合数字技术,从不同区位分类讨论了乡风文明的发展进程和未来展望。在对乡风文明各个角度进行统计分析后,指出在乡风文明建设中各地区可能存在的问题,并针对问题发生的可能源头提出一系列对策。除了已讨论的乡风文明具体问题和解决措施之外,还有一个挑战值得重视,即农村人口老龄化。

随着农村人口老龄化的加剧,为实现乡风文明、乡村文化振兴带来了一系列挑战。老年人往往对于文明观念和文化传承意识淡薄、动力不足,且老年人在家庭中的地位逐渐弱化。老年人对于乡村文化振兴的经济回报率较低,缺乏施展平台和传承人。由于经济收入低、生活艰难,许多老年人缺乏参与没有经济回报的文化活动的动力。此外,政府对老年人参与乡村文化振兴的推动和引导不足,没有提供适宜的奖励或资金支持。老年人也缺乏对乡村文化振兴的意识和主体意识。因此,为了让农村老年群体也参与乡风文明建设,政府可以通过普及教育和培训,提高老年人的文化知识和技能,以适应新形势和新要求。改变老年人传统的思想观念,让他们逐渐接受新思想,摆脱传统农业的束缚,逐渐接受老年人有更多选择,激发老年人的参与意识,并让他们参与自己擅长的文化建设领域。通过开展老年群众性文明创建活动,引导老年人参与乡村精神文明建设,提升老年人的精神风貌,使整个乡村沉浸在文明的氛围中,村委会举办丰富精神文明建设的活动形式,评比各种荣誉称号,增加老年人在活动中参与精神文明建设的意识和参与度。还可以引入市场力量助力乡村文化振兴:吸引年轻人参与乡村传统文化的传承与发展,让老年人的经济价值得到认可,使他们主动积极地参与乡村振兴,充分发挥自身的优势,推动乡村振兴的发展。定期组织老年人参与文化活动,如舞蹈比赛、各种文化活动,鼓励老年人展示自己的特长,增加他们文化参与的积极性和自信。最后,一定要倡导孝亲敬老,将孝亲敬老的内容加入村规民约中,引导村民重视家庭伦理和家族传统,弘扬传统美德。

2023 年的"千村调查"还有一个特殊的主题——数字赋能乡村。数字赋能乡村,正成为推动农村发展的重要引擎。随着数字技术的飞速发展,乡村也迎来了数字化的时代。数字赋能为乡村注入新动能,不仅提升了农业生产效率,也丰富了农民的生活体验。数字技术的广泛应用不仅改变了乡村的经济生产方式,也深刻影响着乡村文明文化的传承与发展。

数字技术为乡村文明建设提供了全新的宣传和教育渠道。通过互联网和社交媒体,乡村居民可以更广泛地了解国家的文明进步,参与到文明实践中。数字化的文明宣传不仅可以弘扬社会主义核心价值观,还能够促使乡村居民更积极地参与公益活动、志愿服务,形成良好的乡风。在乡村治理中,数字技术可以提升村务处理的能力,促进政府与民众的互动,推动治理的民主化,提高政府服务的质量和效率。此外,通过全媒体传播、远程教学和乡村文化数据库的建立,数字技术可以提升乡村的文化素养和软实力。

数字技术为乡村文化的传承提供了新的手段。通过数字化的档案管理、在线博物馆等形式,乡村传统文化得以更好地保存和传播。这种数字化的传承方式使得古老的农耕文明、传统工艺等得以在数字时代焕发新的生命力,成为激发文明创新的源泉。利用多媒体技术对农村传统元素进行创意开发。可以利用现代审美,通过数字化技术提炼出能引起社会共鸣的传统文化元素,创造出当代民众喜闻乐见的文化艺术衍生品,满足文化需求,增强文化获得感和满足感,使传统文化走进现代生活,提升乡村文化的传播力和影响力。通过线上线下联动赋能乡村文化传播,可以利用抖音、快手等平台进行传播推广,以流量赋能传统艺术,使动态的传统技艺被看见、被记录,并通过屏幕走入大众视线。利用数字化保护手段还可以留存一些独一无二的乡村艺术品,建设艺术数字化活化平台。这种平台可以通过融合自媒体平台,如微信公众号、微博、快手、抖音等,拓宽非遗的智能传播渠道,将复杂的技艺通俗化,通过动画、视频等形式使流程可视化,利用网络问答形式传达基础知识,让乡村文化走出村庄,走向国际。数字技术不仅仅为乡村文艺活动提供了更广泛的舞台,通过在线文艺演出、数字展览等形式,乡村居民也能够更方便地接触到丰富多彩的文化活动,拓宽了他们的文化视野,促进乡村文艺交流与创作的繁荣。

然而,数字化乡村文明建设也面临一系列"瓶颈"。首先,数字乡村建设缺乏系统性规划和统一的政策指导,缺乏制度性设计和有针对性的地方数字乡村建设方案,导致数字乡村发展的低效率和困难,如传统思维的限制、乡村地区数据应用人才短缺和信息基础设施建设滞后等。其次,数字乡村建设人才支撑短缺,缺乏内生引擎,限制了数字乡村建设的发展。此外,城乡基础设施差异大,乡村环境待优化,数字基础设施建设在城乡、中西部地区之间无法同步部署。因此，当前数字乡村建设的瓶颈主要包括规划和政策问题、人才短缺、城乡基础设施差异等方面。

　　为了解决这些问题，可以通过培养数据思维、构建人才支撑体系以及完善基础设施等方式来解决。具体来说，政府应发挥引领作用，制定科学的顶层设计和多元治理方案，促进顶层设计与基层创新的衔接，实现数字乡村的整体发展与完善；建立健全的制度体系，制定针对地方性质的数字乡村建设框架，加强顶层设计和规划，满足农民的利益诉求；充分发挥科技人才的作用，以人才驱动乡村创新发展，加强人才培养和引进，点燃数字乡村的内生引擎；建设数据共享平台，提升乡村综合服务信息化程度，丰富数字技术在乡村管理和生活环境的使用场景，推动乡村的数字化进程；注重农户的数字赋能效果，提升农户的数字适应性，完善乡村数字技术人才培养机制，加强培训环节，引进和留住数字人才。

　　乡风文明建设是乡村振兴战略中至关重要的一环，它对于乡村振兴起着基础性、深远性和持久性的作用。乡风文明建设的目标是弘扬社会主义核心价值观，保护和传承农村优秀传统文化，加强农村公共文化建设，开展移风易俗行动，改善农民精神风貌，从而提高乡村的社会文明程度。乡风文明具有政治性、导向性、人民性和人文性的特征，并且可以为农业农村现代化发展提供强大动力和精神支撑，推进乡村和谐稳定与振兴崛起。展望未来，乡风文明建设将继续发挥重要作用，为乡村振兴提供坚实的思想基础、文化力量和精神保障。随着乡村振兴战略的深入推进，乡风文明建设将面临更多新的机遇和挑战。因此，我们应当更加重视乡风文明建设，并通过加强农村思想道德建设、传承发展农村优秀传统文化、加强农村公共文化体系建设和开展移风易俗行动等优化进路，夯实乡村振兴战略的实施。

第 4 章

数字技术下的乡村治理与展望

4.1 引　　言

　　乡村作为社会的基本构成单元,是国家治理体系和治理能力现代化的重要载体。在中国,历朝历代统治者始终将解决乡村问题放在治国理政的突出位置。乡村治理作为国家治理的重要组成部分,是乡村振兴的有力支撑环节,在促进农村发展、改善农民生活质量、保护乡村生态环境和保障农村社会稳定等方面具有重要意义。中华人民共和国成立初期,中国共产党通过农业合作化、农村人民公社运动,实现了对农村的领导和管理。党的十一届三中全会启动了改革开放进程,广大农村实行了家庭联产承包责任制改革,由此促进了以村民自治为主要形式和特点的农村基层管理方式的变革。

　　自进入 21 世纪以来,党中央进一步调整农业农村政策与城乡关系,于 2002 年开始农业补贴试点,随后取消农业税,建立农业补贴体系,并于 2016 年全面推开农业支持保护补贴,向农村倾斜资源的力度加大。改革开放的不断深化在给广大农村带来发展动力的同时,也给农村工作带来了一系列新情况、新问题。例如,广大的乡村社会从封闭静止状态变为流动开放状态,乡村产业结构和社会结构从简单的单一状态变为复杂多样状态,农民需求逐渐从简单低级向复合高级转变。与此相应,乡村利益结构、阶层结构也变得多元复杂,加上历史旧有政策惯性的影响,乡村整体上面临着诸多挑战,如人口外流、乡土人才流失、乡村分化有余而整合不足、村民自治"心"有余而"财"不足、乡村组织运转的财力支撑乏力,一些地方宗教、宗族和灰色、黑色势力渗透把持基层组织等问题。农村出现的上述新情况、新问题,使得传统的乡村治理模式难以适应新形势下的需要。

党的十八届三中全会进一步把加强基层治理、提升基层治理水平作为推进国家治理体系和治理能力现代化的重要内容。党的二十大报告强调"健全共建共治共享的社会治理制度提升社会治理效能"。2023 年中央一号文件明确提出"完善网格化管理、精细化服务、信息化支撑的基层治理平台提升乡村治理效能"。上述政策文件为中国式农业农村现代化道路下实现乡村治理提质增效指明了方向。① 提升乡村治理水平与治理能力，用一句话检验和概括，即乡村治理有效。乡村社会要实现产业兴旺、生态宜居、乡风文明和生活富裕，必须以乡村治理有效为重要基础，因此，乡村治理有效关乎乡村振兴全局，关乎广大乡村乃至整个国家的长治久安，通过加强乡村治理和国家治理的协同与合作，可加快实现全面建成社会主义现代化强国的目标。

实现乡村治理有效具有重要地位和现实意义。乡村是最基本的治理单元，是国家治理体系的"神经末梢"。乡村是农民居住生活的地方，既是产生利益冲突和引发社会矛盾的重要源头，也是协调利益关系和化解社会矛盾的关键环节。乡村治理是实现国家治理体系和治理方法现代化的基础和重要内容，乡村治理的好坏不仅决定着乡村社会的发展、繁荣和稳定，也体现国家治理的现代化水平。

近年来，各级党委政府将乡村治理提上重要议事日程，认真研究部署，及时总结推广先进经验，研究解决存在的问题，将乡村治理引入依法有效治理的正确轨道。各级人大及其常委会将这项工作列入监督范围，依法促进其深入有序推进。治理有效关系乡村振兴主观能动性，乡村振兴和乡村治理相辅相成、相互依存，只有通过优化乡村治理，才能促进乡村振兴战略的有效实施。② 随着信息技术的发展，以大数据、物联网、人工智能、云计算、区块链等为代表的新一代信息技术逐渐被应用到农业领域，深刻改变了农业的发展方式，提升了农业的生产效率与发展质量，促进了农业的转型升级③，为新时代乡村治理提供了新思路、新方法，数字技术赋能乡村治理将成为推动乡村振兴的重要途径。

当前，大数据与乡村治理、互联网与乡村治理网格化、"乡村＋政务服务"、数字乡村和公共服务、智慧乡村等已经成为乡村治理的主要形式。④ 数字技术赋能乡村治理的体系构建与实施路径在于推动乡村治理的现代化，优化资源配置，升级农产品流通，加强科技教育与农民素质的提升，提高农业生产效率，改善公共服务和社会治理效能。通过数

　　① 苏岚岚. 数字治理促进乡村治理效能提升：关键挑战、逻辑框架和政策优化[J/OL]. 农业经济问题：1－18[2023－11－07]. https://doi. org/10. 13246/j. cnki. iae. 20230928. 001.
　　② 文丰安，卢艺. 数字技术赋能乡村高质量发展：耦合性、作用机理与优化策略[J]. 河南社会科学，2023，31(03)：104－112.
　　③ 朱秋博，白军飞，彭超等. 信息化提升了农业生产率吗？[J]. 中国农村经济，2019(04)：22－40.
　　④ 秦秋霞，郭红东，曾亿武. 乡村振兴中的数字赋能及实现途径[J]. 江苏大学学报(社会科学版)，2021，23(05)：22－33.

字技术的应用,可以助力乡村振兴,实现乡村发展的可持续、创新和提质增效。[①]

4.2　农村基层党组织现状及区域差异

4.2.1　农村基层党组织现状

农村党支部在工作中一直发挥着领导作用。自 1986 年提出在行政村设立党组织开始,农村一线党组织数量不断增加。根据《2022 年中国共产党党内统计公报》,截至 2022 年 12 月 31 日,中国共产党有基层组织 506.5 万个,比 2021 年底净增 12.9 万个,增幅为 2.6%,其中,基层党委 28.9 万个、总支部 32.0 万个、支部 445.6 万个。中国共产党党员总数为 9 804.1 万名,比 2021 年底净增 132.9 万名,增幅为 1.4%,其中,第一产业的农牧渔民党员共 2 603.2 万名,占全国党员总数 26.55%,[②]见图 4-1。农村党员数量庞大,是全国党员队伍的重要组成部分,发挥好农村党员的先进作用,对全国党员队伍发挥作用有重大影响。

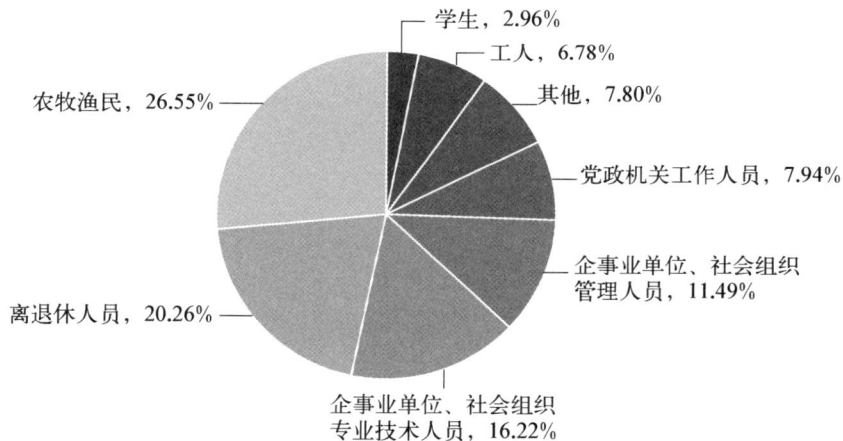

数据来源:《2022 年中国共产党党内统计公报》。

图 4-1　全国党员的职业分布

自 2013 年以来,在每年全国新发展党员中,农村发展党员的占比均保持在 18% 左右,但近几年有所降低,见图 4-2。

---

① 沈费伟,叶温馨.数字乡村建设:实现高质量乡村振兴的策略选择[J].南京农业大学学报(社会科学版),2021,21(05):41-53.
② 中国共产党党内统计公报[J].党建研究,2023(07):4-5.

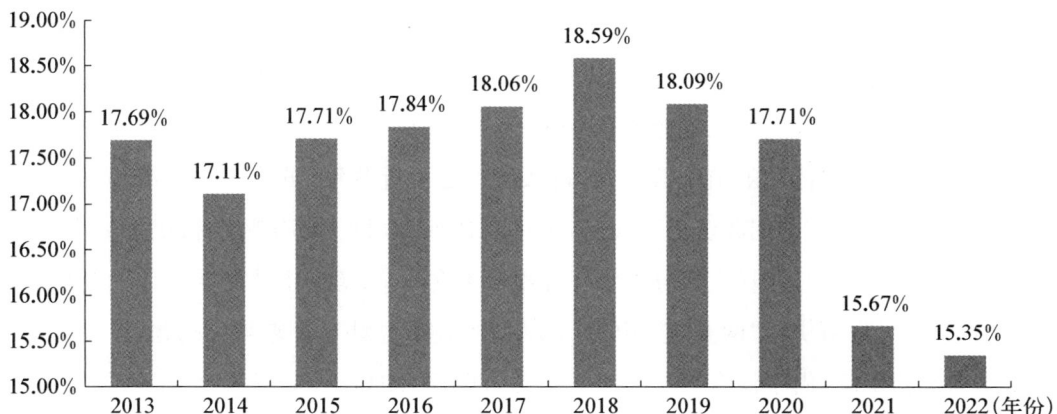

数据来源：《2022年中国共产党党内统计公报》。

图4-2　2013—2022年新发展农村党员占全国新发展党员比例

截至2022年底,全国共有党的各级地方委员会3 198个,其中,省(区、市)委31个,市(州)委397个,县(市、区、旗)委2 770个。此外,全国9 062个城市街道、29 619个乡镇、116 831个社区(居委会)、490 041个行政村已建立党组织,覆盖率均超过99.9%。①

4.2.2　村级干部队伍建设现状

党的十九大提出乡村振兴战略,乡村振兴的有效实施关键在于农村基层干部队伍,其中村干部队伍是推动乡村振兴的主力军。作为农村建设发展的直接推动者、组织者和实践者,村干部是乡村治理的骨干力量,作为农民的主心骨、领路人,他们是农村各项工作的中坚力量,是党的路线、方针、政策在农村的贯彻者和实施者,担负着组织和领导农民群众实现产业兴旺、乡风文明的重要任务。中共中央组织部《就关于加强农村基层干部队伍建设的意见》指出,要充分认识加强农村基层干部队伍建设的重要性和紧迫性。

虽然在我国的行政体系中村一级不是行政机构,但随着社会的进步和经济的发展,村级干部所处地位和目前社会因素等,使其在一定范围内具有支配部分社会资源的"权利",尤其是在一些具有区域优势、经济较为发达、资源较为丰富的村,村干部的"官"性表现得更加突出和明显。事实证明,只有选好配强村级班子,才能致富一个村、稳定一个村。因此,加强村级干部队伍建设,尽快提高村级干部队伍整体素质和能力,具有重要的现实意义。

村级组织处于体质末梢,村级干部的身份处于体质边缘,但他们却"穿着千条线、挑

---

① 数据来源:《2022年中国共产党党内统计公报》。

着千斤担",因而村级干部队伍建设既是重点,也是难点。目前,我国村级干部队伍的整体素质与建设社会主义新农村的要求还存在一定差距,集中体现在年龄老化、文化水平偏低、政治思想素质和实际工作能力有待进一步加强等。

首先,村干部整体年龄结构偏大,后备队伍不足。近些年,虽然经过逐步调整,村干部队伍年龄结构偏大的问题已得到缓解,但就总体而言,村干部年龄结构仍然偏大。随着城镇化进程的加快,农村大部分青壮年相继离乡创业,呈现出农村"空心化"、老龄化、妇孺化现象,导致可供村"两委"选用的干部人选空间日益狭窄。老龄化问题也反映出村干部后备队伍匮乏,由于没有足够的后备干部,部分村的村干部已经连任了好几届没有换,有的村则将已经退休的老干部又重新返聘上来。[①]

其次,村干部结构不优,致富能手、产业带头人、复转军人、回乡大中专毕业生很少,导致一些村干部思想上准备不足、数字素养不够高,难以胜任新形势、新任务提出的新要求。主要表现在:不会远程教育设备的操作使用,不能充分依托设备对党员群众开展素质提升教育;在发展农村经济、促进农民增收上缺乏创新意识,面对发展现代农业、带领农民增收致富等工作思路不宽、办法不多;在管理农村各项事务上信心不足、能力不强,在抓村里人居环境整治、环境保护、规划建设、土地流转等工作时,思想上不重视、方法上欠稳妥,在群众中威信不高、号召力不强,导致工作不到位,甚至引发了严重后果;在处理突发事件和信访矛盾方面,缺乏政策法律知识和协调管理经验,仍然使用老一套简单粗暴的方法,有时不仅解决不了矛盾,还会激化矛盾。

最后,村干部的工作负担较重,导致队伍不稳。农村工作千头万绪、烦琐复杂,农村的改革发展也让村干部身上的担子越来越重、责任越来越大。村干部向上直接对接党委政府,向下直接联系群众,对外直接承担协调重任,对内直接面对经济社会发展的一线阵地,工作内容多且杂。部分村干部遇到困难首先想到的是"拖、躲、推",缺乏锐意进取的激情和艰苦奋斗的韧劲,在工作中经常处于消极被动的状态,且队伍流动性较大。

根据 2023 年"千村调查"中对村领导干部的数据统计资料可知,在全国范围内,村"两委"人数均值为 8.32 人,其中河北省最高,为 19.36 人,天津市最低,为 4.00 人;村"两委"的平均年龄为 43.12 岁,其中北京市最高,为 49.31 岁,新疆维吾尔自治区最低,为 36.72 岁。至于村"两委"的成员构成,在全国范围内,初中及以下学历人数均值为 1.89 人,大专学历人数均值为 2.62 人,高中学历人数均值为 2.49 人,本科及以上学历

---

① 庄彩云,文革.村干部队伍建设存在的问题及解决对策[J].安徽农学通报,2021,27(22):19-20+29.

人数均值为 1.17 人。从省级差异看,上海市的大学生村干部最多,平均人数为 3.63 人,而黑龙江和宁夏两地没有大学生村干部。具体见表 4-1。

表 4-1　　　　　　　　　　各省份村"两委"成员概况

省　份	村"两委"人数（人）	平均年龄（岁）	村"两委"构成（人）			
			初中及以下	大　专	高　中	本科及以上
黑龙江	7.10	45.20	3.80	2.00	1.70	0.00
吉林	5.84	48.29	1.47	2.63	1.26	0.47
辽宁	9.00	44.63	1.00	2.28	2.33	0.50
北京	6.22	49.31	1.22	1.89	2.44	0.67
河北	19.36	44.52	5.95	10.18	2.61	1.93
内蒙古	8.67	45.00	3.33	2.50	2.08	0.92
山西	10.45	41.24	4.09	2.55	1.86	1.91
安徽	10.85	39.02	2.04	2.79	4.57	1.70
福建	7.66	41.45	1.72	2.69	2.03	1.34
江苏	7.39	40.53	0.30	1.01	3.18	2.86
江西	5.87	43.21	1.69	1.64	2.16	0.55
山东	5.31	48.90	1.92	1.84	1.48	0.23
上海	9.77	39.75	1.00	2.13	3.03	3.63
浙江	7.42	42.96	1.08	1.76	2.87	1.62
广东	14.60	40.76	1.64	4.36	5.28	3.08
广西	8.55	42.49	1.64	3.45	2.32	0.59
海南	11.00	43.25	1.50	2.00	6.75	0.75
河南	6.11	46.37	1.28	3.13	1.41	0.28
湖北	5.52	42.00	1.48	1.64	1.88	0.60
湖南	6.50	43.35	1.09	2.76	2.32	0.56
甘肃	7.67	42.62	3.24	2.19	1.76	0.33
宁夏	5.40	46.12	0.80	2.00	1.60	0.00

省　份	村"两委"人数（人）	平均年龄（岁）	村"两委"构成（人）			
			初中及以下	大　专	高　中	本科及以上
青海	6.25	41.75	1.63	0.75	2.00	0.75
陕西	7.29	46.29	1.68	3.15	1.79	0.68
新疆	14.08	36.72	1.88	3.00	6.28	3.12
贵州	7.61	40.54	2.04	1.89	2.32	1.21
四川	6.82	41.20	1.10	1.68	3.46	0.72
西藏	8.80	40.20	3.20	2.60	1.00	0.80
云南	10.58	41.10	2.03	1.84	2.87	3.45
重庆	6.36	41.06	0.73	1.86	2.55	0.95
全国	8.32	43.12	1.89	2.49	2.62	1.17

4.2.3　村级干部队伍建设区域差异

（1）东、中、西部的差异

我国幅员辽阔，从东至西，地理气候、人文风情、经济发展水平等具有明显差异，通过对东部、中部、西部地区的比较，可以更直观地横向对比不同地区乡村治理的情况。本次调研涉及的东部地区包括常州市新北区、上海市崇明区、菏泽市单县等市、县（区）的442个村，东北地区的大庆市林甸县、松原市乾安县、丹东市宽甸县等市、县（区）的47个村；中部地区的洛阳市偃师区、衡阳市衡东县、黄冈市黄州区等市、县（区）的237个村；西部地区的遵义市道真县、内江市东兴区、昭通市永善县等市、县（区）的263个村。

整体来说，各地区村干部人数差异较小，2023年村干部平均规模约为8人，相较于2021年的6人有所上升，见图4-3。具体来说，近两年来，东北地区村干部规模虽有所增长，但相较于其他地区规模依然最小，约为7.31人；东部地区村干部人数增长幅度最大，于2023年成为村干部规模最大的地区，约为9.27人；西部地区村干部人数持平，约为8.17人；中部地区村干部人数也有所上升，约为7.55人。

不同地区村干部的学历也有所差距。图4-4显示，初中及以下学历的村干部各地区数量相近，平均约为2人；大专学历的村干部东部地区最多，约为3.17人，东北地区最少，约为1.77人；高中学历的村干部东部地区最多，约为2.89人，西部地区最少，约为

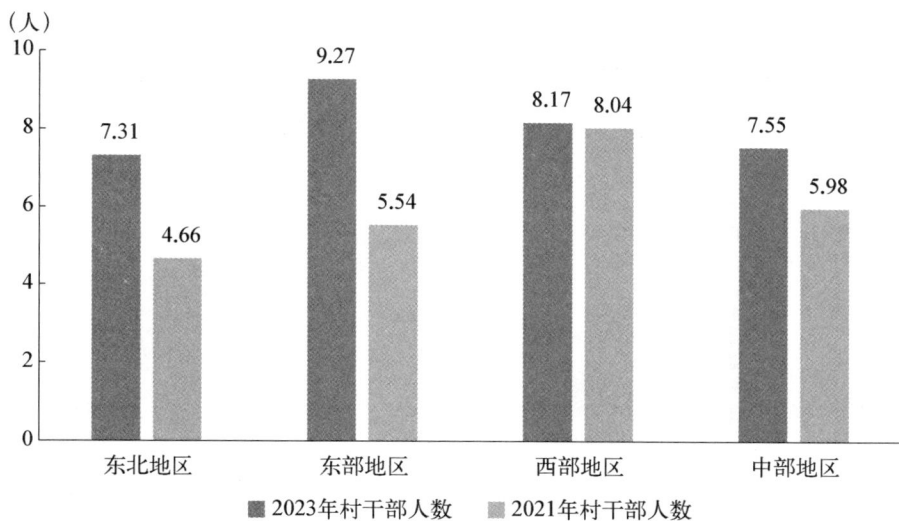

图 4-3　各地区村干部人数变化情况

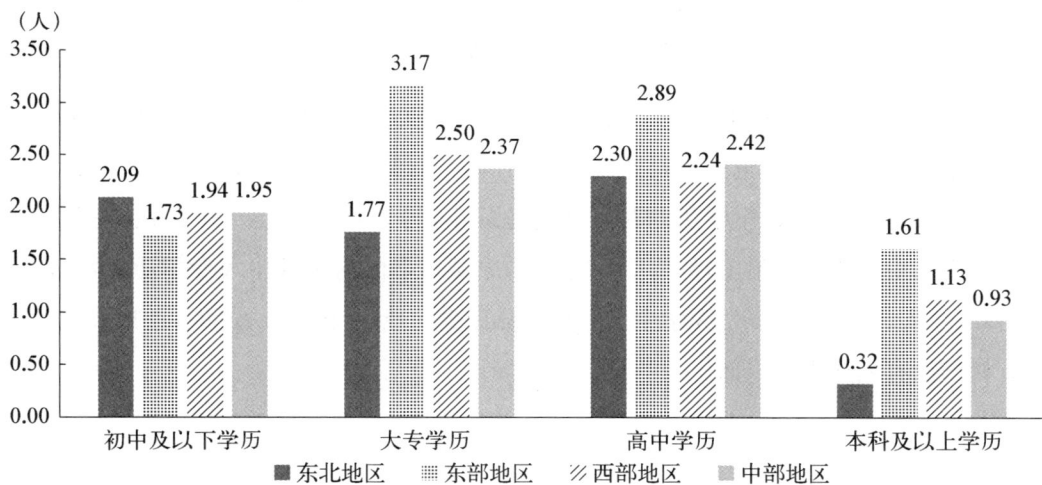

图 4-4　各地区村干部学历情况

2.24 人;本科及以上学历的村干部东部地区最多,约为 1.61 人,东北地区最少,约为 0.32 人。

不难看出,当前并不能保证每个村都有大学生村干部。大学生村干部数量相对较少,与就业前景、薪水、工作难度等息息相关。数字乡村治理需要人才资源的优质供给,既需要专业的技术人才,为数字乡村发展提供技术指导,也需要睿智的乡贤能人,为数字乡村建设贡献独特智慧。因此,大学生村干部不应只是过渡性的政策,而应是农村发展人才引进的重要策略,农村发展需要有知识的新鲜血液,给大学生村干部创造一个公平合理的平台,才能留住人才,造福村民。

（2）经济带的差异

在村干部人数方面,各经济区平均每个村有村干部 6～15 人不等,其中,粤港澳大湾区最多,约为 14.60 人,川渝城市群最少,约为 6.59 人,见图 4-5。

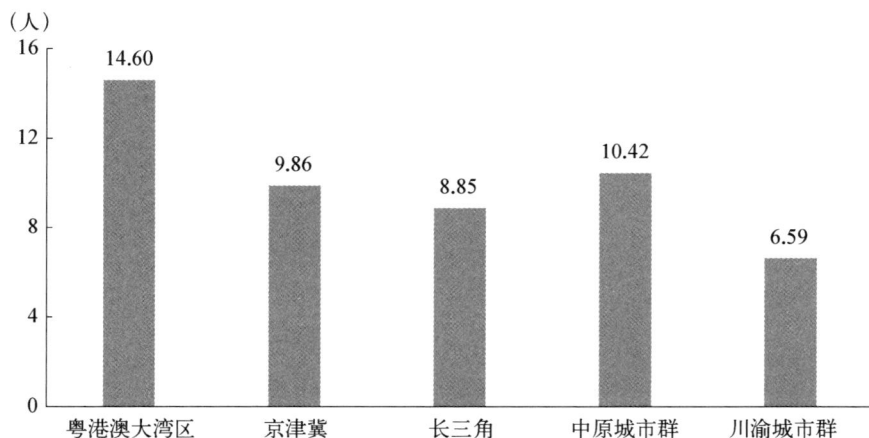

图 4-5 各经济区村干部人数

图 4-6 为各经济区村干部的学历构成情况。可以看出,粤港澳大湾区的村干部整体学历水平较高,高中学历和本科及以上学历的村干部人数皆最多,约为 5.28 人、3.08 人;京津冀地区高中及以上学历的村干部占比最小,约为 2.35 人、0.87 人;长三角地区村干部中高中学历人数最多,约为 3.41 人;中原城市群的村干部中大专学历人数最多,约为 4.10 人;川渝城市群是大学生村干部人数最少的地区,仅有 0.84 人,意味着该地区还有村庄没有大学生村干部。

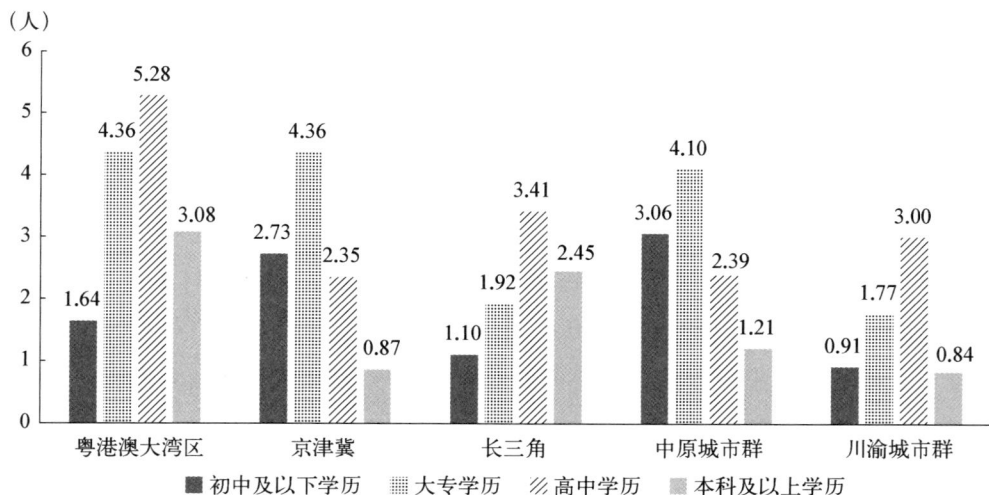

图 4-6 各经济区村干部学历情况

4.3　村级事务公开现状及区域差异

4.3.1　村级事务公开现状

村级事务公开是进行有效乡村治理的关键步骤,其重点是对农村集体"三资"管理情况的公开。农村集体资金、资产、资源的管理,简称"三资"管理。农村集体"三资"管理占村级事务管理的大头,也是重点和难点所在。农村集体"三资"作为农民集体共有的财富,农民理应享有知情权、监督权、收益权。农村集体"三资"管理情况不公开,会造成对村干部的监督缺位,容易出现村干部一个人说了算和随意处置集体"三资"行为,损害农村集体和农民的利益。

近年来,伴随着网络化、信息化和数字化在农业农村经济社会发展中的应用,现代信息技术的嵌入为传统乡村治理注入了新鲜血液。农村信息传播速度有了很大提高,传播渠道日益丰富,村民获取信息的方式逐渐向网络、微信、微博等新兴媒体转变,乡村治理由封闭性向开放性转变,网络信息公开、网络村民互助等数字形式出现,让农民更便捷地参与公共事务,强化自治意识,加强对基层政府的监督,及时发表真实诉求,真正实现人民当家作主。①

而传统的村务公开形式由于不可流动、传播速度慢、范围有限、查询不便、监督和反馈困难,已经逐渐不能适用于当今的信息传播和交流模式。为适应新形势,深化农村党风廉政建设,构建相互信任、支持的新型党群、干群关系,我国各村也积极探索村务公开新模式,坚持把村务公开作为加强农村基层党风廉政建设的基础工作,取得了初步效果。

根据问卷中"本村村务信息、财务信息对全村公开情况"问题的汇总,得出各省份村务和财务的公开情况,见表4-2。

表 4-2　　　　　　　　　　各省份村务与财务公开情况　　　　　　　　　　单位:%

省　　份	显著位置公示	网络公开	其　　他
黑龙江	90.00	10.00	0.00
吉林	84.21	15.79	0.00
辽宁	44.44	61.11	5.56

---

① 尉瑶瑶,密惠源.数字乡村赋能乡村振兴的内在机理[N].山西市场导报,2023-10-19(D02).

省　　份	显著位置公示	网　络　公　开	其　　他
北京	100.00	0.00	0.00
河北	65.91	36.36	4.55
福建	65.52	37.93	0.00
江苏	94.37	5.63	0.00
山东	90.32	11.29	1.61
上海	75.83	25.00	1.67
浙江	89.61	12.99	0.00
广东	80.00	24.00	0.00
海南	100.00	0.00	0.00
内蒙古	50.00	41.67	8.33
广西	100.00	0.00	0.00
甘肃	90.48	4.76	4.76
宁夏	100.00	0.00	0.00
青海	100.00	0.00	0.00
陕西	91.18	8.82	0.00
新疆	76.00	20.00	4.00
贵州	92.86	25.00	10.71
四川	96.00	4.00	2.00
西藏	100.00	0.00	0.00
云南	83.87	19.35	3.23
重庆	90.91	4.55	4.55
山西	90.91	27.27	0.00
安徽	85.11	25.53	4.26
江西	90.91	10.91	1.82
河南	90.74	9.26	0.00

续　表

省　　份	显著位置公示	网络公开	其　　他
湖北	96.00	4.00	0.00
湖南	79.41	20.59	0.00
全国	86.15	15.53	1.90

从全国范围看,86.15%的村庄在显著位置公开村级事务,15.53%的村庄使用网络公开方式,1.90%的村庄使用其他方式(如广播、口头传播等)公开事务。具体而言,辽宁省61.11%的村庄使用网络公开方式公开村务与财务信息,是所有省份最高的,比排名第二的福建省(37.93%)高出23.18%。

4.3.2　村级事务公开性建设的区域差异

(1)东、中、西部差异

农村村务、财务管理是我国农村建设的重要方面。落实村级事务公开制度能够将村集体经济的重大事情交给村民讨论,促进民主管理、民主监督、民主决策,从而提高决策的民主化、科学化水平,更能够让农民群众对集体财务活动实行有效的监督,保障群众知情权,还群众一份"明白账",促进基层干部保持廉洁自律、勤政为民的初心。

图4-7为各地区的村务、财务公开情况。可以发现,显著位置公示依然是各地区村级事务公开的主要形式。其中,西部地区使用比例最高,达到89.27%;东北地区使用比

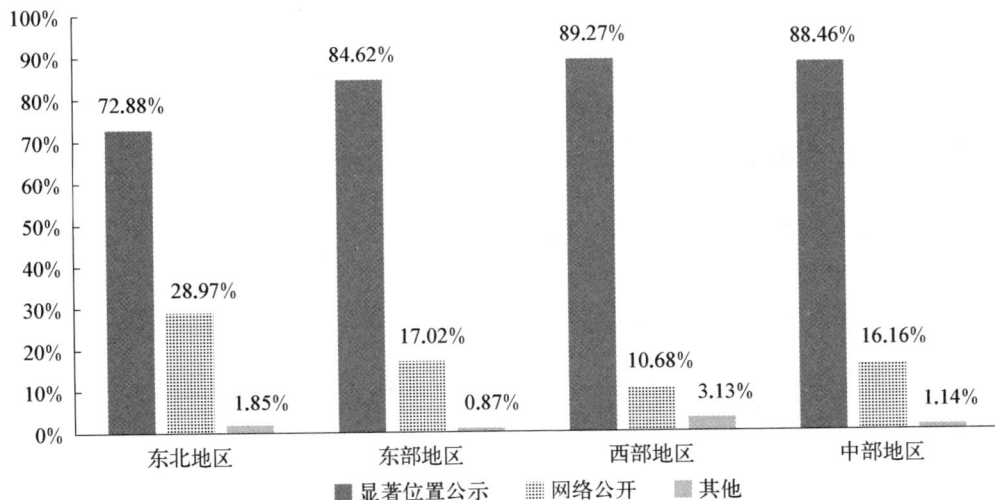

图4-7　各地区村务与财务公开情况

例最低,约为 72.88%。网络公开方面,东北地区使用比例最高,约为 28.97%;西部地区使用比例最低,约为 10.68%。

（2）经济带的差异

图 4-8 为各经济区域的村务与财务信息公开情况。显著位置公示是所有经济区公开村级事务的首选方式。使用比例最高的是川渝城市群,达 93.45%;使用比例最低的是粤港澳大湾区,约为 80%。有关网络公开,各经济区也有一定的使用比例,其中,粤港澳大湾区占比最高,达 24%,川渝城市群占比最低,约为 4.27%。

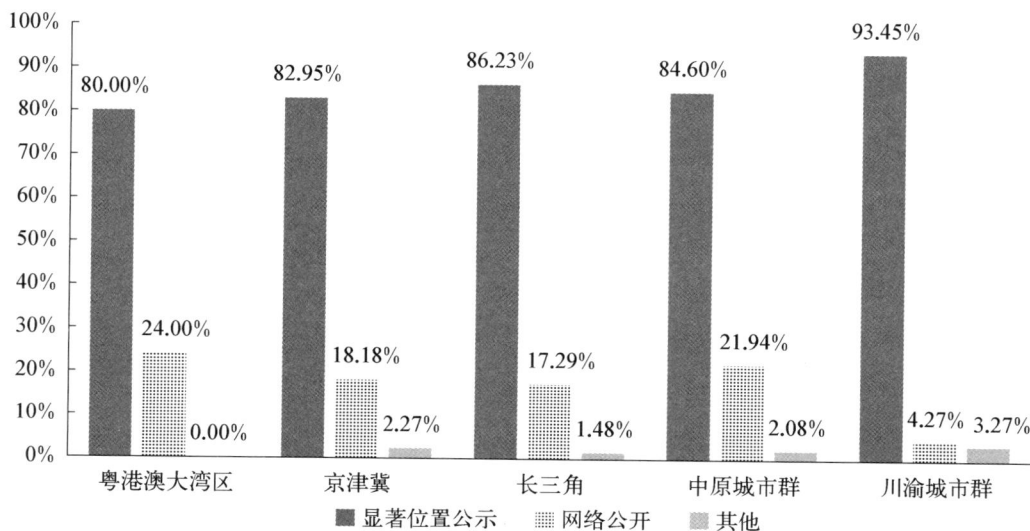

图 4-8　各经济区村务与财务公开情况

4.4　乡村治理数字化现状及区域差异

4.4.1　基层政府管理数字化现状

当前的农村社会是一个空间流动性极强的社会,在部分乡村地区农民对政府治理缺少信任,存在疏离感,这不利于农民的社区参与。部分地区的基层政府凭借其自身的职权和资源分配的权力,将权力渗透至自上而下的各级组织,干预乡村的日常公共生活。[①]这种自上而下的权力输送阻碍了农民的有效参与,主要表现为乡村治理过程中基层群众参与度不高、参与能力不足,以及参与渠道缺乏。

---

① 赵晓峰,马锐.乡村治理的理论创新及其实践探索:"落实乡村振兴战略,推进乡村治理体制机制创新"研讨会综述[J].中国农村经济,2019(02):131-136.

传统的乡村管理受政府层级管理体制的影响,管理过程规范化、程序化,乡村政府服务流程繁杂难以满足村民的个性化需求。[1] 而数字技术具有处理快速的特点,简化了政府的服务流程,能够快速得到处理结果和价值信息,为村民提供便捷化服务。一方面,通过向乡村普及推广数字化工具,为村民提供畅通的需求表达渠道,有助于发挥村民主体作用,推动村民自治由被动向主动转变;另一方面,政府结合舆情借助技术手段做出精准的决策响应,推动形成以村民需求诉求为导向的乡村治理体系,有效提高治理需求和供给之间的匹配度[2]。当前政府组织运用大数据技术建立各种电子政务网站,为村民提供了网络问政的便捷平台,使得村民表达意愿与传递信息的成本大幅降低。同时,村民也能够参与政府的决策过程,逐渐改变了村民与政府获取信息不对称的现状,推动乡村治理决策更加科学合理。

此外,技术治理体制在村级治理中的运用使国家成为监督村干部行为的直接主体,其可通过网络信息系统随时掌握村干部的行为动态并做出相应的反应,二者处于高度的信息透明状态。因此,技术治理体制强化了政府行政系统对村干部行为的监督效力。[3]

(1)大多数村庄同时采用传统和线上方式处理村庄事务

根据问卷中"本村通常通过哪种方式处理村庄事务"问题,整理得到各省份村务处理方式情况,见表 4-3。从全国范围看,约 17.96% 的村庄使用口头通知、广播通知等传统方式处理村庄事务,约 9.14% 的村庄用 QQ、微信等网络通信工具处理村务,72.90% 的村庄两种方式都会使用。具体而言,宁夏有 60% 的村庄使用传统方式处理村级事务,在所有省份中占比最高,比排名第二的黑龙江(40%)高出 20%。网络通信工具的使用,内蒙古为所有省份占比最高,约 33.33% 的村庄使用。

表 4-3　　　　　　　　　各省份村务处理方式情况　　　　　　　　　单位:%

省　　份	传 统 方 式	网 络 方 式	二 者 皆 有
黑龙江	40.00	0.00	60.00
吉林	21.05	5.26	73.68
辽宁	22.22	16.67	61.11

① 王惠林,洪明.政府治理与村民自治的互动机制、理论解释及政策启示:基于"美丽乡村建设"的案例分析[J].学习与实践,2018(03):105-112.
② 沈费伟.乡村技术赋能:实现乡村有效治理的策略选择[J].南京农业大学学报(社会科学版),2020,20(02):1-12.
③ 杜姣.技术消解自治:基于技术下乡背景下村级治理困境的考察[J].南京农业大学学报(社会科学版),2020,20(03):62-68.

省　份	传 统 方 式	网 络 方 式	二 者 皆 有
北京	33.33	0.00	66.67
河北	13.64	9.09	77.27
福建	3.45	17.24	79.31
江苏	12.68	4.23	83.10
山东	9.68	8.06	82.26
上海	16.67	6.67	76.67
浙江	20.78	7.79	71.43
广东	16.00	8.00	76.00
海南	0.00	0.00	100.00
内蒙古	16.67	33.33	50.00
广西	27.27	13.64	59.09
甘肃	14.29	9.52	76.19
宁夏	60.00	0.00	40.00
青海	25.00	25.00	50.00
陕西	8.82	11.76	79.41
新疆	16.00	12.00	72.00
贵州	10.71	14.29	75.00
四川	10.00	6.00	84.00
西藏	20.00	20.00	60.00
云南	19.35	3.23	77.42
重庆	9.09	4.55	86.36
山西	18.18	9.09	72.73
安徽	8.51	4.26	87.23
江西	25.45	1.82	72.73
河南	5.56	3.70	90.74

续　表

省　　份	传 统 方 式	网 络 方 式	二 者 皆 有
湖北	8.00	16.00	76.00
湖南	26.47	2.94	70.59
全国	17.96	9.14	72.90

（2）大多数村庄拥有数字乡村服务平台

数字乡村治理需要完善数字乡村服务平台建设,有利于精准满足村民的民生保障需求,从而促进村民对乡村公共事务的参与。在大数据时代,乡村电子政务平台一改以往村民只是"被告知"而非"我要知"的被动状态。通过数字乡村政务平台能够将涉及基层民主的财务、土地等与村民利益密切相关的事项快速公之于众,充分保障村民的知情权,激发村民共同治理乡村的积极性。[①] 同时,通过数字乡村服务平台,村民群众能够利用信息技术的交互功能积极发表意见,参与乡村社会管理。

根据问卷中"本村是否开始使用数字乡村服务平台（如网格化监控系统、乡村大数据主题展示、宅基地农房租赁管理信息等）"问题整理汇总,得到各省份数字乡村服务平台的使用情况,见表 4 - 4。

表 4 - 4　　　　　　　　各省份数字乡村服务平台使用情况　　　　　　　　单位：%

省　　份	是否开始使用数字乡村服务平台		
	是	否	不清楚
黑龙江	40.00	60.00	0.00
吉林	47.37	47.37	5.26
辽宁	38.89	55.56	5.56
北京	44.44	44.44	11.11
河北	59.09	36.36	4.55
福建	72.41	24.14	3.45
江苏	84.51	15.49	0.00
山东	58.06	37.10	4.84

---

① 沈费伟,袁欢.大数据时代的数字乡村治理：实践逻辑与优化策略[J].农业经济问题,2020(10)：80 - 88.

省　份	是否开始使用数字乡村服务平台		
	是	否	不清楚
上海	76.67	21.67	1.67
浙江	68.83	27.27	3.90
广东	60.00	28.00	12.00
海南	50.00	50.00	0.00
内蒙古	66.67	25.00	8.33
广西	72.73	27.27	0.00
甘肃	80.95	14.29	4.76
宁夏	80.00	20.00	0.00
青海	87.50	12.50	0.00
陕西	64.71	32.35	2.94
新疆	52.00	44.00	4.00
贵州	60.71	39.29	0.00
四川	56.00	42.00	2.00
西藏	80.00	80.00	0.00
云南	41.94	51.61	6.45
重庆	77.27	22.73	0.00
山西	45.45	50.00	4.55
安徽	72.34	27.66	0.00
江西	58.18	34.55	7.27
河南	68.52	27.78	3.70
湖北	44.00	56.00	0.00
湖南	79.41	14.71	5.88
全国	62.96	35.64	3.41

从全国范围看,约 62.96％的村庄已经开始使用数字乡村服务平台,35.64％的村庄

还未开始使用。具体到各个省份,青海开始使用数字乡村服务平台的村庄占比最高,为87.50%;辽宁开始使用数字乡村服务平台的村庄占比最低,为38.89%。

（3）大多数村庄利用网络社交平台开展信息宣传

根据问卷中"本村是否利用官方的微博账号、公共邮箱、QQ群或者微信群开展宣传"问题,整理得到各省份利用网络社交平台开展宣传的情况,见表4-5。从全国范围看,绝大多数村庄(83.75%)利用网络社交平台开展信息宣传,其中,77.46%的村庄利用网络平台发布政策信息、民生信息,20.52%的村庄发布本地特色产品、旅游等信息;部分村庄(16.25%)目前还没有使用网络方式进行宣传,其中,7.91%的村庄是由于缺乏技术,4.19%的村庄是由于资金不足,7.08%的村庄是由于缺少人员。具体到省份,海南、西藏与宁夏的村庄采用网络社交平台开展宣传的占比最高,达到100%,黑龙江占比最低,仅为50%。

表 4-5　　　　　　　　　　各省份利用网络方式开展宣传情况　　　　　　　　　单位：%

| 省　份 | 是否利用网络社交平台开展宣传 | | | | | |
| | 是 | | 否 | | | 其　他 |
	政策、民生	特产、旅游	缺乏技术	资金不足	缺少人员	
黑龙江	50.00	10.00	30.00	0.00	30.00	0.00
吉林	84.21	21.05	5.26	10.53	5.26	0.00
辽宁	77.78	16.67	16.67	5.56	0.00	0.00
北京	44.44	33.33	0.00	22.22	22.22	0.00
河北	84.09	6.82	6.82	0.00	6.82	2.27
福建	75.86	24.14	6.90	6.90	13.79	0.00
江苏	94.37	9.86	2.82	2.82	0.00	1.41
山东	74.19	24.19	8.06	6.45	17.74	0.00
上海	86.67	16.67	1.67	1.67	5.00	1.67
浙江	80.52	16.88	7.79	2.60	6.49	2.60
广东	64.00	12.00	16.00	8.00	12.00	4.00
海南	75.00	25.00	0.00	0.00	0.00	0.00
内蒙古	83.33	0.00	8.33	8.33	16.67	0.00

续　表

省　份	是否利用网络社交平台开展宣传					其　他
	是		否			
	政策、民生	特产、旅游	缺乏技术	资金不足	缺少人员	
广西	72.73	4.55	13.64	9.09	4.55	4.55
甘肃	80.95	14.29	9.52	0.00	0.00	0.00
宁夏	80.00	40.00	0.00	0.00	0.00	0.00
青海	75.00	25.00	12.50	0.00	0.00	0.00
陕西	85.29	17.65	11.76	0.00	2.94	0.00
新疆	76.00	24.00	8.00	4.00	8.00	0.00
贵州	85.71	3.57	10.71	7.14	7.14	0.00
四川	84.00	26.00	0.00	6.00	2.00	2.00
西藏	100.00	40.00	0.00	0.00	0.00	0.00
云南	51.61	29.03	25.81	12.90	12.90	6.45
重庆	77.27	59.09	4.55	4.55	0.00	4.55
山西	72.73	31.82	4.55	0.00	4.55	0.00
安徽	85.11	21.28	2.13	2.13	4.26	0.00
江西	89.09	12.73	5.45	0.00	5.45	1.82
河南	81.48	20.37	5.56	1.85	3.70	0.00
湖北	76.00	12.00	4.00	0.00	12.00	8.00
湖南	76.47	17.65	8.82	2.94	8.82	2.94
全国	77.46	20.52	7.91	4.19	7.08	1.41

（4）三分之一的村庄每天都会更新官方社交账号

根据问卷中"本村更新官方微博、微信群内容的频率"问题汇总，得到各省份村庄更新网络社交账号内容频率的情况，见表4-6。全国范围内看，34.06％的村庄每天都会更新官方社交账号的内容，29.25％的村庄平均每周更新一次，16.92％的村庄平均每月更新一次。具体到各省，甘肃每天更新的占比最高，达61.90％，比排名第二的云南(51.61%)高出10.29%;福建每天更新的占比最低,仅有10.34%。西藏的更新频率整体最低,仅20%的村庄会每天更新,60%的村庄能实现每月更新一次。

表4-6　　　　　　　　　各省份更新官方社交账号内容频率情况　　　　　　　单位:%

省　份	每天更新	每周更新	每月更新	其　他
黑龙江	30.00	0.00	20.00	50.00
吉林	36.84	26.32	15.79	21.05
辽宁	44.44	16.67	22.22	16.67
北京	22.22	22.22	11.11	44.44
河北	38.64	25.00	13.64	22.73
福建	10.34	48.28	31.03	10.34
江苏	33.80	38.03	14.08	14.08
山东	40.32	35.48	12.90	11.29
上海	11.67	33.33	30.00	25.00
浙江	33.77	35.06	7.79	23.38
广东	12.00	20.00	32.00	36.00
海南	50.00	50.00	0.00	0.00
内蒙古	50.00	25.00	8.33	16.67
广西	40.91	36.36	4.55	18.18
甘肃	61.90	9.52	14.29	14.29
宁夏	40.00	20.00	20.00	20.00
青海	25.00	37.50	12.50	25.00
陕西	38.24	32.35	8.82	20.59
新疆	24.00	48.00	16.00	12.00
贵州	42.86	32.14	3.57	21.43
四川	32.00	34.00	24.00	10.00
西藏	20.00	0.00	60.00	20.00

省　　份	每天更新	每周更新	每月更新	其　　他
云南	51.61	9.68	19.35	19.35
重庆	40.91	36.36	9.09	13.64
山西	27.27	40.91	4.55	27.27
安徽	19.15	38.30	27.66	14.89
江西	38.18	30.91	23.64	7.27
河南	44.44	27.78	11.11	16.67
湖北	32.00	36.00	12.00	20.00
湖南	29.41	32.35	17.65	20.59
全国	34.06	29.25	16.92	19.76

（5）大多数村庄采用线上方式报送和储存数据信息

根据问卷中"本村的数据信息存储与报送采用哪种模式"问题整理,得到各省份数据信息存储与报送方式情况,见表4-7。就全国范围而言,分别有73.63%、60.78%、16.11%、18.90%、67.27%和23.35%的村庄使用电子表格、微信、电子邮件、电话、纸质材料与政务App的方式储存与报送数据信息。具体到各省份,使用电子表格、电子邮件和电话三种方式占比最高的省份皆为海南省,占比分别为100%、50%和75%;使用微信、纸质材料与政务App方式占比最高的省份分别为福建省、湖北省和贵州省,占比分别为79.31%、88%和57.14%。

表4-7　　　　　　　　各省份数据信息存储与报送方式情况　　　　　　　单位:%

省　　份	电子表格	微　　信	电子邮件	电　　话	纸质材料	政务 App
黑龙江	70.00	70.00	30.00	30.00	60.00	10.00
吉林	47.37	78.95	21.05	26.32	57.89	10.53
辽宁	66.67	61.11	5.56	11.11	72.22	38.89
北京	66.67	22.22	0.00	0.00	66.67	22.22
河北	72.73	45.45	13.64	11.36	54.55	20.45
福建	62.07	79.31	20.69	24.14	72.41	6.90

省　份	电子表格	微　信	电子邮件	电　话	纸质材料	政务 App
江苏	90.14	77.46	28.17	19.72	74.65	33.80
山东	58.06	48.39	9.68	9.68	64.52	19.35
上海	70.83	54.17	23.33	16.67	53.33	49.17
浙江	74.03	51.95	9.09	20.78	55.84	49.35
广东	68.00	52.00	28.00	24.00	64.00	40.00
海南	100.00	75.00	50.00	75.00	75.00	50.00
内蒙古	33.33	75.00	0.00	8.33	50.00	0.00
广西	86.36	63.64	22.73	18.18	59.09	18.18
甘肃	76.19	66.67	9.52	19.05	61.90	9.52
宁夏	80.00	60.00	0.00	0.00	80.00	20.00
青海	87.50	50.00	0.00	12.50	75.00	0.00
陕西	76.47	64.71	17.65	11.76	70.59	14.71
新疆	76.00	56.00	16.00	20.00	52.00	28.00
贵州	85.71	78.57	25.00	39.29	82.14	57.14
四川	84.00	56.00	16.00	24.00	62.00	14.00
西藏	40.00	60.00	20.00	0.00	80.00	0.00
云南	87.10	45.16	12.90	12.90	77.42	9.68
重庆	81.82	59.09	9.09	13.64	86.36	50.00
山西	77.27	45.45	22.73	13.64	68.18	22.73
安徽	80.85	61.70	23.40	25.53	51.06	29.79
江西	87.27	67.27	7.27	12.73	69.09	14.55
河南	75.93	57.41	11.11	22.22	66.67	11.11
湖北	76.00	76.00	16.00	24.00	88.00	24.00
湖南	70.59	64.71	14.71	20.59	67.65	26.47
全国	73.63	60.78	16.11	18.90	67.27	23.35

4.4.2 基层政府管理数字化区域差异

（1）东、中、西部的差异

随着新一代数字技术在农村的广泛渗透,新一代高速光纤网络、高速无线宽带加快普及,物联网、云计算、大数据、人工智能等新一代数字技术的进步与渗透推动了数字经济在农业农村领域的发展,从单一技术提升到综合集成应用转变,数字技术改善了农村基础设施条件,为农业农村发展提供了新引擎,这不仅提高了农民的信息接入和获取能力,破解了信息获取的"最后一公里"难题,而且极大地提升了农业农村生活和生产的网络化、数字化、智能化水平和运行效率,深刻改变了农业农村的发展动力、发展方式。[①]

图 4-9 为 2022—2023 年各地区村庄事务的处理方式情况,可以发现,所有区域的共同特点是:最近一年采取传统方式与网络方式并行的村庄占比最大,皆超过半数。其中,东北地区为 64.93%,东部地区为 79.19%,西部地区为 67.46%,中部地区为 78.34%。东北地区仅采用传统方式处理村务的比例最高,达到 27.76%,西部地区仅采用网络方式处理村务的比例最高,为 12.78%。

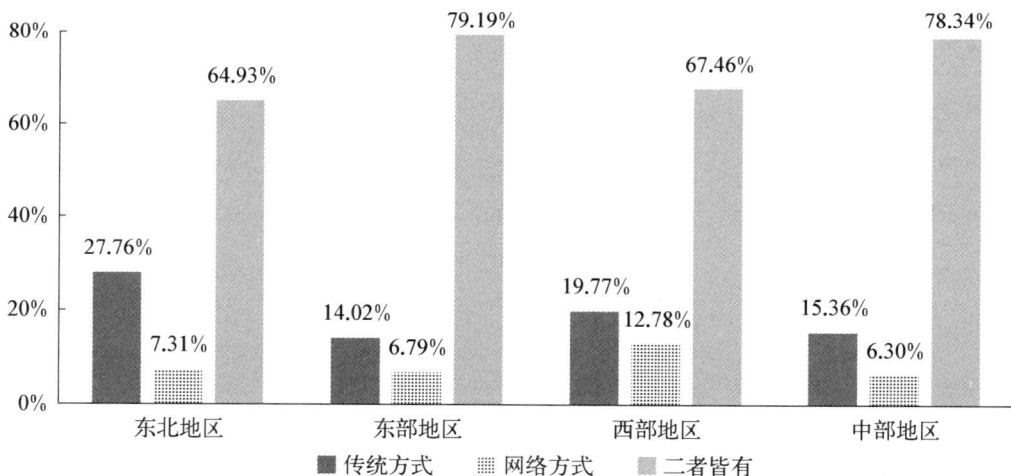

图 4-9　各地区村务处理方式情况

图 4-10 为各地区使用数字乡村服务平台(如网格化监控系统、乡村大数据主题展示、宅基地农房租赁管理信息等)的情况。可从中看出,西部地区开始使用数字乡村服务平台的村庄占比最高,达 68.37%,东北地区最低,未超半数,仅为 42.09%。

---

① 叶云,汪发元,裴潇.信息技术产业与农村一二三产业融合:动力、演进与水平[J].农业经济与管理,2018(05):20-29.

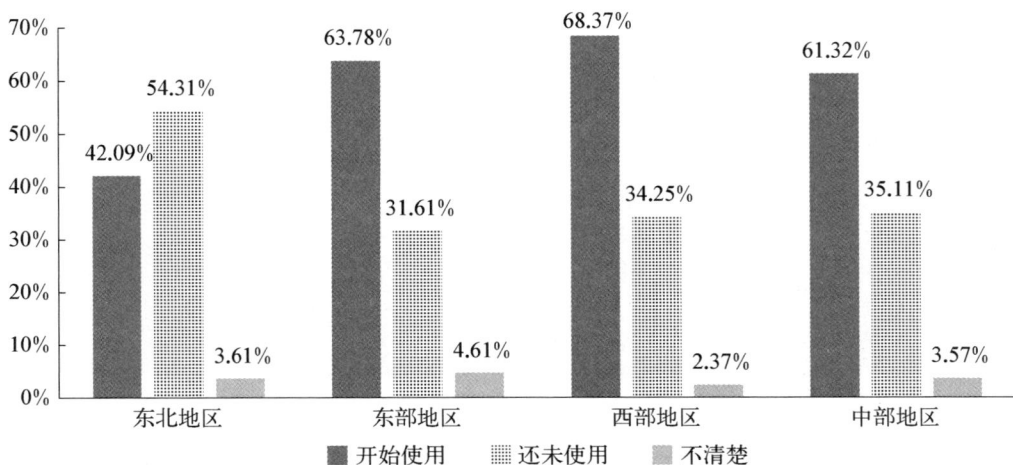

图 4 - 10　各地区数字乡村服务平台使用情况

图 4 - 11～图 4 - 13 为各地区利用官方的微博账号、公共邮箱、QQ 群或微信群开展宣传的情况。

通过图 4 - 11 可知,所有地区的绝大多数村庄会利用官方的社交账号开展内容宣传,其中,西部地区占比最高,达 86.38％,东北地区占比最低,约为 70.66％。

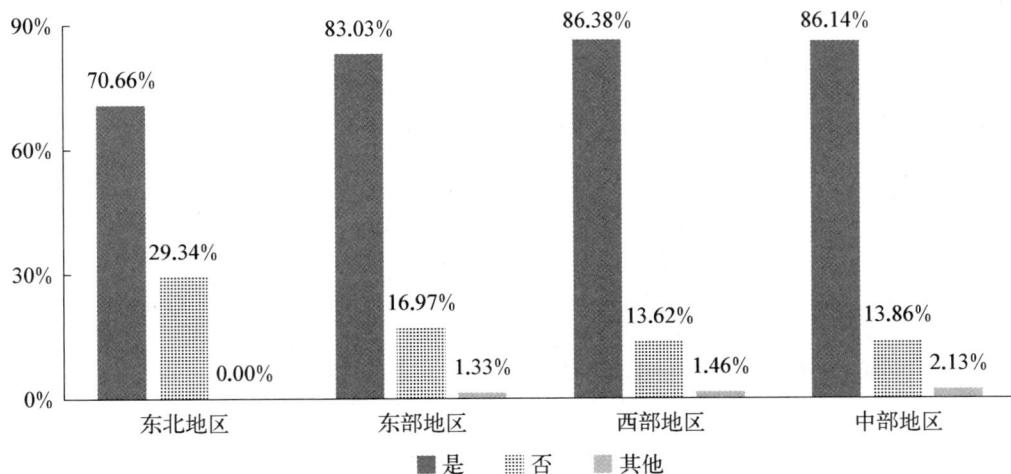

图 4 - 11　各地区利用官方社交账号开展宣传情况

根据图 4 - 12 的数据发现,在已利用官方社交账号开展宣传的村庄中,其宣传内容大多数是发布政策信息、民生信息,其中,中部地区最高,达 80.15％,东北地区最低,约为 70.66％;部分村庄利用官方社交账号发布本地特色产品、旅游等信息,其中,西部地区最高,约为 23.60％,东北地区最低,约为 15.91％。

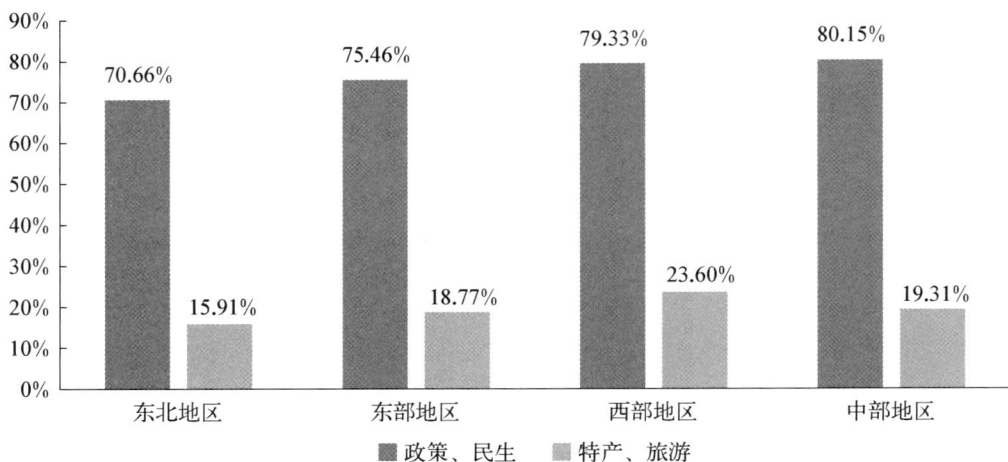

图 4-12 各地区利用社交账号宣传内容情况

通过图 4-13 可以看出，未利用官方社交账号开展宣传的村庄，原因有多方面：认为缺乏技术的，在东北地区占比最高，达 17.31%；认为资金不足的，东部地区占比最高，约为 5.63%；认为缺少人员的，东北地区占比最高，为 11.75%。

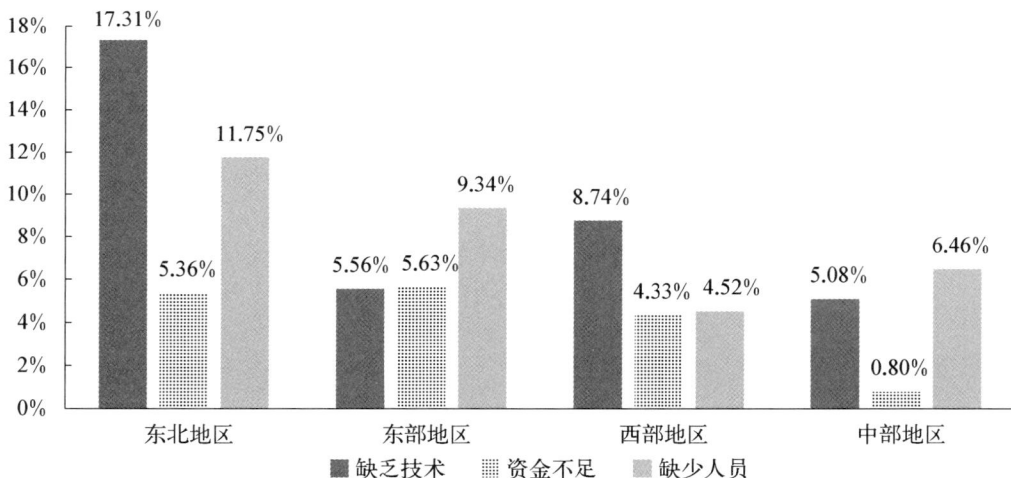

图 4-13 各地区未使用社交账号的原因

图 4-14 为各地区村庄更新官方微博、微信群内容的频率情况。西部地区每天更新官方社交账号内容的村庄占比最高，达 38.95%，中部地区每周更新官方账号内容的村庄占比最高，为 34.37%，东北地区每月更新的村庄占比最高，为 19.34%。

图 4-15 展示了各地区数据信息存储与报送方式的情况。可以看出，使用电子表格的村庄在中部地区占比最多，达 77.99%；使用微信和电话的村庄在东北地区占比最高，

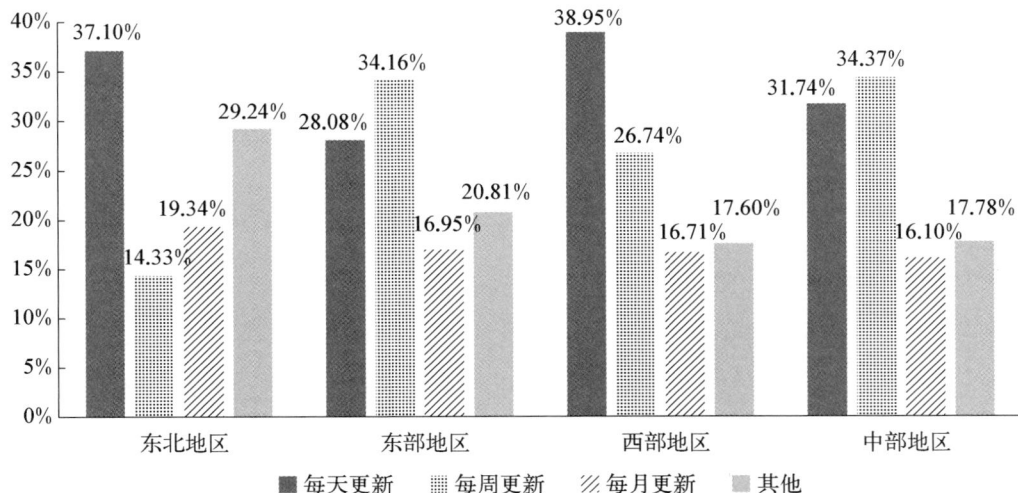

图 4 - 14　各地区更新官方社交账号频率情况

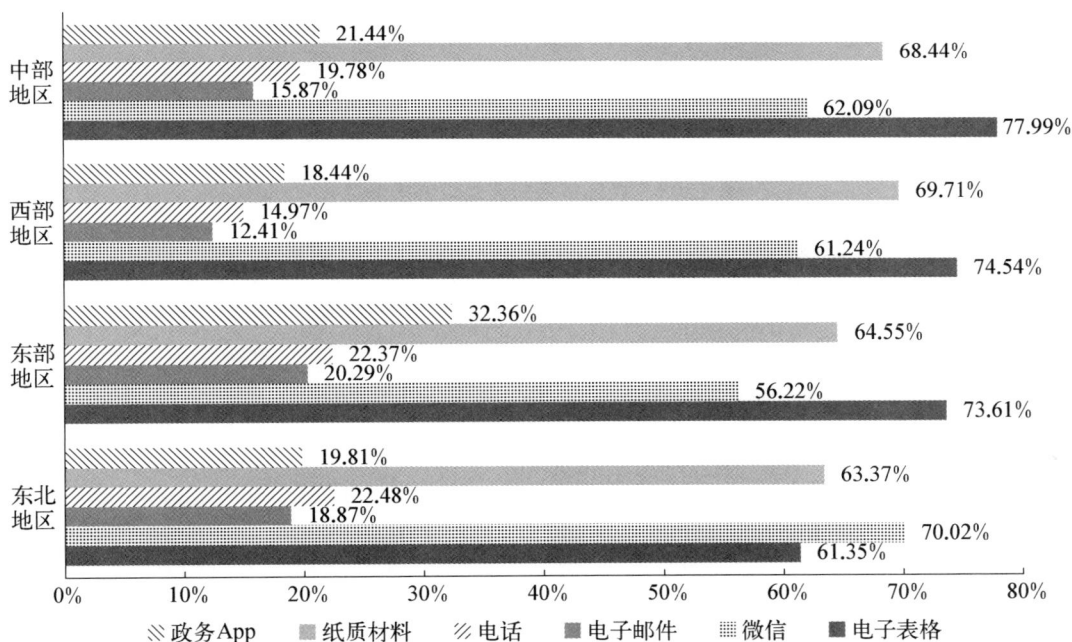

图 4 - 15　各地区数据信息存储与报送方式情况

分别为 70.02％和 22.48％；使用电子邮件和政务 App 的村庄在东部地区占比最高,分别为 20.29％和 32.36％；使用纸质材料的村庄在西部地区占比最高,达 69.71％。

2. 经济带差异

通过图 4 - 16 展示的各经济带处理村级事务的方式情况,可以发现,所有经济带的共同特点是：最近一年采取传统方式与网络方式并行的村庄占比最大,皆超过半数。其中,粤港澳大湾区占比76.00%,京津冀地区占比71.97%,长三角地区占比79.61%,中原城市群占比82.05%,川渝城市群占比85.18%。京津冀地区仅采用网络方式处理村级事务的村庄占比最高,达23.48%;粤港澳大湾区仅采用传统方式处理村级事务的占比最高,约为8.00%。

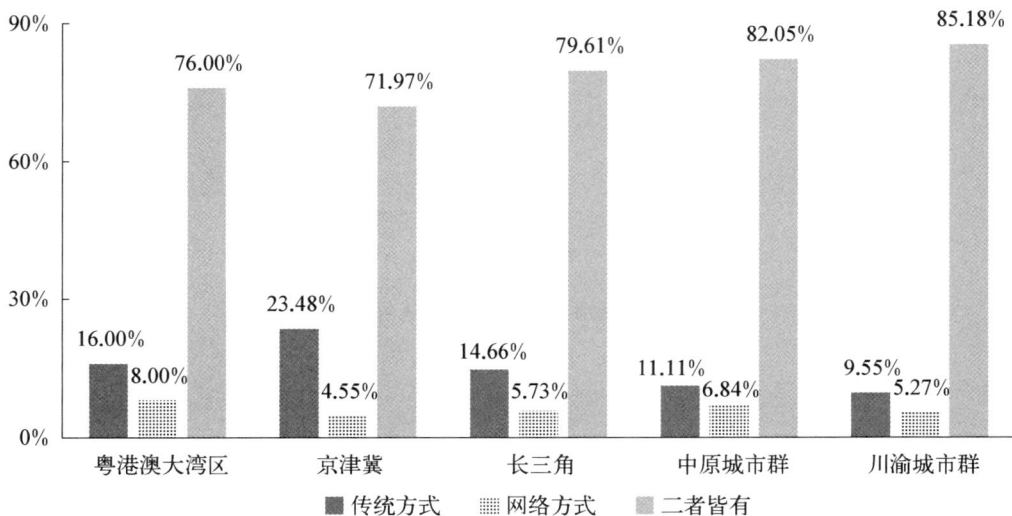

图 4-16 各经济带村务处理方式情况

图4-17为各经济带使用数字乡村服务平台(如网格化监控系统、乡村大数据主题展示、宅基地农房租赁管理信息等)的情况。可从中看出,长三角地区开始使用数字乡村服务平台的村庄占比最高,达75.59%;京津冀地区的该项占比最低,刚超过半数,约为51.77%。

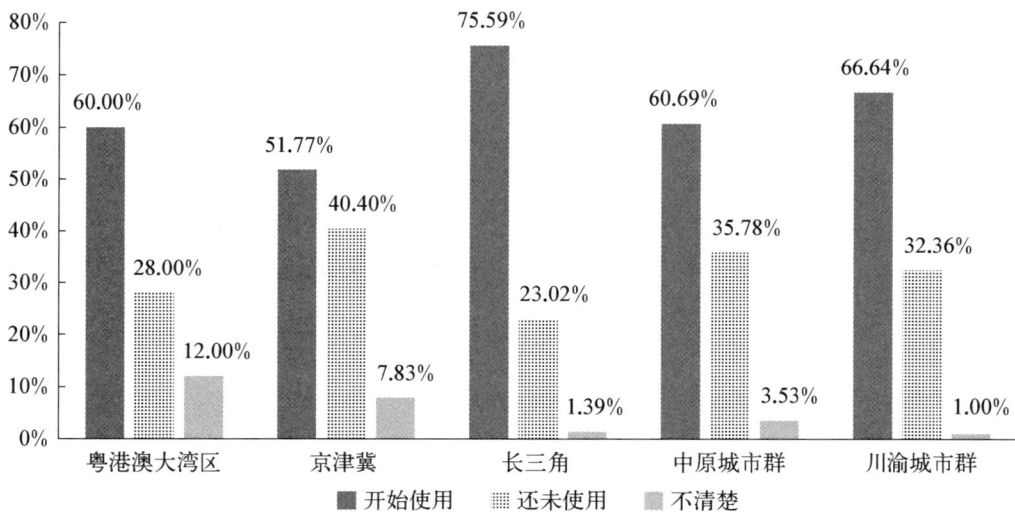

图 4-17 各经济带数字乡村服务平台使用情况

图 4-18～图 4-20 展示了各经济带利用官方的微博账号、公共邮箱、QQ 群或者微信群开展宣传的情况。

由图 4-18 可知,所有地区的绝大多数村庄会利用官方的社交账号开展内容宣传。其中,长三角地区占比最高,达 91.37%;粤港澳大湾区占比最低,约为 64.00%。

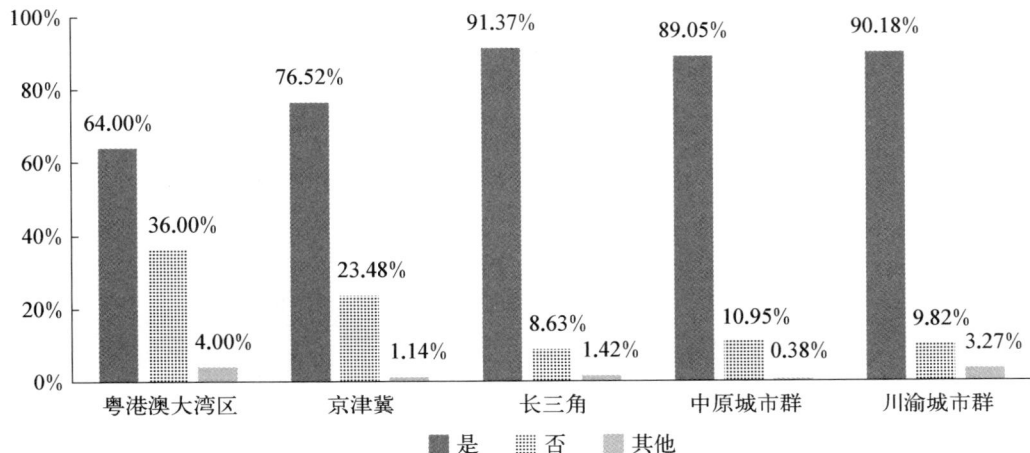

图 4-18　各经济带利用官方社交账号开展宣传情况

根据图 4-19 可知,在已利用官方社交账号开展宣传的村庄中,其宣传内容大多数是发布政策信息、民生信息,其中,长三角地区占比最高,达 86.66%,粤港澳大湾区占比最低,约为 64.00%;部分村庄利用官方社交账号发布本地特色产品、旅游等信息,其中,川渝城市群占比最高,约为 42.55%,粤港澳大湾区占比最低,为 12.00%。

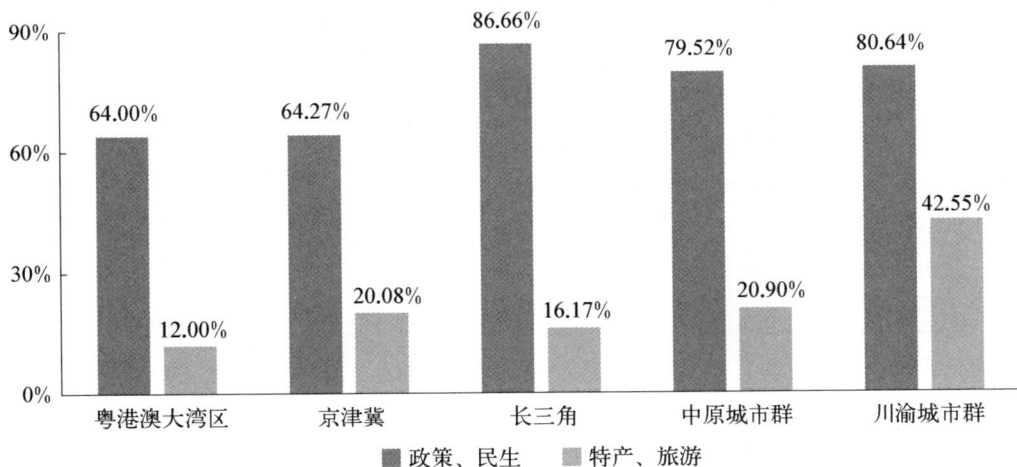

图 4-19　各经济带利用社交账号宣传内容情况

由图 4-20 可看出,还未利用官方社交账号开展宣传的村庄,原因有多方面:认为缺乏技术的,粤港澳大湾区占比最高,达到 16.00%;认为资金不足和缺少人员的,京津冀地区占比最高,分别为 11.11%、14.52%。

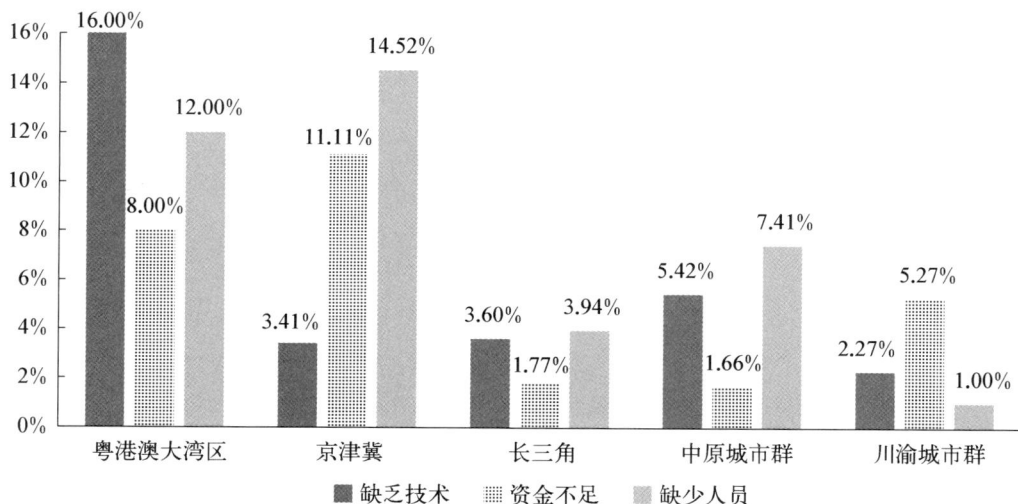

图 4-20 各经济带未使用社交账号的原因

图 4-21 为各经济带村庄更新官方微博、微信群内容的频率情况。可知,川渝城市群每天更新的占比最高,达 36.45%,长三角地区每周更新的占比最高,为 36.18%,粤港澳大湾区每月更新的占比最高,约为 32.00%。

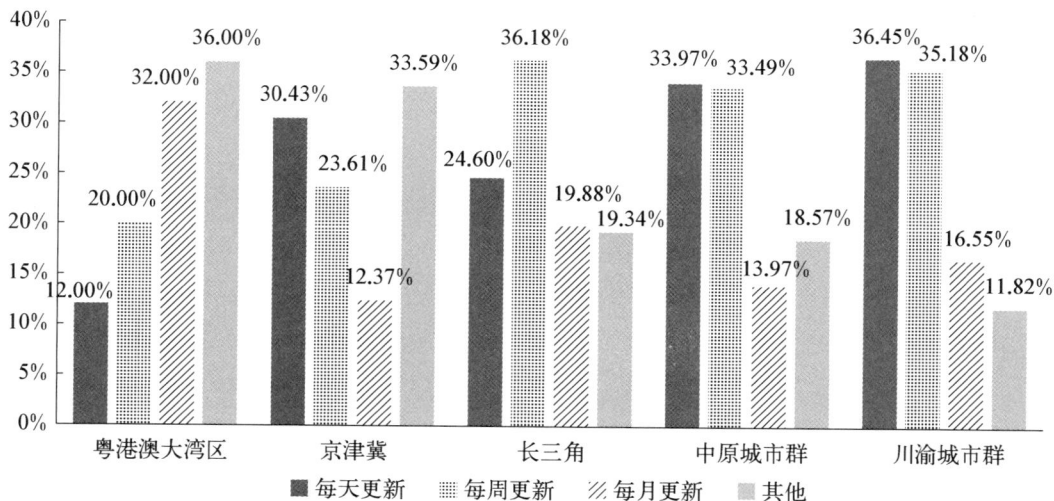

图 4-21 各经济带更新官方社交账号频率情况

图 4-22 为各经济带数据信息存储与报送方式的情况,可以从中看出,使用电子表

格的村庄在川渝城市群占比最高,达 82.91%;使用微信和政务 App 的村庄在长三角地区占比最高,分别为 61.32%、40.53%;使用电子邮件和电话的村庄皆在粤港澳大湾区占比最高,分别为 28.00% 和 24.00%;使用纸质材料的村庄在川渝城市群占比最高,达到 74.18%。

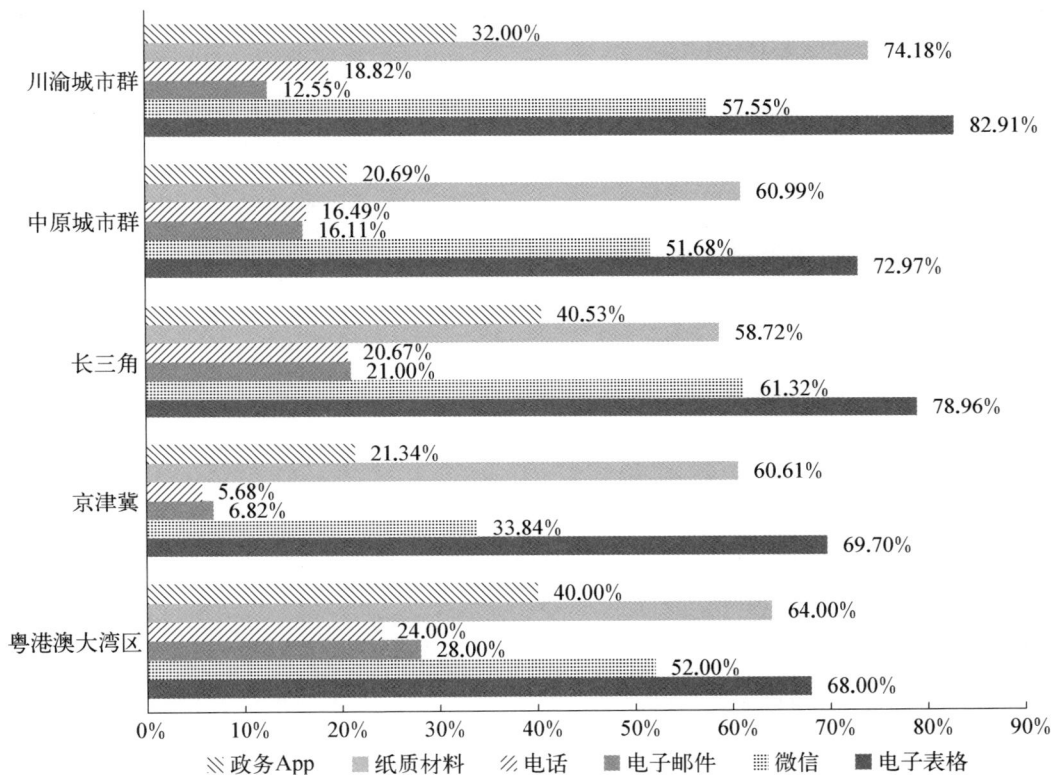

图 4‑22　各经济带数据信息存储与报送方式情况

4.4.3　村民自治管理数字化现状

自 1987 年开展村民自治以来,农民的参与意识有了较大提升,参与热情不断提高。在计划经济时代和改革开放初期,村民自治发挥了巨大作用,人民群众拥护党的方针政策,民心思干,发家致富,治安良好,社会和谐。近年来,随着科技的不断发展、网络的不断普及,官方网站、微信、微博等逐步开始成为政府信息公开的重要窗口,村民通过各种方式积极地了解并参与村级事务,推动了我国基层民主进程的快速发展,在政府进行网络问政、宣传政策等方面也起到了积极的作用。

但我国的村民自治参与还存在一定的问题,不能适应现代国家治理与农村社会建设的需要。改革开放以来,尽管农民的受教育程度与知识技能有了很大提高,但由于城乡发展的不平衡及农村劳动力过度流失引起的农村空心化的加剧,导致农村社会参与主体的流失与治理资源的匮乏。对不少农民而言,还存在着对乡村治理参与的内容、程序、规则、方式等不了解,对有关自己切身利益的国家大政方针、政策法规等不关注的现状。

数字技术改变了信息传播的方式,使乡村居民可以更便捷地获取各种信息。通过互联网、手机应用程序等渠道,居民可以了解政府政策、农产品市场行情、技术知识和教育资源等内容。此外,数字技术还推动了农村生活服务的电子化,如在线购物、在线支付、在线教育等,为乡村居民提供更多便利的生活方式。数字技术提供了更多的途径和平台,使乡村居民可以更方便地参与决策过程。通过网上调查、在线问卷、社交媒体等方式,人们可以表达自己的建议、意见和需求,参与公共政策的制定和实施。这种参与方式的开放性和包容性,能够增加乡村居民的参与度和满意度,提高决策的合理性和可行性。①

总之,数字技术凭借其数据共享共用的优势,打破了信息壁垒和体制壁垒,缩小了基层政府和基层群众之间的信息差和能力差,唤醒了基层群众、社会组织的治理意识,拓宽了村民直接或间接参与治理的渠道,实现乡村治理的主体模式由一元垂直管理模式向多元共治转型,提升乡村治理绩效。

(1)村民常在村务公示栏获取政策信息和村务信息

通过对入户调查问卷中"您目前如何获取关于家庭/个人层面的乡村振兴政策和村务信息"问题的整理,得到各省份村民获取村务信息方式的情况,见表4-8。从全国范围看,使用村务公示栏获取乡村振兴政策和村务信息的村民占比最大,达51.96%;使用短信方式的占比最低,仅有5.5%。具体到各省份,福建有40.42%的村民使用政府公开网站获取村务信息,是所有省份中该项占比最高的;宁夏使用公众号方式的村民占比最高,为15.00%;吉林使用微信群方式的村民占比最高,为65.25%。也有很多省份的村民没有将网络方式作为获取信息的主要渠道。例如,广东仍有66.24%和49.23%的村民通过村务公示栏和亲朋、邻居口口相传的方式了解相关信息,该占比皆为全国最高;安徽有45.30%的村民通过基层干部走访宣传的方式了解信息,西藏有33.33%的村民会到村委会当面询问村务信息,该占比也均为全国最高。

---

① 艾洪福,李文泽.数字技术赋能乡村治理体系构建与实施路径研究[J].农业与技术,2023,43(17):177-180.

表 4 - 8　　　　　　　　　　各省份村民获取村务信息方式情况　　　　　　　　单位：%

省份	政府网站	公示栏	广播电视	口口相传	走访宣传	当面询问	短信	公众号	微信群
黑龙江	35.00	55.83	45.83	43.33	35.00	20.83	7.50	11.67	27.50
吉林	24.03	54.22	38.96	33.44	27.27	19.48	4.87	3.25	65.26
辽宁	14.19	47.30	14.19	20.95	15.88	9.12	2.36	5.74	40.54
北京	31.48	52.78	44.44	25.93	18.52	11.11	2.78	12.04	44.44
河北	17.85	46.31	33.19	27.73	9.59	9.88	2.36	5.31	49.26
福建	40.42	60.05	30.37	27.80	23.83	10.98	3.74	12.85	23.36
江苏	27.86	55.73	29.15	28.41	35.01	16.32	8.52	13.75	36.02
山东	16.97	57.23	35.74	34.04	13.35	8.73	2.21	6.73	35.74
上海	32.89	55.47	23.79	35.24	29.33	13.99	4.96	11.96	17.49
浙江	27.98	56.12	22.79	35.63	24.32	13.01	4.51	10.37	22.79
内蒙古	27.08	41.67	34.03	34.03	9.03	6.25	6.94	6.25	34.03
广东	28.09	66.24	36.60	49.23	28.09	14.18	3.61	10.31	25.77
海南	18.75	58.33	33.33	37.50	14.58	8.33	10.42	12.50	16.67
广西	20.64	56.69	25.00	31.69	23.26	14.53	8.72	6.69	36.34
甘肃	13.55	43.67	21.69	34.34	21.99	15.36	6.02	8.73	50.60
宁夏	36.67	58.33	28.33	18.33	30.00	6.67	10.00	15.00	26.67
青海	31.25	63.54	15.63	43.75	27.08	21.88	2.08	10.42	28.13
陕西	11.97	44.19	31.34	28.52	22.71	8.45	2.82	6.34	51.94
新疆	20.00	52.00	32.67	49.00	39.00	26.00	4.33	6.00	33.67
贵州	19.47	49.52	35.10	34.13	41.59	17.07	6.49	6.49	31.97
四川	16.40	54.40	32.80	40.93	40.13	17.47	6.80	5.87	36.40
西藏	38.33	48.33	25.00	46.67	33.33	33.33	8.33	13.33	50.00
云南	17.92	47.12	56.42	26.11	23.89	12.17	5.09	7.74	21.90
重庆	17.20	45.77	27.11	44.61	33.24	18.66	6.41	4.08	22.74

续　表

省份	政府网站	公示栏	广播电视	口口相传	走访宣传	当面询问	短信	公众号	微信群
山西	15.99	54.65	32.27	27.33	19.19	19.19	3.78	7.27	37.50
安徽	31.00	56.24	35.48	37.73	45.30	19.64	9.96	10.66	36.19
江西	23.44	51.35	30.63	31.46	33.02	14.38	4.48	9.58	30.94
河南	14.19	45.27	34.46	28.15	26.80	10.47	3.60	5.07	39.41
湖北	11.58	36.32	20.53	41.05	28.42	15.26	4.21	6.05	29.21
湖南	21.13	44.19	24.30	34.86	30.11	13.73	7.04	7.57	35.39
全国	23.44	51.96	31.04	34.40	26.76	14.88	5.50	8.65	34.60

（2）接近半数的村民不知道或不使用在线政务服务平台

由入户调查问卷中"您使用本地的在线政务服务平台（比如政府 App、网上平台等）的频率如何"问题汇总,得到各省份在线政务服务平台使用频率情况,见表 4 - 9。值得指出的是,全国范围内有接近四成的村民不知道或不使用当地的在线政务服务平台,占比为 39.78%。可见,乡村治理的数字平台还有待普及与完善。具体到各省份,辽宁不知道或不使用在线政务服务平台的村民占比最高,达 58.45%,宁夏该项占比最低,仅为6.67%。海南省使用在线政务服务平台频率"非常高"的村民占比为 25.00%,为全国最高,而"比较高"和"一般高"占比最高的省份均为宁夏,分别为 25.00%、35.00%。

表 4 - 9　　　　各省份在线政务服务平台使用频率　　　　单位：%

省份	非常高	比较高	一般高	比较低	非常低	不知道/不使用
黑龙江	11.67	18.33	24.17	16.67	10.00	19.17
吉林	7.79	11.04	11.04	17.53	6.17	46.43
辽宁	7.43	9.46	13.85	7.43	3.38	58.45
北京	2.78	16.67	27.78	10.19	6.48	36.11
河北	5.31	12.83	20.06	15.04	5.75	41.00
福建	13.79	17.99	23.60	11.68	7.48	25.47
江苏	12.56	17.60	17.78	11.82	5.68	34.56

续　表

省份	非常高	比较高	一般高	比较低	非常低	不知道/不使用
山东	7.83	10.34	14.96	9.34	4.32	53.21
上海	11.13	15.97	21.88	14.19	7.00	29.83
浙江	10.97	16.75	23.04	14.37	5.70	29.17
广东	3.87	12.63	18.56	17.78	13.14	34.02
海南	25.00	22.92	18.75	16.67	4.17	12.50
内蒙古	9.03	16.67	22.22	13.19	8.33	30.56
广西	10.17	11.05	21.51	12.50	4.65	40.12
甘肃	2.71	21.39	15.06	15.36	6.93	38.55
宁夏	18.33	25.00	35.00	8.33	6.67	6.67
青海	4.17	11.46	14.58	18.75	7.29	43.75
陕西	3.52	9.86	15.32	10.74	5.28	55.28
新疆	6.00	11.00	24.00	20.33	11.33	27.33
贵州	7.93	9.62	18.99	12.26	4.33	46.88
四川	6.93	11.73	13.20	9.60	5.60	52.93
西藏	3.33	13.33	16.67	11.67	6.67	48.33
云南	3.76	10.84	16.81	17.04	9.07	42.48
重庆	5.54	7.29	14.29	13.12	7.29	52.48
山西	6.10	9.88	11.34	7.56	9.01	56.10
安徽	13.18	16.97	18.51	14.87	6.73	29.73
江西	10.10	14.06	15.52	10.63	8.13	41.56
河南	6.87	12.39	17.00	12.39	7.32	44.03
湖北	3.68	11.58	12.11	12.89	6.58	53.16
湖南	8.10	14.79	13.91	15.85	6.51	40.85
全国	8.44	14.23	18.64	13.47	6.98	39.78

（3）微信小程序是最受农户欢迎的政务平台形式

表 4 - 10 为最受农户欢迎的政务应用平台的形式情况。全国范围内最受农户欢迎的政务平台的形式为微信小程序,占比高达 43.69%,比排名第二的公众号形式(20.53%)高出 23.16%;网页的形式受欢迎程度最低,仅为 3.93%,手机和其他形式受欢迎程度中等,分别为 16.35%、15.50%。具体而言,微信小程序作为政务应用平台的形式之一在甘肃最受村民欢迎,占比达 51.81%;公众号形式在西藏最受欢迎,占比约为 30.00%;网页形式在海南最受欢迎,占比约为 8.33%;手机 App 形式在湖北最受欢迎,占比约为 23.68%。

表 4 - 10　　　　　　　　各省份最受欢迎的政务应用平台形式　　　　　　　单位：%

省　份	微信小程序	公众号	网　页	手机 APP	其　他
黑龙江	45.00	22.50	2.50	16.67	13.33
吉林	49.68	16.56	4.22	15.58	13.96
辽宁	37.63	14.24	3.05	8.47	36.61
北京	37.04	17.59	3.70	21.30	20.37
河北	42.63	22.27	3.10	17.11	14.90
福建	49.88	25.41	6.82	13.41	4.47
江苏	38.91	22.83	5.27	14.70	18.30
山东	42.01	18.69	3.62	9.85	25.83
上海	43.68	24.33	4.21	13.67	14.11
浙江	36.64	23.31	5.47	21.26	13.32
广东	38.14	20.36	5.41	20.88	15.21
海南	50.00	16.67	8.33	20.83	4.17
内蒙古	48.61	27.08	4.86	15.97	3.47
广西	48.84	18.60	1.74	15.99	14.83
甘肃	51.81	18.37	6.02	13.55	10.24
宁夏	50.85	18.64	3.39	22.03	5.08
青海	44.79	25.00	3.13	20.83	6.25

续　表

省　份	微信小程序	公众号	网　页	手机 APP	其　他
陕西	50.00	20.95	3.70	8.63	16.73
新疆	49.33	16.33	3.33	23.67	7.33
贵州	39.66	26.68	3.37	12.02	18.27
四川	38.40	16.53	2.93	17.33	24.80
西藏	43.33	30.00	0.00	21.67	5.00
云南	38.27	26.11	6.64	18.58	10.40
重庆	45.48	14.87	5.25	11.66	22.74
山西	39.47	19.30	4.68	8.48	28.07
安徽	40.79	20.25	2.53	20.68	15.75
江西	48.02	19.00	2.19	16.08	14.72
河南	40.63	21.90	2.26	12.42	22.80
湖北	35.26	12.37	2.37	23.68	26.32
湖南	46.02	19.12	3.89	13.45	17.52
全国	43.69	20.53	3.93	16.35	15.50

4.4.4　村民自治管理数字化区域差异

（1）东、中、西部的差异

党的二十大报告强调指出，要"积极发展基层民主，健全基层党组织领导的基层群众自治机制，完善基层直接民主制度体系和工作体系"。根据党和国家的战略安排，无论是发展全过程人民民主，还是全面推进乡村振兴，一个关键的突破口即在于不断完善党领导的村民自治机制。改革开放 40 多年来，村民自治的蓬勃发展反映出党领导基层群众自治已经取得重大成果。然而，不容忽视的是，当前我国部分农村仍然存在村民自治运转低效的突出问题，不利于基层民主的高质量发展及其充分转化为治理效能。数字智能时代的到来，为破解村民自治面临的现实难题提供了新契机。①

---

① 张露露. 数智赋能村民自治：完善党领导的农村基层群众自治机制的实践路径[J]. 学习与实践，2023（08）：43-53.

图 4‐23、图 4‐24 展示了各地区村民获取关于家庭或个人层面的乡村振兴政策和村务信息的方式情况。

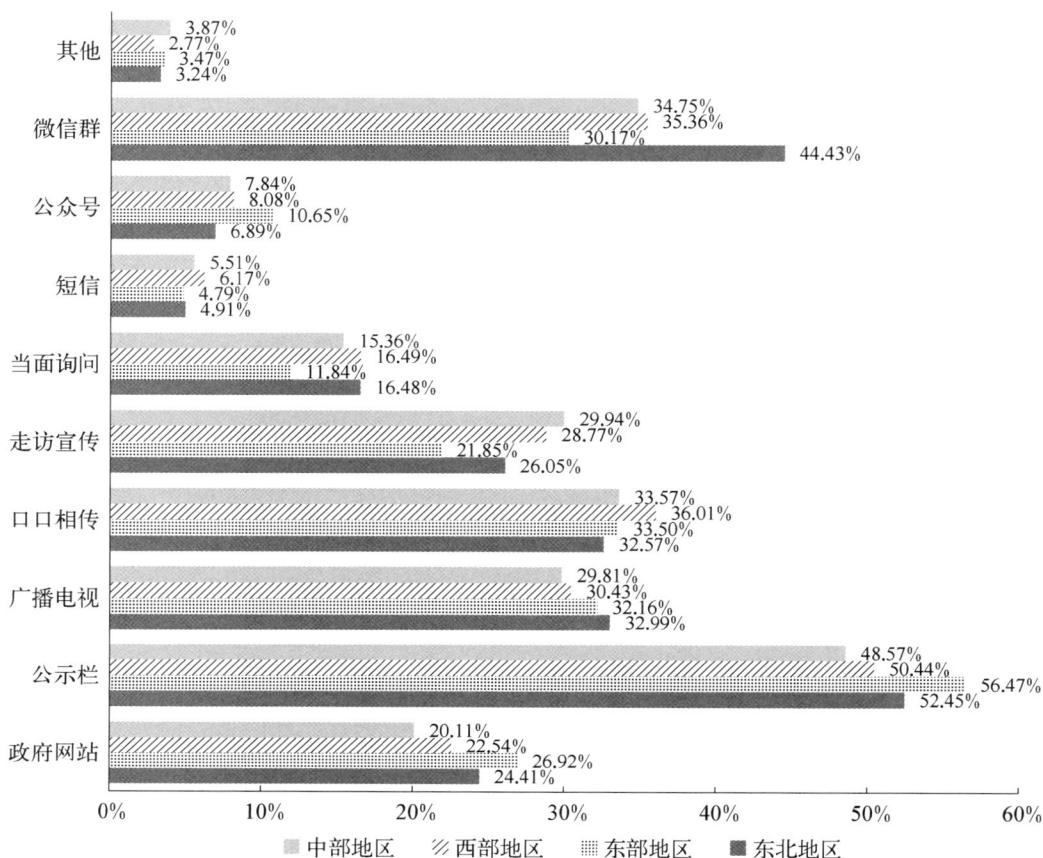

图 4‐23 各地区村民获取村务信息方式情况

由图 4‐23 的数据可以看出，基层干部走访宣传的方式在中部地区最常见，占比为 29.94%；亲朋与邻居口口相传、短信以及到村委会当面询问三种方式均在西部地区使用最多，占比分别为 36.01%、6.17% 和 16.49%；广播电视和微信群两种方式在东北地区使用最多，占比分别为 32.99%、44.43%；村务公示栏、政府公开网站以及公众号三种方式在西部地区使用最多，占比分别为 56.47%、26.92% 和 10.65%。

通过图 4‐24 展示的各地区使用在线政务服务平台的频率情况，可以看出，不知道或不使用在线政务服务平台的村民在中部地区占比最大，为 44.24%，而使用此类平台的整体频率最高的地区为东部地区，其中使用频率"非常高""比较高"和"一般高"的占比分别为 10.36%、15.97% 和 20.71%，均为全国最高。因此，中部地区还需加强数字政务服务平台的宣传与推广。

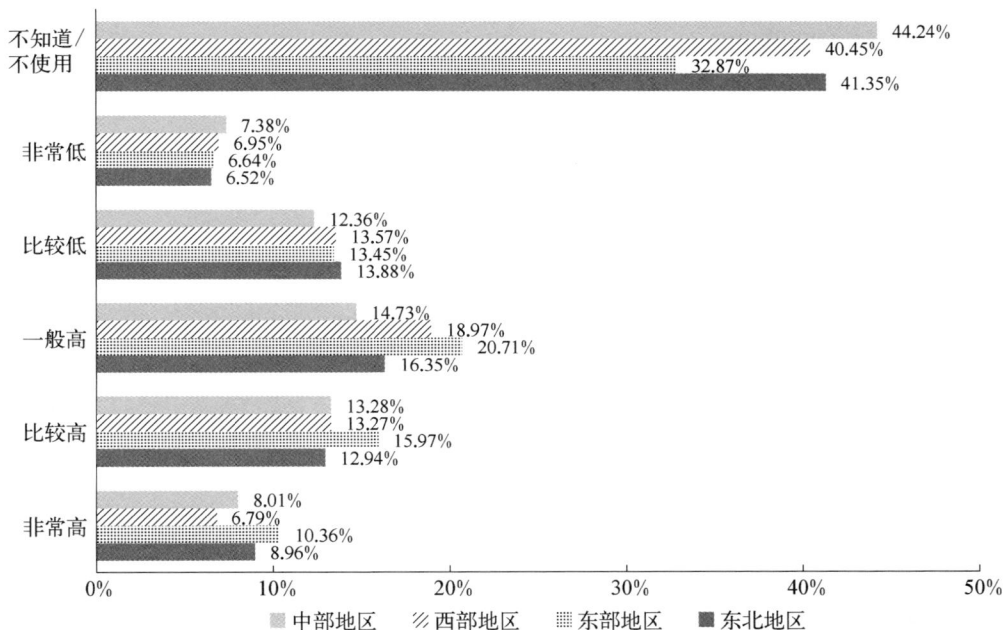

图 4-24 各地区在线政务服务平台使用频率情况

图 4-25 是各政务应用平台形式的受欢迎情况,可从中看出,微信小程序和公众号在西部地区最受村民欢迎,占比分别为 45.78%和 21.60%,网页和手机 App 形式在东部地区最受欢迎,占比分别为 5.10%和 17%。

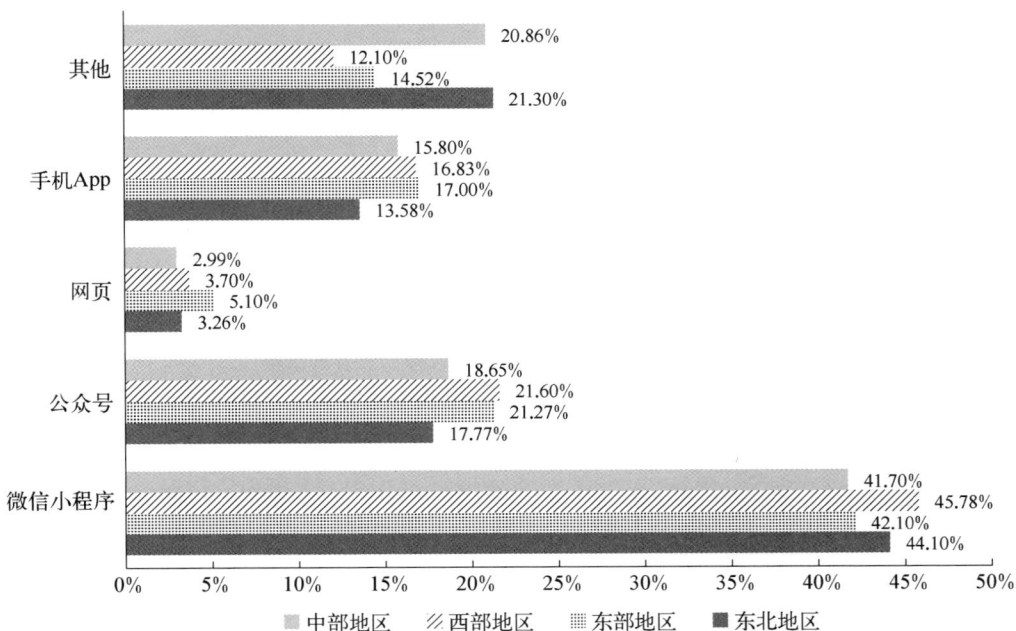

图 4-25 各地区政务应用平台形式的受欢迎情况

（2）经济带的差异

图4-26展示了各经济带村民获取关于家庭或个人层面的乡村振兴政策和村务信息的方式情况。

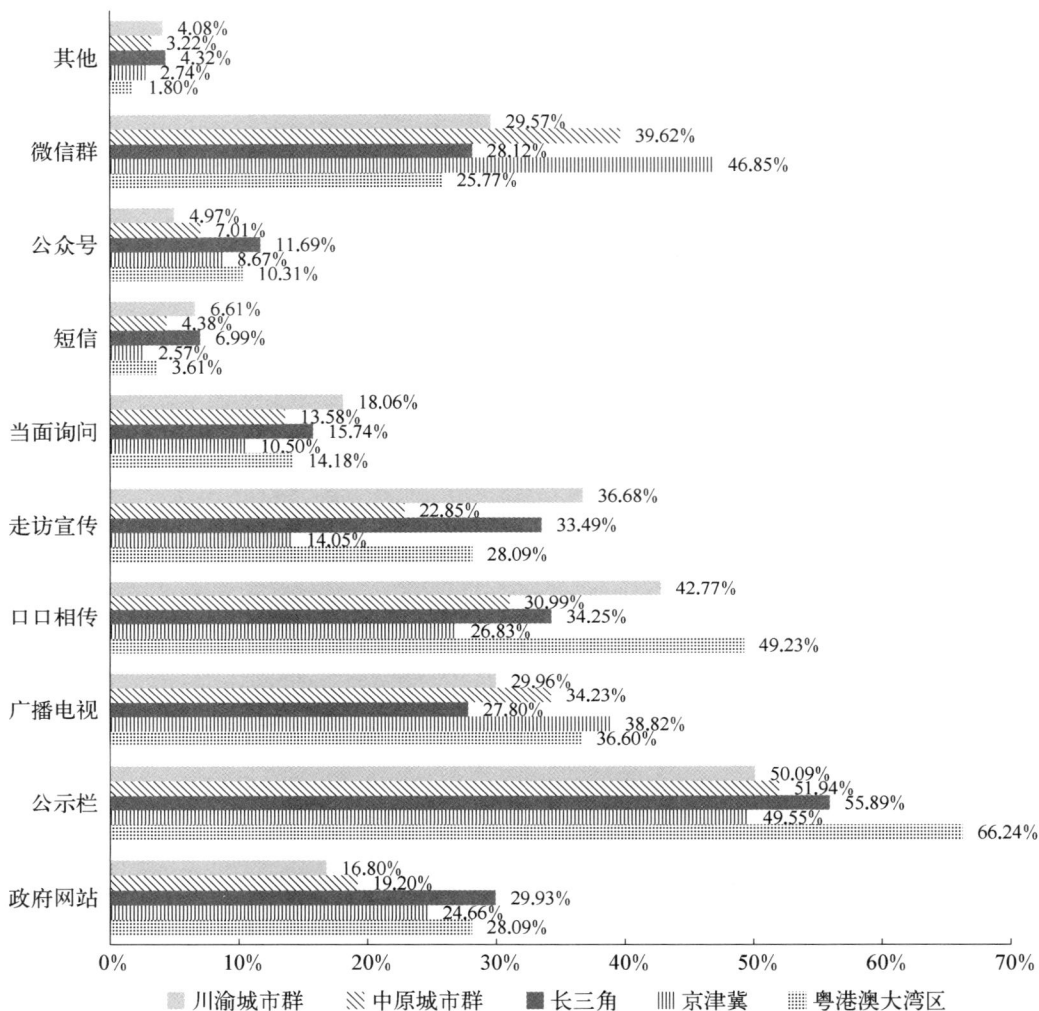

图4-26 各经济带村民获取村务信息方式情况

从图4-26可以看出，基层干部走访宣传和到村委会当面询问方式在川渝城市群最常见，占比分别为36.68%、18.06%；亲朋与邻居口口相传、村务公示栏方式在粤港澳大湾区使用的最多，占比分别为49.23%、66.24%；广播电视和微信群方式在京津冀地区使用最多，占比分别为38.82%、46.85%；政府公开网站、短信以及公众号方式在长三角地区使用最多，占比分别为29.93%、6.99%和11.69%。

图4-27为各经济带使用在线政务服务平台的频率情况。由此可知，不知道或不使

用在线政务服务平台的村民在川渝城市群占比最大,达 52.71%,而使用此类平台的整体频率最高的地区为长三角地区,其中使用频率"非常高""比较高"的占比分别为 11.96%、16.82%,均为全国最高。因此,川渝城市群还有待加强数字政务服务平台的宣传与推广。

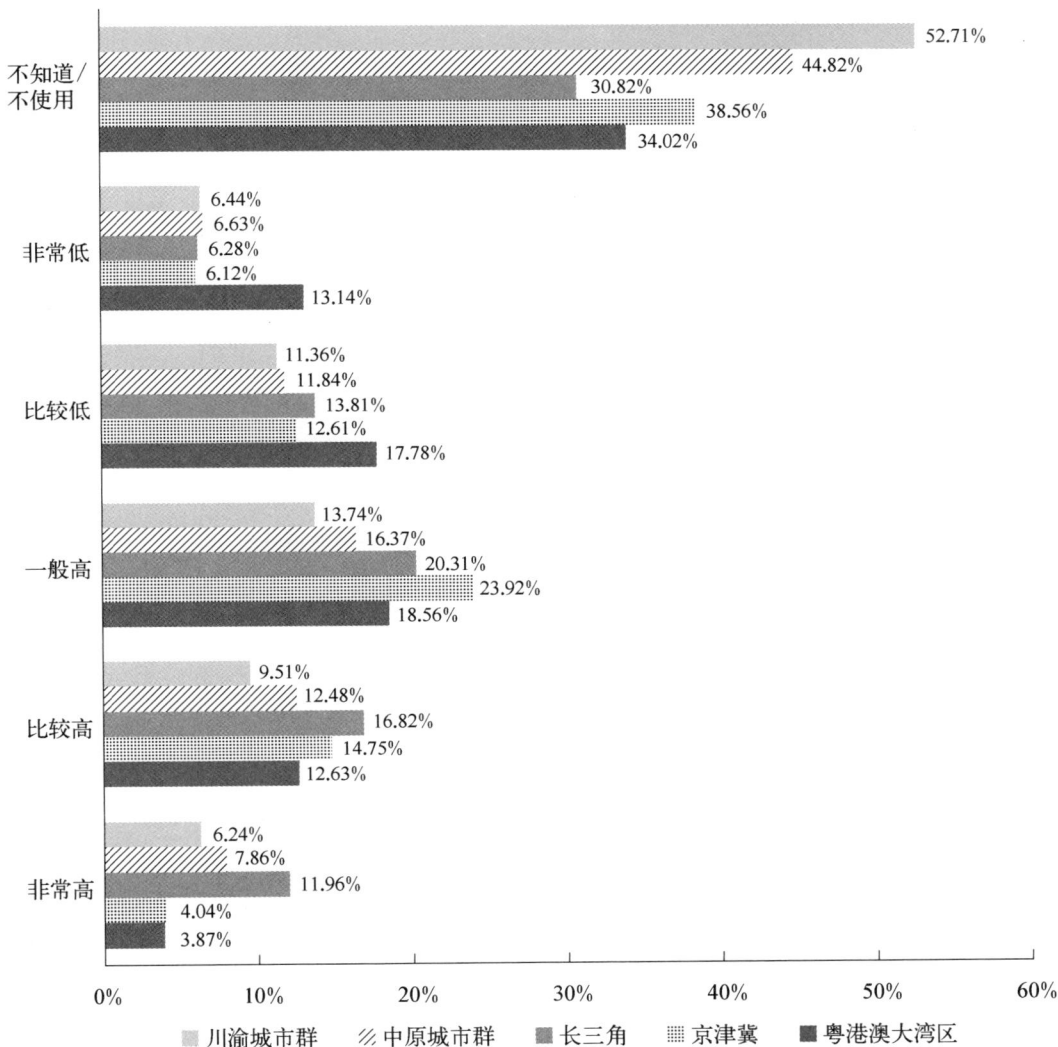

图 4-27　各经济带在线政务服务平台使用频率情况

　　图 4-28 展现了各种政务应用平台形式的受欢迎情况,从中可以看出,微信小程序在川渝城市群最受村民欢迎,占比为 41.94%,公众号形式在长三角地区最受欢迎,占比为 22.68%,网页和手机 App 在粤港澳大湾区最受欢迎,占比分别为 5.41% 和 20.88%。

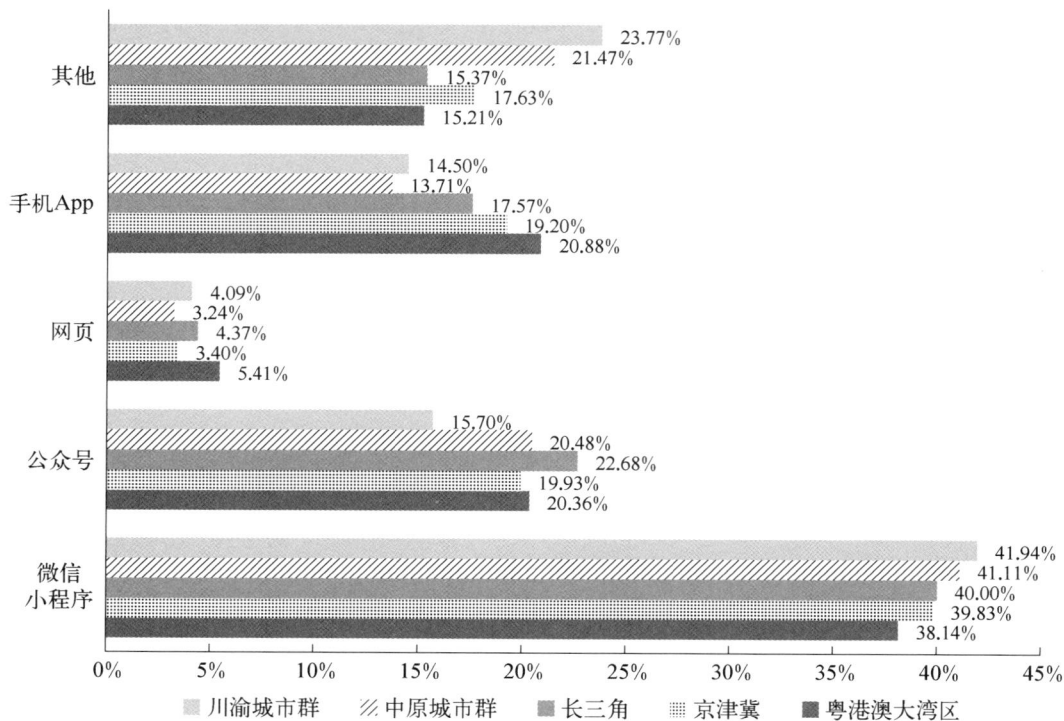

图 4-28　各经济带政务应用平台形式的受欢迎情况

4.5　数字赋能乡村治理面临的挑战

4.5.1　农村基层党组织的建设问题

（1）农村基层党组织的领导核心地位问题

自 2013 年起，历年的中央一号文件都对完善乡村治理机制、加强农村基层党的建设提出明确要求。党的十八大以来，在党中央统一领导下，各地发挥基层首创精神，创造性地对乡村有效治理进行了积极探索，并取得了一些成绩和成功的经验。党的十九大报告对提升农村基层党组织建设方面提出了要求，党对农村基层党组织的建设也制定了党内法规和相关制度，为农村基层党组织的制度化、系统化和科学化提供了制度依据。党的二十大报告要求："把基层党组织建设成为有效实现党的领导的坚强战斗堡垒。其核心要义是，要充分发挥基层党组织的战斗堡垒作用，为党中央各项决策部署在基层落地见效提供坚强组织保证。"办好中国的事情，关键在党。乡村治理的有效实施，需要党的坚强领导。

我国农业农村发展取得巨大成就,是党中央带领亿万农民推进改革的结果,也与广大农村基层党组织充分发挥领导核心作用密不可分。农村基层党组织是农村各种组织和各项工作的领导核心,这是党章、党内法规和国家法律明文规定的,也是由我们党的性质、地位和农村的实际情况决定的。无论农村社会结构如何变化,无论各类经济社会组织如何发育成长,农村基层党组织的领导地位不能动摇、战斗堡垒作用不能削弱,这是坚持党在农村领导地位的内在要求,也是实现农村经济社会健康发展的根本保证。

农村基层党组织的领导核心地位是具体的而不是抽象的,主要体现在:农村基层党组织是确保党的路线方针政策在农村得到贯彻落实的领导核心,在执行中央和各级党组织的决策部署中起着组织者、推动者的作用;农村基层党组织是农村各种组织的领导核心,无论是行政组织、经济组织和群众自治组织,还是各类社会组织、服务组织,都要在党组织领导下,按照法律和各自章程开展工作;农村基层党组织是农村各项工作的领导核心,农村经济社会发展各方面的重要工作、重要问题,都要由党组织在广泛征求意见的基础上讨论决定、领导实施;农村基层党组织是团结带领群众建设美好生活的领导核心,肩负着组织群众、动员群众、教育群众、引导群众的重要责任,肩负着改善群众生产生活、维护群众合法权益的重要责任,发挥着凝聚群众的主心骨作用。

坚持和发展农村基层党组织领导核心作用,既要在思想上不动摇,又要在实践中找办法。切实强化政治引领功能,牢牢把握中国特色社会主义这个大方向,推动党的路线方针政策在农村落地生根,增强对各种歪风邪气的战斗性;切实提升服务能力和水平,加强基层服务型党组织建设,更好地服务改革、服务发展、服务民生、服务群众、服务党员;切实加强对群众的教育引导,坚持农村改革发展推进到哪一步,思想政治工作就跟进到哪一步,在解决好"富口袋"的同时,解决好"富脑袋"的问题;切实加强对村级各种组织的统一领导,敢于负责、主动作为,教育引导村级其他组织自觉服从党的领导,支持他们依法依规行使职权,沿着正确的方向健康发展。

当前,中国共产党已走过百年奋斗历程,党领导下的中国农村建设和乡村治理工作也已推进百年,乡村建设水平、民众生活富足程度、乡风文明、生态环境改善都取得了前所未有的成就,乡村治理的良好成效也随时代变迁不断呈现。着眼于乡村善治目标,党和国家始终重视乡村基层治理工作,跟随社会形势变化和治理环境转换,适时调整乡村治理思路政策、完善健全乡村治理体制机制。换言之,百年乡村治理,是中国共产党不断探索乡村治理体系建设的百年生动实践,是党组织领导的乡村治理体系发展和完善的过程。俯瞰我国不同历史时期的乡村治理方略可以发现,从"政权下乡""政社合一""乡政村治"到进入新时代的"多元共治",都是在党的领导下,依据不同时期乡村建设发展的实际而进行的实践创新。[1] 它们在治理主体、运行机制、方式方法上,都或多或少地体现出一元领导多元主体的组织体系、共建共治共享的治理运行机制、自治法治德治数治相结合的治理方式。不难发现,党对中国农村工作的坚定领导是一以贯之的,新时代条件下亦是如此。从近年来党和国家的乡村治理工作推进看,不仅每年的中央一号文件都强调做好乡村治理工作,而且对乡村发展已实施了"乡村振兴""城乡融合发展""乡村治理现代化"等重大战略部署,势必要做好乡村治理工作,这也要求必须强化党建引领下的乡村治理"四治融合"体系建设。

近年来,数字技术显著推动了基层党建数字化,促使基层党委政府人员提高数字治理素质。随着数字技术在乡村治理实践中逐渐拓展和深化,数字技术已迅速而深刻地影响了乡村治理方式及农民日常生活的基本面貌。作为覆盖乡村全部领域的党建工作,基层党委人员要有效实现党建工作与数字应用"同频共振",切实夯实基层党组织的核心领导作用。例如,近年来在各地频繁兴起的"智慧党建"系统,就是利用现有智能基础设施,依托基层政府门户网站,打造了集服务、管理、教育、宣传等于一体的智慧化网络党建平台,使基层党组织的数字治理能力得到极大提升。

但随着新时代经济社会的发展,农村基层党组织出现了很多问题。一些地方对要不要发挥领导核心作用、怎样发挥领导核心作用,在认识和实践中存在着种种问题。有的在制定政策、推进工作中,对农村基层党组织的领导核心作用重视不够、支持不够;有的在推进农村改革中,片面强调村民自治,片面强调经济社会组织的自主性,农村基层党组织的作用被弱化、虚化甚至边缘化。部分农村党组织属于看摊守业型,呈现出按部就班,维持局面,完成任务,不出大事,问题绕着走、发展没思路、工作推着干的局面。[2] 抓政治理论学习教育力度不够,学习理论知识只学皮毛,没有悟深、悟透,有时仅满足抓重点、抓精髓,缺乏持之以恒的学习精神,依然用老套路谋划新时期党建工作,凭老经验应对新形势,用老办法解决新问题,安于现状,不思变革,缺乏创新的能力和勇气,没有形成特色鲜明具有影响力的党建工作品牌。与此同时,党内政治生活制度执行不严,组织生活会规范化程度不高,"三会一课"活动形式较为单一,继而使得党组织领导核心作用发挥不够充分,党建引领示范作用发挥不到位。[3]

近年来,许多地方探索村"两委"负责人"一肩挑",村党组织成员兼任村务监督委员会主任、村级集体经济组织、农民合作组织负责人,实行村级各种组织向村党组织报告工

---

① 张侃. 城乡一体化进程中的乡村治理现代化路径研究[J]. 农村经济与科技,2022,33(15):1-3+11.
② 吴梅芳. 农村基层党组织作用发挥状况的调查与思考[J]. 理论探索,2013(03):48-51.
③ 李海花,匡延昌,宋勤璟. 乡村治理视域下农村基层党组织建设探析[J]. 智慧农业导刊,2023,3(05):137-140.

作制度,推行"四议两公开"、村务联席会议等有效做法,进一步增强了村党组织的领导力和影响力,有效推动了农村经济社会发展。实践证明,只有在加强村级组织各个基本要素建设中,始终坚持和不断巩固农村基层党组织的领导核心地位,才能把广大农民群众组织起来、凝聚起来,形成推动农村改革发展的强大正能量。

（2）农村党员发展问题

农村的党支部规模相对较小,尤其是在大规模青壮年群体跨区域、部门转移的背景下,农村的党组织规模更小,后备党员干部培养不足。首先,农村党支部书记缺少热情与耐心。部分农村党支部书记守摊意识太强,仅仅以做好手中工作为目标,对扩大党员队伍、发展新生力量缺乏主动性,同时,为了避免给自己下一届选举增加新的竞争对手,有部分农村党支部书记对发展新生力量存在抵制或恐惧心理;而且由于发展一个新的正式党员,最少需要 3 年的培养时间,其间面临各种不确定因素,培养出的积极分子数量较少,对党支部书记工作技能要求较高,在多做不如少做、少做不如不做的思维指导下,部分农村党支部书记对发展党员工作抱观望态度。其次,农村党支部忽视了后备干部培养,造成选任基层党组织负责人时困难重重。例如部分村党支部书记年纪大、知识老化,其思想观念、管理方式不再适应新形势新任务。农村的年轻人大多外出上学、务工和经商,村里懂经营、善管理、有威信的人逐渐减少,能担任基层党组织带头人的人更少。最后是大学生党员干部后备库尚未建立完善。大学生党员是农村党员的重要后备力量,既具有先进性又基本脱离了历史性积弊,也是新时代党的好政策的积极践行者和身体力行者。从目前情况看,选配到基层农村工作的大学生总量较少,落实到各个行政村人数更少。同时,在薪资激励和劳动付出尚未完全匹配的情况下,大学生和能力强者选择留村发展的可能性微乎其微。

农村新党员发展难的现象大大减弱了农民群众中积极向党组织靠拢的先进分子的积极性,加重了群众和党的隔阂,更严重的影响是不利于党的事业在农村长远性和可持续发展。党员候选人在数量上的缺少,就如同缺少"造血"功能的生物,断绝了更新换代的机会。缺少新生力量就缺少了新鲜活力,党员队伍如同一潭死水,党的事业蓬勃发展的支撑力量大大削弱。同时不利于培养选拔未来党在农村的领导力量。在不断奋斗的过程中,筛选、培育新的领导力量,才能保证建设事业的不中断。即使是村党支部这样微型的党组织,其领头人也需要完成必要的知识储备并积累大量的实践经验方可承担领导重担。

4.5.2　农村各类组织的乡村治理能力问题

当前我国乡村治理正在经历深刻转型,乡村治理逻辑从传统人情社会的感情参与逐步转换为基于经济理性的选择性参与,从人情交易、村社道德转变为市场化交易、契约机制,这对乡村数字治理政策设计与实践探索不断提出新的要求。作为乡村治理的带头人,村干部自身存在的问题与不足往往演变为乡村治理能力提升的各类障碍,因而分析村干部的不足则是破除乡村治理能力提升困境的基础与前提。

(1)政府行政主导阻碍多元主体参与

长期以来,政府在乡村治理中占据着主导地位,村民自治组织、社会组织、企事业单位等主体通常被排斥在外,各方面决策基本由政府制定推行。一些村干部在治理过程中往往采用家长式的管控方式,使得拥有自治权的村民往往被边缘化,难以形成治理合力。但在乡村公共事务领域,需要依赖各个主体的相互作用,达成多元参与的共治格局,才能促进乡村社会实现有效治理目标。如果仅靠政府单一主体的资源与能力去独自展开治理并解决公共问题,终究是片面而理想化的。更何况是在乡村技术赋能这一专业性极强的领域,在乡村中引进什么技术,如何运用现代技术,面对各种技术难题又如何克服,这些问题都不是政府单一力量能够解决的。另外,在现代社会,政府行政主导也容易滋生诸如由于权力过分集中而造成的腐败问题等,对乡村技术赋能产生负面影响,多元协同、合作共赢才是大势所趋。实践中技术存在着创造利益的巨大潜力,而在部分地方政府治理乡村中已经出现了不法分子独自把控关键技术,为牟取暴利泄露村民隐私信息,间接威胁村民利益等各种问题,种种劣行严重侵害了人民群众的根本利益,疏离了干群关系,破坏了乡村治理生态。

(2)乡村组织难以承接现代技术落地

现代技术最先广泛应用于发达城市,但是乡村拥有着与城市截然不同的社会环境,因此要想现代技术顺利落地,就需要相应的组织作为承接载体。对此,有学者提出,在乡村社会中,我们所说的"社会"和"乡民"都不能成为乡村技术生长的"根",而只有处于这两者之间的乡村组织才能通过规则与集体行动,为乡村技术赋能的有效性提供基础。[①] 只有提高了农民的组织化水平,才能重建乡村社会的主体性,激发农民的主动性,乡村组织是乡村振兴不竭的动力源泉。[②] 可是,由于城市偏向政策的长期影响,广大乡村地区的精英群体以及青年群体不断流失,乡村组织大多处于半瘫痪状态。[③] 尽管互联网在农村地区的快速普及为乡村数字治理提供了良好的群众基础,但现有的村干部队伍存在着

① 刘祖云,王丹."乡村振兴"战略落地的技术支持[J].南京农业大学学报(社会科学版),2018,18(04):8-16+156.
② 吴重庆,张慧鹏.以农民组织化重建乡村主体性:新时代乡村振兴的基础[J].中国农业大学学报(社会科学版),2018,35(03):74-81.
③ 殷民娥.多元与协同:构建新型乡村治理主体关系的路径选择[J].江淮论坛,2016(06):46-50.

结构老化、文化偏低、思想僵化、数字素养不足等问题,使得现实中本应发挥组织技术赋能作用的乡村组织缺乏开展数字治理所需要的基本信息技术与能力,在乡村数字治理的推动过程中难以担负起带头人角色。

（3）传统治理结构难以适应技术下乡需求

乡村振兴时代的技术下乡需调整国家在乡村社会的治理形态,构建一种技术治理模式。然而现在乡村治理还是沿袭传统治理格局,使得技术下乡需求与传统治理结构间形成了剧烈冲突,主要体现在两个方面:一是在政府内部,受官僚科层体制的束缚,上下级以及同级各部门之间均存在相互独立、各自为政、保守信息的问题。实践中各部门强烈的"部门本位"意识处于支配地位,这种孤立的现状给城乡数据的流动互通形成障碍。由于政府内部形成的这种部门"数据孤岛"现象,在处理乡村事务时难以进行完整全面的技术分析,"信息鸿沟"提升了乡村治理的成本,阻碍了乡村振兴的进程。二是政府与企业、高校、社会组织等其他主体之间也未形成乡村信息数据共享的体系,再加上各主体之间存在分工不明确和合作不顺畅等问题,如乡村内部相关数据的采集,往往出现多个主体交叉重复收集或者所有主体都未涉及的情况。这种不合理的乡村治理结构延缓了乡村有效治理的进程,给乡村技术赋能造成巨大困境。[①]

4.5.3　村民自治规范与"三治"建设问题

"三治"结合,是乡村治理的创新,也是实践经验的总结。所谓"三治",即法治、德治与自治。法治是自治的保障,为自治提供现实依据和治理手段;德治是自治的基础;自治是法治、德治的目标。然而,以村民自治制度为基础的乡村治理格局却受到了各方要素的冲击,主要存在以下问题:

（1）观念意识上的阻碍

现代信息技术的快速发展为乡村治理提供了更为先进前沿的途径和手段,但是保守落后的乡土意识却阻碍了村民群众技术赋能的进步。首先,中国传统社会以小农经济为主要生产方式,小农经济尽管促进了特定时期的社会生产力,但同时也衍生出安于现状、守旧求稳的思想观念。这种保守观念根植于村民内心深处,成了推进乡村技术赋能的思想阻碍。现实中村民们的行为习惯和思维方式趋于保守,面对新技术手段,缺乏敏锐性与洞察力,甚至对其产生抗拒心理。其次,村民们大多由于经济条件受限,无心改善生产

[①]　沈费伟.乡村技术赋能:实现乡村有效治理的策略选择[J].南京农业大学学报(社会科学版),2020,20(02): 1 - 12.

生活的环境,认为技术的引入并不能带来实质性影响,产生严重的"搭便车"心理。① 由于部分村民没有意识到技术背后蕴藏的巨大潜力,因此在乡村技术赋能的进程中表现得十分被动。最后,长期以来习惯在生产生活中凭借直观经验处事的村民形成了单方面注重因果性分析思维,这与驾驭现代技术所需要的相关性分析的数据思维完全相悖。村民遇到问题总会简单地归结于因果关系,却没有意识到借助技术的力量,依靠科学的数据进行量化分析,从而找出事物间的相互关系。

(2)村民数字素养不足

信息技术强大功效的发挥取决于村民群众对其的合理运用,但是现实中村民的低知识素质与信息技能的高要求之间存在着巨大的差距。因此,乡村技术赋能的规模在很大程度上受当地村民消化吸收和运用技术能力的约束。② 这主要体现在两个方面:其一,村民的低文化水平使得他们难以掌握操作技术的相应技能。目前大部分村民由于家庭条件差、交通闭塞等原因,未接受良好的素质教育,大多只有初中及以下文化水平,知识文化素质不高直接导致他们接受并运用技术的困难。其二,村民的低文化素质造成他们对信息技能的不当使用。技术的发展为村民提供了各种参与乡村公共事务的渠道,但是在自由宽松的环境下也出现了新问题,那就是村民的无序参与。现实中部分别有用心、素质低下的村民在网络上发布不良信息,发泄个人情绪,甚至集体密谋一些违法活动,这些都是未合理运用信息技能的表现,应当加以打击和制止。

(3)村民自治权利受到挤压

数字治理工具的普及使村级组织加快嵌入基层政府的科层体系,村级治理逻辑加快转向行政化,在一定程度上压缩了村庄自治组织的活动空间,削弱了村民自治的制度张力。③ 数字技术嵌入重塑乡村治理结构,催生了以交互性和群结构性为特征的交互式群治理模式。虽然各类农民均是乡村数字治理的应然主体,但村庄共同体式微背景下体制内精英、经济精英等群体因具有相对更高的数字素养、更多的资源禀赋而处于比较优势地位,而普通农民尤其是老年群体和妇女更易遭受数字排斥。因此数字治理引入可能拉大不同群体参与乡村数字治理的机会差距和程度差距,导致弱势群体被"数字挤出"。④

① 高国伟,郭琪. 大数据环境下"智慧农村"治理机制研究[J]. 电子政务,2018(12):101-111.
② 朱秋博,白军飞,彭超等. 信息化提升了农业生产率吗?[J]. 中国农村经济,2019(04):22-40.
③ 杜姣. 技术消解自治——基于技术下乡背景下村级治理困境的考察[J]. 南京农业大学学报(社会科学版),2020,20(03):62-68.
④ 苏岚岚. 数字治理促进乡村治理效能提升:关键挑战、逻辑框架和政策优化[J/OL]. 农业经济问题,1-18[2023-12-03].

4.6 数字赋能乡村治理的对策与建议

数字赋能乡村治理建设是一项长期性、复杂性工程。鉴于乡村治理体系是国家治理体系的重要组成部分，乡村数字治理效能与国家治理效能提升既是一脉相承，也应是与时俱进的。乡村治理体系的实施路径和实施方式决定至关重要，实施路径及实施策略得当可以最大限度促进乡村治理体系的落地生效。作为一项新兴技术，数字赋能乡村治理存在一定的实然困境。未来，既要做好乡村治理的"软件"建设，又要做好"硬件"建设，全面推进数字赋能乡村治理现代化进程。

4.6.1 培育数字型现代治理人才

（1）优化数字建设顶层设计

推动数字赋能乡村治理现代化向纵深发展，培育数字型治理人才是首要前提。不论是基层政府人员、村干部，还是普通村民，都应实现思维更迭，培养数字治理思维。乡村治理决策者应着眼数字中国的长远发展战略，准确把握数字乡村建设内涵、数字乡村治理现代化对国家治理现代化的重要意义及其对乡村社会结构、社会关系的积极影响。与此同时，还应建立风险防控体系，树立前瞻性思维，精准预测、评估数字乡村建设风险，及时规避和遏制数字治理风险。

（2）树立基层政府人员的现代治理观念

基层政府人员作为乡村建设的"主导"力量，在治理实践中应破除形式主义，加强数字技术宣传，开展数字技术理论学习，阶段性邀请专家深入农村开展讲座、解答乡村治理难题，切实使广大村干部、基层政府人员树立数字治理思维、深化数字治理观念。农村中的广大党员，要发挥先锋模范作用，利用数字化平台，积极向农民宣传、推广数字技术，带动农民积极参与数字乡村建设。

（3）打造一支高素质人才队伍

数字赋能打破了基层人才的现实瓶颈，对乡村治理人才队伍建设提出了更高的要求。为了改变乡村数字型人才短缺问题，一方面引导大学生摒弃对传统农村的"刻板"印象，鼓励他们毕业后主动选择支援农村、建设农村，从而缩小城乡发展差距。尤其是对于数字相关专业的本土大学生，要为他们回乡创业搭建平台，使其为乡村带来先进的治理观念和治理技术。另一方面基层政府应制定相应的政策，从待遇保障、岗位晋升、配套保障等方面吸纳专业型高水平人才，对于无法在农村长期居住的人才，要实施"弹性"政策，最大限度留住人才,组建一支高水平的数字人才队伍。[①]

4.6.2　完善乡村信息基础设施

数字赋能乡村治理需要依托完善的信息基础设施以夯实乡村治理现代化基础。乡村基础设施主要包括生产和生活两方面,数字赋能乡村治理就需要将数字技术嵌入生产设施和生活设施,全面满足乡村治理现代化的数字化需求。

(1)加强农业全产业链数字化建设,完善智慧农业设施

农业全产业链建设是贯通产加销,融合农业和文化旅游,对接科学、技术、工业和贸易,拓展农业多种功能,促进乡村产业高质量发展的重要途径。夯实数字乡村农业基础,推进新技术与农业装备制造衔接,有助于打破涉农数据失真和"信息孤岛"现象。健全基本信息网络保障,加快农村电商、邮政等物流服务点平台对接,配齐以县域智慧物流为中心的冷链仓储、包装等农业配套产业建设。

(2)依托智能云平台,打造智慧农村生活

数字赋能乡村生活领域是乡村振兴工作的重中之重,要依托互联网平台,如村民喜闻乐见的抖音、快手等,积极宣传社会主义核心价值观,让农民在休闲娱乐的同时强化对党和国家的政治认同。要依托智能平台,将数字技术嵌入与农民息息相关的民生领域,开设智慧医疗、就业云端服务、线上教育等多功能服务,解决农民看病难、就业难、教育资源不均衡等治理难题,缩小城乡"数字鸿沟",打造智慧农村生活。

(3)完善农村社会保障设施

乡镇政府应在完善乡村信息基础设施方面发挥举足轻重的作用,在充分利用好现有的信息基础设施的基础上,逐步建立完整的信息基础设施建设、运营和维护机制,夯实数字乡村建设基础。与此同时,乡镇政府应推广农村电子政务试点,发展远程医疗、远程教育协作,加快实现城乡医保异地结算,以便为数字乡村人才队伍建设提供保障。

4.6.3　构建多方协作共治模式

治理模式是数字乡村治理共同体建构的核心,为实现多元主体间的协同合作,应树立以共享为目标的数字化治理模式,发挥多元主体智慧,整合优势力量,激发主体动能。

(1)坚持党建引领机制

党建引领从根本上确保了科学合理的乡村治理制度设计及制度供给,以党的全面领

---

① 张波,徐晓楠.乡村治理现代化中的数字赋能及实现路径[J].学习与探索,2023(09):9-15+2.

导激发各治理主体的行动自觉。党建引领强调的是密切联系群众,把广大群众组织好、凝聚好,引导群众参与基层公共议题和事务。在确保多元治理主体充分发育的基础上,进一步完善群众参与的制度化渠道,促进多元主体功能耦合和治理效能提升。同时,充分考虑民众参与社会治理的意见表达和诉求回应,进而保障信息共享和利益表达制度的完备化。

2. 激发多元主体动能

无论是协商民主还是社会协同,都需要培育群众的参与意识和参与能力。因此,应强化基层群众自治能力,转变数字化服务理念,以群众需求为导向推进治理工作。在数字理论与实践、法治规章等方面加大教育培训力度,提升群众的数字化素养,激发群众参与动力。尤其在法治意识、责任担当、宽容以待、共情能力和理性协商等方面,应做到理性思维与感性思维的辩证统一。推动社会资本投入乡村建设,鼓励外出务工村民返乡参与家乡数字化建设,并加大社会组织的服务购买,协同数字乡村建设,有助于保障整体数字安全,促进群众收入多元化,持续激发各方主体积极性,扩大社会经济效益。

4.7　小　　结

"治理有效"是新时代全面实施乡村振兴战略的关键环节和重要保障。本章从农村基层党组织与干部队伍建设现状、村级事务公开现状、乡村治理数字化现状等角度出发,深入浅出地分析了乡村振兴治理有效的基本内涵和现状。

乡村治,百姓安,国家稳。乡村是最基本的治理单元,是国家治理体系的"神经末梢",乡村治理必然是实施乡村振兴战略、实现乡村善治的基石,也是实现国家治理体系和治理能力现代化的基础和重要内容。乡村振兴战略提出乡村"治理有效"的新目标,是国家治理体系和治理能力现代化建设向广大乡村的历史性延伸,是对乡村治理在新时代提出的更高要求。因此,以习近平新时代中国特色社会主义思想为指导,把夯实基层基础作为固本之策,将乡村治理提上重要议事日程,创新乡村治理体系,走乡村善治之路,真正、切实地实现"治理有效"。

当前乡村治理最大的问题,是在行政化倾向下,无法有效地组织农民,导致农民参与治理的积极性不高、参与渠道缺失,某种程度上陷入了乡村发展"政府干,群众看"的怪圈。因此,必须把夯实基层基础作为固本之策,建立健全党委领导、政府负责、社会协同、公共参与、法治保障的现代乡村社会治理体制,坚持自治、法治与德治相结合,确保乡村社会充满活力、和谐有序。

首先,强化乡村基层党组织的领导核心作用。作为农村各项事业的领导核心和乡村治理的根本力量,基层党组织的治理能力直接决定乡村治理的成效。要通过村级"两委"换届等渠道,选好配强组织带头人,特别是针对村党组织书记,能力素质上要把好关。强化党建工作推动有效治理,针对目前乡村情况,实施软弱涣散基层党组织整顿专项行动,把基层乡村党组织打造成在乡村社会具有政治领导力、思想引领力、群众组织力和社会号召力的坚强战斗堡垒。

其次,健全完善"三治"结合的乡村治理体系。加强政府引导和推动,强化社会组织参与,健全和创新基层党组织领导的充满活力的村民自治机制,优化治理工具,强化治理能力,完善乡村信息基础设施,构建多方协作共治模式,推进协同共治型数字技术监管体制机制建设,有效改变城乡二元差距带来的数字鸿沟。

最后,培养造就高素质乡村治理工作队伍。乡村治理工作队伍是实现"治理有效"的实践者和推动者,面对新时代乡村治理问题和治理要求,要实施乡村带头人素质整体优化提升行动,通过引导高素质能人返乡、选调生到村任职、选派第一书记和机关干部下派等多种途径,强化基层工作者人才力量。培育有情怀、有本领、有担当、有作为的"四有"基层治理工作者队伍。丰富和扩展数字乡村治理主体,融合多方治理能力,打造具有数字化思维的"三农"人才队伍,培育数字型现代治理人才。

数字经济与农村金融

第 5 章

数字普惠金融与农民收入

5.1 引　言

随着时代的进步,金融的数字化、普惠化倾向越来越明显。我们根据上海财经大学 2023 年"千村调查"数据及相关公开数据,得出一个重要结论:金融的数字化、普惠化程度越高,越有可能促进农民增收。鉴于生活富裕是乡村振兴的目标,因而该研究结论或许能为乡村振兴战略的实施提供一定参考。

2022 年底,习近平总书记在中央农村工作会议强调,将增加农民收入作为"三农"工作的中心任务,并致力于拓宽农民增收致富渠道。农村金融被视为农村经济的血脉,为乡村振兴提供金融"活水",以带动农民增收。政府出台多项政策措施给予保障,党的二十大报告强调通过健全农村金融服务体系全面推进乡村振兴,带动农民增收致富。

尽管农村金融服务在促进产业发展、带动农民增收方面发挥了重要作用,却普遍存在信息不对称、缺乏抵押品和业务成本高等问题。传统金融对农民增收致富的促进作用受到限制。近年来,数字金融创新在农村金融领域的普及与应用使农村普惠金融进入数字金融阶段,而数字金融的重要特征就是普惠性。

2023 年 6 月,中国人民银行、金融监管总局、中国证监会、财政部、农业农村部联合发布的《关于金融支持全面推进乡村振兴,加快建设农业强国的指导意见》指出,打造惠农利民金融产品与服务,提升农村数字普惠金融水平。鼓励金融机构运用新一代信息技术因地制宜打造惠农利民金融产品与服务,提升农村数字普惠金融水平。

2023 年 10 月,中央金融工作会议指出,"坚持以人民为中心的价值取向,坚持把金融服务实体经济作为根本宗旨,不断满足经济社会发展和人民群众日益增长的金融需求,不断开创新时代金融工作新局面",同时强调"做好科技金融、绿色金融、普惠金融、养老金融、数字金融五篇大文章"。研究数字金融与农民收入的关系高度契合中央金融工作会议精神,具有重大意义。

2023 年 12 月,中央农村工作会议指出,"强化农民增收举措""实施农民增收促进行动"。可见,确保农民增收是中央农村工作的宗旨,如果研究发现数字普惠金融的发展与农民增收有一定的关联,那么可以把推进数字普惠金融发展作为农民增收的一条重要举措,也可以将其作为行动方案的一个重要组成部分。

5.2 数字金融促进农民增收的理论基础

普惠金融最早由联合国于 2005 年正式提出,旨在以可负担的成本为有金融服务需求的社会各阶层和群体提供适当、有效的金融服务。在传统金融机构深化普惠金融探索的同时,借助智能算法、大数据和云计算等创新技术,数字金融模式进一步扩展了普惠金融的覆盖范围和服务深度(郭峰等,2020)。对于数字普惠金融与农民增收的关系,学者们的观点主要有两种:一是数字普惠金融显著促进农民收入增长,且呈线性相关关系;二是数字普惠金融与农民增收之间具有非线性关系。

对于第一种观点,陈丹和姚明明(2019)采用 2011—2015 年 31 个省、市、自治区的面板数据进行分析,结果显示数字普惠金融对农村居民收入具有显著的正效应。刘丹等(2019)的研究表明金融数字化不仅在本地区促进了农民非农收入的提高,而且在邻近省份也呈现显著的空间溢出效应。张勋等(2019)研究了数字普惠金融与包容性增长的联系,认为中国数字金融对家庭收入具有显著提升的效果,尤其是对农村低收入群体。刘自强和张天(2021)从农民收入来源的视角出发,研究发现数字普惠金融有助于提升工资性收入、经营性收入和转移性收入,却未能推动资产性收入的提高。

对于第二种观点,有学者认为数字普惠金融的增收效应具有非线性的特征。根据龚沁宜和成学真(2018)的研究,西部地区数字普惠金融与贫困减缓之间表现为明显的非线性关系,存在单一门槛,数字金融的减贫增收效应在经济发展水平跨越一定门槛后显著减缓,呈现明显的边际效应递减规律。陈慧卿等(2021)的研究结果同样支持这一观点,数字普惠金融的增收减贫效应在经济发展水平和财政支出比重提高时逐渐减小。相反,姜美善和梁泰源(2023)选取人均 GDP 和城镇化率为门槛变量,认为数字金融的边际收入效应在经济发展和城镇化水平提高后呈阶梯式上升趋势,超过门槛值后产生倍增效应。

综观数字普惠金融对农民增收的作用机制,可以归纳为直接作用和间接作用。

直接作用方面,数字普惠金融缓解融资约束,面对农户抵押品匮乏和征信短板的"瓶颈",依托大数据对农户进行画像,对缺失的征信信息进行精准补充,通过互联网平台吸纳零散资金,打破金融机构的地域限制,全面覆盖农村中的弱势群体和贫困偏远地区,提高农村居民的金融可得性,助推农户更高效地展开生产经营活动,从而推动他们的收入水平提升(刘魏,2021;刘心怡等,2022)。

间接作用方面,学者们分别从促进经济增长、改善收入分配、推动农业发展、增加农户创业四个角度展开分析。第一,数字普惠金融通过对经济增长的影响实现了间接的减贫增收效果(姚凤阁和李丽佳,2020)。第二,数字普惠金融能够改善收入分配、缩小收入差距,不仅帮助落后地区积累资金,还使偏远、欠发达地区的微观经济主体能够享受到便捷的金融服务,双管齐下给予低收入群体更多的增收和发展机会(薛凯芸等,2022)。第三,数字普惠金融,尤其是农村供应链金融数字化的进步,监管农业生产,构建一体化的农业产业链,助推农业朝高附加值方向迅速发展,增进农民经营收入(Long,2016)。第四,数字金融的使用能够显著提高农户家庭创业,尤其是机会型创业的比率,同时激发了非创业家庭的创业欲望;此外,数字金融的使用显著提高了创业绩效及农户的非农就业水平,推动家庭创业和非农就业,进而积极助力农户家庭增收(王永仓等,2021)。

最后,我们分别计算了全国各省 2021 年相对于 2011 年的数字普惠金融指数[①]增长率与农村居民收入增长率,把两者叠加在一起,见图 5-1。从中可以发现,两者之间并

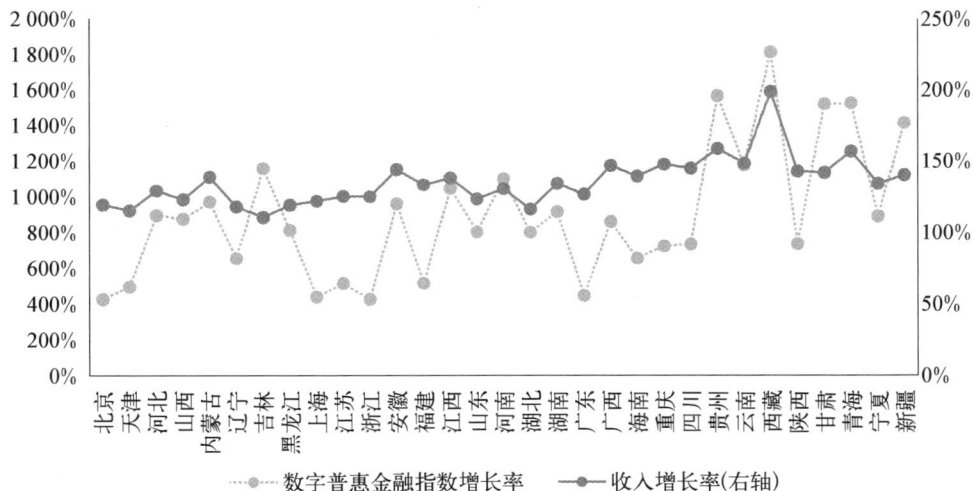

图 5-1　各省份数字普惠金融指数增长率与农村居民收入增长率

[①]　北京大学数字普惠金融指数,该指数由北京大学数字金融研究中心编制。

非简单的线性关系,这意味着数字普惠金融可能通过中介变量来影响农村居民收入。金融普惠与数字化的效应在各省份之间存在差异,差异的源头可能是各省份的经济状况或是农村居民本身,后续将对数字金融及农民增收方面进行深入分析。

5.3 农户收入情况

农户收入水平是衡量农户生活富裕程度的重要指标,我们基于"千村调查"数据,首先对农户家庭、人均收入水平和收入结构进行分析,以反映农户收入的基本情况并进行区域比较。

5.3.1 农户收入总体情况

本次"千村调查"覆盖全国 31 个省、市、自治区,对农户的收入情况进行了非常详细的调查。由于天津的样本较少、代表性较弱,因此在统计分析中未包括天津的样本。

从农户家庭整体收入看,就全国平均而言,农户户均收入、中位数收入分别为 7.82万元、6.00 万元。在所有省份中,上海、浙江、江苏、广东、北京、福建、安徽 7 个省份的农户家庭收入高于全国平均水平;西藏、贵州、海南、山西等 23 个省份的农户户均收入低于全国平均水平,见表 5-1。

表 5-1　　　　　　　　　　　各省份的农户户均收入情况

	省　份	平均数(元)	中位数(元)
东北地区	黑龙江省	62 284.51	40 000.00
	吉林省	67 265.67	50 000.00
	辽宁省	37 252.59	30 000.00
华北地区	北京市	93 807.77	80 000.00
	河北省	65 047.98	50 000.00
	内蒙古自治区	61 532.36	50 000.00
	山西省	35 274.07	30 000.00
华东地区	安徽省	90 667.95	80 000.00
	福建省	93 202.73	80 000.00

续　表

省　份		平均数(元)	中位数(元)
华东地区	江苏省	109 328.39	100 000.00
	江西省	67 748.98	60 000.00
	山东省	58 555.14	40 000.00
	上海市	123 998.10	100 000.00
	浙江省	118 062.64	100 000.00
华南地区	广东省	106 660.40	90 000.00
	广西壮族自治区	48 160.14	36 000.00
	海南省	69 321.74	56 850.00
华中地区	河南省	52 207.77	40 000.00
	湖北省	62 900.77	48 000.00
	湖南省	69 051.77	56 850.00
西北地区	甘肃省	50 621.80	40 000.00
	宁夏回族自治区	46 203.57	45 000.00
	青海省	59 425.78	50 000.00
	陕西省	53 241.69	40 000.00
	新疆维吾尔自治区	68 212.22	46 000.00
西南地区	贵州省	70 283.48	60 000.00
	四川省	60 214.70	50 000.00
	西藏自治区	71 373.33	55 000.00
	云南省	60 013.50	50 000.00
	重庆市	55 973.37	40 000.00
总　计		78 213.08	60 000.00

具体而言,各省份间农户家庭收入差距较大,发展不平衡。农户收入最高的 3 个省份均位于东部地区,为上海市、浙江省和江苏省。其中,上海市的农户家庭收入最高,平

均达 12.40 万元、中位数为 10.00 万元。农户收入最低的 3 个省份是宁夏回族自治区、辽宁省和山西省。其中,山西省的农户家庭收入最低,平均仅为 3.53 万元、中位数为 3.00 万元。上海市与山西省的农户家庭平均收入之比高达 3.52,地区间发展差异巨大。

此外,调查发现农户的家庭规模差异显著,全国平均而言,户均人口规模为 4.25 人。同等收入情况下,农户的家庭规模越大,其人均收入越低,相应的生活水平也将越低。因此,需要进一步计算农户的人均收入情况。

从农户人均收入看,各省存在较大差距。全国人均收入、中位数收入分别为 1.84 万元、1.50 万元。所有省份中,上海、浙江、江苏等 10 个省份的人均收入高于全国平均水平,其余 20 个省份的人均收入均低于全国平均水平,特别是辽宁和广西的人均收入不足万元。

5.3.2 农户收入的区域比较

无论是收入的绝对水平还是收入的构成,我国农户收入具有非常显著的区域性特征。为此,根据实际情况,我们进一步将调查农户根据区域划分为东北地区、华北地区、华东地区、华南地区、华中地区、西北地区和西南地区,进一步比较不同区域的收入水平。

各地区农户收入情况差异显著。从户均收入看,各地区分化明显,其中华东地区最高,为 98 344.39 元;华南地区次之,为 77 864.72 元,较华东地区低 20.82%;东北和西北地区最低,二者的平均收入分别为 54 679.00 元和 56 092.38 元,约为华东的 50%,凸显出巨大的地区发展不平衡,见图 5-2。

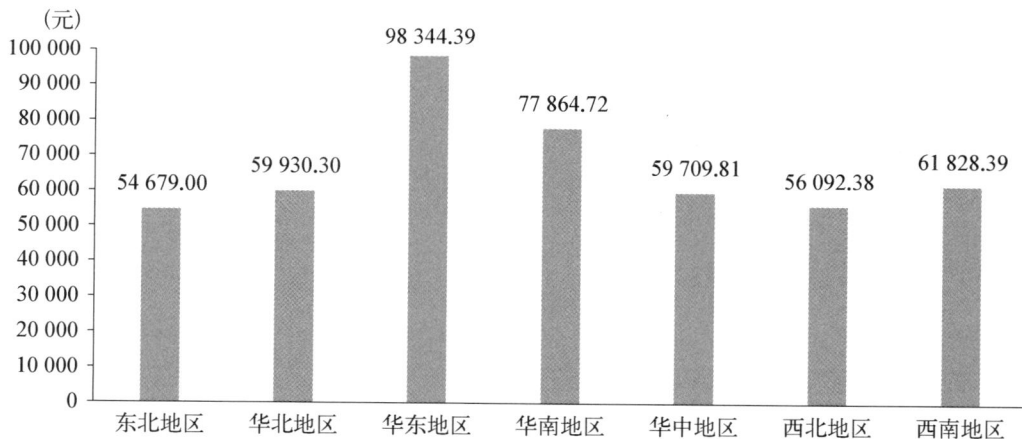

图 5-2　各地区户均收入水平

从人均收入看,华东地区的人均收入最高,远远超过其他地区,为 23 749.42 元;东北地区、华北地区、华南地区、西南地区次之,人均收入水平都在 15 000.00 元左右;华中和西北地区最低,分别为 13 201.89 元和 13 077.24 元,见图 5-3。

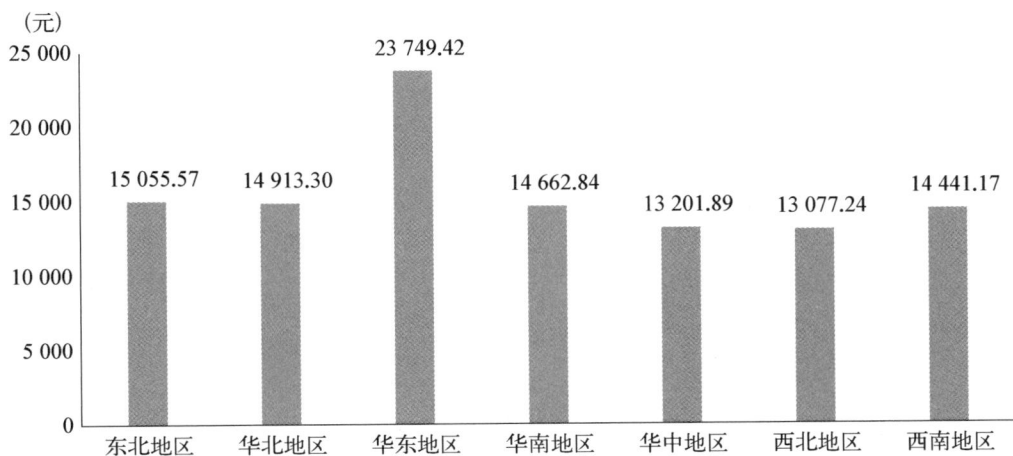

图 5-3 各地区人均收入水平

总的来说,首先,不管是从户均收入水平还是从人均收入水平看,华东地区均远高于其他地区;其次,除华东地区外,其他地区的人均收入水平差距并不大,东北地区人均收入最高(15 055.57 元),仅高出最低的西北地区(13 077.24 元)13.14%。

5.4 数字金融促进农民增收现状

5.4.1 数字金融促进农民增收的基础设施情况

数字金融基础设施是乡村数字金融发展的基础。若基础设施不够完善,则会阻碍农村地区数字金融的发展进程。数字金融发展基础涵盖硬件基础与软件基础两个方面。

(1)数字金融促进农民增收的硬件基础设施情况

针对农户家庭网速情况,问卷中"您感觉到手机使用过程中网络速度如何"的问题,5个选项"很快""快""一般""慢"和"很慢"的比例和分布,见图 5-4。

本次调查中,所有调查的村均已通网络,但网络质量参差不齐,不同地区之间的网速差异性较大。

从图 5-4 可以看出,东北地区有 6.33%的农户认为网速"很慢",该比例远超其他地

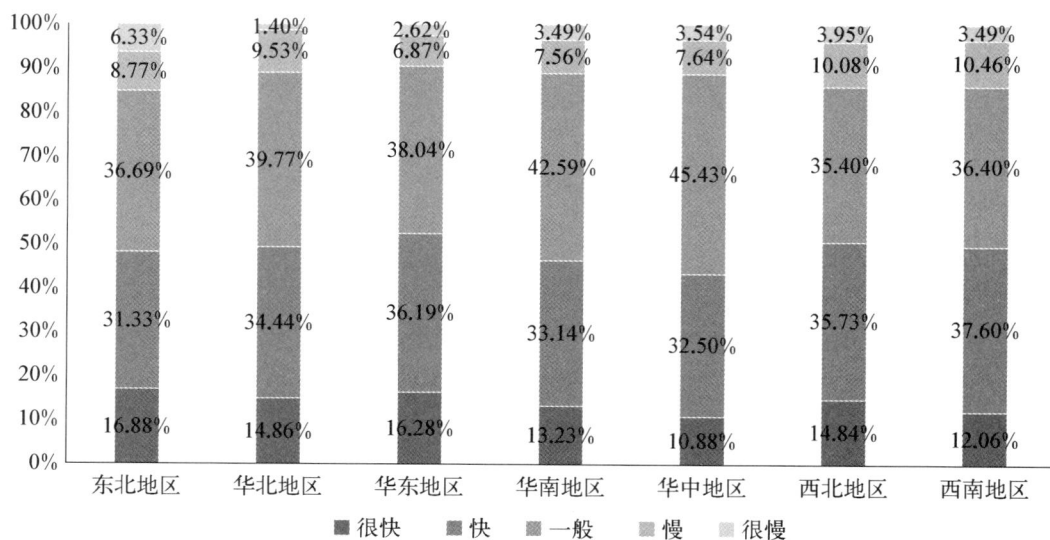

图 5 - 4　各地区网速建设情况

区,这说明东北地区的网络基础设施建设仍需要加强。同时,东北地区农户认为网速"很慢"或"慢"的比例为 15.10%,也是最高的,其次是西北和西南地区,分别有 14.03% 和 13.94% 的农户认为网速"很慢"或"慢"。相较之下,华北、华东、华南以及华中地区的网速情况较好,其中华东地区最好,只有 9.49% 的农户认为网速"很慢"或"慢",是 7 个地区中该比例唯一低于 10.00% 的地区。

针对农户家庭拥有上网设备的情况,根据问卷中"主要耐用品(电脑)拥有情况""目前您家户籍人口数",计算得出农村人均拥有电脑的数量,以此衡量农户上网的可得性,见图 5 - 5。

可以看出,华东地区人均拥有电脑数量最高,为 0.240 台,其次是华北和华南地区,分别为 0.198 台和 0.191 台。所有地区平均拥有电脑的数量为 0.195 台,仅有华东和华北地区超过平均值,这反映了较大的发展不平衡性。人均拥有电脑数量最少的 3 个地区,是西北、西南和东北地区,分别为 0.137 台、0.138 台和 0.140 台,这反映了对于上网硬件设备的缺失。在数字金融高度发展的今天,虽然智能手机确实可以较好地替代电脑完成大多数数字金融服务,但是电脑作为一种上网终端仍然很重要,它也是智能手机的一种补充。

除了记录农户的电脑设备外,问卷还调研了"主要耐用品(智能手机)拥有情况",得出人均拥有智能手机的数量,见图 5 - 6。

（台）

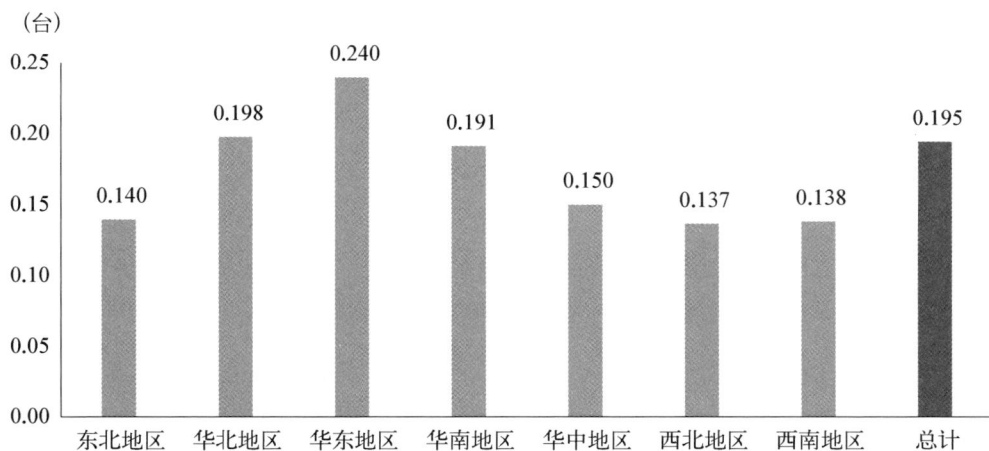

图 5 - 5　各地区人均拥有电脑数量

（部）

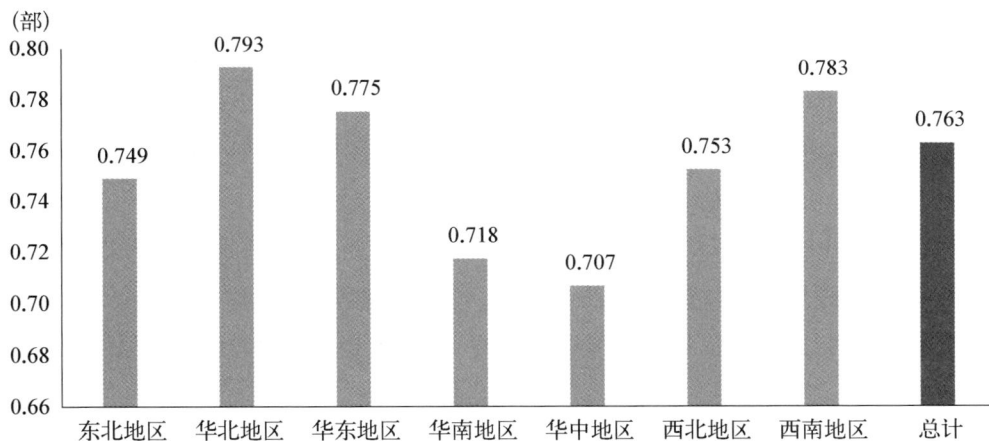

图 5 - 6　各地区人均拥有智能手机数量

所有地区拥有手机的平均值为 0.763 部。华北、华东以及西南地区高于平均值,分别为 0.793 部、0.775 部和 0.783 部,人均拥有手机数量最少的是华南和华中地区,分别为 0.718 部和 0.707 部。

将人均拥有的电脑和智能手机的数量加总,就可以得出人均拥有上网设备的数量,见图 5 - 7。

图 5 - 7 显示,只有华东和华北地区的人均拥有上网设备数量超过总体平均值(0.944),这说明发展的不平衡性较大。进一步结合图 5 - 4 和图 5 - 5 来看,对于电脑设备来说,需要支持东北、西北和西南地区的普及;就智能手机而言,华南和华中地区需要得到更好的普及。

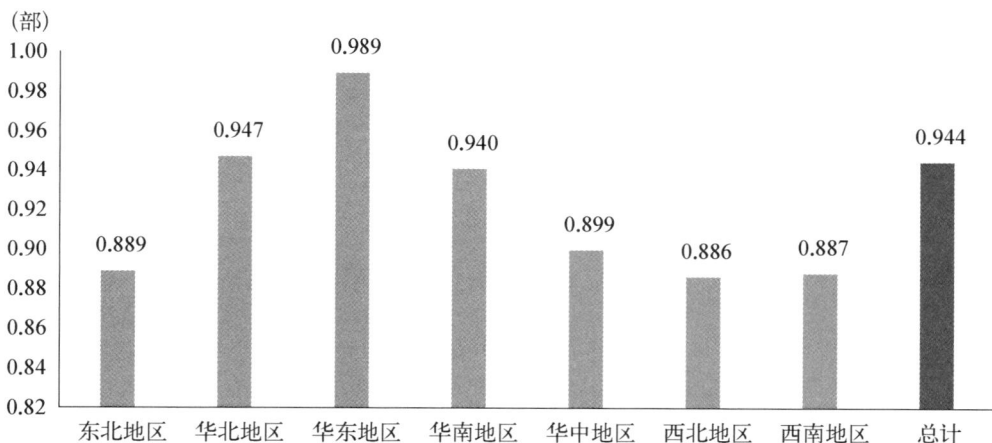

图 5 - 7　各地区人均拥有上网设备数量

（2）数字金融促进农民增收的软件配套

在数字金融软件配套方面，不同于传统金融机构触达用户的衡量指标为"金融机构网点数"和"金融服务人员数"。基于互联网的数字金融模式下，由于互联网天然不受地域限制，数字金融服务供给在多大程度上能保证用户得到相应服务是通过电子账户数体现的。

本次问卷调研了"通过什么途径申请贷款"，选项有"1. 银行网点；2. 银行线上渠道；3. 民间金融（合会、台会、标会、钱庄等）；4. 金融科技公司（微粒贷、借呗、京东白条等）；5. 消费金融公司（招联消费金融、马上消费金融、兴业消费金融等）；6. 网络借贷平台（网商贷、旺农贷、宜信、翼龙贷、丰收贷）；7. 其他渠道"。

根据图 5 - 8 数据，使用线上贷款渠道（银行线上渠道、金融科技公司、网络借贷平台）合计最多的是华南地区，比例为 23.53％；其次是华中地区，比例为 22.46％；使用比例最低的是东北和西北地区，分别为 6.19％和 12.50％。

此外，问卷调研了"您及家人使用的线上金融平台主要有哪些"，选项设置为"1. 手机银行（五大行的手机银行）；2. 网络借贷平台（网商贷、旺农贷、宜信、翼龙贷、丰收贷）；3. 金融科技公司（微粒贷、借呗、京东白条等）；4. 消费金融公司（招联消费金融、马上消费金融、兴业消费金融等）；5. 不使用"。具体情况如图 5 - 9 所示。

华东地区使用线上金融平台的人数最多，为 61.43％；其次是华南地区，为 56.63％。华东和华南地区较好地突破了物理层面的限制，足不出户就能享受线上金融的服务。使用线上金融平台人数最少的是东北和西南地区，分别为 45.27％和 48.38％，这说明线上金融平台的普及程度仍不够，地区间的线上金融平台普及仍存在不平衡性。

	东北地区	华北地区	华东地区	华南地区	华中地区	西北地区	西南地区
▦ 其他	6.19%	8.21%	3.46%	2.61%	4.91%	6.75%	4.74%
▪ 网络借贷平台	1.03%	2.24%	1.37%	0.65%	2.46%	0.50%	1.13%
▨ 金融科技公司	1.03%	4.48%	3.92%	9.80%	4.21%	1.00%	4.06%
▪ 民间金融	1.03%	4.48%	3.92%	9.80%	4.21%	1.00%	4.06%
▥ 银行线上渠道	4.12%	10.45%	14.62%	13.07%	15.79%	11.00%	14.67%
▪ 银行网点	83.51%	71.64%	73.69%	71.24%	70.88%	72.50%	73.14%

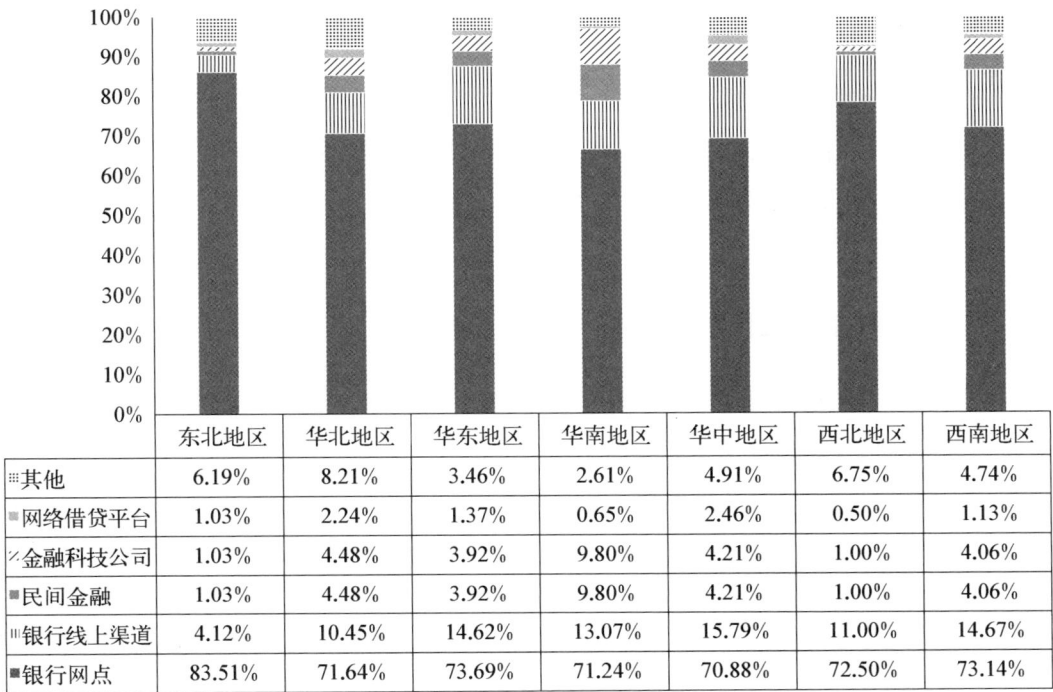

图 5‐8　各地区农户贷款获得渠道

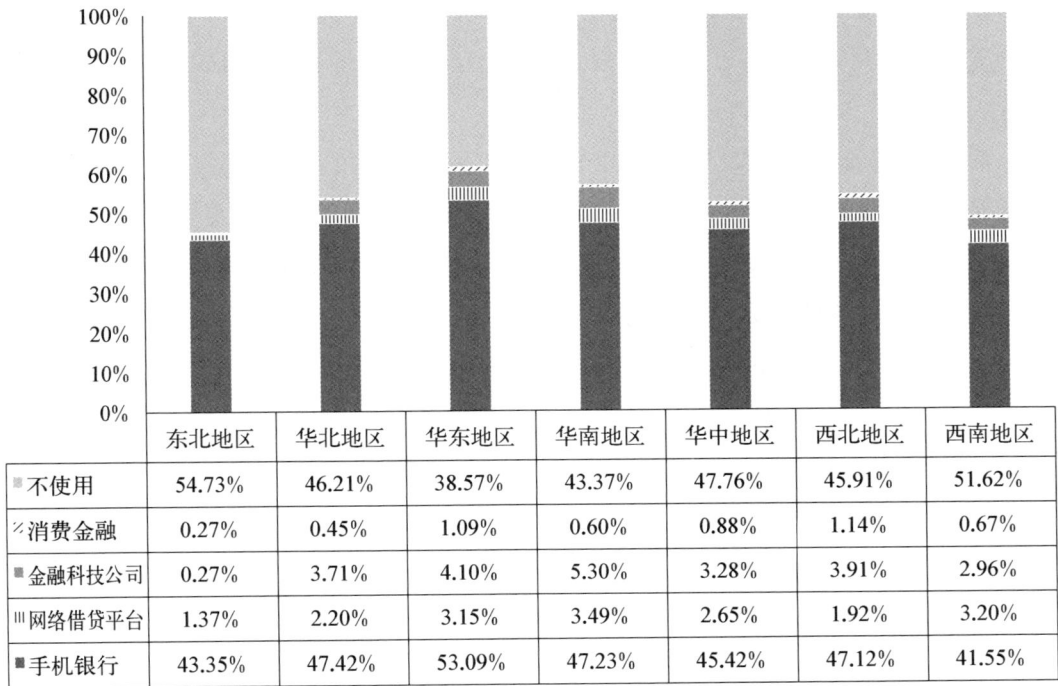

	东北地区	华北地区	华东地区	华南地区	华中地区	西北地区	西南地区
▪ 不使用	54.73%	46.21%	38.57%	43.37%	47.76%	45.91%	51.62%
▨ 消费金融	0.27%	0.45%	1.09%	0.60%	0.88%	1.14%	0.67%
▪ 金融科技公司	0.27%	3.71%	4.10%	5.30%	3.28%	3.91%	2.96%
▥ 网络借贷平台	1.37%	2.20%	3.15%	3.49%	2.65%	1.92%	3.20%
▪ 手机银行	43.35%	47.42%	53.09%	47.23%	45.42%	47.12%	41.55%

图 5‐9　各地区农户线上金融平台使用情况

另外,数据显示各地区主要使用的线上金融平台都是手机银行,使用消费金融、金融科技公司和网络借贷平台的比例较低。其中,使用消费金融、金融科技公司和网络借贷平台合计比例最低的是东北地区,仅为1.91%;华南地区最高,为9.40%;华东地区为8.34%。同其他地区相比,华南和华东地区线上金融平台的使用展现了较好的多元性。但是,总的来说,消费金融、金融平台公司和网络借贷平台仍需要下沉。

5.4.2 数字金融促进农民增收的渠道选择

数字金融对农户的帮助主要体现在申请贷款方面,通过数字金融的方式,农户可用更合适的成本更快速地获得贷款支持。如果贷款用于扩大生产经营,那么就可以帮助农民实现增收的目标。通过分析农户申请贷款的情况以及申请贷款后的贷款用途情况,从信贷、投资、就业传导三大机制研究数字金融促进农民增收的可能性。

信贷传导机制方面,农户可以通过贷款获得更多的资本,用于购买农业生产资料、改善农业生产设施、开展农产品加工等,这些活动将增加生产能力和产量,促进农产品的市场供应,使农户销售农产品的收入增加。

投资传导机制方面,农户得到的贷款使得农民可以投入更多的资本进行农产品生产和相关产业发展,这将提高农业生产的技术水平,改善生产设施和基础设施,提高生产效率和产量,还可以通过投资房产、扩大企业经营等方式,为农民带来更多的收入。

就业传导机制方面,农户贷款可以用于农产品和农业相关产业的投资和发展,这将直接创造大量就业机会,特别是在农村地区。就业机会的增加会吸引更多的人才到该区域就业,增加劳动力的供给,从而加速地区的产业发展。农户的家庭成员可以通过这些就业机会获得更多的工资,增加家庭收入。

(1)农村居民贷款办理情况

问卷调研了"在过去的一年,您家是否办理过贷款",选项有"办理过"和"未办理过",见图5-10。2022年,西北地区办理过贷款的农户比例最高,为26.53%;其次是西南和华东地区,分别为19.50%和19.33%;办理贷款比例最低的是华北地区,仅为9.41%。

问卷调研了"贷款资金中线上占比"以及"创业的资金来源中线上占比"情况,各设置了"完全不用线上贷款;30%以下;30%~50%;50%以上"四个选项,见图5-11和图5-12。

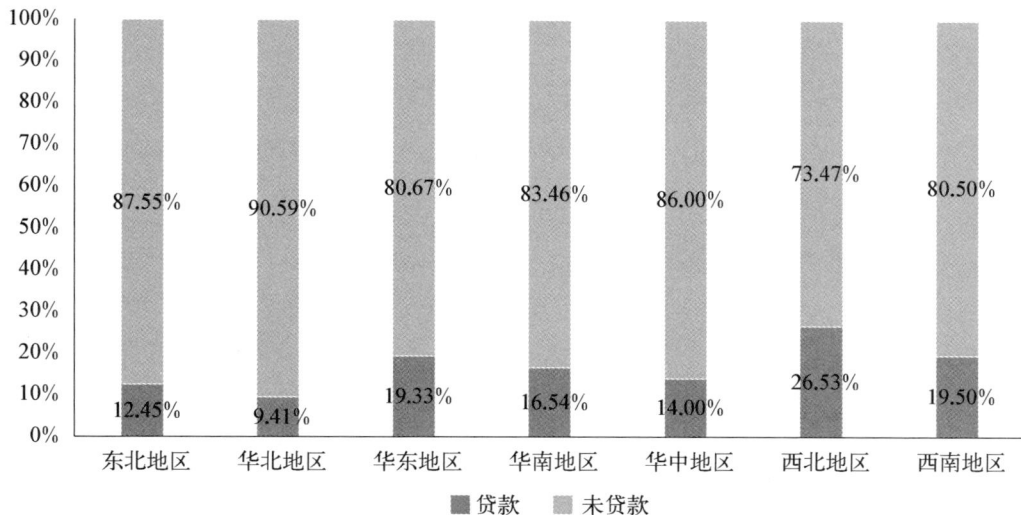

图 5‑10　各地区农户 2022 年办理贷款情况

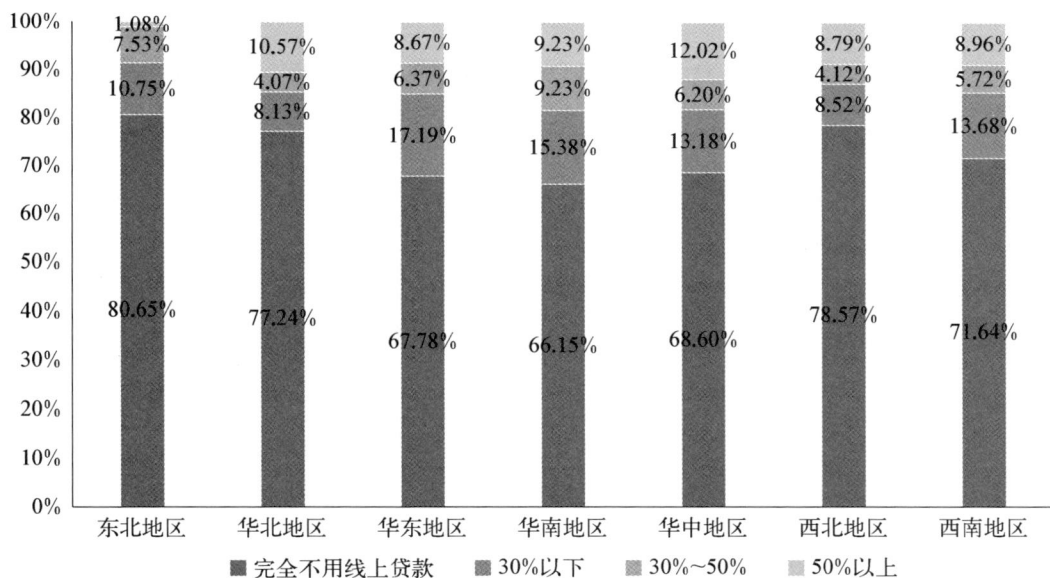

图 5‑11　各地区农户贷款资金来自线上的比例

根据图 5‑11 可以看出,华东、华南和华中地区较多地使用线上贷款,通过线上渠道进行贷款的比例分别为 32.22%、33.85% 和 31.40%;东北地区线上贷款的比例最少,仅为 19.35%。东北地区只有极少的农户会通过线上渠道贷款大比例资金,仅有 1.08% 农户选择"50% 以上"选项;该比例最高的是华中地区,为 12.02%。线上贷款资金占比"在 30%~50%"的,由高到低分别为华南、东北、华东、华中、西南、西北和华北,比例分别为 9.23%、7.53%、6.37%、6.20%、5.72%、4.12% 和 4.07%。"30% 以下"占比由高到低分别为华东、华南、西南、华中、东北、西北和华北地区,比例分别为 17.19%、15.38%、13.68%、13.18%、10.75%、8.52%和 8.13%。

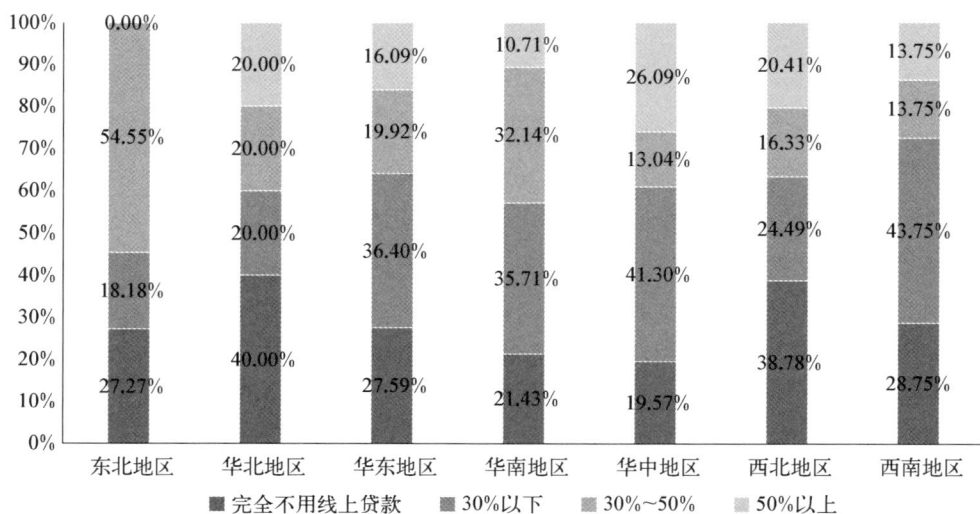

图 5-12　各地区农户创业资金来自线上的比例

图 5-12 显示,各地区使用线上贷款进行创业的比例均超过了 50%,这说明现阶段的政策较好地支持了农民创业。

（2）农户办理贷款的用途

为深入研究农户通过办理贷款进行增收的可能性,问卷调研了"贷款主要用于满足哪类需求",选项有"1. 购买种子、化肥、农具等生产资料;2. 扩大企业经营或经商;3. 子女上学;4. 盖房、买房、婚丧嫁娶;5. 支付医疗费;6. 应对突发事件或自然灾害;7. 外出务工;8. 创业;9. 买车;10. 消费;11. 其他用途"。相关数据见表 5-2。

表 5-2　　　　　　　　　　各地区农户贷款用途情况

	东北地区	华北地区	华东地区	华南地区	华中地区	西北地区	西南地区
购买种子、化肥、农具等生产资料	62.71%	25.00%	22.06%	19.19%	27.24%	37.69%	21.18%
扩大企业经营或经商	11.86%	19.85%	20.43%	19.77%	19.55%	10.86%	17.65%
买房	4.24%	19.12%	32.86%	19.19%	16.35%	15.74%	21.37%
创业	4.24%	13.97%	7.55%	13.37%	12.18%	7.54%	7.84%
外出务工	0.00%	0.74%	0.59%	1.74%	0.96%	1.33%	1.76%

续　表

	东北地区	华北地区	华东地区	华南地区	华中地区	西北地区	西南地区
支付医疗费	5.93%	5.15%	1.24%	2.33%	3.53%	7.10%	5.10%
子女上学	6.78%	10.29%	8.65%	19.19%	13.14%	15.08%	17.45%
买车	0.00%	3.68%	2.08%	0.58%	2.56%	0.89%	3.33%
消费	0.00%	0.74%	0.91%	1.74%	0.64%	0.22%	0.59%
应对突发事件或自然灾害	3.39%	0.74%	2.47%	2.33%	1.28%	3.33%	3.14%
其他用途	0.85%	0.74%	1.17%	0.58%	2.56%	0.22%	0.59%

通过观察表 5-2 可以发现,东北地区农户贷款用于"购买种子、化肥、农具等生产资料"的比例最高,为 62.71%,远超其他地区。东北地区土地肥沃、地广人稀,农户户均土地经营面积较大,是我国重要的商品粮生产基地。黑龙江、吉林和辽宁均为我国重要的粮食主产区,2022 年全国粮食播种面积 1.18 亿公顷、总产量 6.87 亿吨,其中,黑龙江省播种面积为 1 468.3 万公顷、粮食产量为 7 763.1 万吨,吉林省粮食播种面积为 578.1 万公顷、粮食总产量为 4 080.8 万吨,辽宁省粮食播种面积为 356.2 万公顷、粮食总产量为 2 484.5 万吨,三省合计播种面积为 2 402.6 万公顷、占全国 20.30%,粮食总产量 13 332 万吨、占全国 20.87%[①],农业生产优势明显。农户贷款用于"购买种子、化肥、农具等生产资料"的比例较低的地区是华东、华南以及西南地区,分别为 22.06%、19.19% 和 21.18%。华东与华南地区均是经济较发达的区域,第二、第三产业为其经济重心,农户非农就业比例较高;西南地区则是地理条件限制了农业生产。

农户贷款用于"扩大企业经营或经商"方面,华北、华东、华南和华中地区比例较高,分别为 19.85%、20.43%、19.77% 和 19.55%;其次是西南地区,为 17.65%;东北和西北地区所占比例较低,分别为 11.86% 和 10.86%。

华东地区农户贷款用于"买房"的比例最高,为 32.86%,远超其他地区;该比例最低的为东北地区,仅为 4.24%,前者是后者的 7.75 倍。近年来,楼市急剧下行,各地土地财政收入急剧下降,伴随着逆周期调节的财政支出需求以及财政收支增支减收因素的增多,使得地方政府对于土地财政的依赖性更为迫切。多地政府动员一切力量和资源促进楼市去库存,从而促进土地财政的增收、防止土地财政的进一步下滑。在这种背景下,多地频出各种利好政策,鼓励农民购房。华东地区农户收入水平较高,有能力购房。除此

①　国家统计局,https://www.stats.gov.cn/sj/zxfb/202302/t20230203_1901673.html.

之外,和其他区域相比,华东地区一直是人口净流入地区。长期来看,房价上涨的概率较大,因而华东地区农户买房还有进行房产投资的可能性。综上所述,华东地区高达1/3的农户新"背上房贷"的现象并不令人意外。

农户贷款用于"创业"方面,华北和华南地区的比例较高,分别为13.97%和13.37%;东北地区最低,仅为4.24%。农民创业具有一定的风险,也存在一定的门槛。理论上讲,创业既受个体自身能力的影响,也受到外部条件的约束。例如,东北地区没有合适的气温,就不能像东部、南部地区那样进行鱼虾类的养殖。此外,东部和南部地区的交通与物流更便利,也有助于创业时进行的产品运输。华南和华北地区的创业氛围较浓厚,家族合办企业进行创业的案例尤其多。

农户贷款用于"子女上学"的比例,各地区均较高。值得注意的是,华南地区的经济发展较好,该地区农户贷款用于子女上学比例也最高,为19.19%,这可能是对于子女上学较为看重。当前农村家庭再生产,不仅包括传宗接代和家庭继承,更要实现以社会阶层向上流动为目标的家庭发展。教育作为农村家庭实现阶层跨越的重要途径,日益受到重视。数据或许表明,华南地区农户愿意花费更多的资金支持子女的教育。该比例排名第二的是西南地区,为17.45%;最低的是东北地区,为6.78%。

根据表5-2数据,我们将"购买种子、化肥、农具等生产资料"归为信贷传导机制的一类,将"扩大企业经营或经商""买房"归为投资传导机制的一类,将"创业""外出务工"归为就业传导机制的一类。据此,可以得到图5-13。

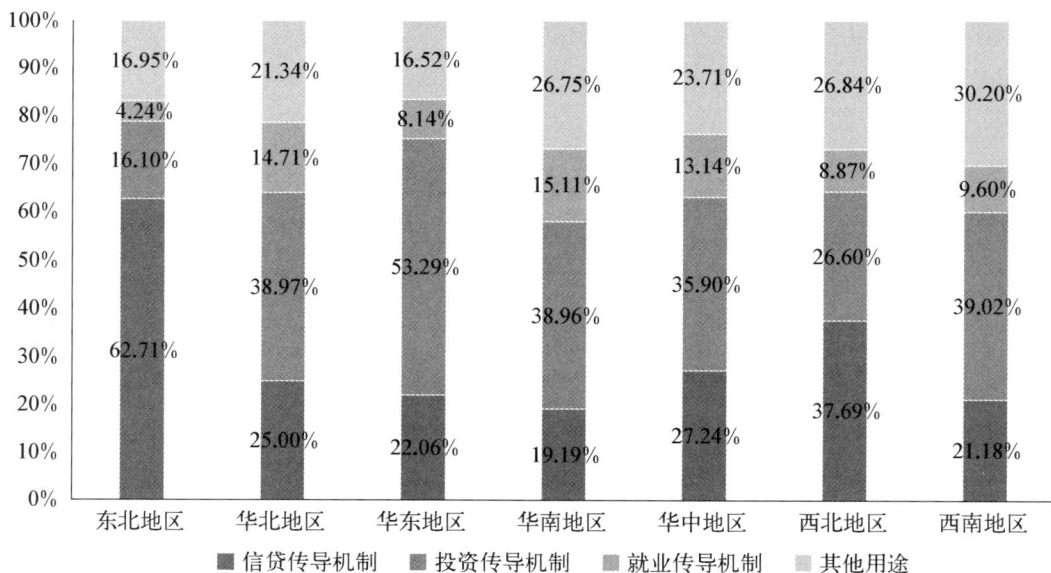

图 5-13　各地区农户贷款用途

东北地区通过信贷传导机制实现增收的比例非常高,为 62.71%;华东地区通过投资传导机制实现增收的比例最高,为 53.29%;华北、华南地区通过就业传导机制的占比较高,分别为 14.71% 和 15.11%。

为了探究农户自身运用线上渠道销售产品增加收入的情况,问卷还调研了"您有通过网络来销售农产品或其他产品吗",选项设置为"有"和"没有",见图 5 - 14。东北地区通过网络销售农产品或其他产品的比例最高,为 10.77%;华中地区的比例最低,仅为 7.41%。

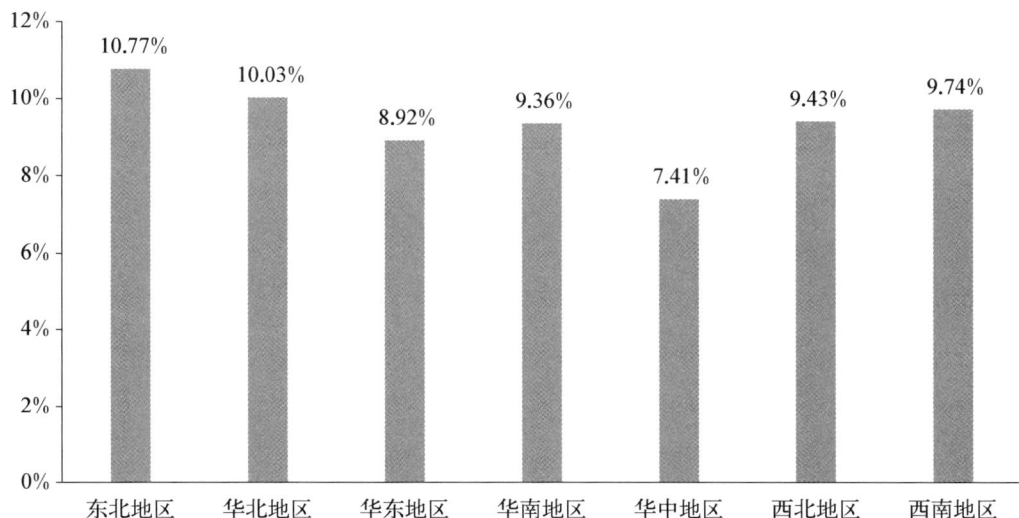

图 5 - 14　各地区农户通过网络销售农产品情况

5.4.3　数字金融促进农民增收的金融知识普及

（1）农村居民的数字金融素养情况

为研究农村居民对于数字金融的看法,问卷调研了"对于以下网络使用的描述,您更偏向于哪些",具体结果见图 5 - 15。在所有农户中,认为使用网络可以"增加便利性"的比例过半,为 51.68%,这说明超过半数的农户不排斥使用网络;44.65% 的农户认为网络使他们的沟通工具得到了升级,可以足不出户与外界进行沟通和联系。

从区域角度进一步研究农户对于使用网络的优势的看法,主要研究"沟通工具升级、获取信息费用降低、增加便利性以及增加机会"四个方面。总的来说,各地区对于使用网络的看法较一致,差异性不大,见图 5 - 16。

华南地区近半数农户认为使用网络是一种"沟通工具的升级",其次是西南地区（47.87%）和西北地区（45.14%）。这或许是因为西南和西北地区地势崎岖、交通不便,使用网络可以为该地区居民带来沟通的便利。

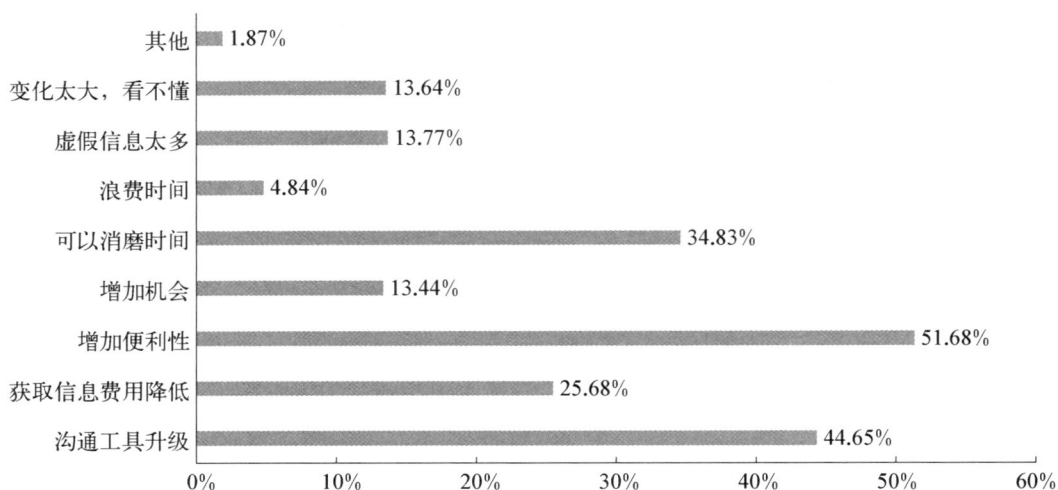

图 5-15　农户对于网络的看法

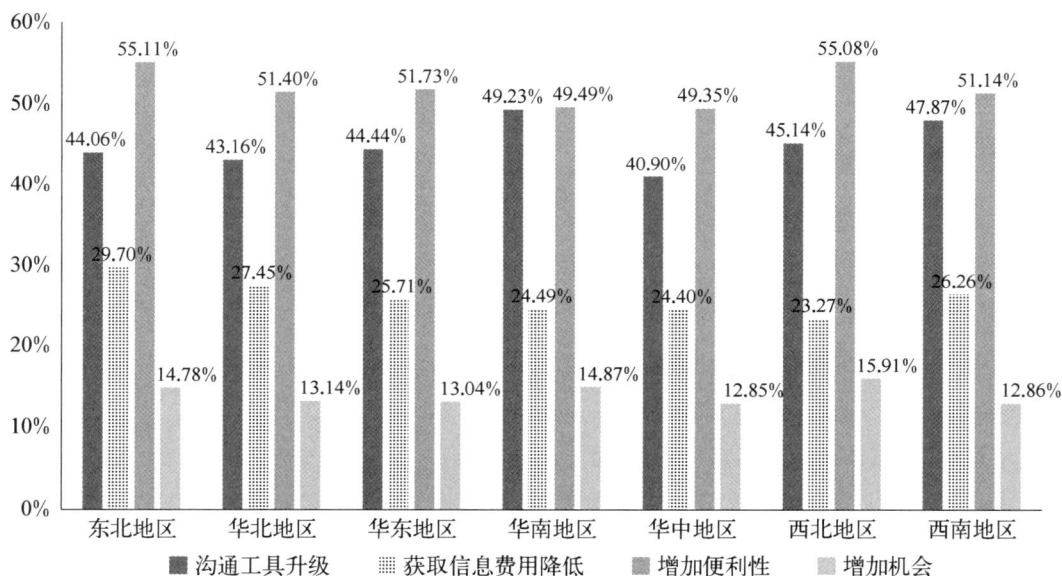

图 5-16　各地区农户对于网络的看法

　　29.70%的东北农户认为使用网络可以降低信息获取的费用;其次是华北和西南地区,分别为27.45%和26.26%;占比最低的是西北地区,为23.27%。

　　从网络带来的便利性看,东北和西北地区的农户对此最为认同,比例分别为55.11%和55.08%;其次是华东、华北和西南地区,分别为51.73%、51.40%和51.14%,都超过50%;比例最低的是华南和华中地区,分别为49.49%和49.35%。总体来看,各地区差距不大。

从网络增加机会的角度看,15.91%的西北地区农户认同该观点,12.85%的华中地区农户认同该观点。总体来说,网络可以"增加机会"观点的比例低于其他观点,这在某种程度上说明农户更倾向使用网络进行联系和沟通,而非增加收入,并未看到网络可以带来的潜在机会。

为更深层次地验证农户使用网络的情况,问卷调研了"您平时在网络上最常关注哪些内容",见图5-17和表5-3。

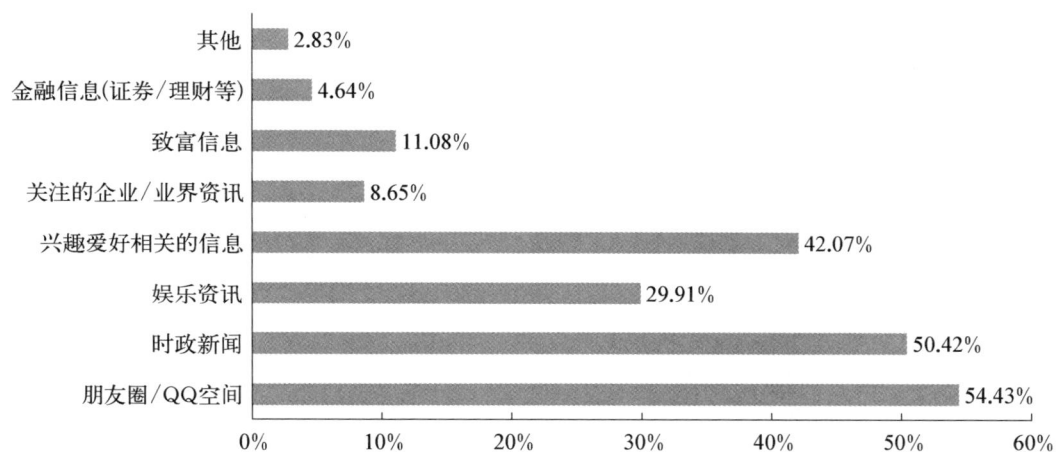

图 5-17 农户上网关注内容情况

表 5-3 各地区农户上网关注内容情况

	东北地区	华北地区	华东地区	华南地区	华中地区	西北地区	西南地区
关注的企业/业界资讯	9.18%	5.57%	8.92%	9.42%	8.94%	7.44%	9.81%
致富信息	18.03%	8.67%	9.01%	9.57%	13.58%	14.23%	13.41%
金融信息(证券/理财等)	3.67%	3.74%	5.34%	5.17%	4.97%	3.06%	3.83%
朋友圈/QQ空间	59.77%	50.00%	55.35%	57.60%	48.68%	58.06%	53.56%
时政新闻	46.08%	49.64%	52.82%	57.45%	48.41%	46.24%	46.32%
娱乐资讯	31.05%	33.76%	30.34%	25.99%	25.10%	25.72%	34.41%
兴趣爱好相关的信息	38.73%	38.32%	41.66%	39.97%	40.26%	48.55%	44.94%
其他	3.34%	2.92%	2.60%	3.34%	2.91%	2.56%	3.29%

从全国看，农户普遍关注"兴趣爱好相关的信息、娱乐资讯、时政新闻、朋友圈/QQ空间"，关注"时政新闻"和"朋友圈/QQ空间"的更是超过50%；关注"金融信息（证券/理财等）、致富信息、关注的企业/业界资讯"的比例较少，对"金融信息（证券/理财等）"和"关注的企业/业界资讯"的关注比例均未过10%。总的来说，问卷结果比较符合普通大众对网络的关注情况。

分区域看，农户对于使用网络的优势的看法存有一定差异，我们以"关注的企业/业界资讯、致富信息、金融信息（证券/理财）"三个方面为代表。农户对于这三方面信息关注度的差异性较大，尤其是致富信息，见图5-18。

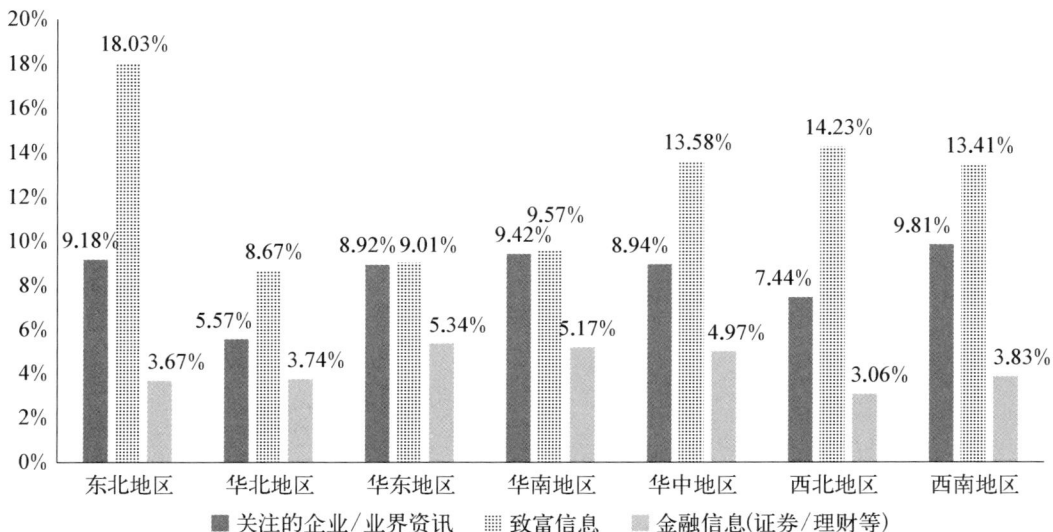

图5-18 各地区农户上网关注三个方面内容的情况

"关注的企业/业界资讯"方面，西南地区最高，为9.81%；其次是华南和东北地区，分别为9.42%和9.18%；超过关注度整体平均值（8.65%）的区域还有华东地区（8.92%）和华中地区（8.94%）；关注度最低的是华北和西北地区，分别仅为5.57%和7.44%。尤其是华北地区，对此的关注度约为西南地区的一半。

"致富信息"方面，东北地区有18.03%的农户关注，他们对于网络的致富信息有着极为浓厚的兴趣，占比远超其他区域，几乎是华北地区（8.67%）、华东地区（9.01%）和华南地区（9.57%）的两倍；华中、西北和西南地区的关注度位于中间，分别为13.58%、14.23%和13.41%。

"金融信息（证券/理财）"方面，华东和华南地区的农户关注度较高，分别为5.34%和5.17%，这比较符合华东和华南地区的情况。由于华东、华南地区的发展速度较快、收入较高,所以农户有更多的闲置资金去购买理财和证券等金融资产,并且这两个地区金融投资的氛围也很浓厚。除以上两个地区外,关注比例超过整体平均情况(4.64%)的还有华中地区,为 4.97%;随后是西南、华北和东北地区,分别为 3.83%、3.74% 和3.67%,均低于 4.00%;比例最低的是西北地区,仅为 3.06%。

（2）数字金融、乡村振兴等政策的获取渠道

除了农村居民自发通过互联网渠道获取增收、金融等信息外,农户所在的村镇是宣传金融知识、促进农民增收的重要渠道。为探究村镇开展乡村振兴政策宣传,以及金融知识普及工作的情况,问卷调研了"本村有没有通过网络提供与乡村振兴相关的服务,比如帮助销售农产品、提供农业技术支持、帮助贷款等",选项为"有、没有、不了解",见图5-19。

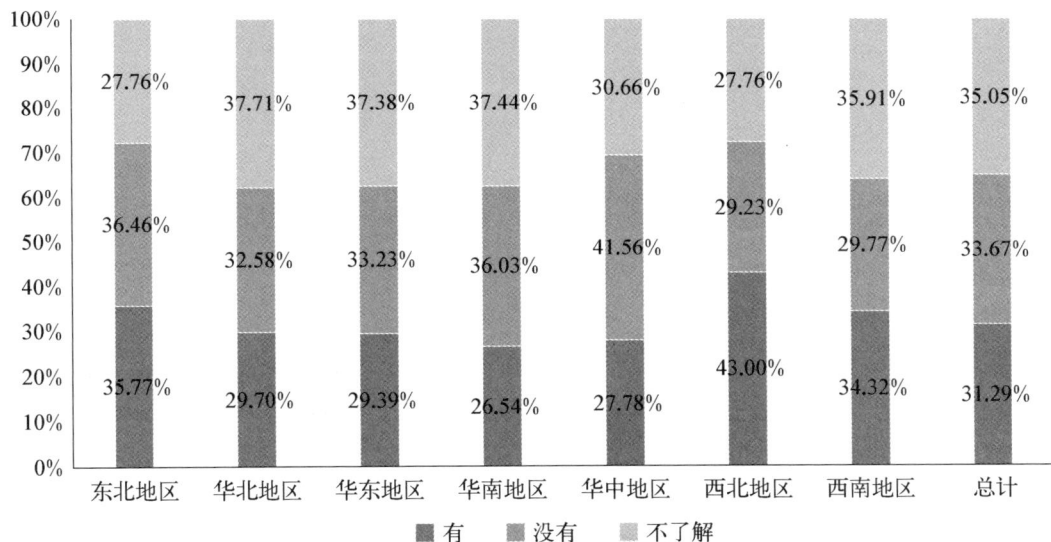

图 5-19　各地区村镇通过网络提供乡村振兴相关服务情况

从图5-19可看出,43.00%的西北地区村镇通过网络为村民提供了乡村振兴相关服务;其次是东北和西南地区,分别为 35.77% 和 34.32%,超过平均值(31.29%);一些较发达的地区反而占比较低,如华东和华南地区分别为 29.39% 和 26.54%。

经济欠发达的西北、东北等地区的村镇通过网络提供乡村振兴服务的比例较高,而经济较发达的地区却相对落后,这说明近些年我国对于一些欠发达地区非常重视,整体脱贫和全面小康实现后,"三农"工作重心历史性转移到全面推进乡村振兴战略上,且基层已经做了很大的努力。然而,通过数据还是可以发现,仍有很多村民对于本村能够提供的支持服务并不了解,因而村镇线下宣传的广度及深度应进一步拓展,可考虑设立数

字金融咨询服务站或引导服务团队进驻乡村,立足数字金融产品收益特征、数字金融风险揭示两个方面开展数字金融知识宣传。

村镇除了通过互联网渠道提供乡村振兴服务之外,线下的社会化服务也非常重要,只有结合线上线下的服务,才可以更好地支持和促进农民增收。问卷调研了"当地所提供的农业社会化服务①能否满足农业规模经营的需要",选项有"非常满足、比较满足、基本满足、不太满足、非常不满足"5项,见图5-20和表5-4。据统计,大部分农户对村镇提供的农业社会化服务持肯定态度。具体来说,认为村镇提供的农业社会化服务能"基本满足"农业规模经营需要的占比为42.19%,回答"比较满足"的占28.21%,回答"非常满足"的占16.52%,回答"不太满足"和"非常不满足"的合计占比为13.08%。

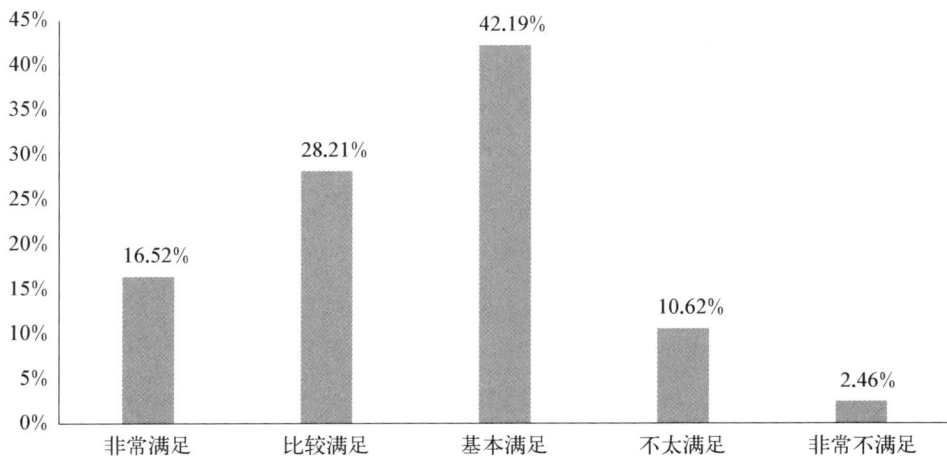

图 5-20 村镇提供的农业社会化服务

表 5-4 各地区村镇提供的农业社会化服务

	东北地区	华北地区	华东地区	华南地区	华中地区	西北地区	西南地区
非常满足	21.96%	18.74%	19.44%	13.21%	12.47%	11.27%	11.62%
比较满足	23.48%	26.75%	29.55%	19.23%	27.23%	31.89%	28.14%
基本满足	34.53%	44.48%	40.81%	46.92%	43.30%	44.55%	43.77%
不太满足	13.95%	8.63%	8.11%	15.64%	14.65%	10.53%	13.75%
非常不满足	6.08%	1.40%	2.09%	5.00%	2.34%	1.77%	2.72%

---

① 农业生产过程中"社会化服务",主要指各类市场化服务主体围绕农业生产全链条,根据产前、产中、产后需要,提供的各类经营性服务。具体包括:农资供应、技术集成、市场信息、农机作业及维修、疫病防控、农业废弃物资源化利用、农产品营销、仓储物流和初加工等服务。

分区域看，东北地区呈现较大的两极分化情况，农户认为村镇提供的社会化服务"非常满足"的占比最高，为 21.96%，但认为"非常不满足"的同样最高，为 6.08%；其次，华东和华北地区的农户都比较满意，认为"非常满足"的分别为 19.44% 和 18.74%，处于一个较高水平，认为"非常不满足"的各仅有 2.09% 和 1.40%。

我们将认为"非常满足、比较满足和基本满足"的统一归类为"满足"，将认为"不太满足和非常不满足"的归类为"不满足"，得到图 5-21。

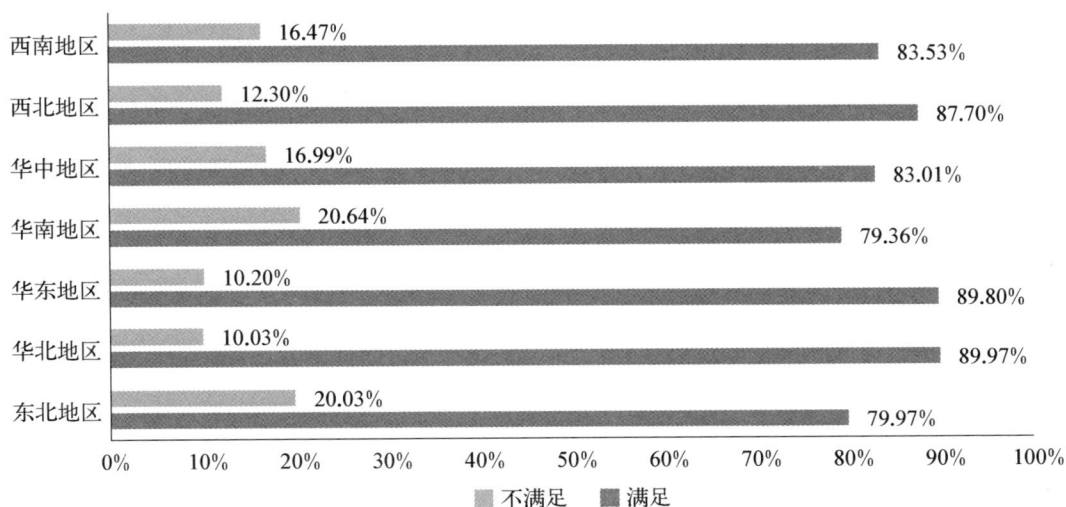

地区	不满足	满足
西南地区	16.47%	83.53%
西北地区	12.30%	87.70%
华中地区	16.99%	83.01%
华南地区	20.64%	79.36%
华东地区	10.20%	89.80%
华北地区	10.03%	89.97%
东北地区	20.03%	79.97%

图 5-21 各地区对村镇提供社会化服务的满意度

华南地区认为"不满足"的占比最高，为 20.64%；其次是东北地区，为 20.03%；华中和西南地区分别占 16.99% 和 16.47%。总体上对村镇提供的农业社会化服务"满足"的是西北、华东和华北地区，占比分别为 87.70%、89.80% 和 89.97%。

最后，进一步探究农村居民获取乡村振兴政策和村务信息的渠道，问卷统计了"您目前如何获取关于家庭/个人层面的乡村振兴政策和村务信息"，选项为"政府公开网站；村务公示栏；广播、电视；亲朋、邻居口口相传；基层干部走访宣传；到村委会当面询问；短信；公众号；微信群；其他"，见表 5-5。

表 5-5 各地区农户获取乡村振兴政策和村务信息的渠道

	东北地区	华北地区	华东地区	华南地区	华中地区	西北地区	西南地区
政府公开网站	20.86%	19.52%	27.98%	24.23%	15.86%	16.57%	18.15%
公众号	6.63%	6.45%	10.76%	8.85%	6.05%	7.51%	6.28%

	东北地区	华北地区	华东地区	华南地区	华中地区	西北地区	西南地区
微信群	48.62%	43.23%	27.20%	27.82%	35.59%	44.55%	29.28%
村务公示栏	54.28%	48.60%	55.65%	61.54%	43.05%	47.79%	50.10%
基层干部走访宣传	22.65%	13.37%	28.89%	25.13%	28.17%	26.73%	35.41%
到村委会当面询问	14.78%	12.13%	13.88%	13.97%	12.48%	14.87%	16.86%
短信	6.08%	3.34%	5.42%	6.28%	4.80%	4.27%	6.33%
广播、电视	29.01%	33.75%	28.73%	31.28%	28.45%	27.91%	37.34%
亲朋、邻居口口相传	29.83%	28.54%	33.33%	40.77%	32.92%	35.20%	37.04%
其他	4.01%	2.33%	3.75%	3.08%	5.07%	2.80%	3.66%

华东地区的农户在使用"政府公开网站"获取乡村振兴政策和村务信息方面,占比最高,为27.98%。而浏览政府公开网站一般需要使用电脑,这与图5-4的数据相呼应,即华东地区人均拥有的电脑数量是所有区域中最多的。

使用"公众号"方面,华东地区的农户占比仍是最高,为10.76%;占比最低的是华中地区,为6.05%。

使用"微信群"方面,东北地区的农户占比最高,48.62%的农户通过微信群来获取村镇提供的乡村振兴政策和村务信息;占比最低的是华东地区,为27.20%。东北地区使用微信群方式进行村务交流的经验值得其他地区借鉴。

"基层干部走访宣传"方面,西南地区占比最高,为35.41%;华北地区占比最低,仅为13.37%。基层干部走访最能展示村镇干部对于乡村振兴政策宣传的积极性,然而各地区之间使用该渠道的差距较大。

"到村委会当面询问""短信""广播、电视""亲朋、邻居口口相传"方面,各地区的占比相差不多,分别在13.50%、5.00%、30.00%、35.00%左右。

我们将"政府公开网站、公众号、微信群"归类为"村镇线上渠道",将"村务公示栏、基层干部走访宣传"归类为"村镇线下渠道",将"到村委会当面询问,短信,广播、电视,亲朋、邻居口口相传"归类为"传统渠道",得到图5-22。

不同地区的乡村振兴政策和村务宣传渠道存在着明显差异。从村镇线上渠道看,由

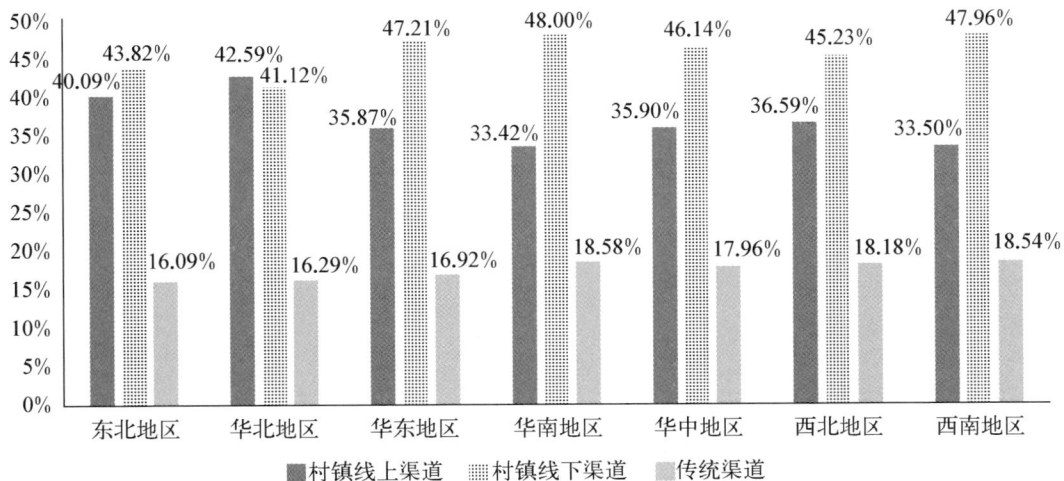

图 5-22 各地区村务信息获取三大渠道

高到低依次为华北、东北、西北、华中、华东、西南和华南地区;从村镇线下渠道看,由高到低分别为华南、西南、华东、华中、西北、东北和华北地区;从传统渠道看,由高到低分别为华南、西南、西北、华中、华东、华北和东北地区。

进一步分析,东北和华北地区在线上渠道方面的表现较好,分别为 40.09% 和 42.59%。虽然东北地区的经济发展状况处于中下游水平,但是通过线上方式进行宣传的比例却很高,这可能是由于东北地区的农村地广人稀,冬天气候较为寒冷,交通不便,以线上方式宣传乡村振兴政策和村务信息可以弥补地理和气候的缺陷。

线下渠道占比较高的分别是华南、西南和华东地区,分别为 48.00%、47.96% 和 47.21%。或许是由于这三个地区的农村人口居住相对集中,气候比较适宜,通过线下渠道进行宣传更直观、形象,便于农村居民理解。

5.5 数字金融存在的问题

5.5.1 基础设施建设有待加强

从网络基础设施的硬件看,在智能设备普及应用的今天,相较于城市,农村地区存在网络信号欠佳、智能设备普及率偏低的问题。从软件方面看,一些网点未构建完善的数字金融平台,在农村数字金融成长发展阶段,所推出的金融产品优劣不一,存在注重收益、忽视风险的问题,致使农村居民数字金融产品选择难度较高。具体的问题和瓶颈集中在三个方面。

首先,没有做好适农设计。一些数字金融软件的用户界面设计不够简单直观,难以满足农村居民的使用习惯,超出其接受程度。

其次,功能单一、缺乏创新。一些线上金融平台只能提供有限的金融服务,缺乏专门为农村居民设计的金融工具,未覆盖到其实际需求(如农业生产、农产品销售等)。

最后,普及和推广的力度不足。一些优秀的数字金融软件或许可以较好地满足农村居民的使用习惯,但是由于地处偏僻、人工宣传成本较高、宣传范围不广,导致农村居民有认知障碍,影响其使用积极性。

5.5.2　渠道有待拓展

各地区在数字金融影响农民增收的渠道方面,有很大的差异性,经济欠发达地区大多依赖信贷传导机制实现增收,而经济较为发达地区大多依靠投资传导机制和就业传导机制实现增收。

具体而言,经济欠发达的东北及西北地区通过信贷传导机制实现增收的占比分别为62.71%和37.69%,位居所有地区的第一和第二位,说明东北和西北地区的农村居民将贷款资金多用于购买种子、化肥和农具等生产资料,也就意味着这两个区域的农村发展仍依赖于传统农业,对于非农生产及农业现代化等其他方面发力不足。

经济发达的华东地区投资传导机制占比很高,为53.29%。这说明华东地区的农村居民将贷款资金多用于扩大企业经营规模、经商或者买房等方面,意味着华东地区的农村居民并不限于种植少数几种农作物。信贷资金不仅用于采购农产品种子、化肥、农药等,还用于资本支出与技术推广,以提高亩产与产品质量。

经济较发达的华南地区通过就业传导机制实现增收的比例为15.11%。这说明华南地区更愿意将贷款资金用于创业以及外出务工,非农就业比例较高,意味着华南地区的农村居民同样不是仅仅依赖传统农业进行增收。

5.5.3　金融素养有待提升

(1) 线上金融平台使用比例较低

各地区使用线上金融平台的比例均不高,大多在50%左右。更重要的是,使用过线上金融平台的农户大部分仅限于使用五大行的手机银行,很少使用消费金融公司、网络借贷平台和金融科技公司的产品。经调查发现,其主要原因是农村居民的金融素养较低,对数字金融了解程度不够,既不了解其他金融平台能够提供的服务,也不了解其他金融平台与五大行手机银行之间的差别。

（2）线上贷款的接受度低

各地区使用线上贷款的比例均处于较低水平。东北、西北和华北地区使用线上贷款的比例最低：东北地区只有 19.35％的农村居民的贷款来自线上，是唯一低于 20％的地区；西北地区次之，为 21.43％；华北地区为 22.76％。而线上贷款比例相对较高的地区是华南、华东、华中和西南地区，分别有 33.85％、32.22％、31.40％和 28.36％的人群使用线上渠道进行贷款。然而，线上贷款使用占比最高的华南地区也仅刚刚超过 1/3，说明还有较大的提升空间。

（3）线上保险的接受度低

随着数字金融的不断发展，除了线上贷款外，另一个发展迅速的应用是线上保险。经过调查发现，各地区农村居民对于线上保险的接受情况并不是很好。

各地区均有约 1/3 的农村居民未听说过线上保险这一产品。其中，华中和华北地区占比较高，分别为 39.54％和 38.57％；占比最低的是西北地区，25.26％的农村居民从未听说过线上保险。

农村居民不选择从互联网渠道购买保险是有原因的。首先，认为线上保险不可靠。其次，对于线上保险的模式看不懂，就像农村居民线上金融平台集中于选择五大行手机银行是因为金融素养不够，他们不懂线上金融平台的服务内容和运营模式。除了不信任和不了解两大原因外，其他原因还有：操作不方便；线上保险提供的保险产品不多，选择余地少；没有"人"服务，和机器对话不习惯；认为线上保险产品会比线下的更贵一些；等等。

总的来说，各地区的农村居民对于线上保险的接受度均不高，各地区之间虽有差异，但差距不大。这对于保险公司、线上金融机构来说，目前农村的线上保险是一片可以发展的"蓝海"。

（4）高利贷现象仍存在

经调查发现，许多农户并未通过金融机构渠道获得贷款，而是通过民间借贷的方式找熟人进行贷款。一般来说，由于高利贷对信用资质证明的要求较低，且能提供较大额的贷款，故贷款利率常常较高，但是为了周转急用，还是有许多群众会去借贷。本次调查发现，有许多样本涉及小额贷款，其贷款金额不过万，而年利率却超 50％，这反映了农村居民的金融素养较低，他们可能并不知道能通过线上金融平台获得贷款。在数字金融不断发展的今天，以合适的利率在线上获得一笔小额贷款其实不是难事。

5.5.4 以数字金融之名,行金融诈骗之实

据统计,2022 年,1 002 个村中,有 226 个村发生过互联网诈骗案件,占比为 22.6％。可以说,发生诈骗案件的比例较高。其中,发生 1 起案件的有 82 个,占 8.1％;发生 2 次案件的有 58 个,占 5.7％;发生 3 次案件的有 36 个,占 3.5％;发生 4 次案件的有 19 个,占 1.8％;发生 5 次案件的有 11 个,占 1.0％;发生 6 次案件的有 5 个,占 0.5％;发生 7 次及以上案件的有 15 个,占 1.5％。共计发生过 661 起诈骗案件,每起诈骗案件的平均涉案金额为 6.35 万元,数额非常巨大,几乎是许多地区农村家庭一年的总收入。

5.6 相关政策建议

5.6.1 加强数字金融软硬件基础设施建设

在硬件方面,首先,需要加快农村网络基础设施建设升级步伐,实现"五通"之后还应全面覆盖光纤、5G 网络,构建多类型数字金融应用场景,通过硬件设施完善,消除数字金融发展的限制因素,构建智慧乡村,建立完善的乡村数字金融发展载体。其次,应当加强落后地区的通信网络服务和电力供应,保障数字金融服务的连续性。最后,金融机构需要深入乡村和偏远地区,为目前物理网点不足的地区增设自助服务终端,并开发具备离线功能的金融应用,以便在无网络环境下使用,在连接恢复时同步数据。

在软件方面,首先,金融机构应深入分析弱势群体在金融活动中的常见场景,提供综合线上线下服务。例如,优化互联网平台和移动应用,开发适应特殊需求的应用程序模式,改进界面交互、操作提示及语音辅助功能,如增设大字版、语音版等,并探索"一键求助"功能,以便在操作困难时提供即时帮助。其次,金融机构应根据新型农业经营主体及小农户的特定需求,创新设计数字金融产品,包括扩大农业数字增信渠道,开发农业机械、大棚设施、集体建设用地使用权等抵押贷款,以及加强对农业及农村基础设施的中长期信贷支持等。最后,对于已脱贫但发展相对滞后的地区,应结合地方特色优势产业,利用小额数字信贷工具激发脱贫人口及贫困边缘户的生产发展动力。此外,为低收入人群提供一揽子低门槛数字保险服务,降低因灾因病或其他意外等致贫返贫的风险。

5.6.2 拓展农民增收渠道

通过提高线上贷款的可得性、便利性、普惠性,借助数字金融服务经由信贷、投资、就

业机制推动农业的发展,进而推动农村经济的增长,增加农民的收入。政府应积极引导农村居民利用数字金融,推进产业的升级与转型,增加农民收入。

一是发挥数字金融在满足资金需求和技术渗透等方面的作用,推动产业链延伸、纵深发展,鼓励农村居民向电商、农业深加工、休闲农业等方面扩展,促进农业与服务业融合;二是学习利用互联网来开拓销售渠道,缓解产量过剩问题,实现收入的渐进增长,在条件允许的情况下,引入资本与技术,对当地出产的农产品进行深加工,提高产品的附加值,并且延长产品的保质期,对冲价格短期波动的冲击;三是引入外部资本及拓展融资渠道,进行非农生产,如结合所处环境发展乡村旅游等,着力提升收入水平。

5.6.3　加强村级党建引领,提高村民金融素养

金融素养是决定县域各类金融消费者群体能否有效使用数字普惠金融产品的关键因素。村、镇领导都应该当好农村居民的"老师",宣传好数字金融知识,帮助农村居民提升数字金融素养。

一是发挥村、镇领导的宣传带头作用,结合农村居民具体生产生活场景,因地制宜开展数字金融促进农民增收宣传。要结合具体的应用场景,针对各类数字金融需求群体,从使用互联网到认识金融服务、防范风险、培养履约意识,再到了解数字金融产品,提供多层次多内容的数字金融教育。

二是引导金融机构在没有线下营业网点的乡村建设数字普惠金融服务站点,帮助农村居民对数字金融服务"敢用、会用、用好"。让农村居民懂得利用数字普惠金融服务,金融机构要掌握更多农业生产相关信息,降低信息不对称,挖掘并发挥特色农业优势,以金融服务和技术手段助推休闲农业、家庭农庄、乡村旅游、特色观光等新型农业服务业发展。

三是把数字普惠金融作为惠民工程持续推进。把数字普惠金融作为惠及广大农村居民的一项实事工程落到实处,让其成为老百姓乐于接受和响应的自觉行动,加快提升农民的知识技能和数字金融素养。加强村级党建引领,党员干部带头,组织引导农村居民学习数字金融知识,掌握必要的数字金融工具,充分了解"无纸化、线上化、移动化、标准化"全流程应用场景和操作程序,树立金融风险防范意识。

5.6.4　保护农村居民财产安全,防范金融诈骗

一是加强对金融知识的宣传工作。可以通过在农村举办金融知识讲座来提升农村居民对金融的认识,提升农村居民的金融知识水平,进一步加强农村居民的金融能力和

风险意识。

二是改善农村金融服务管理。通过提升农村金融服务水平,让农村居民通过正规渠道进行投资融资,了解各种金融理财产品。

三是金融机构和公安机关应加强对金融诈骗手段的宣传工作,让农村居民更多地了解关于金融诈骗的手段和方法,以更好地识别诈骗,降低遭受损失的可能性。

5.7　小　　结

本章重点梳理了 2023 年"千村调查"数字金融促进农民增收的现状,并对发展过程中存在的问题进行梳理与分析。研究结论表明,通过数字金融促进农民增收是切实可行的。未来进一步发挥数字金融促进农民增收的效果,既要加强数字金融软硬件基础设施建设,提高农村居民数字金融服务的可得性、可接受性,也要通过提高数字金融如线上贷款和保险的便利性、普惠性,借助数字金融服务经由信贷、投资、就业等机制带动农民增收,推动农村产业结构升级,还要加强村级党建引领,提高村民金融素养,保护农民财产安全,防范金融诈骗。

第 6 章

农村商业保险中
数字技术运用成效与展望

6.1 引　　言

"数字经济是数字时代国家综合实力的重要体现,是构建现代化经济体系的重要引擎。"数字技术以信息为要素,以网络为载体,以科技为驱动,为农村提供了更多创新的可能性。2023 年一号文件《关于做好 2023 年全面推进乡村振兴重点工作的意见》提出了"深入实施数字乡村发展行动,推动数字化应用场景研发推广。加快农业农村大数据应用,推进智慧农业发展"的具体要求。2023 年 10 月召开的中央金融工作会议指出,金融工作要做好科技金融、绿色金融、普惠金融、养老金融、数字金融五篇大文章。数字保险作为数字金融的一个重要组成部分,在乡村振兴中发挥着不可忽视的作用。

保险作为风险管理的重要工具,在农村具有特殊的意义。农民的生产生活往往更加依赖自然环境,面临的风险更为多样和严重。因此,数字化的保险不仅仅是提供一份保险合同,更是提供一种全方位、全周期的风险管理服务。通过数字化手段,保险公司可以更好地了解农村风险,制定更科学的保险政策,帮助农村居民建立更加健全的风险管理体系。这对于保障农民的生命财产安全,提高农村风险管理能力,降低农业经济脆弱性都具有重要的实际意义。在农村生活和农业生产过程中,数字保险技术主要表现为两方面:一是商业保险的数字化帮助农村居民应对日常风险,提高生活品质;二是农业保险的数字化帮助农业生产,提高生产效率。

数字保险技术在农村生产和生活中的应用,首先体现在商业保险的数字化方面。通过数字技术的帮助,农村居民可以更好地应对日常风险,提高生活品质。传统的农村保险方式常常面临信息不对称、服务不到位等问题;而数字化的保险模式凭借其智能化、便捷化的特点,为农村居民提供了更全面、更有效的保障。例如,在自然灾害、疾病等突发情况下,数字保险可以迅速响应并提供相应的赔付,有效减轻了农村居民因意外事件而增加的经济负担,提高了他们的生活品质。

其次,数字保险技术在农业生产中也有着重要的应用。数字化的农业保险不仅有助于降低农业生产过程中的风险,还能提高生产效率。通过对农业大数据的分析,数字保险可以更准确地评估农业风险,为农民提供更个性化的保险方案。在面对自然灾害时,数字化的农业保险充分运用"卫星遥感定损""无人机定损"等技术,能够更迅速准确地启动赔付机制,帮助农民尽早恢复生产,提高农业生产的科技含量和竞争力。

本章主要总结了 2023 年上海财经大学"千村调查"中数字保险技术在农村生产生活中的运用情况,根据调查数据总结了农民的风险意识以及农村保险的基本情况,对数字技术在农村商业保险和农业保险中的运用进行了概括,再对数字保险服务农村的基本情况进行总结,并提出建议与展望。

6.2　农民的风险意识与保险

6.2.1　农民的风险意识

农民的风险意识与风险偏好是影响农村商业保险购买决策的重要因素。我们基于 2023 年"千村调查"的数据对农民风险态度、保险购买决策、保险购买渠道、农业保险政策了解情况以及村庄农业保险参保率、农业保险知识宣传情况,进行了截面数据分析。

本次千村调查范围囊括我国 31 个省、市、自治区的 989 个村庄和其中的 14 939 个农户。在面对他人遭受的重大变故,如灾害、意外或疾病时,人们的态度往往能体现出自身的风险意识和风险偏好。图 6 - 1 显示,面对"看到别人家遭遇重大变故,你会怎么想?"这个问题时,共有 3 808 人选择"自家从未发生过,将来也不会发生";有 6 304 人选择"自己未来会考虑购买商业保险";3 565 人选择"自己有能力应对";3 078 人选择"依靠政府救济";而选择"其他"的有 1 002 人。

选择"自家从未发生过,将来也不会发生"的农户,对风险管理持消极回避的态度。风险是客观存在的损失的可能性。认为"自家从未发生过,将来也不会发生"的人没有很强的投保动机,大多会选择风险回避的措施,即不从事或少从事风险较大的活动。选择

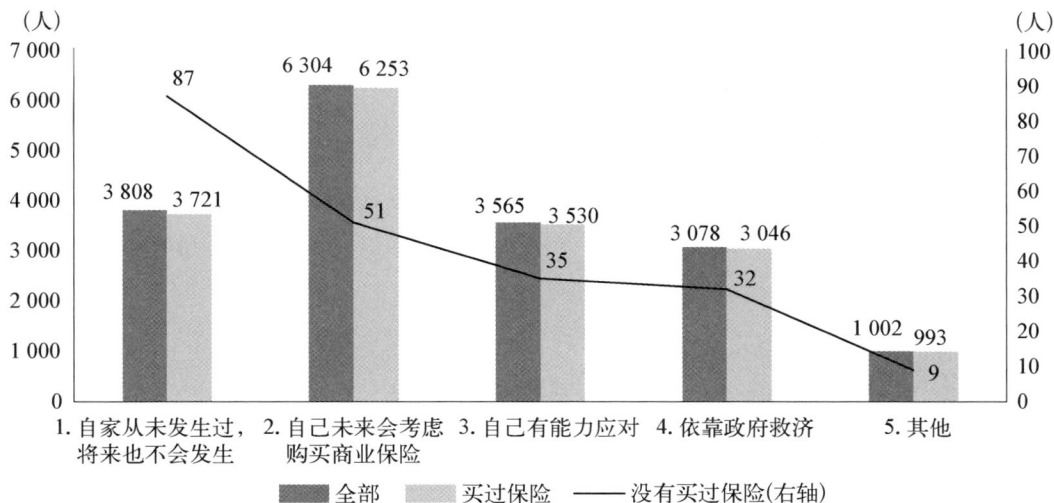

图 6–1　看到别人家遭遇重大变故，你会怎么想？

"自己未来会考虑购买商业保险"的农户，具有较强的风险管理意识，会采用购买商业保险的方法来进行风险转移。选择"自己有能力应对""依靠政府救济"的农户，本质实际上是风险自留，即预留一部分资金或资源来对冲风险带来的损失，但风险自留更适合管理频率高、损失小的风险类型。其中，选择"自己有能力应对"的，作为有一定应对重大风险能力的农户，虽然能自留风险，但是有额外的资金占用；选择"依靠政府救济"的农户，在面对重大风险时由于没有相对充裕的自留资金，最终会寻求政府救济或者其他的社会互助计划。

结合农民的保险决策来看，购买保险的农民中，选择"自己未来会考虑购买商业保险"的数量最多；而没有购买保险的农民中的大部分人认为"自家从未发生过，将来也不会发生"不幸事件，由此可以大致推断农民对风险的态度将会影响其风险管理决策。

基于上述分析得出，大部分被访农民对风险管理持有相对积极态度，不会回避风险的客观存在；有将近一半的农户会考虑将保险作为自家风险管理的工具；选择风险自留的人数仍然不占少数。风险管理知识的传播和普及仍然任重而道远。

6.2.2　农村商业保险

（1）农村商业保险的参保现状

据调查显示，有 14 745 个农民表示曾经购买过保险，占比 98.7％；只有 1.3％的农民没有买过保险，见图 6–2。

没有，1.30%

有，98.70%

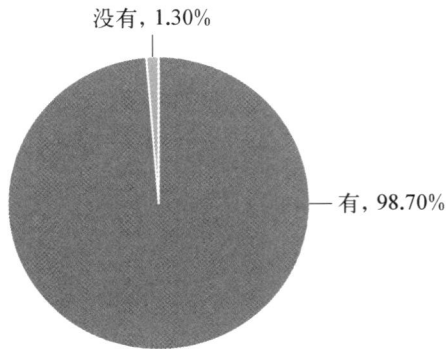

图 6 - 2　您家买过保险吗?

在购买过保险的农民中，有 437 人表示没有医保，有 12 711 人表示参加了城乡居民基本医疗保险，有 319 人参加了公费医疗，有 158 人参加了医疗救助，有 1 447 人参加了城镇职工基本医疗保险，有 598 人购买了商业医疗保险，有 11 人购买了长期护理保险，有 10 人购买了其他保险，见图 6 - 3。

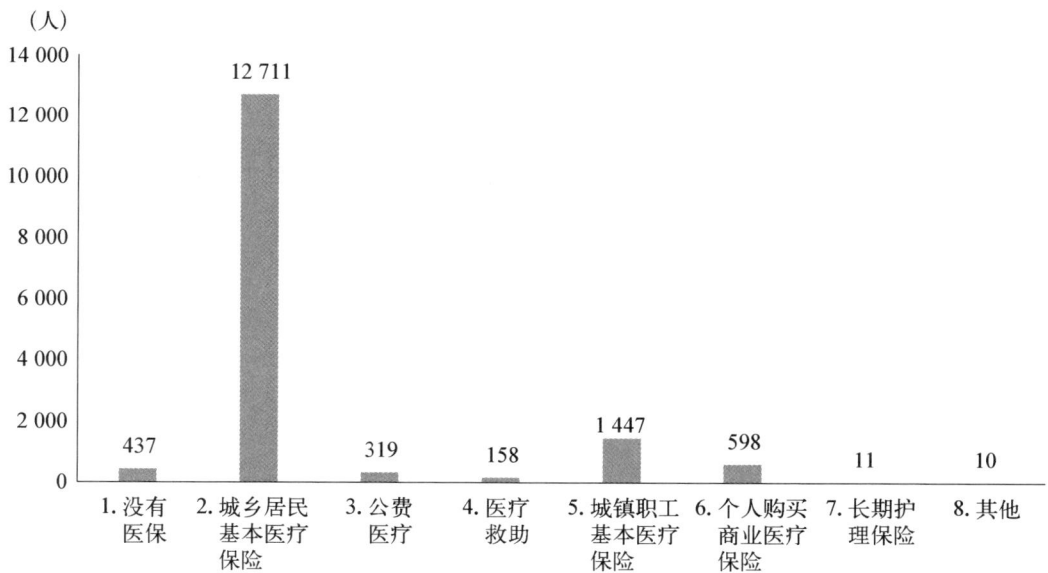

（人）

| | 12 711 | | | | | | |

437　12 711　319　158　1 447　598　11　10

1. 没有医保　2. 城乡居民基本医疗保险　3. 公费医疗　4. 医疗救助　5. 城镇职工基本医疗保险　6. 个人购买商业医疗保险　7. 长期护理保险　8. 其他

图 6 - 3　您当前是否参加了医疗保险?

在购买过保险的农民中，有 12 923 人参加了居民养老保险，约占 88％，见图 6 - 4。

通过调查数据可以发现，尽管居民养老保险和基本医疗保险还没有覆盖全体农民，但是农民的风险保障主要还是来自这两种社会保险。公费医疗、医疗救助、城镇职工基本医疗保险、个人购买商业医疗保险、长期护理保险的参加人数均处在低位。然而，社会保险只能保障农民最基本的利益，在面对重大风险和变故时，虽然社会保险能够在一定

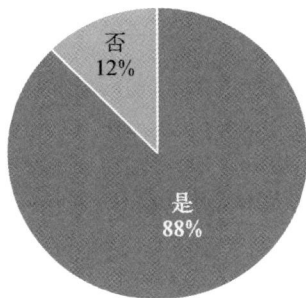

图 6 - 4　您是否参加了居民养老保险？

程度上给予支持，但有时也会需要商业保险的补充。因此，应该在推广社会保险全面覆盖农村的同时，加大农村商业保险的推广和宣传，从而有效保障农民利益。

（2）农村商业保险的参保渠道

进一步调查购买保险的农民，以分析其主要购买保险的渠道。如图 6-5 所示，在回答"您家购买保险的渠道有哪些"问题的 7 478 个样本中，有 4 362 个样本选择了保险专管员，比例超半数；其次为村委，有 2 335 个样本；有 728 个样本选择了邮储银行；有 638 个样本选择了其他银行；有 612 个样本选择了互联网；有 315 个样本选择了其他。可以看出，保险专管员和村委在保险营销和推广中起到了重要作用，银行和互联网在保险营销中也起到了一定的作用。依托于农村数字化转型，虽然互联网渠道推广的保险目前数量较少，但是已经接近其他银行渠道，未来可能会进一步提高。需要注意的是，虽然推广社会保险、农村商业保险和政策性农业保险符合国家政策趋势，但仍要注意营销和推广方式，不能过度营销引起农民反感，起到副作用，这样将得不偿失。

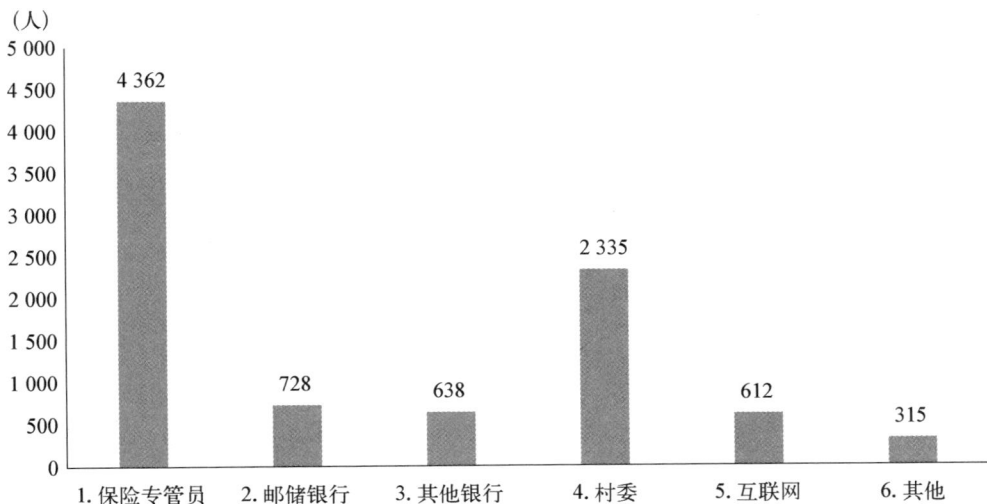

图 6 - 5　您家购买保险的渠道有哪些？

（3）健康状况的自我评价

在上述问题的基础上，我们调查了不同群体对自己身体的评价和相关健康状况，见表 6 - 1。

表 6 - 1　　　　　　　　　　　　　不同群体对自身健康状况的评价

计算基数	健康状况评价					实际健康状况			
	很好	好	一般	不好	很不好	生病	受伤	怀孕生育	以上都无
买过保险	31.09%	32.87%	27.35%	7.95%	0.75%	27.31%	3.80%	2.10%	66.78%
没买过保险	48.45%	29.90%	14.43%	6.19%	1.03%	18.04%	1.55%	1.55%	78.87%
总样本	31.31%	32.83%	27.18%	7.93%	0.75%	27.19%	3.78%	2.10%	66.94%

我们可以发现，没买过保险的农民对自己的健康状况较为自信：选择"很好"和"好"的农民占总数的 78.35%，在总样本和买过保险的群体中这一比例分别为 64.14% 和 63.96%；选择"很不好"的农民占比 1.03%，在总样本和买过保险的群体中这一比例均为 0.75%。在实际伤病情况的调查中，我们可以看到，没买过保险的农民生病和受伤的总比例为 19.59%，总样本和买过保险的群体这一比例为 30.97% 和 31.11%；三个群体中选择"以上都无"选项的占比分别为 78.87%、66.94% 和 66.78%。

通过上述相关数据可以发现，没有买过保险的人对自身的健康状况较为自信，而事实上他们也确实经历更少的伤病。在选择投保的样本中，他们对自己身体状况的评价略低于平均样本，其发生伤病的情况也略高于总样本。上述数据表明，目前在农村进行的商业保险在投保流程中可能会存在逆选择风险。逆向选择属于信息不对称的一种，在保险的框架下，逆向选择主要体现在投保人和保险人对信息掌握程度的差异。由于保险人并没有比投保人更加了解他们自己的身体状况，因此身体状况不佳的投保人将会选择购买保险；而意识到这一问题的保险人将会选择提高保费，但这会挤出更多身体状况良好的投保人，从而只有身体状况不佳的投保人选择继续投保。

信息不对称的解决一直是保险相关问题的研究重点之一，随着信息技术走入千家万户，以互联网为渠道的数字保险的推广将能更好地解决这一问题。理论上在获得相关权限后，保险公司通过大数据技术将会对每个投保人进行用户画像的描绘，其中除了个人信息外，也会包括农民的门诊支出等数据，并以此为依据来推断出投保人的身体状况。信息技术在数字保险中的应用将方便农民的生活，会大大减少投保过程中存在的逆向选择风险，但存在信息泄露的隐患。这是一个亟待解决的难题。

6.3　政策性农业保险的发展现状

6.3.1　农业保险的宣传与普及

政策性农业保险是指政府通过保费补贴等政策措施,借助保险公司的平台为种植业、养殖业等提供的农业保险。由于政府与农民共担保费,因此大大减轻了农民的保费负担。

调查结果显示,在被问及"您是否了解政府为农业保险提供补贴政策"时,15.22％的受访农民表示"非常了解",46.09％的受访者表示"听说过,有一定了解",38.69％的受访者表示"不了解",见图 6 - 6。

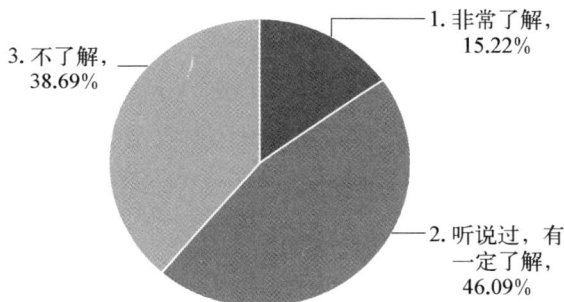

图 6 - 6　您是否了解政府为农业保险提供补贴政策?

与此同时,在对村落层面的调查中,即问题"面对村委会是否为农户组织过有关农业保险知识的培训和承保动员工作",52.68％的村委会表示每年至少进行一次有关农业保险知识的培训和承保动员工作,22.04％的村委会表示在"过去三年有过"相关培训,"过去十年有过一次"和"从来没有"的占比超过 25％,见图 6 - 7。

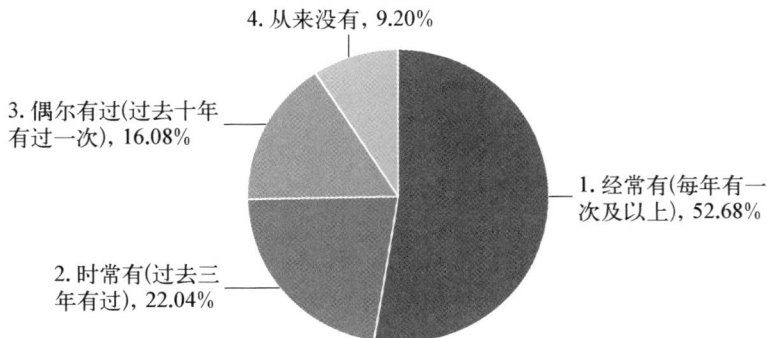

图 6 - 7　村委会是否为农户组织过有关农业保险知识的培训和承保动员工作?

该数据反映了我国政策性农业保险在推广和普及方面的显著进展。农民对于政府为农业保险提供的补贴政策有了明显的认知提升,与此同时,村委会通过组织培训和动员工作,积极推动了农业保险知识的传播。

6.3.2 农业保险的区域差异

在 989 份有效村问卷中,通过询问村委会被调查村庄种植业保险(含林木)参保面积占本村总耕地面积的比例,以及牲畜保险参保数量占村庄总养殖量的比例,可以在总体上反映村落农业生产中农业保险参保率情况。

就全国而言,约 15% 的村庄参保率为 0。初步分析,部分村庄农业保险的缺失,可能存在"供给排斥",或者当地所种植和养殖标的不属于政策性农业保险补贴范围。有 14% 的村庄参保率小于 25%,这可能是由于农民对保险的认知不足,或者在风险认知上存在差异,存在"需求排斥"使得部分农民选择不参与保险。约 7% 的村庄参保率为 25%~50%,这可能反映了一些地区的农业保险推广工作在进行中,尚未取得全面覆盖。约 10% 的村庄参保率为 50%~75%,这些地区的农民对农业保险的认知和参与程度相对较高。较大比例的村庄(33%)参保率达到 75% 以上,显示了中国农业保险在许多地区已经取得了相当大的成功,农民对农业风险保障的需求得到了满足。有 21% 的村庄参保率达到 100%,这些地区农业保险可能是强制性的。

图 6-8 显示全国及各地区的参保率数据都有较明显的"U"形特征,表明农业保险的参保情况呈现两极分化的特点,即若村庄有农业保险则参保率较高,否则参保率极低,

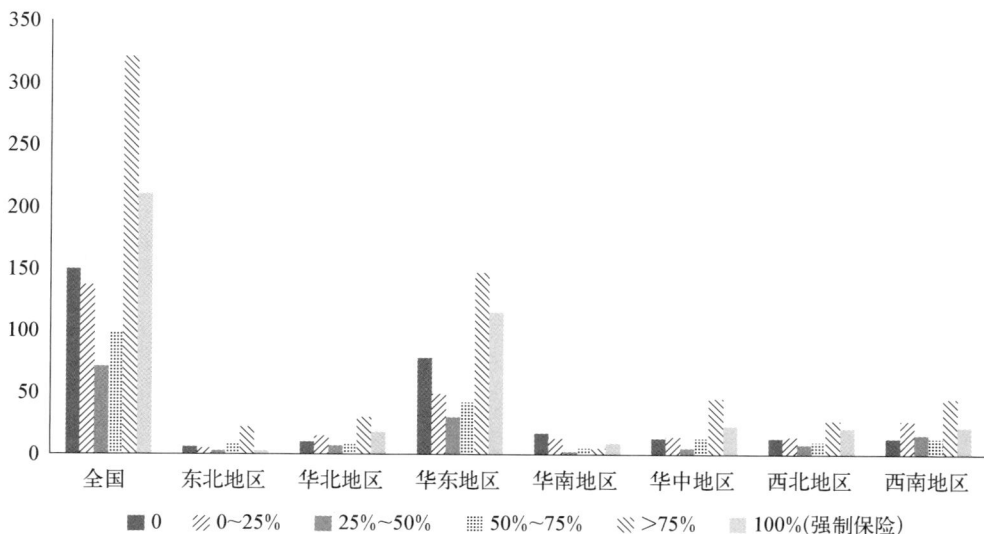

图 6-8　各地区农业保险参保率

参保率在 50% 左右的村庄较少。该数据特征反映了我国农业保险参保与推广的特点：对于农业保险承保标的的风险情况，被保险人掌握的信息要远多于保险人，为防止逆选择风险的发生，往往保险人要求地区或个人一旦参保则要将全部标的全部投保，而不可以选择投保。

　　在地区差异上，数量加权后的平均参保率，华中地区最高，华南地区最低。华中地区投保率在 50% 以上的村庄数超过该地区被调查村庄的 70%，而华南地区只有不到 40%，这可能是因为华南地区多丘陵地形（如贵州、广西），不利于开展大宗农作物的规模化生产，而华中地区的河南、安徽、湖北均是稻谷、小麦、大豆等主粮和重要经济作物的主产区。从整体上来看，华中、东北、华北地区的农业保险参保率较高，这与我国主要粮食产区的直观印象相符合。除华中地区外，东北地区的农业保险参保率超过 50% 的村庄数约占该地区被调查村庄的 70%，超过全国平均水平（64%）；华北地区在 65% 左右，约等于全国平均水平；西北地区为 51%，西南地区为 50%，华南地区为 38%，落后于全国平均水平。

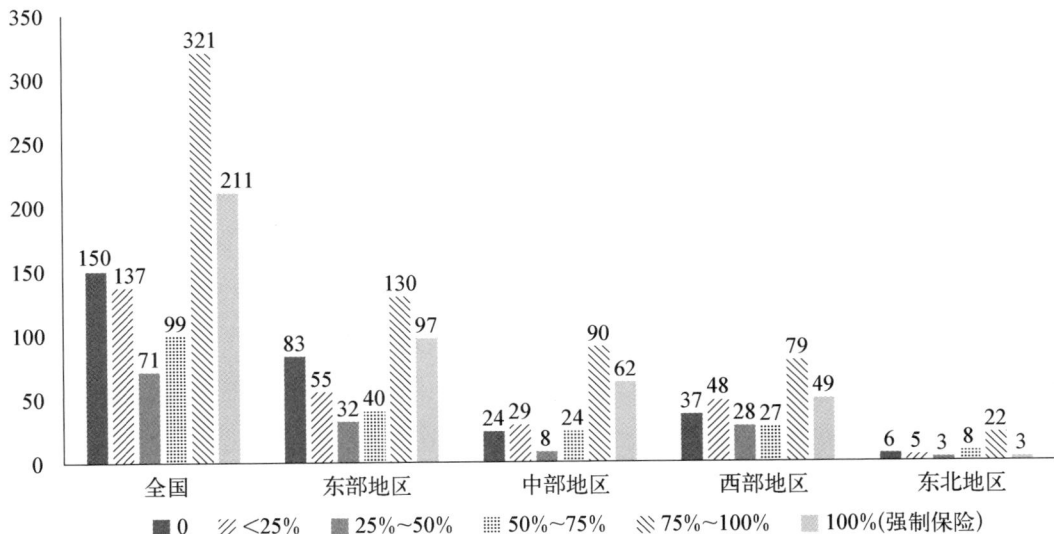

图 6-9　各地区加权农业保险参保率

　　根据国家统计局 2011 年对我国经济区域的划分（东、中、西、东北），以选择 50% 以上参保率村庄的比例估算，中部和东北地区的农业保险参保水平高于全国平均，而西部和东部地区则低于全国平均。

6.3.3　农业保险与机械化生产

　　在对本村主要农作物的农业种植、生产和收获方式进行调查中，我们将样本分为人工生产的村庄、半机器半人工生产的村庄和机器生产的村庄。特别值得关注的是,在机器生产的村庄样本中,农业保险参保率超过50%的村庄比例超过了子样本的70%。相比之下,在纯人工生产的村庄子样本中,这一数据仅占子样本的55%,见图6-10。这一趋势似乎揭示了农业保险与机械化生产之间存在一定的正向关联。

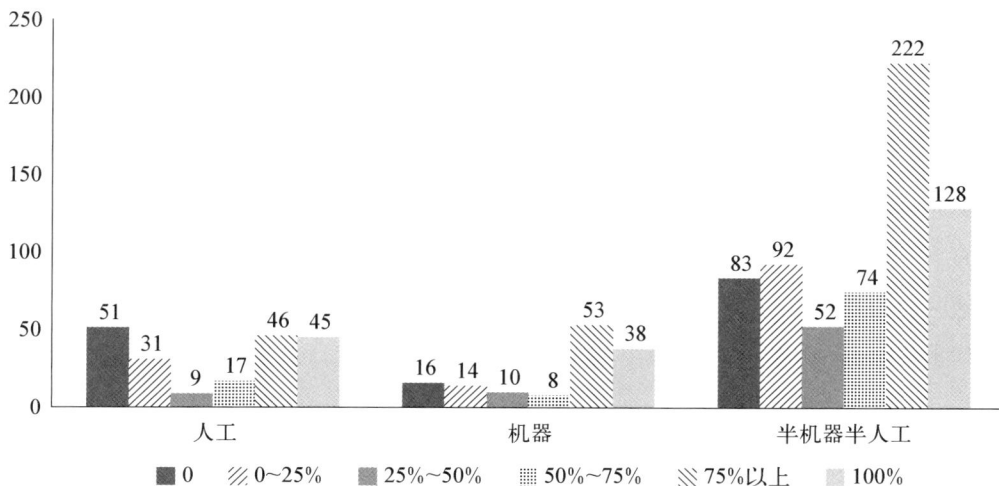

图 6‑10　农业保险与机械化生产

初步分析,机器生产的村庄中农业保险参保率较高的现象可能意味着农业保险在促进当地农业机械化方面发挥了积极的作用。或者,另一种可能是农业保险的供给更倾向于覆盖大规模农业机械化生产方式,这些生产方式在风险管理上更高效,而对于精耕细作式小农生产方式的关注较少。深层原因可能是因为农业保险的引入为机械化农业提供了更为可靠的经济保障,降低了农民在农业生产中的风险感知,进而鼓励了更多农民采用现代化的机械化种植和收获技术。

6.3.4　农业保险与乡村扶贫

在对本村是不是脱贫村进行调查时,我们将样本分为脱贫村和非脱贫村。在989份村落样本中,共调查了508个脱贫村和481个非脱贫村。在子样本中对农业保险参保率进行统计,除了参保率呈现"U"形特征外,脱贫村与非脱贫村的参保率分布基本一致,并没有显著差异,见图6-11。这与脱贫村经济能力较差、参保率低于非贫困村的预期不符。进一步研究发现,这可能与农业保险补贴政策在贫困地区进一步倾斜有关,不少地区在原定补贴比例的基础上,进一步降低贫困地区或登记贫困户的自缴保费比例,这一定程度地提高了贫困地区的农户对农业保险的支付能力和积极性。

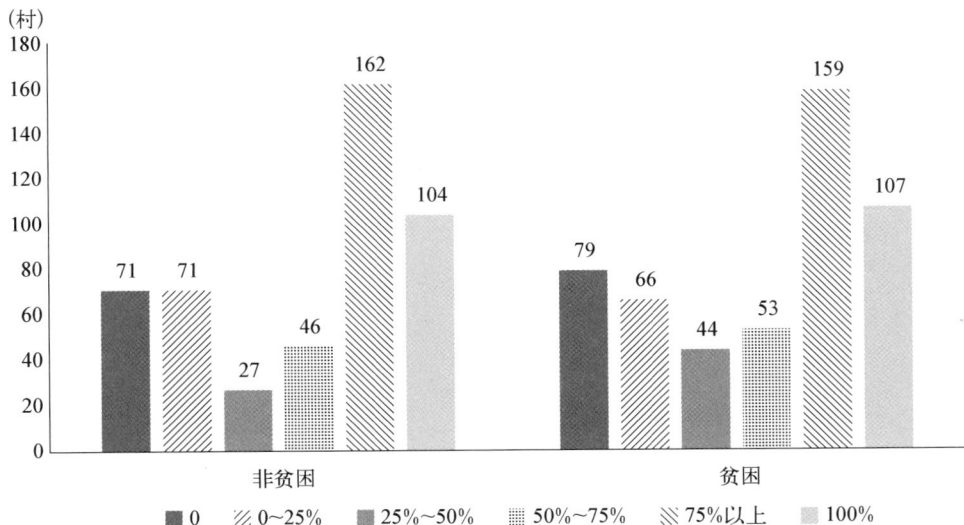

图 6-11　农业保险与乡村扶贫

　　总体而言,尽管仍有一些地区存在没有农业保险或参保率较低的情况,但"千村调查"的数据显示了中国农业保险在普及和推广方面取得了显著的进展,这有助于提高农民对农业风险的防范能力,促进农业可持续发展。

6.4　数字保险与农村生活

　　在数字经济的浪潮下,互联网数字保险相对于传统保险有诸多优点,其流程简单、操作方便、种类繁多,能够更好地帮助农民进行风险管理,减少农民的后顾之忧。本节基于上海财经大学 2023 年"千村调查"中关于数字保险的相关问题,对互联网农村保险的现状以及用户特征进行深入分析。

6.4.1　互联网农村保险现状

　　在本次调查中,我们向所有农民询问了他们对"从互联网上购买保险产品"这一行为的态度,有 5 114 人表示"从来没有听说过";6 147 人表示"听说过,但感觉不太可靠";1 595 人表示"听说过,但看不懂";1 114 人表示"听说过,但操作不太方便";358 人表示"听说过,但保险产品好像不多,选择余地小";620 人表示"听说过,但好像没有'人'服务,总是和机器对话,不习惯";272 人表示"听说过,但产品好像都挺贵的";1 080 人表示"听说过,感觉挺方便便捷的,将来会考虑购买";808 人表示"听说过,但感觉没啥特别之处,和其他渠道差不多";218 人选择了"听说过,其他"选项,见图 6-12。

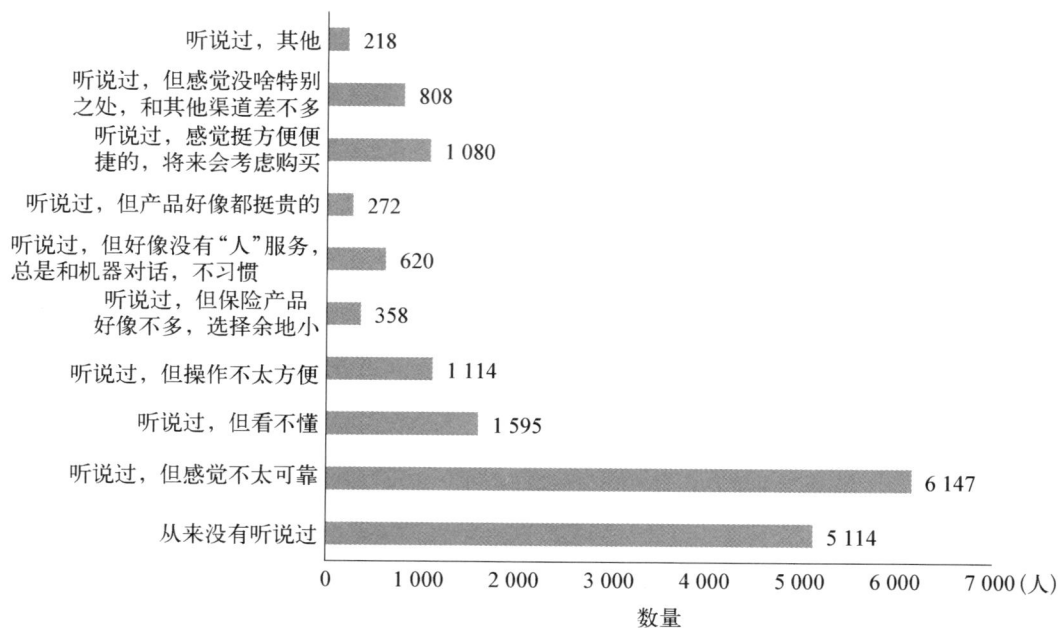

图 6-12 您听说过"从互联网上购买保险产品"这一行为吗?

从图 6-12 中可以看出,绝大部分农民对互联网保险产品较为陌生,超过 1/3 的农民没听过互联网保险;持正面评价选择"听说过,感觉挺方便便捷的,将来会考虑购买"的受访者不足 1/10;大部分农民对互联网保险的初印象并不好,存在价格、服务、产品种类方面的担忧。

此外,我们深入调查图 6-5 中选择通过"互联网"渠道购买保险的 612 位受访农民,发现他们对互联网购买保险产品这一行为的态度也不尽相同,见图 6-13。

有 141 位受访农民表示互联网产品的价格相对于其他渠道更便宜;有 434 位受访农民表示互联网保险的操作方便简单;86 位农民表示会通过互联网渠道购买不同的保险产品;202 位农民表示互联网渠道的客户服务相对于传统渠道更方便,便于随时咨询产品详情;只有 87 人表示互联网产品相较于其他渠道产品没什么特别之处。因此,我们可以得出,除了少部分人认为互联网保险产品并无特殊之处外,大部分农民对于互联网保险持积极态度。

事实上,互联网保险因较低的管理和运营成本相对于传统渠道具有较低的保费;以电子产品为媒介,操作简洁、方便;可供用户选择的保险产品和公司种类丰富,赋予其较大的自主权,同时具有良好的在线客户服务,不再受制于线下环境。农村互联网保险的发展是与农民的保险知识储备并行发展的。线下渠道购买,保险推销人员出于最大诚信原则会为投保人介绍保单详情;而投保互联网保险时,投保人都是在界面内自行阅读保

(人)

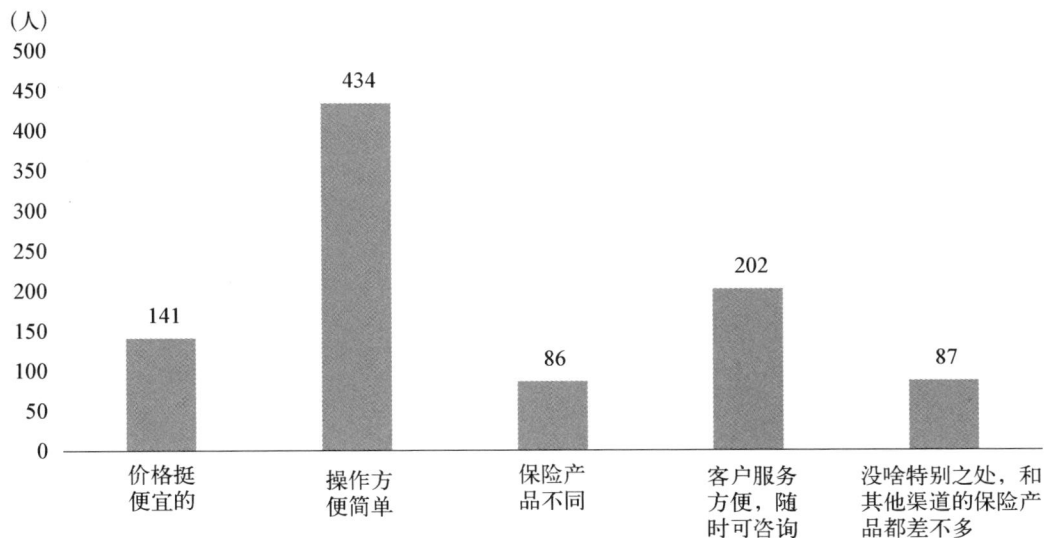

图 6‑13　从互联网上购买保险产品,您的感受是什么?

单,很少有农民会仔细阅读保单的全部条款。因此,这就需要农民具有一定的保险知识,才能在数量繁多的互联网保险中选择适合自己的产品来进行投保,以获得更好的用户体验,避免重复投保、超额投保等现象。综上所述,虽然互联网保险目前飞速发展,但是从需求端来看需要进一步向农民普及互联网保险和风险管理的相关知识,使其熟悉互联网保险产品,揭开互联网保险的"神秘面纱",让互联网保险造福广大农民群众。

6.4.2　互联网农村保险的用户特征

（1）文化程度

这里我们分析选择互联网保险的农民的用户特征。根据调查显示,选择互联网保险渠道农民的文化程度与总调查样本有所不同,见图 6‑14。在选择互联网保险的用户中,"小学以下"的占 3％;"小学"占 11％;"初中/中专毕业"占 24％;"高中/职高毕业"的占 15％;"大专毕业"以上的占 47％。相对于总调查样本来看,选择互联网保险的受访农民整体上文化程度更高。本次调查中,全样本中"高中/职高毕业"以下(不包括"高中/职高毕业")的占 66％,而选择互联网保险的农民该项占比仅为 38％,差距悬殊。因此,文化程度可能是影响互联网农村保险普及的重要因素之一。具有较高文化程度的农民更容易接受新的知识,对于互联网保险熟悉起来更快;而文化程度较低的农民可能对于互联网保险的投保存在更多顾虑,需要更详细地引导和介绍。

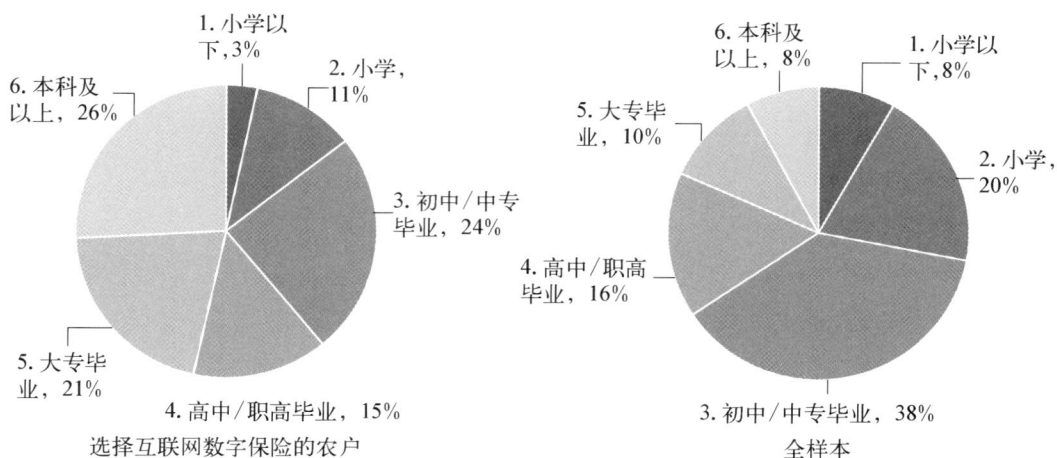

图 6‑14　您的文化程度

（2）相关职业

对于工作的相关调查中,我们进一步分析了两个样本的职业组成,见图 6‑15。选择互联网保险作为购买渠道的被访人,务农和务工的比例最高,分别为 21％和 45％;经商占比 13％;退休占比 8％。相对于全样本数据来看,除务农人员占比从 41％到 21％有显著下降外,务工、经商的比例均有增加,退休、其他的占比大致相同。因此,在选择互联网渠道购买保险的用户中,务工和经商的比例更高,或与其文化程度、职业需要等相关;务农的人员之所以不选择互联网保险渠道,除了文化、职业等相关原因外,还可能受其收入及对电子产品熟悉程度的影响。

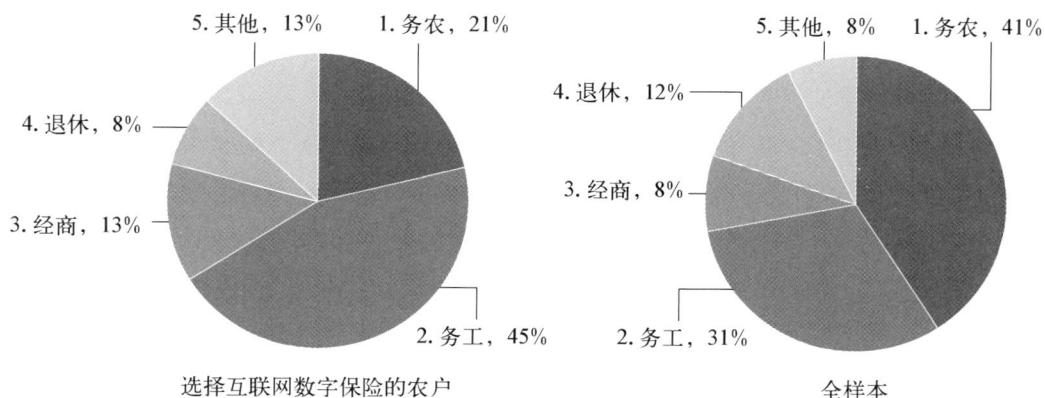

图 6‑15　现在主要从事何种工作

（3）使用智能手机的时长

在面对"平均每天使用智能手机或 iPad 的时长"问题时,选择互联网渠道购买保

险的农民中,有 18％选择了"8 小时以上";32％选择了"5～7 小时";39％选择了"2～4
小时";11％选择了"不超过 1 小时或不使用"。对比全样本,我们可以看到,选择"不超
过 1 小时或不使用"的受访者比例明显变少;选择"5 小时以上"的比例从 29％增加到
50％,见图 6 - 16。拥有更高的智能手机或 iPad 使用时长的用户更倾向于选择互联网
保险,因为他们本身对互联网保险更熟悉。在数字经济的大势下,大部分受访者每天
使用手机或 iPad 的时长都超过了 1 小时,而普及互联网保险本身就是一个循序渐进
的过程。虽然依据此次调查数据来看,目前选择互联网作为投保渠道的被访者并不占
大多数,但是随着保险知识的普及、人们受教育程度逐渐提高、农业现代化进程的推
进,人们越来越离不开信息技术,相信在可以预见的将来互联网保险会依托数字经济
飞速发展。

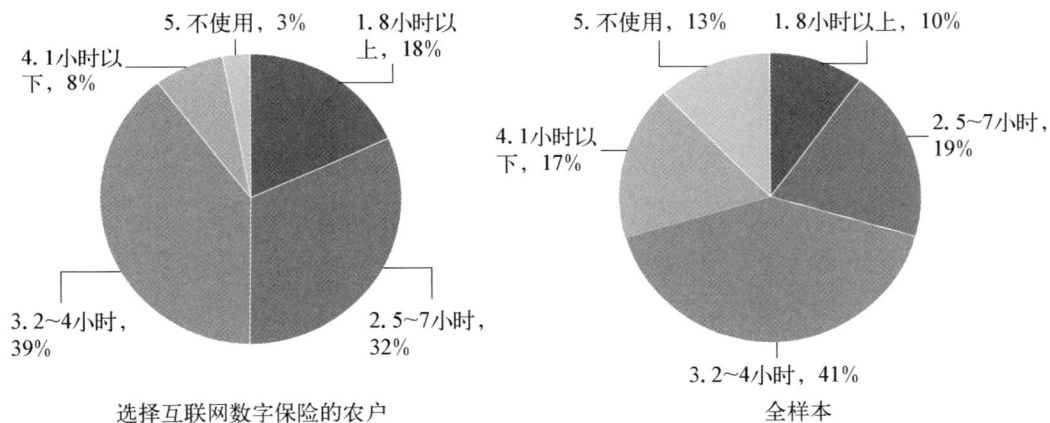

图 6 - 16　平均每天使用智能手机或 iPad 的时长

在关于收入的相关调查中,先对样本进行划分。除总样本外,我们将选择互联网
渠道投保的受访者,称为样本 1;将在"从互联网上购买保险产品,您的感受是什
么?"问题中选择选项 1～4 的受访者——对互联网保险具有正面感受的人群,称为
样本 2。

我们发现,总样本的所有收入均呈现正偏且尖峰厚尾的分布;而样本 1 和样本 2 均
呈现正偏,除总收入和打工收入外呈尖峰厚尾。样本 1 的月收入均值为 4 910.74 元,众
数为 3 000 元,中位数为 3 800 元;样本 2 的月收入均值为 5 028.02 元,众数为 5 000 元,
中位数为 4 000 元。大体上来看,表中的均值、众数和中位数,样本 2＞样本 1＞总样本,
见表 6 - 2。

表 6-2 总样本、样本 1 和样本 2 的描述性统计

	均　值	众　数	中位数	偏度	峰度	标准差	最大值	最小值
总样本								
平均每月收入	3 475.99	3 000	2 600	3.18	13.46	3 737.39	25 000	0
总收入	79 841.25	100 000	51 800	2.4	7.51	83 070.73	500 000	0
农业经营收入	11 798.95	0	0	4.33	22.72	28 578.78	220 000	0
打工收入	47 155.62	0	20 000	2.42	7.42	67 435.84	400 000	0
补贴补偿收入	5 759.29	3 000	2 600	3.18	13.46	3 737.39	25 000	0
土地流转收入	1 976.22	0	0	8.43	82.73	8 983.28	110 000	0
样本 1：选择互联网渠道								
平均每月收入	4 910.74	3 000	3 800	2.47	7.44	4 584.71	25 000	0
总收入	120 686.67	100 000	100 000	1.62	3.01	101 604.79	500 000	0
农业经营收入	11 067.16	0	0	4.46	22.74	31 465.12	220 000	0
打工收入	82 155.58	0	60 000	1.55	2.42	90 209.79	400 000	0
补贴补偿收入	6 278.72	0	0	3.24	10.76	16 067.21	100 000	0
土地流转收入	2 133.14	0	0	8.16	77.17	9 507.25	110 000	0
样本 2：选择互联网渠道且评价正面								
平均每个月收入	5 028.02	5 000	4 000	2.41	7.25	4 473.45	25 000	0
总收入	123 972	100 000	100 000	1.55	2.64	102 320.5	500 000	0
农业经营收入	11 245.82	0	0	4.4	21.96	32 055.25	220 000	0
打工收入	85 945.25	0	60 000	1.45	2.07	90 870.41	400 000	0
补贴补偿收入	5 971.81	0	0	3.32	11.38	15 815.62	100 000	0
土地流转收入	1 970	0	0	9.02	93.2	9 134.76	110 000	0

综合上述分析可知，选择互联网渠道投保且评价正面的人，收入高于总样本和样本 1 的平均水平，受访者的收入水平对其对互联网保险的评价存在影响。数字经济的推广、农民数字素养的提高、农村脱贫工作的开展，有利于农民收入的增加；保险知识

的宣传,有利于农民风险管理意识的培养,这对于互联网保险的推广具有正面促进的作用。

6.5 数字保险与农业生产

在农业保险的"扩面、提标、增品"进程中,数字化发挥着不可忽视的作用,为农业保险实现高质量发展提供了有力支持。农业保险数字化主要表现为两个方面:一是投保、验标、查勘、定损等保险流程的线上化;二是科技赋能农业保险。

6.5.1 农业保险的线上服务

农业保险正逐步由传统的面对面经营过渡到线上化经营,互联网线上承保、核保、验标、理赔成为农业保险发展的关键因素。目前,全国农业保险平台搭建了标准化农业保险线上化业务支持平台。该平台为保险公司和农户提供多项服务,包括线上投保告知、投保理赔公示、电子单证存管、承保理赔公示查询以及保险批单确认等。

截至 2022 年,农业保险线上化服务已在 20 多个地区推出,超过 30 家农业保险公司完成了线上化对接。此外,各省市也根据本地农业特色和农业保险普及情况,推出了区域性智慧农业保险平台。这些平台整合了气象灾害、土地确权流转、畜禽存栏出栏防疫、农产品价格等农业基础数据,与公司业务数据相互验证,从源头上预防虚假承保、虚假理赔等违法行为。这一系列措施旨在积极实施风险减量管理,减少农业灾害损失,全面提升农业保险的运营效率。

本次调查发现,参保农户通过多种方式,包括保险公司电话、手机 App、微信小程序等,实现了在线投保、信息采集、标的查验、保单签发、出险报案以及赔款支付等一系列功能。这一转变解决了过去承保理赔中农户需反复提供材料、多次到现场签字、纸质保单难保存等问题。在承保环节,系统自动带出历史承保资料,农户只需一次手机验证码反馈,整个投保流程最短耗时不超过 2 分钟。在理赔环节,养殖险农户可选择通过保险公司 App 或微信小程序进行线上全流程自助理赔,无须等待查勘员进入养殖场舍内部,并可实时查看理赔进程。

线上化的发展不仅解决了传统农业保险中投保手续烦琐、档案资料繁杂重复、业务操作不规范等问题,同时也降低了运营成本,提高了服务效率。通过科技赋能,农户实现了"多跑腿"的数据,同时"少走路",显著提升了农业保险服务效率,改善了农户的服务体验。这一全面的改变,标志着农业保险正迈向更高水平的服务和运营模式。

但在本次调查也发现了农业保险线上化还有很大的提升空间,并且存在贫困地区线上化水平远低于非贫困地区等问题。

6.5.2 农业保险的线上化广度

在989份村问卷中,有150个村庄没有参加农业保险,我们在其余839个子样本中分地域考察农业保险的线上服务开通率,见图6-17。

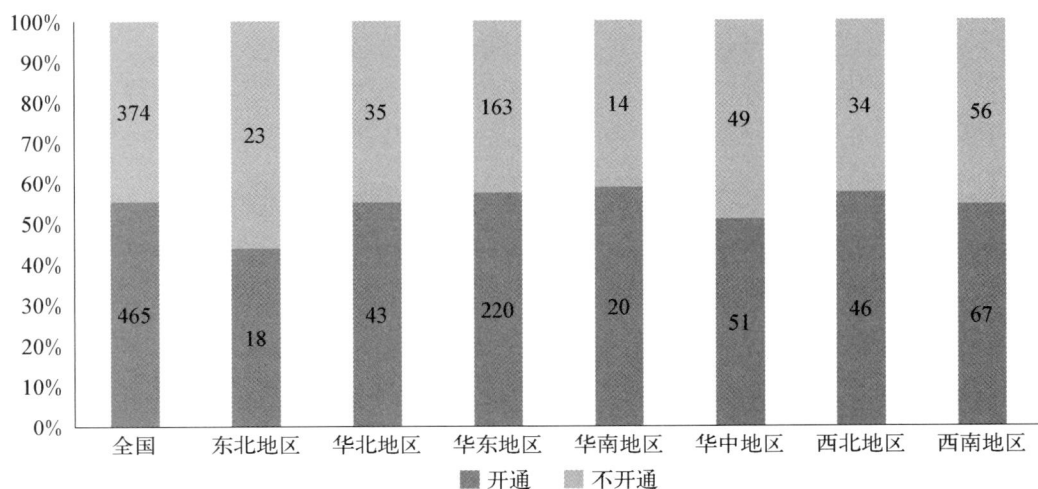

图6-17 各地区农业保险线上化广度

农业保险线上服务开通率全国平均水平为55%。东北(42%)和华中(50%)地区明显低于全国平均水平;华东(57%)、华南(58%)和西北(57%)地区略高于全国平均水平,但不明显。结合农业保险参保率(图6-8和图6-9),华中和东北地区高于全国平均水平,而华南和西南地区低于全国平均水平。可以发现,农业保险参保率与农业保险线上化可能存在负向关系,即在参保率高的地区线上化水平较低,在参保率较低的地区线上化水平较高。初步分析,这可能是由于华南和西南地区地形多山地丘陵,传统方式的农业保险验标、查勘成本较高,促使保险公司通过线上模式开展农业保险服务。同时,这些地区由于地理位置的原因,并不适合开展大田作物的规模化生产,所以政策性农业保险的参保率不高。

另外,在脱贫村和非脱贫村的子样本中,发现脱贫村农业保险线上化水平显著低于非脱贫村,见图6-18。这与相同的子样本对农业保险参与率的研究形成对比,图6-11中脱贫村与非脱贫村的农业保险参与率没有明显差异,且分布情况高度相似。由此说明,虽然保费财政补贴进一步向脱贫村倾斜,调动了脱贫地区的农业保险的参保积极性和保险公司的供给水平,但脱贫村经济落后、基础设施较差、缺乏机械化生产和互联网硬件,保险公司提供线上化服务的动力不足,即保险公司可能不愿在该地区提供农业保险的互联网服务。

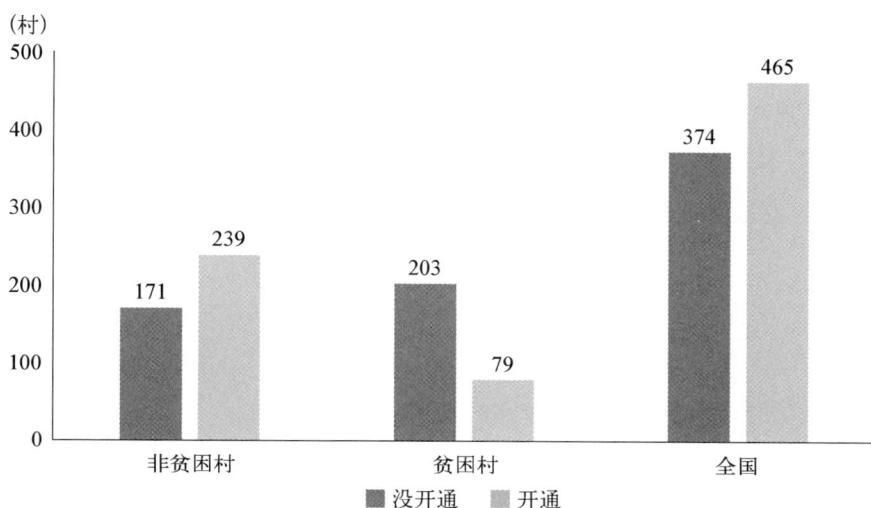

图 6‑18　贫困与非贫困村的农业保险线上化广度

6.5.3　农业保险的线上化深度

本部分进一步调查了农业保险线上化的具体形式,在有参与农业保险的 839 个子样本中,保险公司在 315 个村庄开通了"在线介绍保险产品"服务,随后依次是"在线投保""在线保单查询""在线客服"和"在线理赔和智能理赔",见图 6‑19。

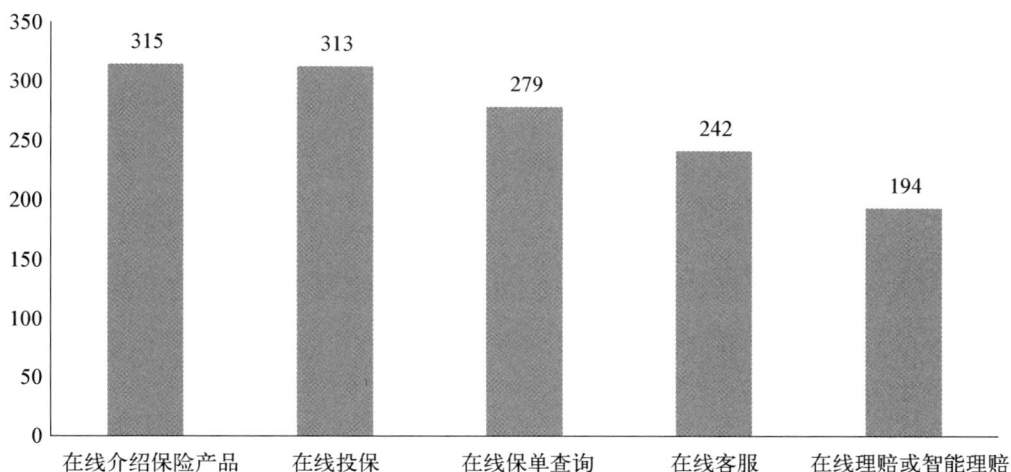

图 6‑19　农业保险的线上化深度

可见,在农业保险的承保端线上化水平要高于理赔端。进一步分析,这可能是由于农业保险经营特征所造成的。农业保险承保一般要求对所在地区和投保人实行统保制,即不能对标的进行选择投保,必须整体投保以控制逆选择风险。因此,必须要投保人"面对面"验标承保的情况较少。而由于农业保险的标的在承保过程中价值与被保险人的行为高度相关,存在较高的道德风险,理赔验标环节往往需要人工亲自参与,因此,理赔端线上化的程度往往低于承保端。

在面对"在本村的保险理赔中,是否使用过下列数字化技术"问题时,被访者可以进行多项选择,据此通过累加村庄开通线上化服务数量作为农业保险线上化深度的代表。图 6-20 显示,在 5 项服务中,保险公司开通 1 项服务的村庄有 107 个,开通 2 项服务的有 101 个,随开通服务增加而逐步减少,但开通全部 5 项服务的村庄又有 107 个,农业保险的线上化程度同样呈现"U"形特征。这说明可能存在政府补贴或其他外在原因,部分农业保险线上化的试点示范村有着较高的线上化水平。

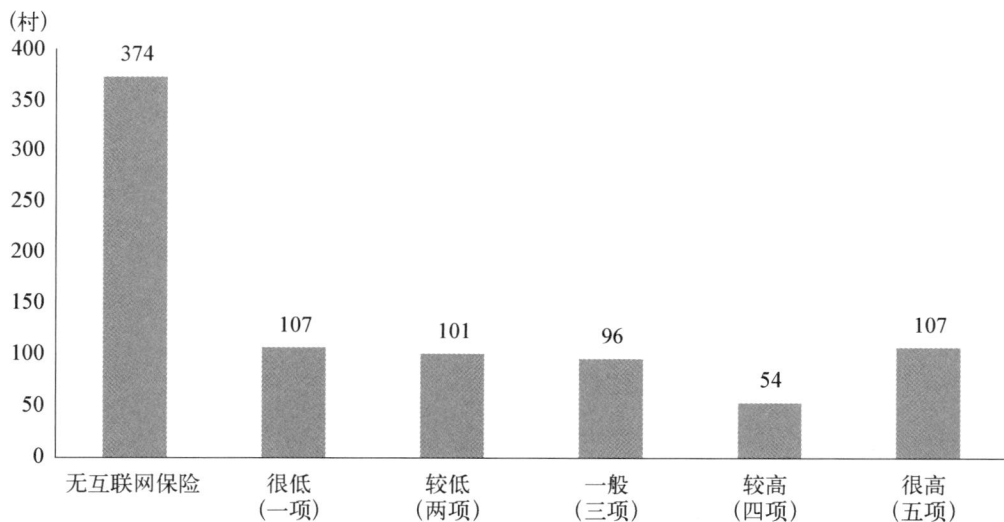

图 6-20 农业保险的线上业务使用

6.5.4 农业保险线上化评价

在本次综合调查中,我们了解了村庄对保险公司提供的农业保险线上服务的反馈情况,见图 6-21。

根据数据显示,49％的村庄明显感受到线上化对承保理赔效率的显著提升,不仅如此,服务体验也得到了显著的改善。这表明保险公司在推动线上服务方面取得了显著成

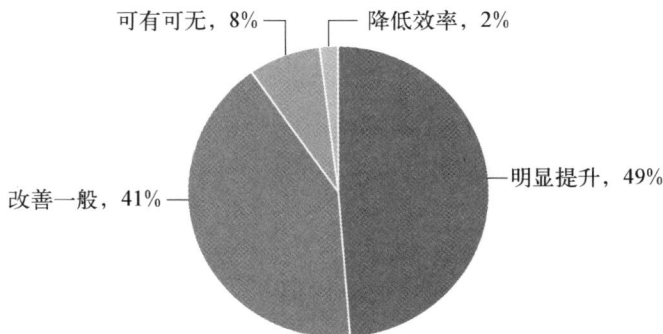

图 6-21 农业保险的线上化评价

绩,对于提升保险服务效能起到了积极的作用。41%的村庄认为,尽管线上服务在一定程度上改善了承保理赔体验,但尚有提升的空间。这意味着虽然已经取得了一些进展,但仍需要继续改进和优化线上服务的各个方面,以更好地满足农村地区的实际需求。8%的村庄对线上服务持一定的怀疑,认为其效果有限,形同虚设。这可能是因为一些村庄在线上服务方面的推广力度尚不足,或存在一些技术和信息障碍,导致线上服务未能充分发挥其应有的作用。2%的村庄认为线上化反而降低了承保理赔的效率。这一反馈可能源于一些实际操作中的问题,如技术不稳定、信息不准确等,需要进一步的研究和改进。

总体而言,尽管农业保险线上服务已经取得了显著进展,但调查数据显示仍存在一些挑战和改进的空间。保险公司在推动数字化转型的过程中需要更深入地理解农村地区的需求,不断优化线上服务,以提供更高效、便捷和符合实际情况的保险体验。

6.6 科技赋能农业保险

科技赋能是农业保险转型升级的重要引擎,也是农业保险实现高质量发展的必由之路。目前,卫星遥感测量面积、无人机查勘灾情、AI 测算识别……多种先进科技手段已被运用于农业保险服务,为农业产业发展保驾护航。在本次调查中,通过采集被调查村庄农业保险的理赔方式的信息,我们考察了科技赋能农业保险的发展广度和深度。

6.6.1 科技赋能农业保险的广度

在关于本村保险理赔数字技术运用的调查中,有相当比例(约 70%)的村庄仅依赖人工测算或手机拍照估算进行农业保险理赔,这表明数字化技术在农业保险领域的普及尚有待提高。

具体而言,213个村庄的反馈显示在本村的保险理赔中仅仅依靠人工测算;有357个村庄表示依赖人工测算和手机拍照估测,这两种传统方法仍在农业保险理赔中扮演着主导角色;在其余的村庄中,有一部分已经开始尝试采用先进的数字技术,见图6-22。

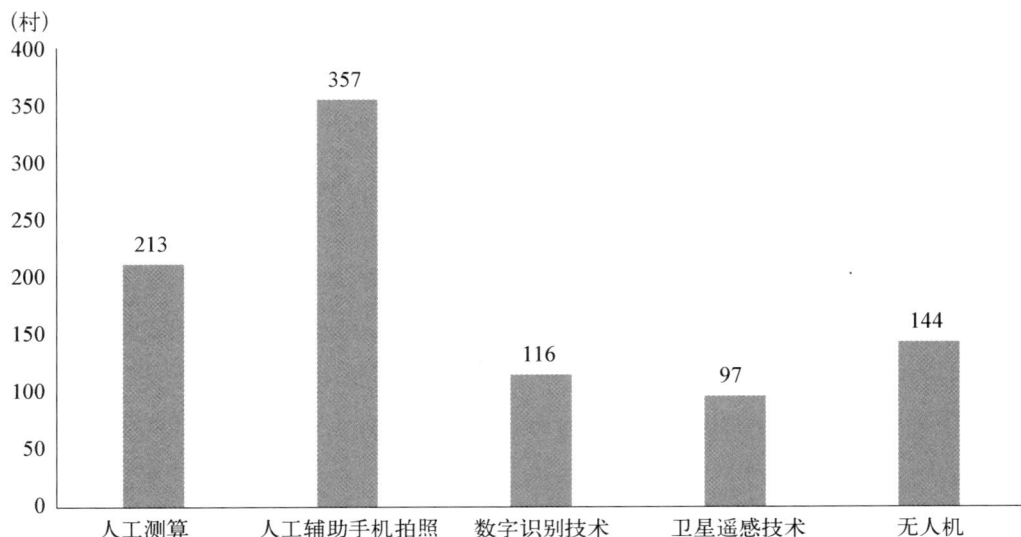

图6-22 农业保险的数字化广度

其中,最广泛应用的是"无人机"技术,在数字化技术运用中占比高达40%,这反映了该技术在市场上的高度成熟和受欢迎程度。通过无人机的视频拍摄,保险公司能够快速获取有关灾情的信息,从而更准确地进行损失评估。数字识别技术占比为33%,这种技术主要包括牲畜脸部识别和电子化耳标等方法。牲畜脸部识别不仅有助于防范道德风险和保险欺诈,而且提高了理赔效率,它可以被看作人脸识别技术在农业保险领域的

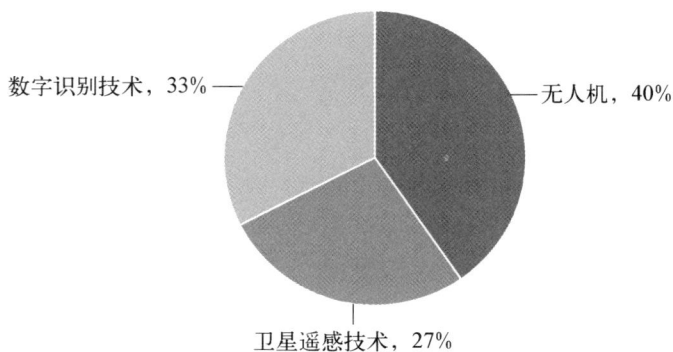

图6-23 农业保险数字化技术的运用占比

升级运用。卫星遥感技术的占比为 27%，尽管该技术受天气和地形等多方面因素的影响，导致其成像技术尚不稳定，但它仍作为一种有潜力的数字技术被一些村庄采用，被用于获取更广泛的地理信息。

总体而言，尽管数字技术在农业保险理赔中逐渐发展，但仍有许多村庄选择依赖传统的人工测算和手机拍照估算方法。这提示我们，除了推广数字技术，还需要解决一些现有技术的局限性，以便更广泛地推动数字化转型。

6.6.2 科技赋能农业保险的深度

通过对村庄选择的不同理赔方式进行累加统计，我们得出有关科技赋能农业保险深度的代表性数据。在统计过程中，我们将仅选择"人工测算"的村庄定义为"没有数字化技术"的代表；将仅选择"手机拍照"或同时选择"人工测算""手机拍照"的村庄判定为"数字化水平一般"；将选择有"无人机""卫星遥感""数字识别技术"三者中任意一项的村庄分类为"数字化水平较高"，选择"无人机""卫星遥感""数字识别技术"中任意两项或全部三项的村庄归为"数字化水平高"。

在 839 个拥有农业保险的村庄样本中，统计结果（图 6 - 24）揭示了选择了"无人机""卫星遥感""数字识别技术"三者中的至少一项的村庄，即"数字化水平较高"以上的村庄数量仅占有效样本的 32%。更具体地，"数字化水平高"的村庄仅占总数的 9%。这说明我国农业保险在数字技术赋能方面尚有很大的提升空间。虽然一些村庄已经开始采用数字技术，但在全国范围内仍有相当数量的村庄仅依赖传统的人工测算方法，数字化水平较低。因此，农业保险领域需要进一步加强数字技术的推广和应用，以提高整体的数字化水平，更好地满足农业保险的需求，提升服务效能。

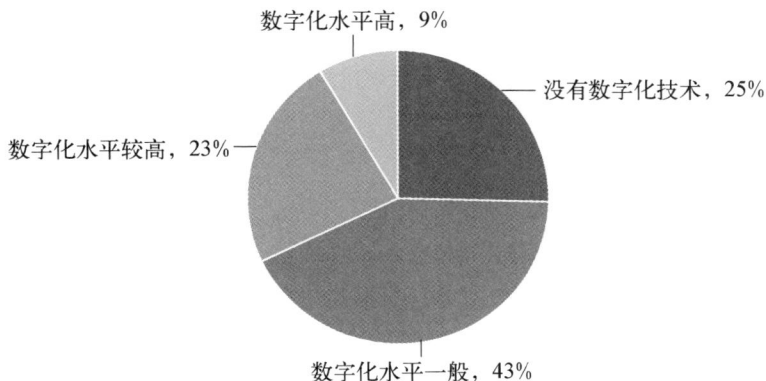

图 6 - 24 农业保险数字化深度

6.7 小 结

根据本次千村调查的数据,在商业保险方面我们发现农民的风险管理态度和对自身健康状况的评价与其保险决策存在相关关系。农民参加的大多是城乡居民基本医疗保险和居民养老保险,农村商业保险覆盖率较低;农民多以传统渠道投保,投保互联网渠道数字保险的农民占比较少。值得注意的是,在投保数字保险的农民中,大多数对数字保险持有积极评价。在对其的后续分析中,我们发现农民的文化程度、从事的工作、数字素养,以及收入水平与其是否采用互联网渠道投保数字保险的决策相关。文化程度较高、务工或经商、对电子设备使用时间更长、收入较高的农民,可能更倾向以互联网渠道投保数字保险。

此外,我们还看到政府在农业保险普及方面的付出和成果,也认识到还有一定的提升空间。在农户方面,38.69%的不了解程度较高,需要通过更精准、多层次的宣传手段确保政策信息全面传达。村委会的培训和承保动员工作在一些地区频次较低,需要提高培训的频次和深度,确保信息覆盖每一个角落。在纯人工生产的村庄中,农业保险参保率较低可能暗示小规模农业生产者在农业保险中的参与较为有限。政府和相关农业部门需引起重视,确保农业保险的普及能够覆盖不同规模和生产方式的农户。政策上的差异解释了在脱贫村与非脱贫村样本中未观察到的显著差异。贫困地区在政策层面得到了更为有力的支持,通过减轻贫困户的经济负担,提高了他们参与农业保险的积极性。这为贫困地区的农业保险普及提供了一种有效的路径,同时也符合国家扶贫政策的总体方向。

政府和相关机构应采用更灵活的宣传方式(如新媒体、社区广播等)深入农村居民中,使信息更贴近生活、易于理解。加大对村级宣传组织的支持力度,鼓励基层干部参与保险和风险管理知识的传递,形成更完善的宣传网络以形成规模效益,充分发挥数字保险作为风险管理工具的职能从而进一步保障农村居民的收入,守住农村脱贫工作的胜利果实。

综合来看,数字保险技术在乡村振兴中扮演着重要角色。通过数字化手段,互联网数字保险可以更好地满足农村居民和农业生产的保险需求,提高风险管理的效能。数字化的保险不仅是经济工具,更是推动农村发展的强大助力和保障农业安全的有力支持。在数字经济时代,充分运用数字保险技术,助力乡村振兴,巩固脱贫成果,将为农村带来更多的发展机遇和可持续的繁荣。

第 7 章

数字经济与农村养老保险及
医疗保险的发展

7.1 引　　言

养老和医疗是事关民生的两大重要课题。我国老龄化进程加剧使得全社会对养老和医疗需求进一步扩大。农村养老和医疗问题是中国养老和医疗事业的关键(宋健,2001;赵黎,2019)。新型农村合作医疗(新农合)和新型农村社会养老保险(新农保)分别于 2002 年和 2009 年推行,这两个社会保险在农村地区的普及提供了基础的养老和医疗资源,并在一定程度上保障了农村居民的养老和就医问题。辅以近年来丰富的商业养老保险和商业医疗保险,农村居民的养老和就医问题可以得到进一步的保障。

相关政策中多次强调发展和解决农村养老和医疗问题,乡村振兴二十字总要求"产业兴旺、生态宜居、乡风文明、治理有效、生活富裕"中有多处涉及农村养老和医疗问题。"产业兴旺"指农村养老产业和卫生健康产业蓬勃发展;"生态宜居"指农村养老院等老年基础设施、农村卫生所等一级医疗机构普及,为农村居民的生活提供便利;"乡风文明"指农村的养老和医疗环境良好,农村居民的养老保险意识和医疗保险意识加强;"治理有效"指在村集体、村委会的领导下,农村养老和医疗事业发展,农村居民的权益得到保证;"生活富裕"指基本养老保险为农村居民提供稳定的养老金,保障老年收入来源,基本医疗保险减轻农村居民的医疗花费负担,避免"因病返贫"。因此,推进农村养老和医疗事业的发展是实施乡村振兴战略的必要环节。

在此背景下,"千村调查"调研了我国农村地区养老和医疗事业发展现状,以及数字赋能养老和医疗事业发展的路径。通过调研发现,城乡居民养老保险的参保深度和保障水平较低、居民养老意识倾向于被动和传统、居民养老需求较高但是农村养老设施配备不足、分级诊疗尚有待在农村地区推广。此外,农村居民数字素养和农村数字能力与养老意识提升、提高养老保险和医疗保险参与度正相关。为推动农村地区养老和医疗事业发展,一方面要进一步提升农村居民的数字素养,加强各类新媒体关于养老和医疗的宣传,增强农村居民的保险意识,鼓励农村居民在参加社会保险的基础上配置商业保险,以获得更全面的养老和医疗保障;另一方面要借助数字技术在农村地区大兴养老和卫生健康产业,增设农村养老设施以更好满足农村居民的养老需求,加强一级基础医疗机构建设,落实分级诊疗,避免宝贵医疗资源的浪费。

7.2 农村养老保险事业发展的整体概况

7.2.1 农村居民养老保险的参保情况

新型农村社会养老保险制度(新农保)早已于 2009 年试点并迅速在全国范围内推行,2014 年城镇居民社会养老保险制度与新农保合并为城乡居民基本养老保险制度(城乡居保)。人社部公布的数据显示,城乡居保在 2022 年底基本实现全覆盖,但人均缴费为 1 457 元[①],仅占当年居民人均可支配收入的 3.95%[②]。在 2023 年"千村调查"中参加城乡居保的 12 923 个样本中,有 9 081 个样本尚处于缴费阶段,2 970 个样本处于领取阶段,872 个样本没有响应。城乡居保参保情况用年缴费额和缴费负担[③]两个指标来衡量。调查显示,城乡居保全样本平均每年缴费金额 1 518 元,约占农民年均收入的 3.64%,可见农民其实有能力更多地参与城乡居保。

"千村调查"覆盖全国 31 个省、市、自治区,我们将其分为东北、华北、华东、华南、华中、西北和西南 7 个地区[④],各地区城乡居保人均参保情况如表 7-1 所示。

① 人社部 http://www.mohrss.gov.cn/SYrlzyhshbzb/zwgk/szrs/tjgb/202306/t20230620_501761.html.
② 国家统计局 https://data.stats.gov.cn.
③ 缴费负担为农村居民参加城乡居保的人均年缴费额与农村居民平均年收入之比。
④ 东北地区包括黑龙江、吉林和辽宁,华北地区包括北京、河北、内蒙古、山西和天津,华东地区包括安徽、福建、江苏、江西、山东、上海和浙江,华南地区包括广东、广西和海南,华中地区包括河南、湖北和湖南,西北地区包括甘肃、宁夏、青海、陕西和新疆,西南地区包括贵州、四川、西藏、云南和重庆。

表 7 - 1　　　　　　　　　　各地区城乡居保人均参保情况

所属大区	城乡居保人均年缴费额(元)	城乡居保平均缴费负担比例
东北地区	1 610.29	3.98%
华北地区	705.61	1.78%
华东地区	2 228.91	4.72%
华南地区	1 201.43	2.85%
华中地区	600.13	1.71%
西北地区	647.35	1.90%
西南地区	1 450.78	4.09%

　　从城乡居保人均年缴费额来看,各地区差异明显。华东地区城乡居保人均年缴费额为 2 228.91 元,远高于其他地区;东北、西南和华南地区城乡居保人均年缴费额居中,分别为 1 610.29 元、1 450.78 元和 1 201.43 元;华北、西北和华中地区城乡居保人均年缴费额不足 1 000 元,分别为 705.61 元、647.35 元和 600.13 元。从城乡居保平均缴费负担来看,各地区差异依然很明显。华东地区城乡居保平均缴费负担(4.72%)远高于其他地区;西南、东北和华南地区城乡居保平均缴费负担居中,分别为 4.09%、3.98% 和 2.85%;西北、华北和华中地区城乡居保平均缴费负担不足 2%,分别为 1.90%、1.78% 和 1.71%。

　　图 7 - 1 为不同组别农村居民的城乡居保参保情况。

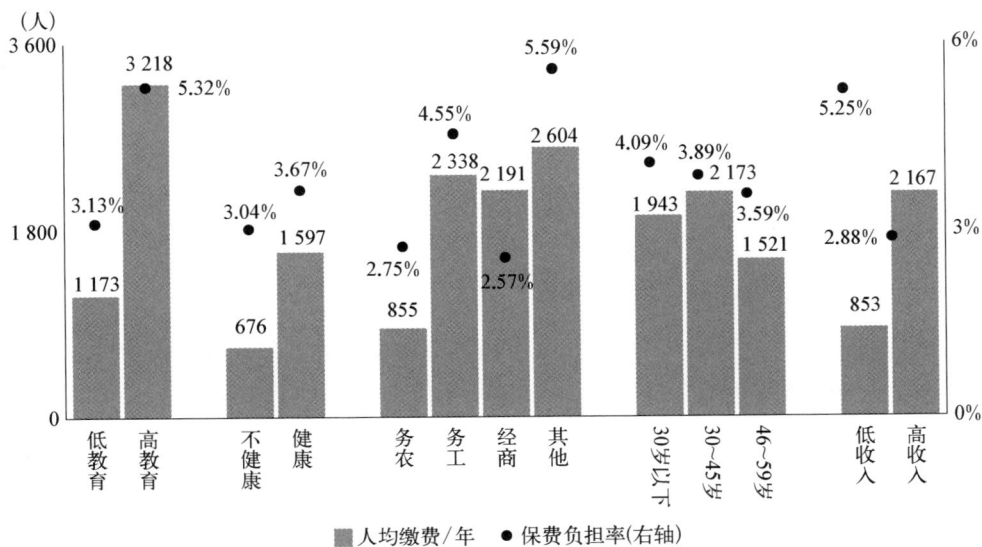

图 7 - 1　不同组别城乡居保参保情况

从教育水平看,高教育水平(高中以上学历)农村居民的人均城乡居保年缴费额为3 218 元,缴费负担为5.32%,远高于低教育水平的农村居民(1 173 元和3.13%)。

从健康状况看,健康农村居民的平均年缴费金额为1 597 元,保费负担率为3.67%,高于不健康农村居民(676 元和3.04%)。

从工作类型看,务农农村居民的缴费金额(855 元)少于经商农村居民(2 191 元)、务工农村居民(2 338 元)和其他工作类型的农村居民(2 604 元);而经商农村居民的保费负担率(2.57%)低于务农农村居民(2.75%)、务工农村居民(4.55%)和其他工作类型的农村居民(5.59%)。

从年龄段看,30~45 岁农村居民的缴费金额(2 173 元)高于30 岁以下农村居民(1 943 元)和46~59 岁农村居民(1 521 元),30 岁以下农村居民的保费负担率(4.09%)高于30~45 岁农村居民(3.89%)和40~59 岁农村居民(3.59%)。

从收入水平看,高收入农村居民(即收入高于平均值)的缴费金额(2 167 元)高于低收入农村居民(853 元);但保费负担率(2.88%)却比低收入农村居民更低(5.25%),可见,农村居民之间的收入差距非常明显。

7.2.2　城乡居民养老保险的保障水平

调查显示,正在领取城乡居保养老金的农村居民中,45.73%的城乡居保领取者认为每月领取的养老金无法满足基本生活,人均领取的养老金为每月194 元;28.84%的农村居民认为勉强够用,人均领取的养老金为每月244 元;仅25.43%认为可以满足基本生活,人均领取的养老金为每月288 元。

全样本中,已开始领取城乡居保的农民平均每月领取金额233 元,约占全样本月均收入的6.70%。也就是说,农村地区城乡居保的替代率大约为6.70%。国家统计局的公开数据显示,2022 年已开始领取城镇职工养老保险的退休职工平均每月领取金额为3 606 元,替代率为37.94%[①],远高于同口径下城乡居保的替代率6.67%。这与基本养老保险"多缴多得"的设计原则是吻合的。

依据《国务院办公厅关于印发降低社会保险费率综合方案的通知》(国办发〔2019〕13号),城镇职工基本养老保险的费率为企业缴纳个人社保缴费基数的16%以及职工个人承担8%,即总共为24%,而城乡居保的缴费负担仅3.75%,远低于城镇职工养老保险。城镇职工基本养老保险的缴费负担与替代率之比为0.63;而城乡居保的缴费负担与替

---

① 国家统计局-城镇职工基本养老保险基金支出、离退人员参加养老保险人数和城镇单位就业人员平均工资。

代率之比为 0.59。可见,城乡居保的缴费负担与替代率之比并不低,与城镇职工相差不大。所以城乡居保的替代率低的原因是缴费负担低了,如果农村居民可以更多地参与城乡居保,那么其替代率会相应提高。

7.2.3　农村居民的养老意识分析

调查农民认为养老资金的主要来源时,请被调查者限选 3 个自己认为的养老资金主要来源,并按重要性从高到低进行排序。该问题并不是调查农民的养老资金实际来源,而是调查农村居民对养老资金来源的认知,这可以反映农村居民的养老意识,也就是农村居民倾向性的养老模式。图 7-2 为全样本农村居民认为的主要养老资金来源。

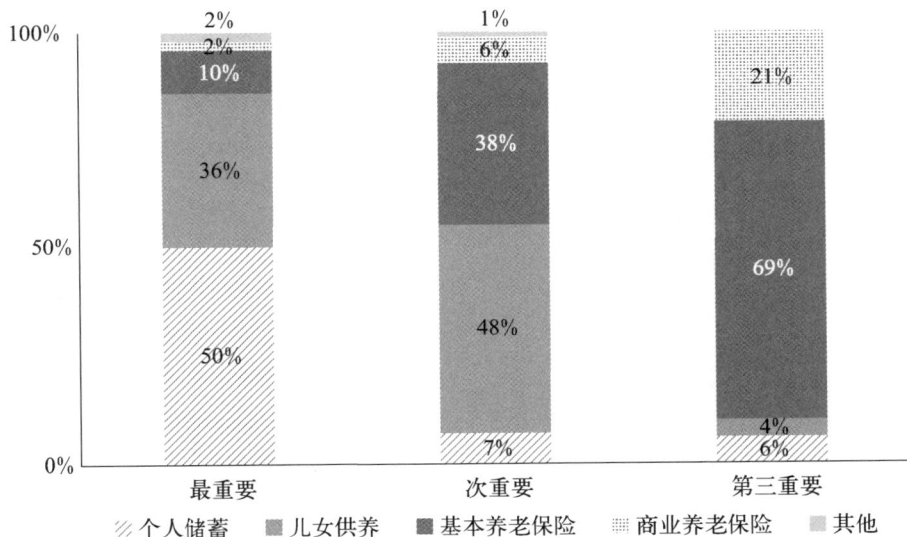

图 7-2　农村居民认为的主要养老资金来源

农村居民认为,最重要的养老资金来源分别为个人储蓄(50%)、儿女供养(36%)、基本养老保险(10%)和商业养老保险(2%);次重要的来源分别为儿女供养(48%)、基本养老保险(38%)、个人储蓄(7%)和商业养老保险(6%);第三重要的来源分别为基本养老保险(69%)、商业养老保险(21%)、个人储蓄(6%)和儿女供养(4%)。可以看出,绝大多数被调查者都认为,养老资金应主要来源于个人储蓄与儿女供养。进一步按不同标准划分样本并深入分析其认为的最重要的养老资金来源,如图7-3 和图 7-4 所示。

从地区来看,东北地区依靠儿女供养养老的比率最低(26.93%),西北地区最高

地区	个人储蓄	儿女供养	基本养老保险
西南地区	49.73%	39.14%	7.62%
西北地区	42.92%	46.09%	9.51%
华中地区	47.28%	41.50%	6.97%
华南地区	44.74%	41.79%	9.74%
华东地区	52.21%	31.89%	12.50%
华北地区	49.77%	39.50%	8.40%
东北地区	55.66%	26.93%	14.36%

☒个人储蓄　▨儿女供养　■基本养老保险　▨商业养老保险　▨其他

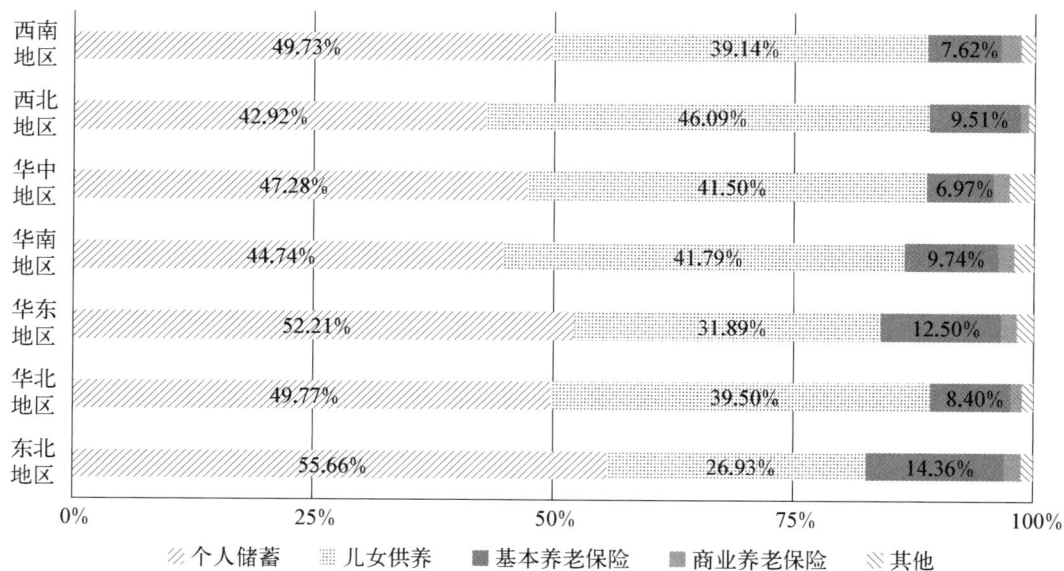

图 7-3　各地区农村居民认为最重要的养老资金来源

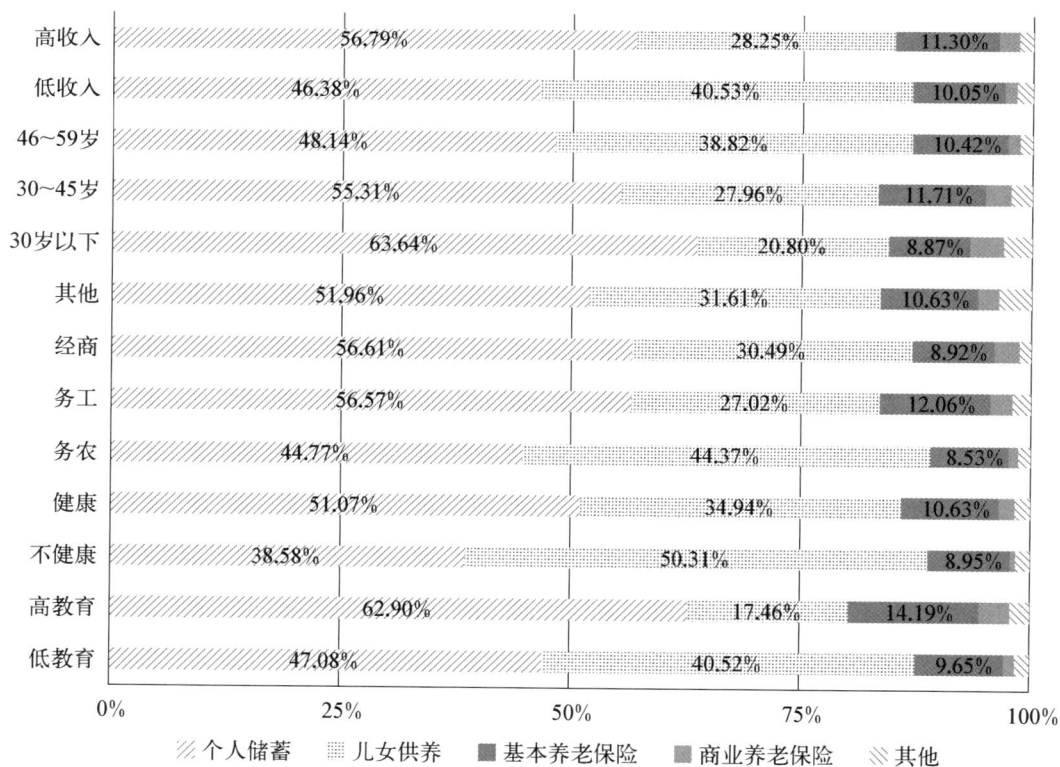

组别	个人储蓄	儿女供养	基本养老保险
高收入	56.79%	28.25%	11.30%
低收入	46.38%	40.53%	10.05%
46~59岁	48.14%	38.82%	10.42%
30~45岁	55.31%	27.96%	11.71%
30岁以下	63.64%	20.80%	8.87%
其他	51.96%	31.61%	10.63%
经商	56.61%	30.49%	8.92%
务工	56.57%	27.02%	12.06%
务农	44.77%	44.37%	8.53%
健康	51.07%	34.94%	10.63%
不健康	38.58%	50.31%	8.95%
高教育	62.90%	17.46%	14.19%
低教育	47.08%	40.52%	9.65%

☒个人储蓄　▨儿女供养　■基本养老保险　▨商业养老保险　▨其他

图 7-4　不同组别农村居民认为最重要的养老资金来源

（46.09％）；东北地区依靠基本养老保险养老的比率最高（14.36％），华中地区最低（6.97％）；西南地区依靠商业养老保险养老的比率最高（2.08％），西北地区最低（0.88％）。

从教育水平来看，教育水平高的农村居民依靠儿女供养的比率（17.46％）远低于教育水平低的农村居民（40.52％），依靠基本养老保险和商业养老保险养老的比率（14.19％和3.35％）均高于教育水平低的农村居民（9.65％和1.22％）。

从健康状况来看，健康的农村居民依靠儿女供养的比率（34.94％）远低于不健康的农村居民（50.31％），依靠基本养老保险和商业养老保险养老的比率（10.63％和1.71％）均高于不健康的农村居民（8.95％和0.62％）。

从职业类别来看，务农的农村居民依靠儿女供养的比率（44.37％）远高于务工、经商和从事其他工作的农村居民（27.02％、30.49％和31.61％），依靠基本养老保险和商业养老保险养老的比率（8.53％和1.02％）均低于不务农的农村居民；务工的农村居民依靠基本养老保险养老的比率最高（12.06％），经商的农村居民依靠商业养老保险养老的比率最高（2.76％）。

从年龄段来看，30岁以下的农村居民依靠儿女供养的比率最低（20.80％），30～45岁的农村居民依靠儿女供养的比率居中（27.96％），46～59岁的农村居民依靠儿女供养的比率最高（38.82％）；30岁以下的农村居民依靠商业养老保险养老的比率最高（3.64％），30～45岁、46～59岁的农村居民依靠商业养老保险养老的比率依次降低（2.76％和1.27％）；30～45岁的农村居民依靠基本养老保险养老的比率最高（11.71％），然后是46～59岁（10.42％），30岁以下最低（8.87％）。

从收入水平来看，高收入的农村居民依靠儿女供养的比率（28.25％）远低于低收入的农村居民（40.53％），依靠基本养老保险和商业养老保险养老的比率（11.30％和2.18％）均高于低收入的农村居民（10.05％和1.31％）。

7.2.4　农村居民的养老需求

图7-5至图7-7为各地区农村老龄化程度、农村居民希望提升农村养老产业的比率，以及存在因为家乡有医疗养老等社会保障而劳动力返乡的农村比率。全样本农村老龄化程度为21.08％。依据国家统计局公开数据，2022年全国60周岁及以上老年人口占比为19.86％，可见农村地区的老龄化程度高于城镇地区。

依据调查，49.33％的受访者希望本村在农村养老产业获得进一步发展提升。图7-6显示，西北地区的农村居民希望提升农村养老产业的比率最低（41.67％），这可能有两个原因：一是西北地区农村居民对农村养老产业发展的需求低，二是西北地区农村养老

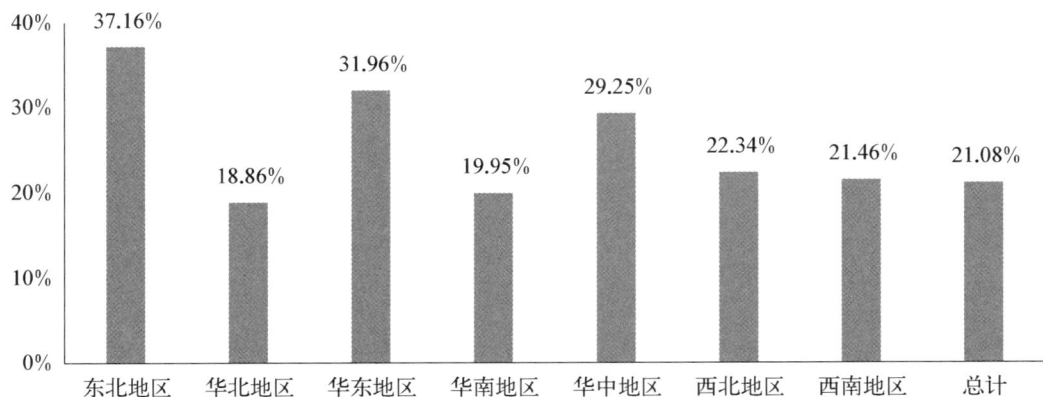

图 7-5　各地区农村老龄化程度

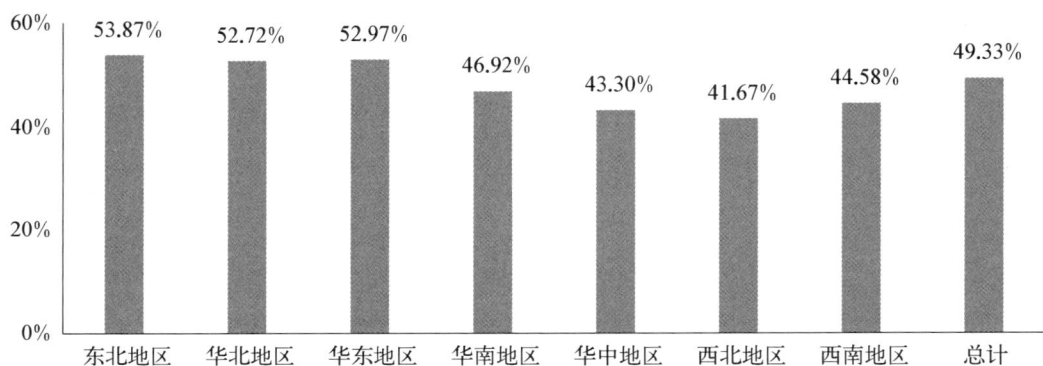

图 7-6　各地区农村居民希望提升农村养老产业的比率

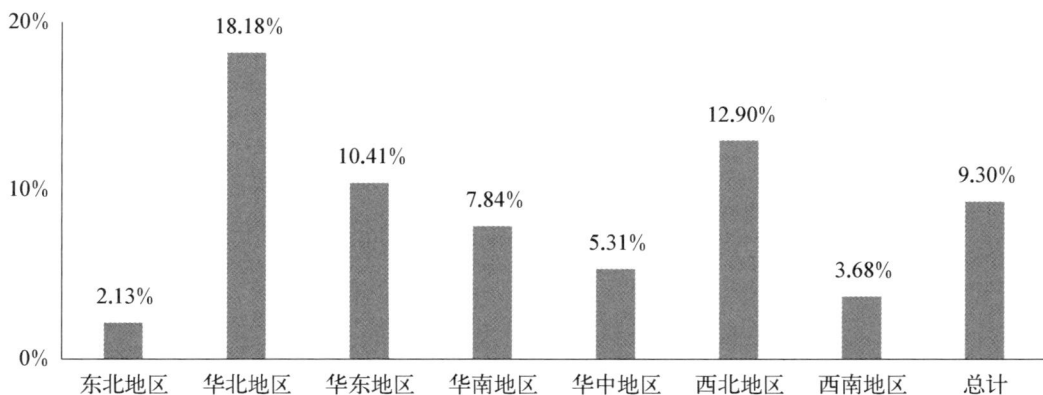

图 7-7　各地区存在因为家乡有医疗养老等社会保障而劳动力返乡的农村比率

产业发展得比较符合农村居民的需要;东北地区的农村居民希望提升农村养老产业的比率最高(53.87%),该地区农村居民的养老需求最高。

9.3%的村庄存在因为家乡有医疗养老等社会保障而劳动力返乡的现象;东北地区的农村存在因为家乡有医疗养老等社会保障而劳动力返乡的比率最低(2.13%),可能是因为东北地区的老龄化程度最高(37.16%);华北地区的农村存在因为家乡有医疗养老等社会保障而劳动力返乡的比率最高(18.18%),可能是因为华北地区的老龄化程度最低(18.86%),见图 7-7。

7.2.5 农村养老设施的配备情况

关于农村养老机构配备情况,整体来看,全国 61.17%的农村没有配备养老机构,17.19%的农村养老机构由政府主办,13.35%的农村养老机构归村集体所有,5.16%的农村养老机构为政府与社会资本混合,3.13%的农村养老机构由个人/企业投资。图 7-8 为各地区的农村养老机构配备情况。

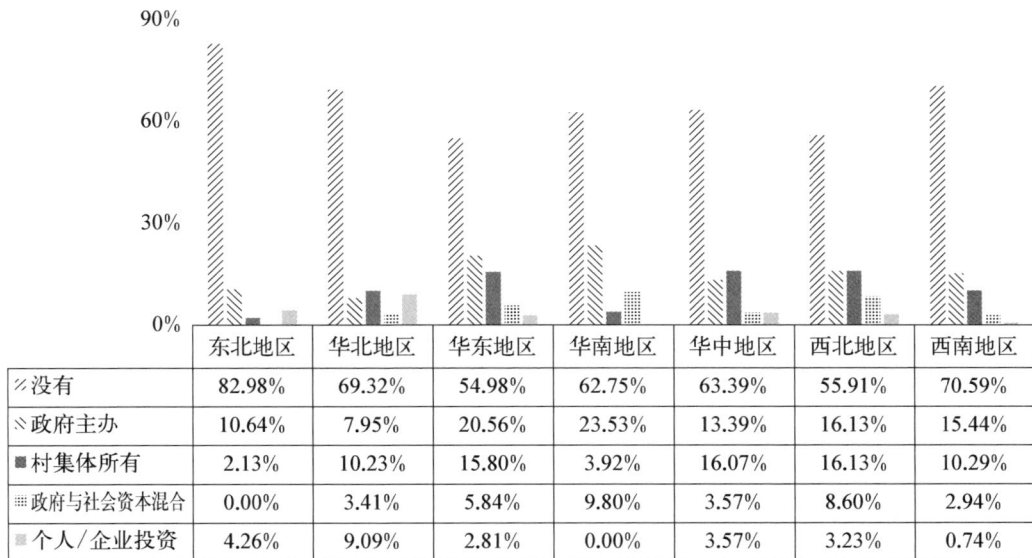

	东北地区	华北地区	华东地区	华南地区	华中地区	西北地区	西南地区
没有	82.98%	69.32%	54.98%	62.75%	63.39%	55.91%	70.59%
政府主办	10.64%	7.95%	20.56%	23.53%	13.39%	16.13%	15.44%
村集体所有	2.13%	10.23%	15.80%	3.92%	16.07%	16.13%	10.29%
政府与社会资本混合	0.00%	3.41%	5.84%	9.80%	3.57%	8.60%	2.94%
个人/企业投资	4.26%	9.09%	2.81%	0.00%	3.57%	3.23%	0.74%

图 7-8 各地区农村养老机构配备情况

东北地区农村没有配备养老机构的比率最高(82.98%),华东地区农村没有配备养老机构的比率最低(54.98%)。华南地区农村养老机构由政府主办的比率最高(23.53%),华北地区最低(7.95%);西北地区农村养老机构归村集体所有的比率最高(16.13%),东北地区最低(2.13%);华南地区农村养老机构为政府与社会资本混合的比率最高(9.80%),东北地区最低(0.00%);华北地区农村养老机构由个人/企业投资的比率最高（9.09％），华南地区最低（0.00％）。

7.3 农村医疗保险事业发展的整体概况

7.3.1 农村居民医疗保险的参保情况

医疗保险的种类较多，除了城乡居民医保以外，商业医疗保险、职工医保、医疗救助、公费医疗等也是常见的医疗保险。全样本平均参与 1.02 种医疗保险，5.27％的农村居民参与 2 种医疗保险，0.54％的农村居民参与 3 种医疗保险。在购买商业医疗保险的农村居民中，华南地区农村居民购买商业医疗保险的比率最高（5.13％），华东地区、东北地区其次，分别为 4.74％和 4.70％，西南地区农村居民购买商业医疗保险的比率最低（2.08％）。

图 7-9 汇总了各类医疗保险参与人数占比。95.75％的中国农村居民参与了医疗保险。85.08％的农村居民参与了城乡居民基本医疗保险，2.14％参与了公费医疗，1.06％参与了医疗救助，9.69％参与了城镇职工基本医疗保险，4.00％的农村居民购买了商业医疗保险，0.07％参与了长期护理保险。

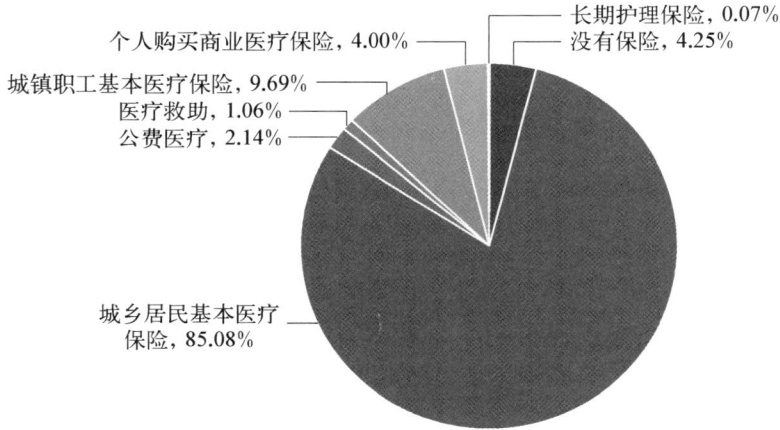

图 7-9 各类医疗保险参与人数占比

7.3.2 农村居民的就医选择

长期以来，我国优质医疗资源配置失衡，大量优质资源集中于三级医院，下级医院和基层医疗服务薄弱，导致患者就医选择集中于三级医院、面临看病难的困境，难以满足群众健康需求（封进等，2022）。2015 年的《国务院办公厅关于推进分级诊疗制度建设的指导意见》明确了各级各类医疗机构诊疗服务功能定位，提出了基层首诊、双向转诊、慢急分治、上下联动的分级诊疗模式。依据"千村调查"的结果，在 2022 年有过生病、受伤或怀孕生育等就医经历的农村居民中，14.92%的农村居民选择到村卫生所就医，17.51%选择到镇级医院就医，32.68%选择到县级医院就医，31.07%选择到市级医院就医，3.82%的农村居民选择其他治疗地点。可见大多数农村居民在就医时还是倾向于选择县、市级医院就医，而非就近就医。图 7-10 为各地区的农村居民就医选择。

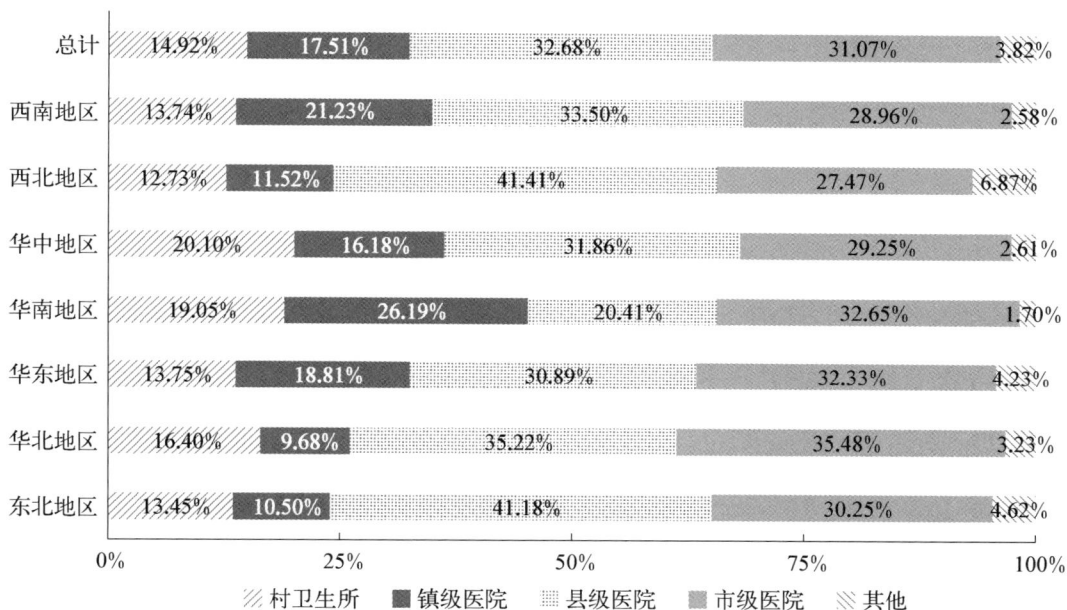

图 7-10　各地区农村居民就医选择

西北地区农村居民选择村卫生所就医的比率最低（12.73%），华中地区最高（20.10%）；华北地区选择镇级医院就医的比率最低（9.68%），华南地区最高（26.19%）；华南地区选择县级医院就医的比率最低（20.41%），西北地区最高（41.41%）；西北地区选择市级医院就医的比率最低（27.47%），华北地区最高（35.48%）。县级医院是东北、华中、西北和西南地区农村居民就医的首选，市级医院是华北、华东和华南地区农村居民就医的首选。

从就医原因来看，30.87%生病的农村居民会选择县级医院就医、30.7%选择市级医院、17.9%选择镇级医院、16.49%选择村卫生所；39.72%受伤的农村居民会选择县级医院就医、30.32%选择市级医院、18.26%选择镇级医院、8.16%选择村卫生所；44.41%怀孕生育的农村居民会选择县级医院就医、37.7%选择市级医院、10.86%选择镇级医院、5.11%选择村卫生所，见图 7-11。

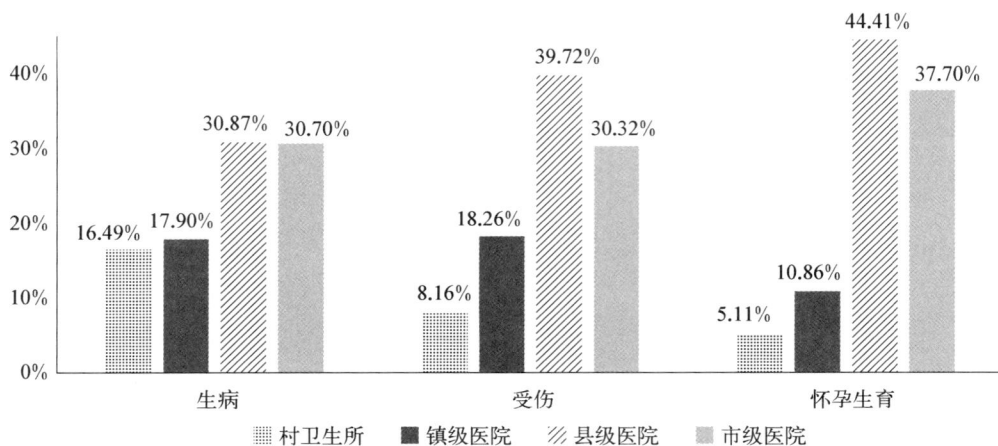

图 7‐11　农村居民就医原因及就医选择

7.3.3　农村居民的医疗花费负担

表 7‐2 为各地区和各省份农村居民医保报销比率。我国农村居民平均医疗保险报销比例为 46.88％;华南地区的医保报销比例最高,为 52.1％;东北地区最低(36.11％);华东地区医保报销比例也超过了 50％,达到 50.69％。从各省份看,报销比例最高的是甘肃 58.98％,江苏、江西、上海、浙江、广东、海南、宁夏、新疆、贵州、西藏和云南的报销比例都超过了 50％。

表 7‐2　　　　　　　　　　　各地区和省份医保报销比率

东北地区 36.11％	华北地区 43.22％	华东地区 50.69％	华南地区 52.10％	华中地区 42.92％	西北地区 45.70％	西南地区 43.61％
黑龙江 32.28％	北京 49.26％	安徽 41.02％	广东 55.35％	河南 42.12％	甘肃 58.98％	贵州 51.15％
吉林 40.52％	河北 47.35％	福建 48.26％	广西 49.29％	湖北 44.81％	宁夏 52.32％	四川 39.43％
辽宁 33.03％	内蒙古 36.87％	江苏 54.54％	海南 55.14％	湖南 42.94％	青海 39.28％	西藏 57.88％
	山西 39.73％	江西 50.20％			陕西 37.89％	云南 52.99％
	天津 2.83％	山东 46.32％			新疆 50.93％	重庆 32.45％
		上海 53.48％				
		浙江 53.22％				

　　图 7 - 12 为各省份农村居民平均医疗花费负担,分为两个维度:一是医疗支出占家庭总支出的比重,二是医疗支出占家庭总收入的比重。

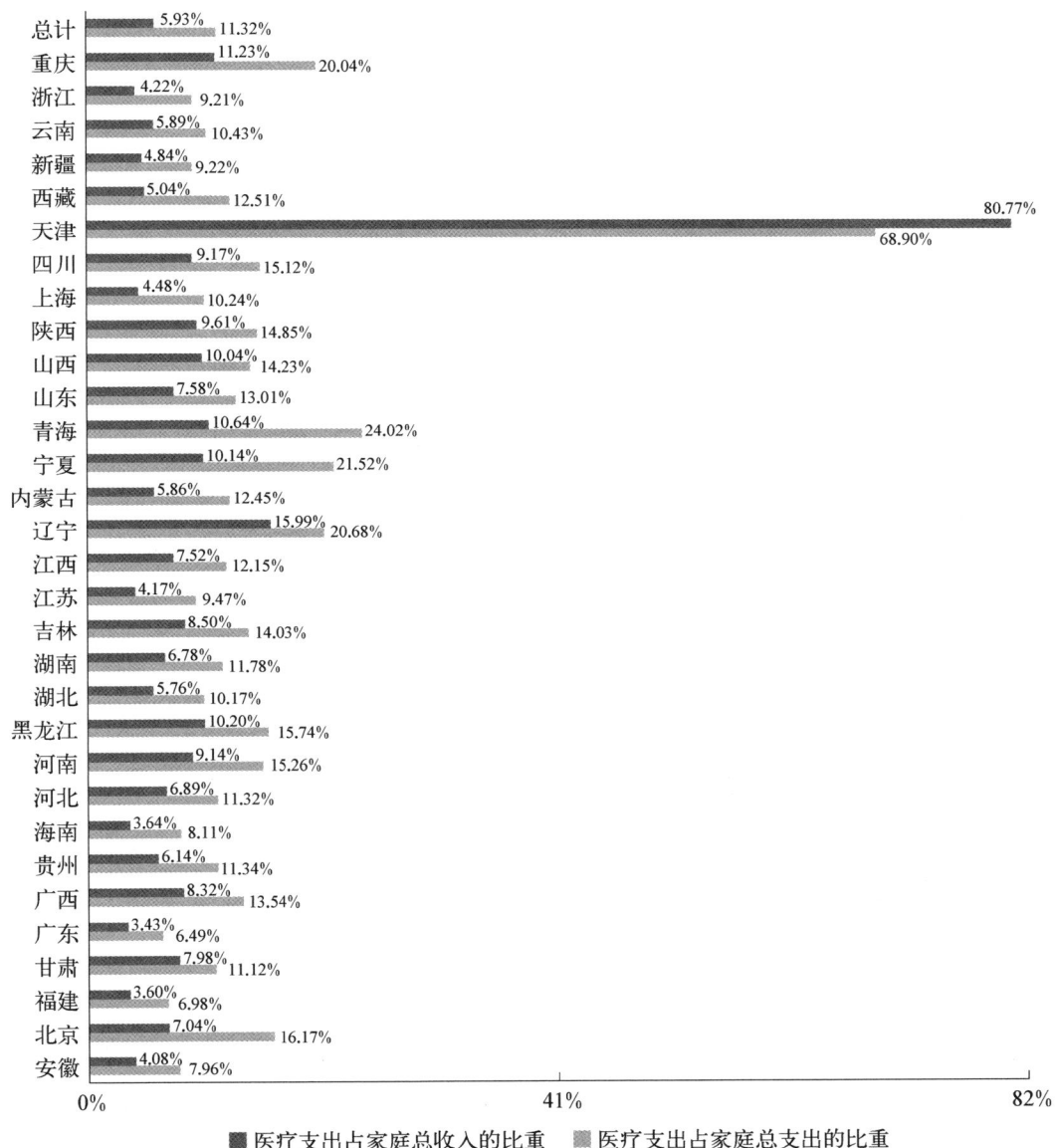

图 7 - 12　各省份农村居民平均医疗花费负担

　　从全样本来看,医疗支出占农村居民家庭总支出的比重为 11.32%,占农村居民家庭总收入的比重为 5.93%。医疗支出占农村居民家庭总支出的比重最低的省份是广东省(6.49%),然后是福建省(6.98%)和安徽省(7.96%),比重较高的省份是青海(24.02%)、宁夏(21.52%)和辽宁(20.68%)。医疗支出占农村居民家庭总收入的比重最低的省份是广东省(3.43％),然后是福建省(3.60％)和海南省(3.64％),比重较高的省份是辽宁(15.99％)、重庆(11.23％)和青海(10.64％),医疗支出超过总收入10％的家庭被认为面临灾难性医疗支出(Huang 和 Liu,2023)。可见部分省份农村居民的医疗负担较重,可能有"因病返贫"的风险。

7.4 农村居民数字素养助力中国农村
养老保险和医疗保险事业发展

数字技术助力中国农村养老和医疗事业发展从两个方面反映:一是农村居民数字素养,二是农村数字能力。本节分析农村居民数字素养对中国农村养老保险和医疗保险的发展的影响。

7.4.1 农村居民数字素养提升养老意识

养老意识涉及对几种主要老年收入来源的倾向、偏好和预期,其中,基本养老保险和商业养老保险需要参保人在对养老保险有一定了解和认知的基础,才会有依靠养老保险养老的意识。互联网、智能设备的普及让农村居民获取信息的渠道更多样化,大众媒体、广告、小视频、社交媒体等渠道让农村居民了解到养老问题的重要性,并且对各式各样的养老理财产品和养老保险产品有所了解。

(1) 使用智能手机或平板电脑能有效提升养老意识

首先用每天使用智能手机或平板电脑的时长来衡量农村居民数字素养,我们认为"5小时以上"的智能手机使用时长表明农村居民数字素养高;"不足5小时"表明农村居民数字素养低。

图7-13反映了使用智能手机时间长短与养老意识之间的关系。

使用智能手机时间长的农村居民以儿女供养为未来主要资金来源的比例为26.54％,低于使用智能手机时间短的农村居民(40.35％);依靠自己养老的比例(57.3％)、依靠基本养老保险(11.71％)、商业养老保险(2.54％),均高于使用智能手机时间短的农村居民(46.93％、9.97％和1％)。这说明,智能手机的使用时间长能够提高村民的养老意识。使用智能手机时间长的农村居民选择商业养老保险的比例(2.54％＋9.93％＋29.76％＝42.23％)高于使用智能手机时间短的农村居民(1％＋4.62％＋15.74％＝21.36％)。

考虑到数字素养对养老意识的影响在不同个性特征中存在异质性,图7-14展示了

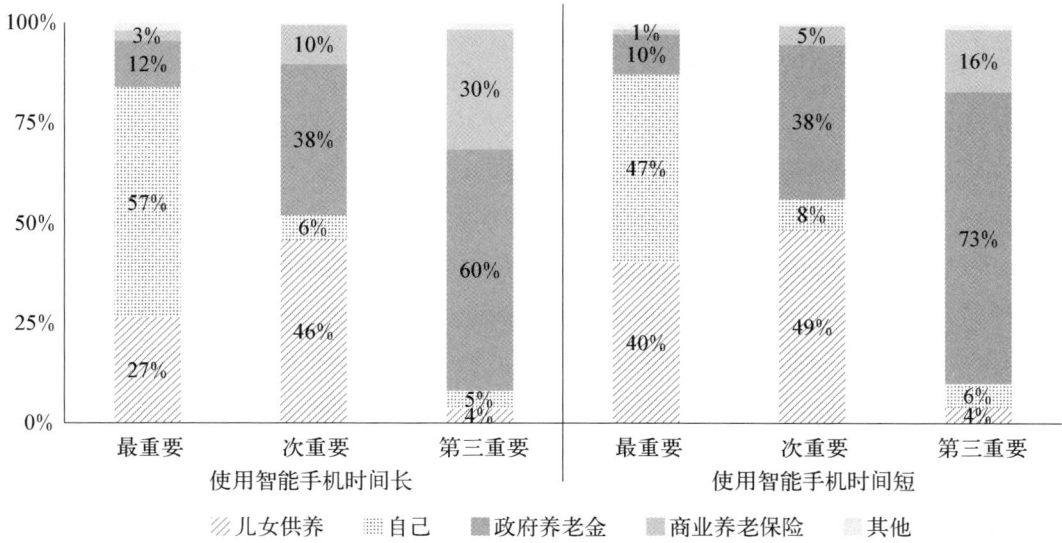

图 7‑13 使用智能手机时间长短与养老意识

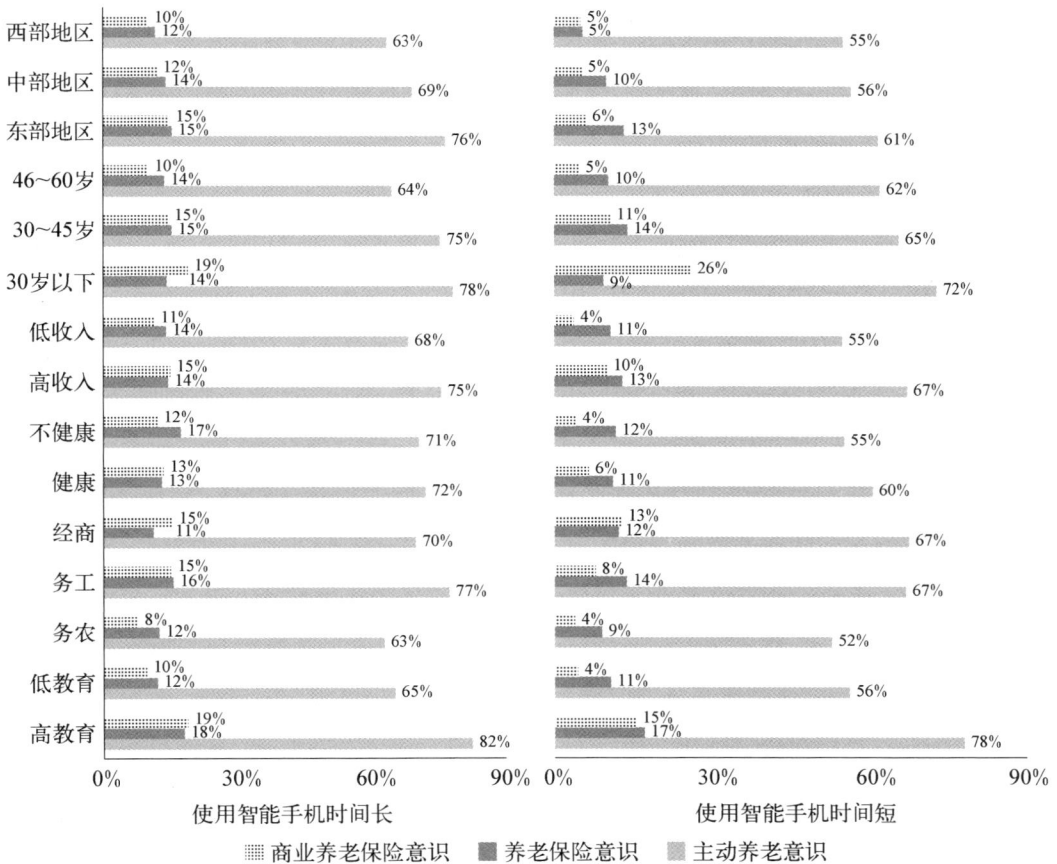

图 7‑14 使用智能手机时间长短、个性特征与养老意识

个性特征和使用智能手机时间长短的异质性。

主动养老意识是指不依靠子女养老,依靠个人储蓄、基本养老保险或商业养老保险养老。养老保险意识是指依靠基本养老保险或商业养老保险养老。商业养老保险意识是指将商业养老保险视为一种主要养老资金来源。

从教育水平来看,高教育、使用智能手机时间短的农村居民的主动养老意识、养老保险意识和商业养老保险意识均高于低教育、使用智能手机时间长的农村居民。相比教育程度高的群体,个人数字素养的提高对受教育程度低的群体主动养老意识的改进效应更显著(65.12%—55.85%大于82.33%—77.59%),养老保险意识和商业养老保险意识也得到了更大的改善。

从职业类型来看,务农、使用智能手机时间短的农村居民的主动养老意识、养老保险意识和商业养老保险意识均低于务工和经商且使用智能手机时间长的农村居民。相比经商群体,个人数字素养的提高对务农和务工群体主动养老意识的改进效应更显著,养老保险意识和商业养老保险意识也得到改善;经商群体的商业养老保险意识得到改善。

从健康状况来看,相比不健康群体,个人数字素养的提高对健康群体主动养老意识的改进效应更显著;相比健康群体,个人数字素养的提高对不健康群体养老保险意识和商业养老保险意识的改进效应更显著。

从收入水平来看,相比高收入群体,个人数字素养的提高对低收入群体主动养老意识、养老保险意识和商业养老保险意识的改进效应更显著。

从年龄段来看,相比30岁以下及46~60岁群体,个人数字素养的提高对30~45岁群体主动养老意识的改进效应更显著,这更加凸显了个人数字素养提升养老意识的重要性,对于30~45岁群体而言,他们的下一个人生阶段就是为养老做实质性准备,如果这个群体的养老意识可以得到显著提升,那么他们在46~60岁阶段就能够更充分地做好老年财务规划,从而为60岁后的养老生活做准备;相比30~60岁群体,个人数字素养的提高对30岁以下群体养老保险意识的改进效应更显著;相比30~45岁群体,个人数字素养的提高对46~60岁群体商业养老保险意识的改进效应更显著。

从所在地区来看,相比西部地区群体,个人数字素养的提高对东部和中部地区群体主动养老意识的改进效应更显著,这可能是因为东部地区经济发达地区,农村居民本就更有能力主动养老,在数字化技术的提升下,他们获取了更多的信息,从而可以更好借助数字信息和技术做好老年规划;相比东部地区群体,个人数字素养的提高对中部和西部地区群体养老保险意识的改进效应更显著;个人数字素养的提高对东部、中部和西部地区群体商业养老保险意识的改进效应均很显著。

（2）关注时政新闻和金融信息能有效提升养老意识

衡量农村居民数字素养的第二个指标是平时在网络上是否经常关注时政新闻和金融信息。因为养老事关民生，养老决策又是一项金融决策，所以关注时政新闻和金融信息的人会获取更多关于养老方式的信息。平时在网络上经常关注时政新闻和金融信息，农村居民数字素养高，平时在网络上不经常关注时政新闻和金融信息，则农村居民数字素养低。图 7 - 15 反映了关注时政新闻和金融信息与养老意识之间的关系。

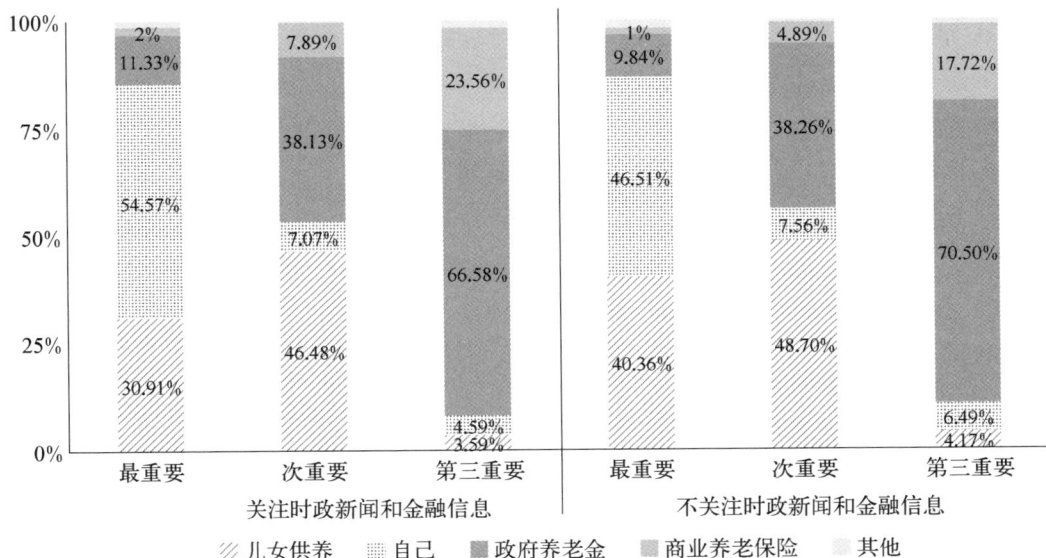

图 7 - 15　关注时政新闻和金融信息与养老意识

关注时政新闻和金融信息的农村居民以儿女供养为未来主要资金来源的比例（30.91％）低于不关注时政新闻和金融信息的农村居民（40.36％），依靠自己养老的比例（54.57％）、依靠基本养老保险（11.33％）、商业养老保险（2％）均高于不关注时政新闻和金融信息的农村居民（46.51％、9.84％和1％），说明关注时政新闻和金融信息能够提高村民的养老意识。关注时政新闻和金融信息的农村居民选择商业养老保险的比例（2％＋7.89％＋23.56％＝33.45％）高于不关注时政新闻和金融信息的农村居民（1％＋4.89％＋17.72％＝23.61％）。

图 7 - 16 展示了个性特征和是否关注时政新闻和金融信息的异质性。

从教育水平来看，高教育、不关注时政新闻和金融信息的农村居民的主动养老意识、养老保险意识和商业养老保险意识均高于低教育、关注时政新闻和金融信息的农村居民。相比教育程度高的群体，个人数字素养的提高对受教育程度低的群体主动养老意识的改进效应更显著（62.86％－54.73％大于82.24％－77.82％）；相比教育程度低的群

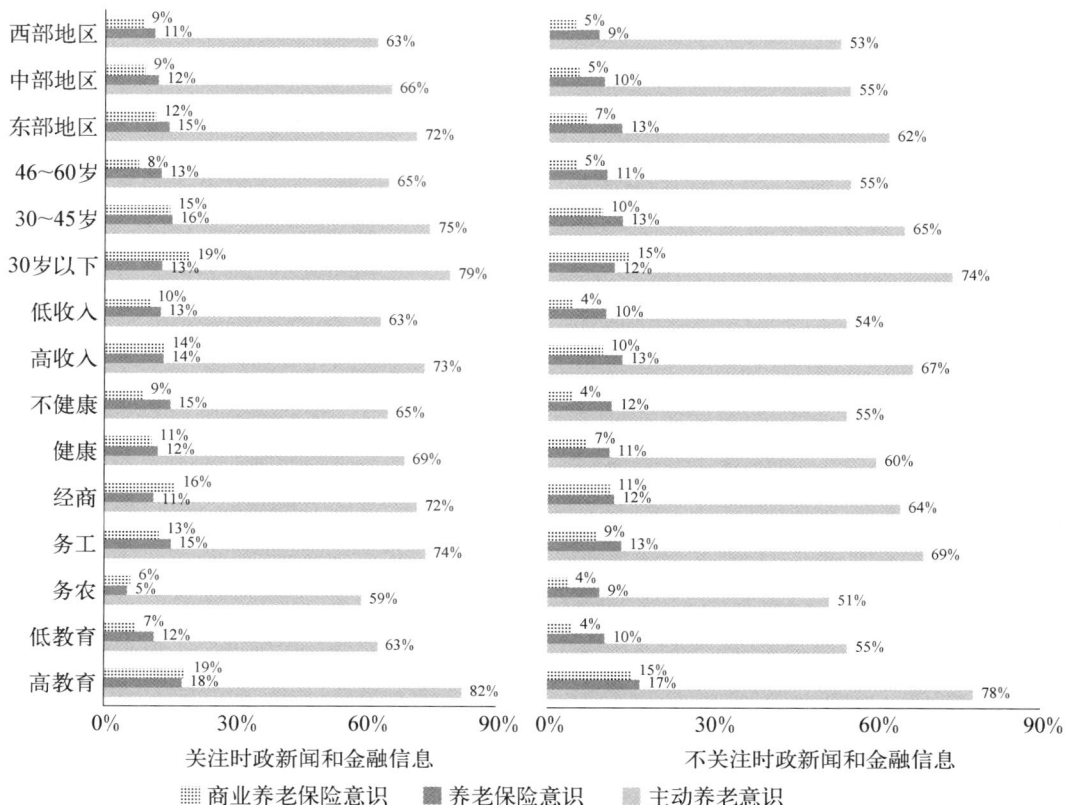

图 7 - 16　是否关注时政新闻和金融信息、个性特征与养老意识

体,个人数字素养的提高对受教育程度高的群体养老保险意识和商业养老保险意识的改进效应更显著。

从职业类型来看,务农、关注时政新闻和金融信息的农村居民的主动养老意识、养老保险意识和商业养老保险意识均低于务工和经商且不关注时政新闻和金融信息的农村居民。相比务工群体,个人数字素养的提高对务农和经商群体主动养老意识的改进效应更显著;务工群体的养老保险意识得到改善,经商群体的商业养老保险意识得到更大的改善。

从健康状况来看,相比健康群体,个人数字素养的提高对不健康群体主动养老意识、养老保险意识和商业养老保险意识的改进效应更显著。

从收入水平来看,相比高收入群体,个人数字素养的提高对低收入群体主动养老意识、养老保险意识和商业养老保险意识的改进效应更显著。从年龄段来看,相比 30 岁以下群体,个人数字素养的提高对 30～60 岁群体主动养老意识和养老保险意识的改进效应更显著;相比 30 岁以下和 46～60 岁群体,个人数字素养的提高对 30～45 岁群体商业养老保险意识的改进效应更显著。

　　从所在地区来看,相比东部和西部地区群体,个人数字素养的提高对中部地区群体主动养老意识的改进效应更显著;相比东部地区群体,个人数字素养的提高对中部和西部地区群体养老保险意识的改进效应更显著;个人数字素养的提高对东部、中部和西部地区群体商业养老保险意识的改进效应均很显著。

7.4.2　农村居民数字素养提高养老保险参与度

　　虽然几乎所有的农村居民都参与了城乡居保,但是由于对养老保险制度的不完全了解、对制度条款的认知不完全正确,农村居民城乡居保年缴费额差异很大。数字素养高的农村居民对基本养老保险制度更了解、对制度条款的认知更正确,城乡居保年缴费额可能会更高。

　　(1)使用智能手机或平板电脑能有效提升养老保险参与度

　　使用智能手机时间长的农村居民城乡居保年缴费额为 2 198.66 元,使用智能手机时间短的农村居民城乡居保年缴费额为 1 243.79 元。图 7 - 17 展示了个性特征和使用智能手机时间长短的异质性。

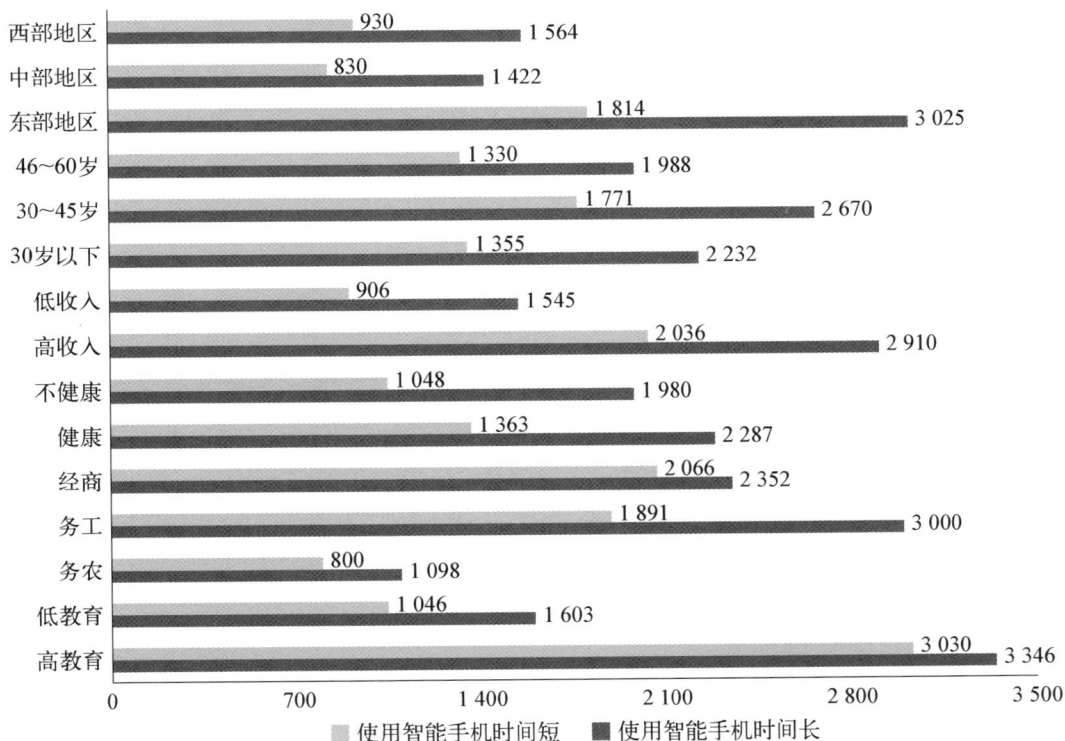

图 7 - 17　使用智能手机时间长短、个性特征与城乡居保年缴费额

从教育水平来看,高教育、使用智能手机时间短的农村居民的城乡居保年缴费额高于低教育、使用智能手机时间长的农村居民。相比教育程度高的群体,个人数字素养的提高对受教育程度低的群体城乡居保年缴费额的改进效应更显著(1 602.80—1 046.36元大于 3 345.69—3 029.51 元)。

从职业类型来看,务农、使用智能手机时间长的农村居民的城乡居保年缴费额低于务工和经商且使用智能手机时间短的农村居民。相比务农和经商群体,个人数字素养的提高对务工群体城乡居保年缴费额的改进效应更显著。

从健康状况来看,个人数字素养的提高对健康和不健康群体城乡居保年缴费额的改进效应均很显著。

从收入水平来看,高收入、使用智能手机时间短的农村居民的城乡居保年缴费额高于低收入、使用智能手机时间长的农村居民。相比低收入群体,个人数字素养的提高对高收入群体城乡居保年缴费额的改进效应更显著。

从年龄段来看,相比 46～60 岁群体,个人数字素养的提高对 45 岁以下群体城乡居保年缴费额的改进效应更显著。从所在地区来看,东部地区、使用智能手机时间短的农村居民的城乡居保年缴费额高于中部和西部地区、使用智能手机时间长的农村居民。相比中部和西部地区群体,个人数字素养的提高对东部地区群体城乡居保年缴费额的改进效应更显著。

(2)关注时政新闻和金融信息能有效提升养老保险参与度

关注时政新闻和金融信息的农村居民城乡居保年缴费额为 1 888.46 元,不关注时政新闻和金融信息的农村居民城乡居保年缴费额为 1 199.35 元。图 7 - 18 展示了个性特征和是否关注时政新闻和金融信息的异质性。

从教育水平来看,高教育、不关注时政新闻和金融信息的农村居民的城乡居保年缴费额高于低教育、关注时政新闻和金融信息的农村居民。相比教育程度高的群体,个人数字素养的提高对受教育程度低的群体城乡居保年缴费额的改进效应更显著(1 439.51—973.83 元大于 3 373.76—2 933.89 元)。

从职业类型来看,务农、关注时政新闻和金融信息的农村居民的城乡居保年缴费额低于务工和经商且不关注时政新闻和金融信息的农村居民。相比务农群体,个人数字素养的提高对务工和经商群体城乡居保年缴费额的改进效应更显著。

从健康状况来看,相比健康群体,个人数字素养的提高对不健康群体城乡居保年缴费额的改进效应更显著。

从收入水平来看,高收入、不关注时政新闻和金融信息的农村居民的城乡居保年缴

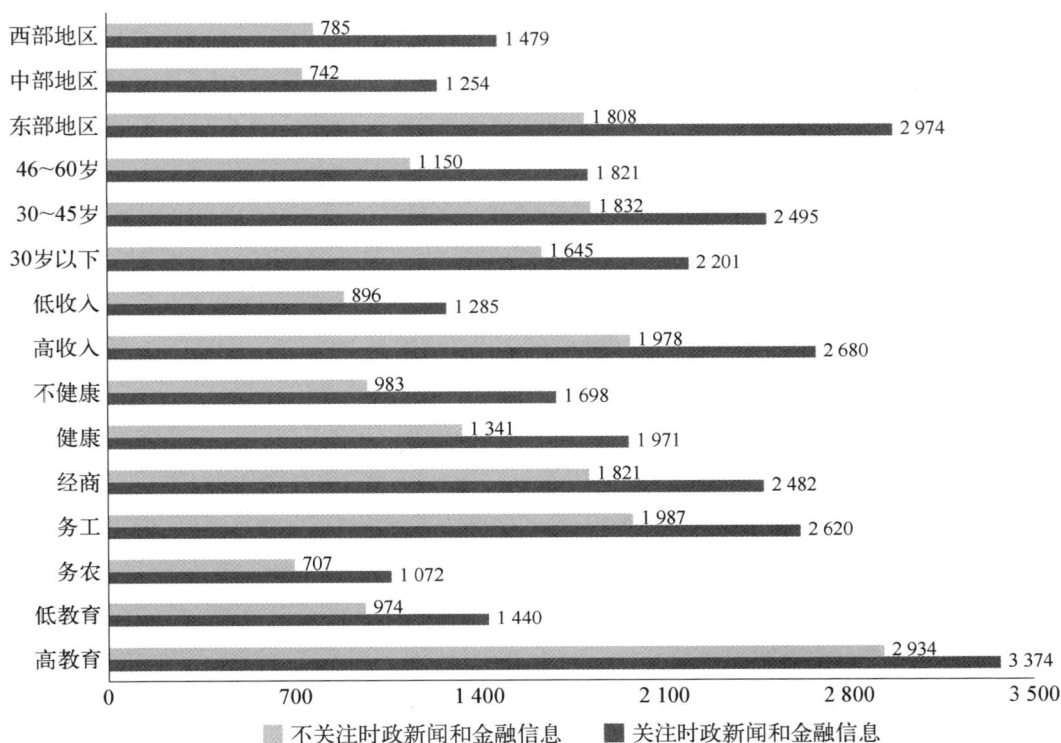

图 7－18　是否关注时政新闻和金融信息、个性特征与城乡居保年缴费额

费额高于低收入、关注时政新闻和金融信息的农村居民。相比低收入群体，个人数字素养的提高对高收入群体城乡居保年缴费额的改进效应更显著。

　　从年龄段来看，相比 30 岁以下群体，个人数字素养的提高对 30～60 岁群体城乡居保年缴费额的改进效应更显著。从所在地区来看，东部地区、不关注时政新闻和金融信息的农村居民的城乡居保年缴费额高于中部和西部地区、关注时政新闻和金融信息的农村居民。相比中部和西部地区群体，个人数字素养的提高对东部地区群体城乡居保年缴费额的改进效应更显著。

7.4.3　农村居民数字素养提高医疗保险参与度

　　虽然几乎所有的农村居民都参与了城乡居民基本医疗保险，但是医保报销范围有限，且报销比例低于城镇职工基本医疗保险，所以有条件的农村居民可以选择购买商业医疗保险作为医保的补充。数字素养高的农村居民对基本医疗保险制度更了解，知道医保目录和报销比例，也了解城乡居民基本医疗保险所不能覆盖的部分，并且更了解商业医疗保险的保障范围,参加的医疗保险种类可能更多,也更有概率参保商业医疗保险。

1. 使用智能手机或平板电脑能有效提升医疗保险参与度

使用智能手机时间长的农村居民平均参加 1.06 种医疗保险,5.97% 的农村居民参保个人商业养老保险;使用智能手机时间短的农村居民平均参加 1 种医疗保险,3.19% 的农村居民参保个人商业养老保险。图 7-19 展示了个性特征和使用智能手机时间长短的异质性。

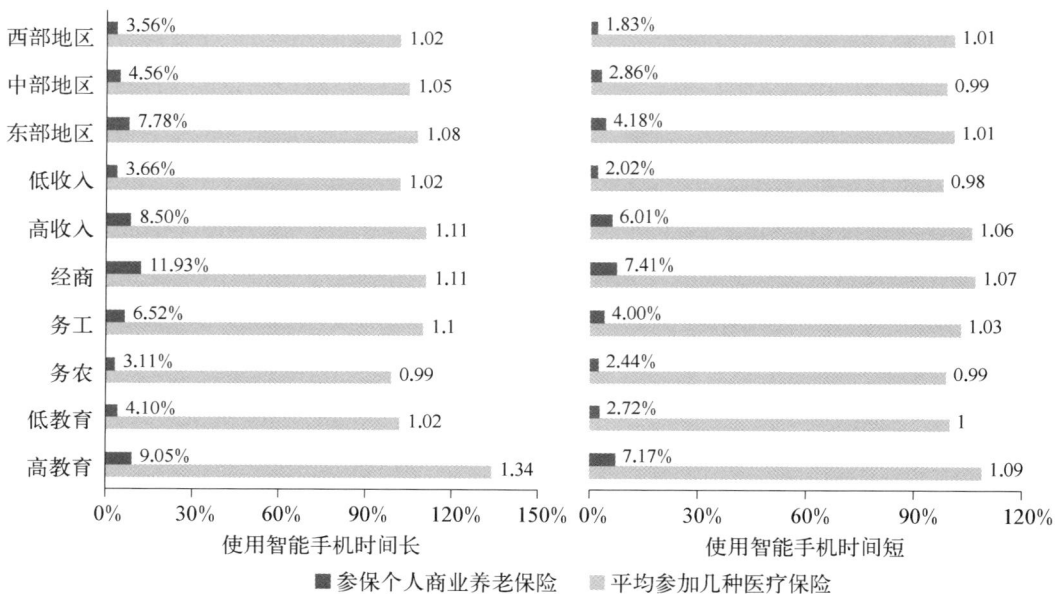

图 7-19 使用智能手机时间长短、个性特征与医疗保险参保

从教育水平来看,高教育、使用智能手机时间短的农村居民参加医疗保险的种类和参保个人商业养老保险的概率高于低教育、使用智能手机时间长的农村居民。相比教育程度低的群体,个人数字素养的提高对受教育程度高的群体参加医疗保险的种类的改进效应更显著(1.34-1.09 大于 1.02-1)。

从职业类型来看,务农、使用智能手机时间长的农村居民参加医疗保险的种类和参保个人商业养老保险的概率低于务工和经商且使用智能手机时间短的农村居民。相比务农群体,个人数字素养的提高对务工和经商群体参加医疗保险的种类和参保个人商业养老保险的概率的改进效应更显著。

从收入水平来看,高收入、使用智能手机时间短的农村居民参加医疗保险的种类和参保个人商业养老保险的概率高于低收入、使用智能手机时间长的农村居民。相比低收入群体,个人数字素养的提高对高收入群体参加医疗保险的种类和参保个人商业养老保险的概率的改进效应更显著。

从所在地区来看,相比中部和西部地区群体,个人数字素养的提高对东部地区群体参加医疗保险的种类和参保个人商业养老保险的概率的改进效应更显著。

2. 关注时政新闻和金融信息能有效提升医疗保险参与度

关注时政新闻和金融信息的农村居民平均参加 1.05 种医疗保险,5.02%的农村居民参保个人商业养老保险;不关注时政新闻和金融信息的农村居民平均参加 1.00 种医疗保险,3.24%的农村居民参保个人商业养老保险。图 7 - 20 展示了个性特征和是否关注时政新闻和金融信息的异质性。

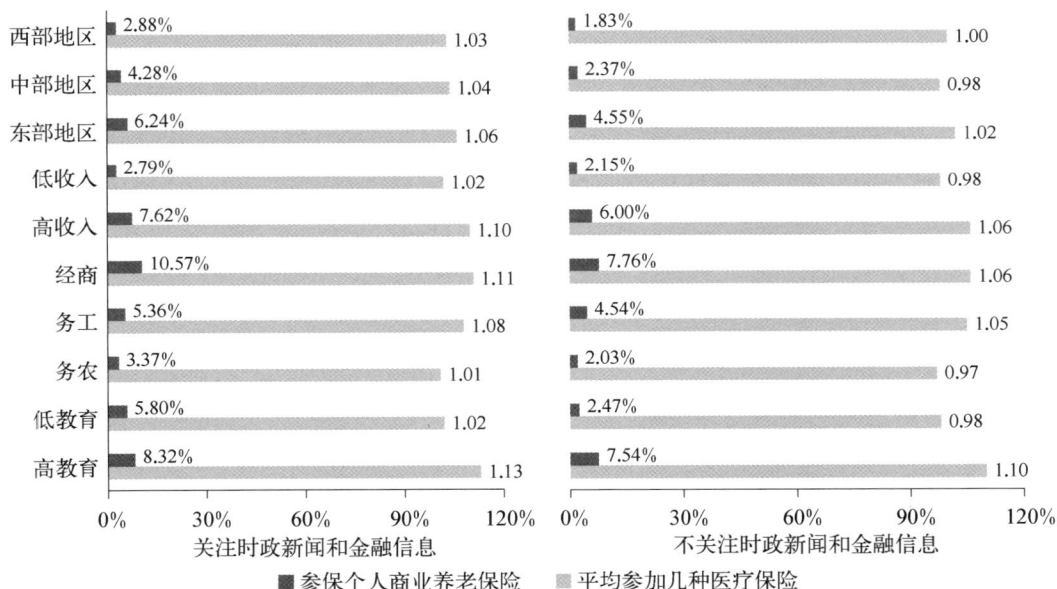

图 7 - 20　是否关注时政新闻和金融信息、个性特征与医疗保险参保

从受教育水平来看,高教育、不关注时政新闻和金融信息的农村居民参加医疗保险的种类和参保个人商业养老保险的概率高于低教育、关注时政新闻和金融信息的农村居民。相比受教育程度高的群体,个人数字素养的提高对受教育程度低的群体参加医疗保险的种类(1.02-0.98 大于 1.13-1.1)和参保个人商业养老保险的概率(5.80%-2.47%大于 8.32%-7.54%)的改进效应更显著。

从职业类型来看,务农、关注时政新闻和金融信息的农村居民参加医疗保险的种类和参保个人商业养老保险的概率低于务工和经商且不关注时政新闻和金融信息的农村居民。相比务农和务工群体,个人数字素养的提高对经商群体参加医疗保险的种类和参保个人商业养老保险的概率的改进效应更显著。

从收入水平来看,高收入、不关注时政新闻和金融信息的农村居民参加医疗保险的种类和参保个人商业养老保险的概率高于低收入、关注时政新闻和金融信息的农村居民。相比低收入群体,个人数字素养的提高对高收入群体参加医疗保险的种类和参保个人商业养老保险的概率的改进效应更显著。

从所在地区来看,相比西部地区群体,个人数字素养的提高对东部和中部地区群体参加医疗保险的种类和参保个人商业养老保险的概率的改进效应更显著。

7.5 农村居民数字能力助力农村养老保险和医疗保险

7.5.1 农村数字能力提升居民养老意识

农村作为一个相对独立的社会空间,在中国一直有"村集体"的概念,被"集体"包容的个人的思想观念和言行举止更会受到所在"集体"的影响。农村数字能力可能有助于提升农村居民的养老意识。用"是否利用官方的微博账号、公共邮箱、QQ 群或者微信群发布政策信息、民生信息"来衡量农村数字能力。用社交媒体发布信息,农村数字能力强,不用社交媒体发布信息,农村数字能力弱。图 7 - 21 反映了农村是否用社交媒体发布信息与居民养老意识之间的关系。

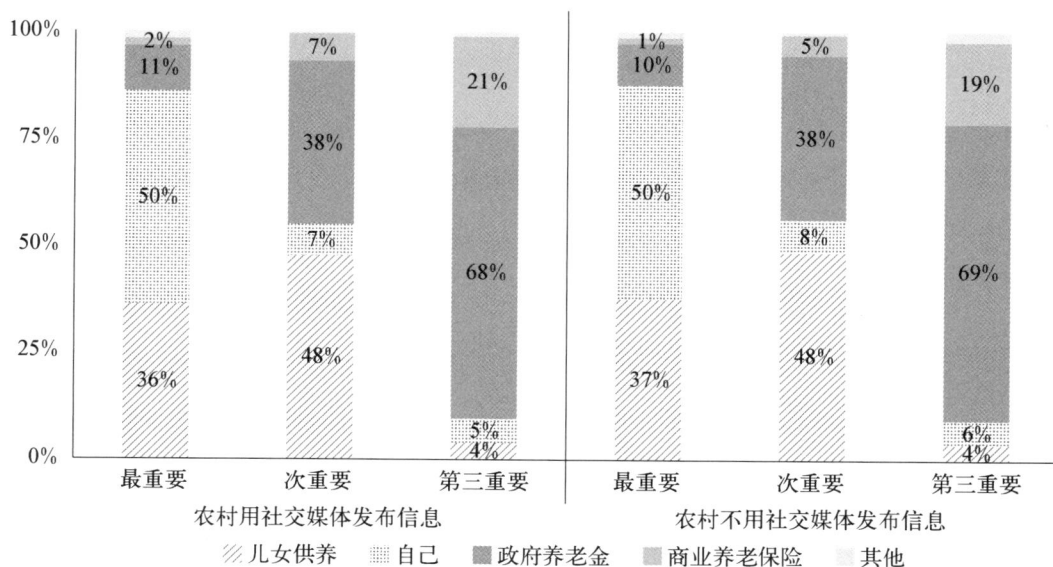

图 7 - 21　农村是否用社交媒体发布信息与居民养老意识

用社交媒体发布信息的农村居民以儿女供养为未来主要资金来源的比例(36.03%)低于使用智能手机时间短的农村居民(37.33%),依靠基本养老保险(10.66%)和商业养老保险(1.67%)均高于不用社交媒体发布信息的农村居民(9.74%和1.37%),说明农村用社交媒体发布信息能够提高村民的养老意识。用社交媒体发布信息的农村居民选择商业养老保险的比例(1.67%+6.61%+21.15%=29.43%)高于不用社交媒体发布信息的农村居民(1.37%+4.91%+19%=25.28%)。

考虑到农村数字能力对居民养老意识的影响在不同个性特征中存在异质性,图7-22展示了个性特征和农村是否用社交媒体发布信息的异质性。

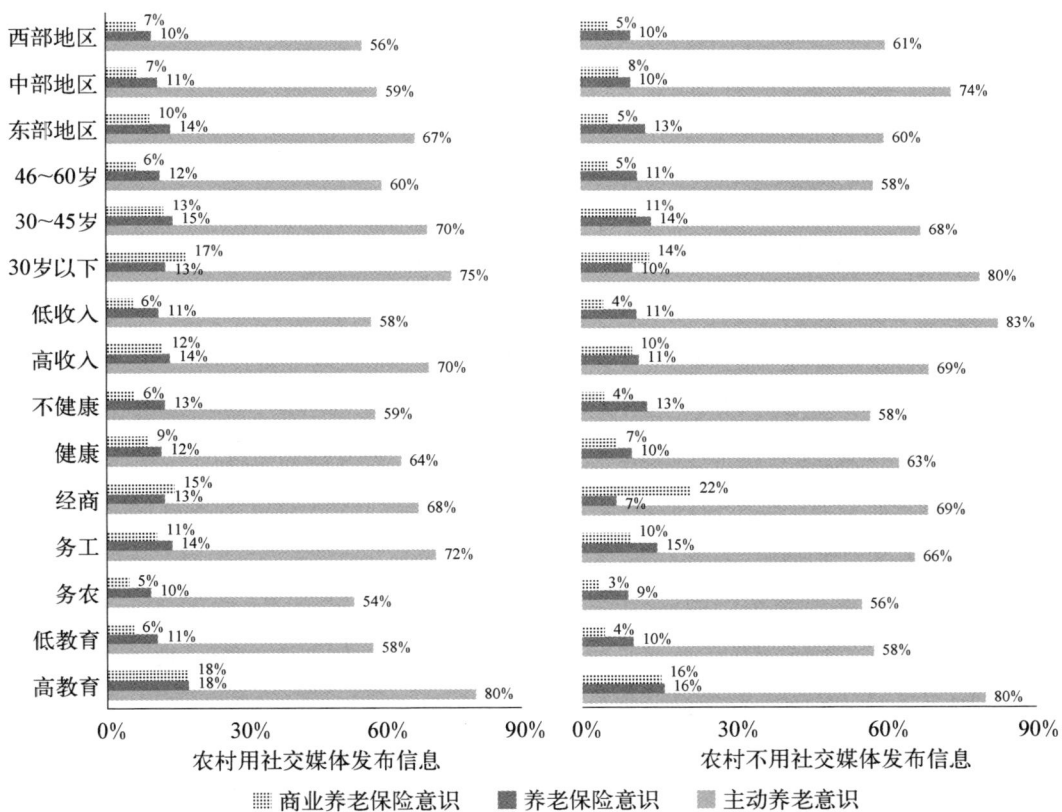

图 7-22　农村是否用社交媒体发布信息、个性特征与养老意识

从受教育水平来看,高教育、不用社交媒体发布信息的农村居民的主动养老意识、养老保险意识和商业养老保险意识均高于低教育、用社交媒体发布信息的农村居民。相比受教育程度低的群体,农村数字能力的提高对受教育程度高的群体养老保险意识和商业养老保险意识的改进效应更显著。

从职业类型来看,务农、用社交媒体发布信息的农村居民的养老保险意识和商业养老保险意识均低于务工和经商且不用社交媒体发布信息的农村居民；农村数字能力的提高提升了务工群体的主动养老意识、务农和经商群体的养老保险意识、务农和务工群体的商业养老保险意识。

从健康状况来看，农村数字能力的提高提升了健康群体的主动养老意识、养老保险意识和商业养老保险意识，提升了不健康群体的主动养老意识和商业养老保险意识。

从收入水平来看，相比低收入群体，农村数字能力的提高对高收入群体主动养老意识、养老保险意识和商业养老保险意识的改进效应更显著。

从年龄段来看，相比 30～60 岁群体，农村数字能力的提高对 30 岁以下群体养老保险意识和商业养老保险意识的改进效应更显著。

从所在地区来看，相比中部和西部地区群体，农村数字能力的提高对东部地区群体主动养老意识和商业养老保险意识的改进效应更显著。

7.5.2　农村数字能力提高居民养老保险参与度

用社交媒体发布信息的农村居民城乡居保年缴费额为 1 591.04 元，不用社交媒体发布信息的农村居民城乡居保年缴费额为 1 208.19 元。图 7-23 展示了个性特征和农村是否用社交媒体发布信息的异质性。

从受教育水平来看，高教育、不用社交媒体发布信息的农村居民的城乡居保年缴费额高于低教育、用社交媒体发布信息的农村居民。相比受教育程度低的群体，农村数字能力的提高对受教育程度高的群体城乡居保年缴费额的改进效应更显著（3 325.11—2 614.43 元大于 1 220.72—978.25 元）。

从职业类型来看，务农、用社交媒体发布信息的农村居民的城乡居保年缴费额低于务工和经商且不用社交媒体发布信息的农村居民。相比务农和经商群体，农村数字能力的提高对务工群体城乡居保年缴费额的改进效应更显著。

从健康状况来看，相比不健康群体，农村数字能力的提高对健康群体城乡居保年缴费额的改进效应更显著。

从收入水平来看，高收入、不用社交媒体发布信息的农村居民的城乡居保年缴费额高于低收入、用社交媒体发布信息的农村居民。相比低收入群体，农村数字能力的提高对高收入群体城乡居保年缴费额的改进效应更显著。

从年龄段来看，相比 46～60 岁群体，农村数字能力的提高对 45 岁以下群体城乡居保年缴费额的改进效应更显著。

从所在地区来看，东部地区、不用社交媒体发布信息的农村居民的城乡居保年缴费

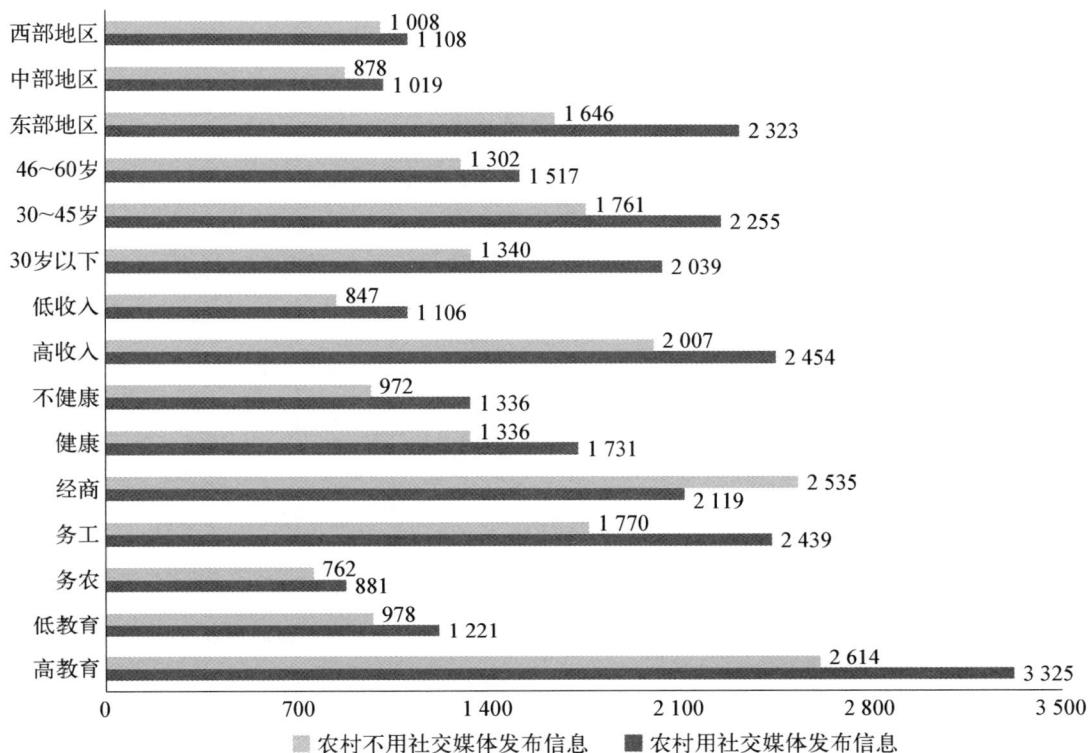

图 7 - 23　农村是否用社交媒体发布信息、个性特征与城乡居保年缴费额

额高于中部和西部地区、用社交媒体发布信息的农村居民。相比中部和西部地区群体，农村数字能力的提高对东部地区群体城乡居保年缴费额的改进效应更显著。

7.5.3　农村数字能力提高居民医疗保险参与度

用社交媒体发布信息的农村居民平均参加 1.02 种医疗保险，4.12％的农村居民参保个人商业养老保险；不用社交媒体发布信息的农村居民平均参加 1.01 种医疗保险，3.51％的农村居民参保个人商业养老保险。图 7 - 24 展示了个性特征和农村是否用社交媒体发布信息的异质性。

从教育水平来看，高教育、不用社交媒体发布信息的农村居民参保个人商业养老保险的概率高于低教育、用社交媒体发布信息的农村居民。相比教育程度高的群体，农村数字能力的提高对受教育程度低的群体参保个人商业养老保险的概率（3.12％－2.70％大于 8.34％－8.05％）的改进效应更显著。

从职业类型来看，务农、用社交媒体发布信息的农村居民参加医疗保险的种类和参保个人商业养老保险的概率低于务工和经商且不用社交媒体发布信息的农村居民。相

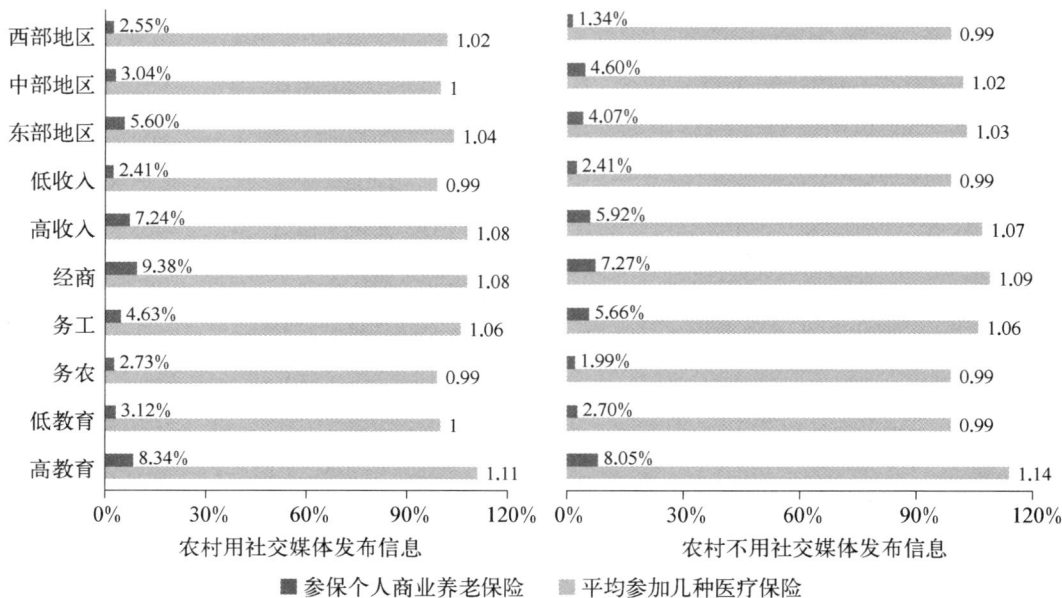

图 7‑24 农村是否用社交媒体发布信息、个性特征与医疗保险参保

比务农和务工群体,农村数字能力的提高对经商群体参保个人商业养老保险的概率的改进效应更显著。

从收入水平来看,高收入、不用社交媒体发布信息的农村居民参加医疗保险的种类和参保个人商业养老保险的概率高于低收入、用社交媒体发布信息的农村居民。相比低收入群体,农村数字能力的提高对高收入群体参加医疗保险的种类和参保个人商业养老保险的概率的改进效应更显著。

从所在地区来看,相比东部和中部地区群体,农村数字能力的提高对西部地区群体参加医疗保险的种类的改进效应更显著;相比中部和西部地区群体,农村数字能力的提高对东部地区群体参保个人商业养老保险的概率的改进效应更显著。

7.6 小 结

推动农村地区养老和医疗事业发展事关民生大计。本章分析了中国农村地区养老和医疗事业发展的整体概况,并探究数字技术助力农村养老和医疗事业发展的路径。通过调研发现,虽然几乎所有符合条件的农村居民均参加了城乡居保,但是平均年缴费额尚较低,按照基本养老保险"多缴多得"的原则,目前的缴费档次对应的未来领取的养老金不能保障老年基本生活。究其原因是当下农村居民的养老意识比较被动和传统,尚未建立起养老保险意识。随着老龄化进程的加剧,农村居民养老需求高涨,但是现阶段农村养老设施配备不全,无法满足农村居民的养老需求。

此外,虽然几乎所有农村居民均参加了城乡居民基本医疗保险,但是医保目录不能覆盖所有疾病和药品,且报销比例有限,商业医疗保险尚未在农村居民中普及。虽然国家早于 2015 年推行分级诊疗,但是县、市级医院仍是农村居民就医的首选,而不是就近就医,说明一级医疗机构配备尚不能满足农村居民的基本就医需求。目前平均医保报销比例能达到 50%,但是仍有部分省份农村居民的医疗花费负担过重。

近年来数字经济蓬勃发展,农村居民数字素养和农村数字能力都得到了提高。数字技术方便了农村居民获取信息,让农村居民了解到养老和医疗问题的重要性,提高了农村居民对相关政策制度的认知,并且对各式各样的商业养老保险产品和商业医疗保险产品有所了解。农村居民数字素养和农村数字能力与养老意识提升、提高养老保险和医疗保险参与度正相关。

为推动农村地区养老和医疗事业发展,首先,各级政府应借助数字技术加强宣传教育,通过各类新媒体的宣传,提升个人养老和医疗意识。农村居民的养老和医疗意识具有明显的异质性,并非所有农村居民都固守传统的养老和医疗意识。在城乡居保和医疗保险参与中,高教育水平、务工或经商、高收入的农户,具有相对较高的人均城乡居保年缴费金额和医疗保险种类。这说明通过教育、宣传,还是能够促使农村居民树立正确的养老和医疗意识,应高度重视养老和医疗相关的宣传教育。一方面,中央和地方官方媒体应不断进行有关养老和医疗制度宣传、养老和医疗政策解读和优秀案例传播等宣发工作。另一方面,村委会应当协助各项政策在村集体中的推广和落实,不断介绍人口老龄化、养老金融、分级诊疗、补充医疗等相关概念,引导他们改变传统的养老和医疗意识,在配备社会保险的基础上引入商业养老和医疗保险以获得更全面的保障。

其次,在农村地区大兴养老和卫生健康产业。一方面,吸纳各方资金,增设农村养老设施以更好满足农村居民的养老需求。农村养老机构除了由政府主办以外,还可以由村集体所有,或采取政府与社会资本混合、个人/企业投资等多种方式。在农村地区推行"社区养老",为农村老人们提供集体活动的场所,鼓励独居老人互相帮助、结伴生活。另一方面,加强一级基础医疗机构建设,为农村居民提供预防、治疗、保健、康复服务。推行分级诊疗,引导农村居民按照疾病的严重情况和紧急程度选择合适的一级、二级或三级医疗机构,避免小病大治,造成宝贵医疗资源的浪费。借助数字技术推广互联网医院,发挥互联网医院咨询、随访、慢病管理的功能。

数字经济与农村创业

第 8 章

农村数字能力与农村创业

8.1 引　　言

随着以 5G、大数据、人工智能、大模型等为标志的第四次技术革命快速推进,以数字经济为核心的新时代已经悄然而至,并逐渐成为国民经济增长的新动力。2022 年,我国数字经济规模达 50.2 万亿元人民币,同比增长 10.3%,占 GDP 比重 41.5%。[①] 我国数据产量达 8.1 ZB,同比增长 22.7%,全球占比为 10.5%,位居世界第二。[②] 我国数字经济高速发展带来的"扩散效应""溢出效应"和"普惠效应"促进了广大农村地区数字化发展,并为农村创新创业提供了新的发展机遇。农村创业创新是增加农民就业和收入、繁荣乡村产业、助力乡村振兴的重要途径。在此背景下,数字乡村发展得到了党中央和各级地方政府的高度关注和重视。2018 年中央一号文件首次正式提出数字乡村战略,随后印发的《数字乡村发展战略纲要》《数字乡村建设指南 1.0》和《数字乡村发展行动计划(2022—2025 年)》等一系列文件,为数字乡村发展勾勒了蓝图、指明了方向以及明确了行动方案。数字乡村发展在密集政策部署下初见成效,与乡村经济实践的关联性日趋增强。现有研究表明,数字乡村发展能显著促进农民收入增长,加快消费升级,以及完善乡村治理。

农村数字能力作为数字乡村发展的重要表征,既体现发展水平,更反映发展质量,是

---

① 国家互联网信息办公室发布《数字中国发展报告(2022 年)》[EB/OL].[2023 - 05 - 23].https://www.cac.gov.cn/2023-05/22/c_1686402318492248.htm? eqid=e964285800089bd400000004646d59f6.

② 国家互联网信息办公室发布《数字中国发展报告(2022 年)》[EB/OL].[2023 - 05 - 23].https://www.cac.gov.cn/2023-05/22/c_1686402318492248.htm? eqid=e964285800089bd400000004646d59f6.

一个多层次、系统的概念。本研究将农村数字能力定义为：聚焦数字乡村建设背景下，农村居民获取并利用数字技术为自身发展和创造经济效益的数字化能力，包括数字技术赋能乡村能力、数字资源获取能力和数字应用能力。

随着城乡发展一体化进程加快，数字经济发展对农村辐射效应加强，使得新时代农村发展面临诸多挑战。农村数字能力作为一种软实力，有助于提升农民接受新知识、新技术的便捷度和转化力，有助于提升农村创业的创新性和竞争力。有学者基于西奥多·舒尔茨（1960）提出的人力资本理论，认为农民在使用数字技术的过程中数字能力得到提升、数字人力资本得以积累。但当前农村存在明显的数字鸿沟：在不同地区或同一区域内，农民对数字技术的采纳意愿和能力存在差异，引发"采纳鸿沟"；并由此导致农村出现以收入为表现形式的"福利鸿沟"。此外，当前农民对数字技术的利用集中于网络购物和手机支付等场景，这仅仅是改变了农民的消费方式，对其生产行为以及开展农村创业等并未产生较大影响。为进一步提高农村经济发展水平、促进农民增产增收，利用数字技术赋能推进数字乡村建设、激活农村创业创新，从而在乡村振兴、农村创业中发挥日益重要的作用。

2022年5月23日，中办、国办印发的《乡村建设行动实施方案》明确了乡村建设行动的路线图，确保到2025年乡村建设取得实质性进展，农村人居环境持续改善，农村公共基础设施往村覆盖和往户延伸取得积极进展，农村基本公共服务水平稳步提升，农村精神文明建设显著加强。根据《中国数字乡村发展报告（2022年）》，农村网络基础设施实现全覆盖，为推进数字乡村建设坚实基础。截至2022年8月，全国行政村通宽带比例达100%，实现"县县通5G"；农村网民规模达2.93亿，农村互联网普及率达58.8%。那么，农村数字能力能否提高农民创业积极性？深入分析农村数字能力发展现状，开展农民数字能力与数字乡村建设相匹配、村干部和农民数字能力鸿沟对农村创业及乡村振兴发展的研究，具有一定的理论价值和现实意义。

2023年暑假，上海财经大学组织1962名师生，完成主题为"数字技术赋能乡村振兴"的千村调查，走访了全国31个省、市、自治区的1002个村、14968户农户，回收有效入村问卷989份、入户问卷14939份。入村问卷主要面向村委会干部，入户问卷面向农民。调研地区分为七大区统计：东北地区包括黑龙江省、吉林省、辽宁省；华北地区包括河北省、北京市、天津市、山西省和内蒙古自治区；华中地区包括河南省、湖北省、湖南省；华南地区包括广东省、广西壮族自治区、海南省；华东地区包括山东省、江苏省、上海市、浙江省、安徽省、江西省和福建省；西北地区包括新疆维吾尔自治区、宁夏回族自治区、青海省、陕西省、甘肃省；西南地区包括四川省、云南省、贵州省、重庆市、西藏自治区。

8.2 中国农村数字能力的发展现状及特征

根据相关学者研究,本研究设计了中国农村数字能力指标体系,包括 3 个一级指标、10 个二级指标。一级指标为数字技术赋能乡村能力、数字资源获取能力和数字应用能力。数字技术赋能乡村能力包括数字乡村服务、数字政务处理频率和数字信息备份频率;数字资源获取能力包括农民数字技术处理能力、农民网页浏览能力和农民普通话水平;数字应用能力包括农民办公软件掌握能力、农民电子邮件掌握能力、农民娱乐音视频软件掌握能力和农民教育教学类软件掌握能力,详见表 8-1。

表 8-1　　　　　　　　　　　　中国农村数字能力的指标体系及赋值

一级指标	二级指标	赋　值
数字技术赋能乡村能力	数字乡村服务($fn1$)	A卷:本村是否开始使用数字乡村服务平台(如网格化监控系统、乡村大数据主题展示、宅基地农房租赁管理信息等?) 1. 有;0. 没有
	数字政务处理频率($fn2$)	A卷:每周使用政务 App、微信发布或分享村庄日常事务的频率如何? 5. 很多;4. 较多;3. 一般;2. 很少;1. 从来不发
	数字信息备份频率($fn3$)	A卷:本村是否定期备份和管理关于村庄的数据资料? 5. 每天备份;4. 每周备份;3. 每月备份;2. 一年一次备份; 1. 没有备份
数字资源获取能力	农民数字技术处理能力($zh1$)	B卷:您认为自己在解决网络及软硬件故障问题上的能力如何? 1. 很强;2. 较强;3. 一般;4. 较弱;5. 很弱
	农民普通话水平($zh2$)	B卷:您认为自己的普通话水平怎么样? 3. 好;2. 一般;1. 差
	农民网页浏览能力($zh3$)	B卷:您对网页浏览应用的掌握程度如何? 1. 精通;2. 熟练使用;3. 能基本使用;4. 了解但不会使用; 5. 完全不会
数字应用能力	农民办公软件掌握程度($sy1$)	B卷:您对 Office 等办公软件的掌握程度如何? 1. 精通;2. 熟练使用;3. 能基本使用;4. 了解但不会使用; 5. 完全不会
	农民电子邮件掌握程度($sy2$)	B卷:您对电子邮件的掌握程度如何? 1. 精通;2. 熟练使用;3. 能基本使用;4. 了解但不会使用; 5. 完全不会

续　表

一级指标	二 级 指 标	赋　　值
数 字 应 用能力	农民娱乐音视频软件掌握程度（sy3）	B卷：您对娱乐音视频应用（抖音、快手等）的掌握程度如何？ 1. 精通；2. 熟练使用；3. 能基本使用；4. 了解但不会使用； 5. 完全不会
	农民教育教学类软件掌握程度（sy4）	B卷：您对教育教学类应用（Mooc、中国大学等）的掌握程度如何？ 1. 精通；2. 熟练使用；3. 能基本使用；4. 了解但不会使用； 5. 完全不会

注：A卷是调研村干部的入村问卷，B卷为调研农民的入户问卷。

在将多指标综合为一个指标时，有学者认为重要的是确定各指标的权重。其中赋权法被普遍应用，它包括主观赋权法和客观赋权法。采用客观赋权法中的信息熵法，既可以有效利用原有样本信息，又可以排除主观因素的影响。假定数据样本矩阵为 $\mathbf{X} = \{x_{ij}\}_{m \times n}$。$x_{ij}$ 指第 i 个样本的第 j 项指标值，共 m 个样本且每一维度包含了 n 个指标。同度量化后得到的矩阵为 $Y = \{y_{ij}\}_{m \times n}$。 则其中第 j 项指标的信息熵值为：

$$e_j = -K \sum\nolimits_{i=1}^{m} y_{ij} \cdot \ln y_{ij} \tag{1}$$

K 为常数，与样本数 m 有关。当其中 m 个样本的分布完全无序时，$y_{ij} = \dfrac{1}{m}$，$K = \dfrac{1}{\ln m}$，$0 \leqslant e \leqslant 1$。 而当样本信息完全无序且有序度为零时，$e = 1$。 考虑到 $\lim\limits_{y_{ij} \to 0} y_{ij} \cdot \ln y_{ij} = 0$，而且当 $y_{ij} = 1$ 时，$y_{ij} \cdot \ln y_{ij} = 0$。 数字乡村服务（$fn1$）指标是0、1取值的，其他 9 个指标均有取到最小值情况，所以本研究将 $\mathbf{Y} = \{y_{ij}\}_{m \times n} = \left\{ 1 + \dfrac{x_{ij} - x_{minj}}{x_{maxj} - x_{minj}} \right\}_{m \times n}$。 各指标的权重则由该指标的信息效用价值决定，信息效用价值越高则表示该指标越重要。第 j 项指标的信息效用价值 $d_j = 1 - e_j$，则权重为：

$$w_j = \frac{d_j}{\sum_{j=1}^{n} d_j} = (1 - e_j) / \sum\nolimits_{j=1}^{n} (1 - e_j) \tag{2}$$

在得到衡量中国农村数字能力的各指标权重后，第 i 个农户家庭的数字能力为：

$$f_i = \sum\nolimits_{j=1}^{n} w_j x_{ij} \tag{3}$$

f_i 越大则表明数字能力越强。下一步,将各农户家庭的数字能力综合为区域及全国的农村数字能力。由于调研分为返乡和定点调查,其中,返乡调查每组调研 1 份入村问卷时须再调研 12 份入户问卷;定点调查每组调研 1 份入村问卷时须再调研 20 份入户问卷。因此,在数据处理时,采用同一农村的农民 A 卷赋相同值来处理。

表 8 - 2   中国农村数字能力的指标描述统计

农村数字能力指标	样本量	最小值	最大值	均 值	标准偏差	方 差
农民数字技术处理能力($zh1$)	14 939	1	5	2.29	1.090	1.188
农民普通话水平($zh2$)	14 939	1	3	2.01	0.681	0.463
农民网页浏览能力($zh3$)	14 939	1	5	2.66	1.381	1.908
农民办公软件掌握程度($sy1$)	14 939	1	5	1.93	1.247	1.556
农民电子邮件掌握程度($sy2$)	14 939	1	5	1.92	1.226	1.504
农民娱乐音视频软件掌握程度($sy3$)	14 939	1	5	3.17	1.302	1.695
农民教育教学类软件掌握程度($sy4$)	14 939	1	5	1.63	1.077	1.160
数字乡村服务($fn1$)	14 939	0	1	0.66	0.474	0.225
数字政务处理频率($fn2$)	14 939	1	5	4.03	0.959	0.919
数字信息备份频率($fn3$)	14 939	1	5	3.15	1.135	1.287

8.2.1 数字技术赋能乡村能力有待提高

在数字服务平台使用方面,全国 989 个农村中,有 646 个村开始使用数字乡村服务平台(如网格化监控系统、乡村大数据主题展示、宅基地农房租赁管理信息等),占比 65.32%。分地区看,华东地区农村实施数字乡村服务平台比例最高,达到 71.15%;东北地区最低,为 42.55%。见图 8 - 1。相比当前全国行政村通宽带比例达 100% 和县县通 5G 的基础设施建设,数字技术赋能乡村发展能力相对落后,还需进一步提高。

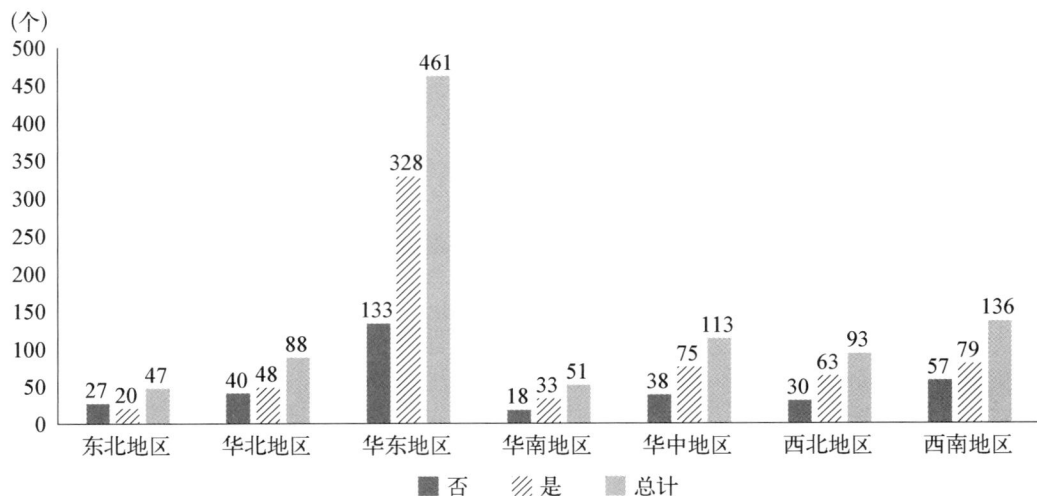

图 8-1 农村实施数字乡村服务平台情况

在数字备份频率方面,全国 989 个农村中,每天备份和管理关于村庄的数据资料的有 156 个,占比 15.77%;每周备份的有 177 个,占比 17.90%;每月备份的有 353 个,占比 35.69%;一年一次备份的有 241 个,占比 24.37%;没有备份的有 62 个,占比 6.27%,见图 8-2。全国农村数字信息备份频率每月一次以上的占比为 69.36%,这为推进乡村数字治理打下了坚实基础。

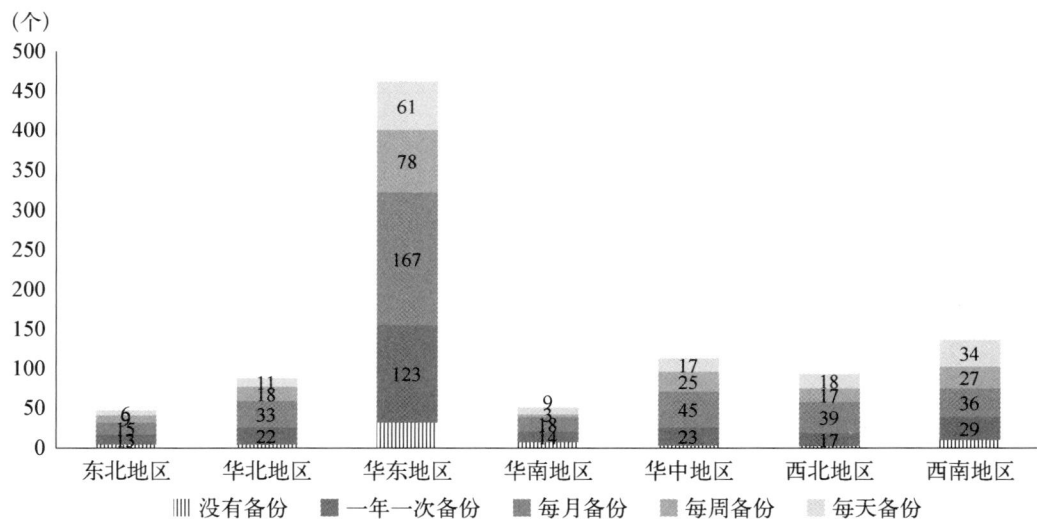

图 8-2 农村数字信息备份频率情况

在数字政务处理频率方面,全国 989 个农村中,村干部每周使用政务 App、微信发布或分享村庄日常事务的频率"一般"及以上的占 93%,见图 8-3。分地区看,农村数字政务处理频率排名前三的为西北地区、华东地区和华中地区,其频率"一般"以上的分别占96.77%、94.14%和92.92%。

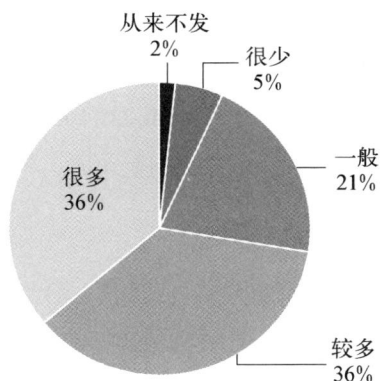

图 8 - 3　农村数字政务处理频率情况

8.2.2　数字资源获取能力有待提高

数字资源获取能力主要从农民数字技术处理能力、农民普通话水平和农民网页浏览能力来计量,数据来自入户问卷。

在农民数字技术处理能力方面,全国农村 14 949 户农民中,认为自己在解决网络及软硬件故障问题能力很弱、较弱、一般、较强和很强的分别占 30.70%、24.52%、32.43%、9.36%和2.99%,处理能力在"一般"及以上的占比为 44.78%,见图 8 - 4。这说明农民数字技术处理能力有待提高。在调研过程中发现,农民在 WIFI 设置、数据资源与 WIFI 数据切换设置方面能力缺失,进而影响了农民开展网络营销和手机直播等创业行为。

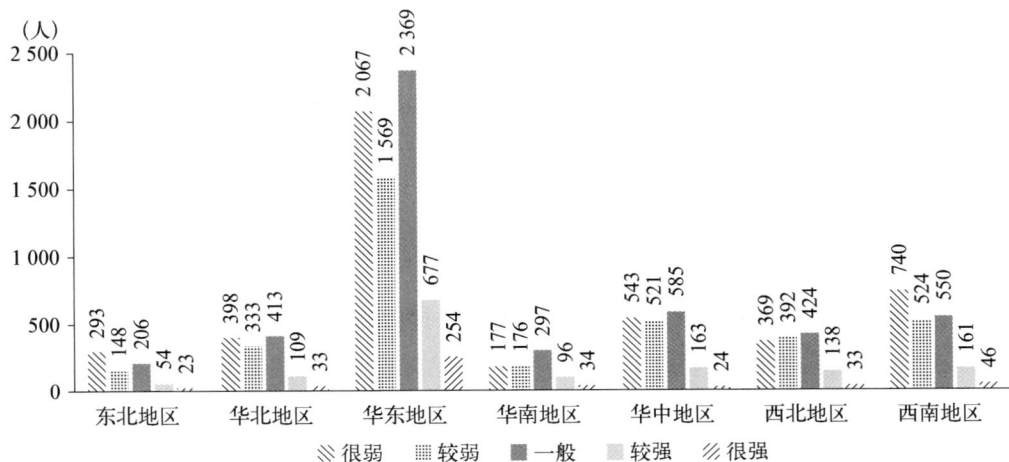

图 8 - 4　农民数字技术处理能力

农民普通话水平直接影响农村数字能力,具体表现在数字信息表达、传递和再创造方面。全国农村 14 949 户农民中,普通话水平差、一般、好的比例分别为 22.52%、53.67%和 23.80%。分地区看,农民普通话水平"差"的占比从高到低依次为西南地区、西北地区、华中地区、华东地区、华北地区、华南地区和东北地区,比例分别是 43.25%、28.10%、27.45%、17.83%、17.42%、15.77%和 3.04%,见图 8-5。这说明,西南和西北多民族地区的普通话普及工作需要进一步加强。

（人）

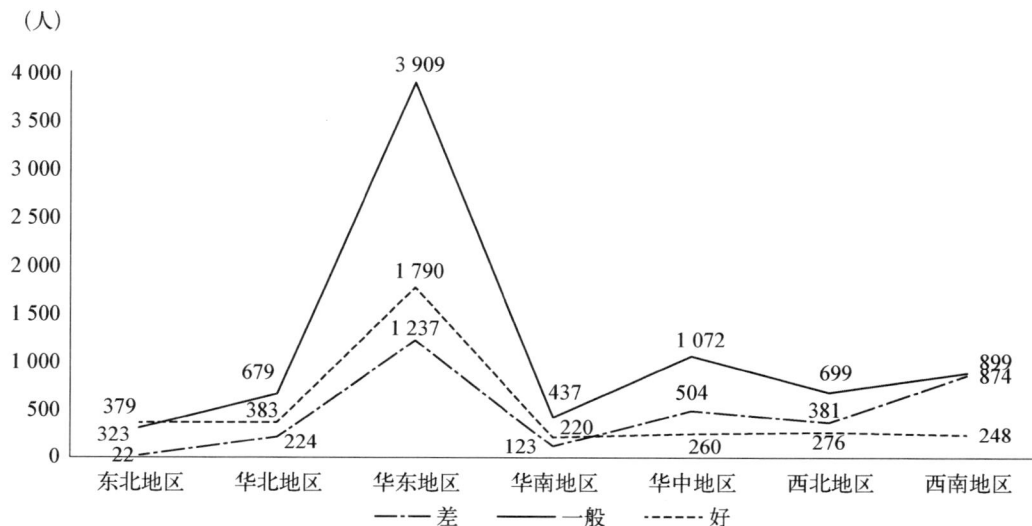

图 8-5 农民的普通话水平

网页浏览是农民最直接获取数字信息的有效途径。在农民网页浏览能力方面,全国农村 14 949 户农民中,网页浏览应用的掌握程度完全不会、了解但不会使用、能基本使用、熟练使用和精通的占比分别为 32.12%、10.50%、27.82%、18.31%和 11.25%,见图 8-6。全国农民对网页浏览掌握程度接近"一般"水平,值得注意的是,完全不会网页浏览的占比超三成,说明农民对数字资源的获取能力仍有待提升,否则将严重制约农村地区数字信息的传播和获取。

8.2.3 村干部与农民数字应用能力差异明显

根据民政部发布的数据,截至 2022 年 10 月,村委会主任大专以上学历达 46.4%。[1]千村调查数据显示,大专以上村干部比例平均为 47.53%,与民政部发布的数据相近。分地区看,华东地区、西南地区、华北地区、华南地区、西北地区、华中地区和东北地区的

---

① https://news.ntv.cn/content/0/858/99858955.html.

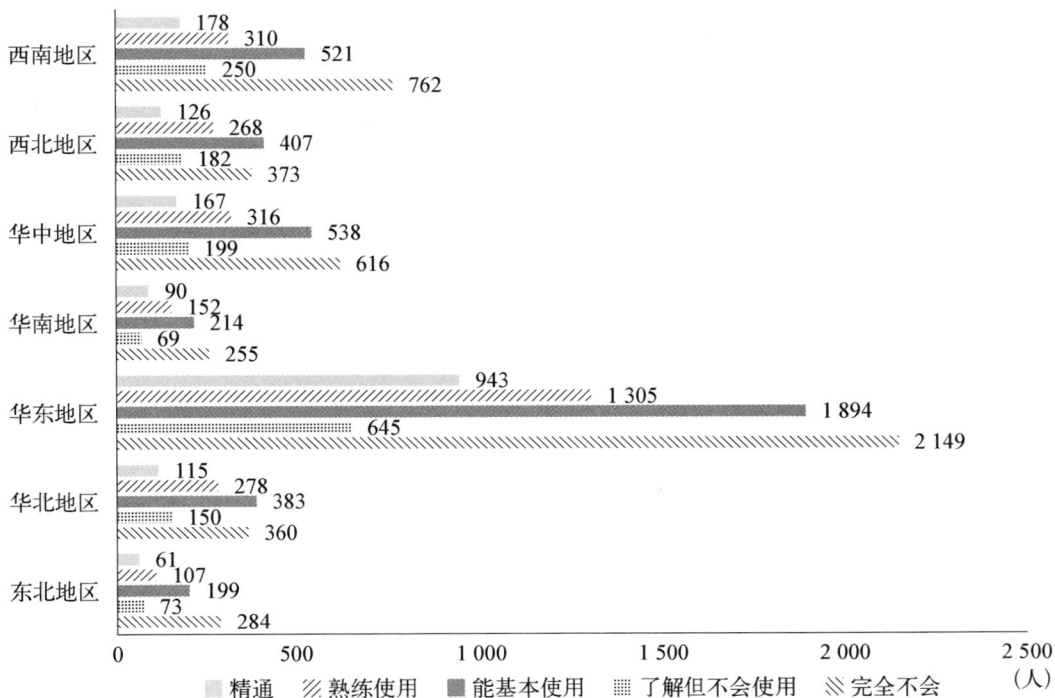

图 8-6　农民网页浏览能力

平均值分别为 67.82％、55.91％、52.36％、45.20％、40.72％、35.87％和 34.83％。其中,华东地区比例最高,东北最低,两者相差近 30 个百分点,说明村干部的学历层次地区差异明显。常住人口大专以上农民比例平均为 11.12％,华东地区、华南地区、华北地区、西北地区、华中地区、西南地区和东北地区的平均值分别为 18.14％、16.30％、11.99％、11.67％、7.82％、7.05％和 4.88％。本研究围绕数字软件应用掌握程度,分别对应"您对 Office 等办公软件的掌握程度""您对电子邮件的掌握程度""您对娱乐音视频应用(如抖音、快手等)的掌握程度""您对教育教学类应用(如中国大学、Mooc 等)的掌握程度"4 个问题。通过加权平均来衡量不同地区和全国村干部数字应用能力,即农民和村干部 4 项数字应用能力的分值与相应分值人数相乘,再将总和除以总人数。

从表 8-3 来看,农民数字应用能力较差,数字能力鸿沟现象明显。从数据中可以发现,农民对 Office 等办公软件的掌握程度、对电子邮件的掌握程度、对教育教学类应用(如中国大学、Mooc 等)的掌握程度均低于"2",介于"不会"与"完全不会"之间,这就是推进数字乡村建设的堵点所在,亟须各级政府部门及社会关注。全国农民中,"对教育教学类应用(如中国大学、Mooc 等)的掌握程度"最差,平均为 1.633,也从侧面反映了农民对利用数字技术开展学习的能力有待提高。

表 8-3 农民数字应用能力调研情况

所属大区	您对 Office 等办公软件的掌握程度	您对电子邮件的掌握程度	您对娱乐音视频应用（如抖音、快手等）的掌握程度	您对教育教学类应用（如中国大学、Mooc 等）的掌握程度
东北地区	1.489	1.482	3.059	1.314
华北地区	1.846	1.836	3.281	1.519
华东地区	2.096	2.093	3.130	1.730
华南地区	2.072	2.026	3.165	1.686
华中地区	1.769	1.769	3.125	1.600
西北地区	1.768	1.742	3.352	1.583
西南地区	1.794	1.766	3.167	1.526
平均值	1.933	1.922	3.166	1.633

注：表中为入户问卷调研数据，数字能力相关项目设置从低到高以 1～5 分档。

《CNNIC：第 52 次中国互联网络发展状况统计报告》显示，"互联网＋教育""互联网＋医疗健康"等服务不断向农村地区覆盖，农村数字惠民服务水平不断提升。截至 2023 年 6 月，我国农村在线教育用户规模达 6 787 万人，普及率为 22.5％。我国非网民规模为 3.33 亿人，较 2022 年 12 月减少 1 109 万人。从地区来看，我国非网民仍以农村地区为主，农村地区非网民占比为 59.0％，高于全国比例 23.8 个百分点。从年龄来看，60 岁及以上老年群体是非网民的主要群体，截至 2023 年 6 月，我国 60 岁及以上非网民群体占非网民总体的比例为 41.9％。[①] 这些数据与本研究调研结果相呼应。然而，农民对娱乐音视频应用（如抖音、快手等）的掌握程度总体达到"熟练应用"和"精通"之间，为 3.166，这为开启乡村数字创业、开展网络营销新业态储备了重要的数字能力基础。

农民数字能力不仅存在地区差异，而且呈现地区经济发展水平越高农民数字能力越强的特点。从地区分布来看，华东地区农民的数字能力最高，东北地区最低。华东地区农民的"您对 Office 等办公软件的掌握程度""您对电子邮件的掌握程度""您对教育教学类应用（如中国大学、Mooc 等）的掌握程度"均最高，得分分别为 2.096、2.093 和 1.730。东北地区农民的"您对 Office 等办公软件的掌握程度""您对电子邮件的掌握程度""您对娱乐音视频应用（如抖音、快手等）的掌握程度""您对教育教学类应用（如中国大学、

---

① 中国互联网络信息中心（CNNIC）在京发布第 52 次《中国互联网络发展状况统计报告》。

Mooc 等)的掌握程度"均低于全国平均水平,得分分别为 1.489、1.482、3.059 和 1.314。从单项能力表现看,农民"对 Office 等办公软件的掌握程度"和"对电子邮件的掌握程度"华东地区最高,东北地区最差;西北地区农民"对娱乐音视频应用(如抖音、快手等)的掌握程度"最高,达到 3.352;东北地区农民"对教育教学类应用(如中国大学、Mooc 等)的掌握程度"最差,仅为 1.314。

从表 8-4 可以发现,当前中国农村村干部"对 Office 等办公软件的掌握程度""对电子邮件的掌握程度""对娱乐音视频应用(如抖音、快手等)的掌握程度"接近"熟练使用"水平,"对教育教学类应用(如中国大学、Mooc 等)的掌握程度"平均得分为 2.548,处于"能基本使用"和"不会用"水平之间。村干部的数字应用能力总体水平比农民约高 1 档。

表 8-4 　　　　　　　　　　　村干部数字应用能力调研情况

所属大区	您对 Office 等办公软件的掌握程度	您对电子邮件的掌握程度	您对娱乐音视频应用(如抖音、快手等)的掌握程度	您对教育教学类应用(如中国大学、Mooc 等)的掌握程度
东北地区	3.064	2.957	3.851	2.021
华北地区	3.534	3.295	3.773	2.591
华东地区	3.729	3.642	3.766	2.603
华南地区	3.569	3.490	3.706	2.431
华中地区	3.301	3.044	3.690	2.354
西北地区	3.473	3.237	3.925	2.570
西南地区	3.640	3.397	3.941	2.706
平均值	3.586	3.431	3.798	2.548

注:表中为入村问卷调研数据,数字能力相关项目设置从低到高以 1～5 分档。

乡村振兴的关键力量在于村干部队伍。通过表 8-4 的数据可以发现:从全国平均看,村干部的数字应用能力较好,但"对教育教学类应用(如中国大学、Mooc 等)的掌握程度"有待加强,村干部的数字应用能力与农民有差距,因而有效激活村干部参与农民数字应用能力提升工程具有重要意义。全国村干部"对教育教学类应用(如中国大学、Mooc 等)的掌握程度"在四个维度中最差,也从侧面反映了村干部参与在线教育学习的能力有待提高。与此相对,村干部应用办公软件和电子邮件的能力均在"一般"之上,分别为 3.586 和 3.431。

村干部的数字应用能力存在地区差异,这与农民的地区特征一致,也呈现地区经济发展水平越高其数字应用能力越高的特点。从地区分布看,村干部的数字应用能力华东地区最高,东北地区最低。具体来说,华东地区村干部在"Office 等办公软件的掌握程度""电子邮件的掌握程度"两个维度的数字应用能力最高,分别为 3.729 和 3.642,均接近"熟练使用"水平;村干部"每周使用政务 App、微信发布或分享村庄日常事务的频率"达到 3.999,接近高频率。东北地区村干部在"Office 等办公软件的掌握程度""电子邮件的掌握程度""教育教学类应用(如中国大学、Mooc 等)的掌握程度"三个维度的数字应用能力最差,分别为 3.064、2.957 和 2.021,其中"教育教学类应用(如中国大学、Mooc 等)的掌握程度"接近"不会"。西北地区和西南地区的村干部"对娱乐音视频应用(如抖音、快手等)的掌握程度"均较高,接近"熟练使用"水平。

8.2.4 中国农村数字能力的衡量及分析

根据表 8-1 的指标体系,先对数字技术赋能乡村能力、数字资源获取能力和数字应用能力的二级指标进行赋值,然后进行同度量化处理消除量纲的影响。根据熵值法,首先求出衡量中国农村数字能力各指标的熵,得到数字技术赋能乡村能力、数字资源获取能力和数字应用能力的权重,见表 8-5。

表 8-5   中国农村数字能力各指标的权重

一 级 指 标	一级指标权重	二 级 指 标	二级指标权重
数字技术赋能乡村能力	0.459	数字乡村服务($fn1$)	0.160
		数字政务处理频率($fn2$)	0.178
		数字信息备份频率($fn3$)	0.121
数字资源获取能力	0.279	农民数字技术处理能力($zh1$)	0.070
		农民普通话水平($zh2$)	0.115
		农民网页浏览能力($zh3$)	0.094
数字应用能力	0.262	农民办公软件掌握程度($sy1$)	0.052
		农民电子邮件掌握程度($sy2$)	0.051
		农民娱乐音视频软件掌握程度($sy3$)	0.124
		农民教育教学类软件掌握程度($sy4$)	0.035

表 8-5 显示,数字技术赋能乡村能力、数字资源获取能力和数字应用能力三个指标中,数字技术赋能乡村能力的权重最高,数字资源获取能力和数字应用能力相近,这充分说明中国农村数字能力的核心在于数字技术赋能水平。

从二级指标看,数字政务处理频率($fn2$)权重最高,达到 0.178,这是对村干部每周使用政务 App、微信发布或分享村庄日常事务频率的宏观描述;数字乡村服务($fn1$)权重较高,达到 0.160,这是对本村开始使用数字乡村服务平台(如网格化监控系统、乡村大数据主题展示、宅基地农房租赁管理信息等)的客观描述;农民普通话水平($zh2$)的权重达到 0.115,这是对农民普通话水平的客观描述。因此,数字政务处理频率和数字信息备份频率高,已使用数字乡村服务平台,农户普通话水平高,精通使用娱乐音视频软件的家庭多,有这些特征的农村则意味着数字能力较强。相比较而言,农民办公软件掌握程度($sy1$)、农民电子邮件掌握程度($sy2$)和农民教育教学类软件掌握程度($sy4$)的权重较小。由于这些问题调查农民数字应用能力,而样本中使用电子邮件、办公软件和教育教学类应用的农户家庭很少,因而对中国农村数字能力的贡献较小。根据表 8-5 的权重,结合表 8-1 的调查问题取值,可以得到每个农户家庭的数字能力,再以算术平均得到全国及各地区的农村数字能力,见表 8-6。

表 8-6　　　　　　　　　　全国及各地区的农村数字能力

	排　名	样本数	均　值	标准差	最小值	中位数	最大值
全国		14 939	2.494	0.545	1.017	2.484	4.129
西北地区	1	1 356	2.555	0.544	1.017	2.413	4.129
华东地区	2	6 936	2.523	0.518	1.076	2.469	4.008
华北地区	3	1 286	2.487	0.574	1.017	2.515	4.129
华中地区	4	1 836	2.481	0.555	1.017	2.478	4.129
华南地区	5	780	2.468	0.486	1.259	2.568	3.968
西南地区	6	2 021	2.427	0.472	1.017	2.335	3.887
东北地区	7	724	2.358	0.501	1.076	2.470	3.943

从全国来看,农村数字能力均值为 2.494,最大值为 4.129,最小值为 1.017。农村数字能力的中位数小于均值,说明数字能力较高的样本数较多、数字能力低于均值的样本数较少,这反映了数字乡村建设背景下中国农村数字能力鸿沟现象显现。村干部比农

民的数字应用能力高了近 1 档,这种村干部与农民的数字能力鸿沟现象也是具体体现。

各地区间的差别不明显,排名第一的西北地区农村数字能力平均值为 2.555,排名最末的东北地区为 2.358。之所以西北地区排名第一,从数字能力结构来看,西北地区农村数字能力中位数与均值差最大,说明西北地区数字能力高的样本数比其他地区要多;从单项维度看,西北地区在娱乐音视频类应用的掌握程度强于其他地区,且该指标的权重较高(0.124),拉高了西北地区的农村数字能力,甚至高于华东地区。进一步说,这为推进农村创业,尤其是依托抖音、快手等短视频平台开展的网络直播带货,提供了重要的能力支撑。东北地区农村数字能力中位数高于平均值,说明该地区数字能力低的样本数占比高,这应引起相关部门的高度重视,尤其在数字乡村建设的背景下。

根据中央网信办、农业农村部、国家发展改革委、工业和信息化部、国家乡村振兴局联合印发《2023 年数字乡村发展工作要点》的精神,到 2023 年末,全国农村数字乡村服务($fn1$)、数字政务处理频率($fn2$)、数字信息备份频率($fn3$)应至少达到 1、4 和 4,农民数字技术处理能力($zh1$)、农民普通话水平($zh2$)、农民网页浏览能力($zh3$)应至少达到指数 4、3 和 4,农民办公软件掌握程度($sy1$)、农民电子邮件掌握程度($sy2$)、农民娱乐音视频软件掌握程度($sy3$)和农民教育教学类软件掌握程度($sy4$)均应至少达到指数 4。课题组根据表 8-5 的权重值,统计得到全国农村数字能力为 3.278,明显高于当前调研结果。结合当前调研数据,课题组统计得到各省、市、自治区的农村数字能力,见表 8-7。

表 8-7　　　　　　　　各省、市、自治区的农村数字能力

西北地区	宁夏	甘肃	新疆	陕西	青海		
数字能力	2.773	2.618	2.538	2.514	2.495		
排名	1	2	10	12	15		
华东地区	浙江	江苏	上海	福建	安徽	江西	山东
数字能力	2.608	2.605	2.565	2.546	2.545	2.479	2.283
排名	3	4	6	8	9	17	28
华北地区	河北	内蒙古	北京	山西	天津		
数字能力	2.601	2.486	2.415	2.307	1.859		
排名	5	16	24	27	31		

续　表

华中地区	湖南	湖北	河南		
数字能力	2.520	2.479	2.457		
排名	11	18	22		
华南地区	海南	广西	广东		
数字能力	2.547	2.468	2.459		
排名	7	20	21		
西南地区	云南	西藏	重庆	贵州	四川
数字能力	2.503	2.476	2.449	2.396	2.385
排名	13	19	23	25	26
东北地区	吉林	黑龙江	辽宁		
数字能力	2.498	2.261	2.250		
排名	14	29	30		

　　表 8-7 显示，各省、市、自治区的农村数字能力差距非常明显，宁夏最高（2.773），其次是甘肃（2.618），天津最低（1.859）。从排名看，东部各省的农村数字能力普遍较高，但江西和山东明显低于东部其他省份；西北地区和东北地区各省差别较大，东北三省明显靠后。因此，从所衡量的农村数字能力看，各地区之间农村数字能力相近，发展较均衡，但经济发展水平高的地区并不从理论上有对应的数字能力特征。

8.3　中国农村创业的整体状况

　　本研究结合"数字技术赋能乡村振兴"的年度调研主题，重点从农村数字能力对农民开展电商创业和创业意愿的影响两个方面来衡量农村创业情况，即是否"通过网络来销售农产品或其他产品"和"考虑过自主创业"。之所以通过网络销售农产品或其他产品来度量农民创业实践，是因为全国行政村通宽带全覆盖，且实现"县县通 5G"。在农村开展农产品和涉农服务销售主要通过网络进行，再结合农民自主创业的意愿，可以刻画中国农村创业的真实情况。调研数据显示，全国农村地区有 9.10％的农民通过网络来销售农产品或其他产品，24.23％的农民考虑过自主创业。

8.3.1 中国农村创业发展状况及区域差异

从全国总体看,虽然农村农民创业意愿高,但通过网络来销售农产品或其他产品的创业实践比例较低,即创业意愿转化为创业实践的转化率有待提高。中国农村农民通过网络来销售农产品或其他产品的占 9.10%,农民考虑过自主创业的占 24.23%,见表 8-9。地区差异不明显,推进农村创业大有可为。调研显示,全国有 3 620 户农民考虑过自主创业,有 611 户农民通过网络来销售农产品或其他产品,创业意愿转化为创业实践的转化率为 16.88%,这与农民数字资源获取能力处于"一般"以下有较大关系。

表 8-9 中国农村创业发展调研情况

所属大区	样 本 量	农民通过网络来销售农产品或其他产品的比例	农民考虑过自主创业的比例
东北地区	724	10.77%	20.99%
华北地区	1 286	10.03%	26.75%
华东地区	6 936	8.92%	22.32%
华南地区	780	9.36%	29.62%
华中地区	1 836	7.41%	27.07%
西北地区	1 356	9.44%	25.44%
西南地区	2 021	9.75%	24.89%
总计	14 939	9.10%	24.23%

从地区分布看,华东地区、华南地区和华中地区农民通过网络来销售农产品或其他产品的比例低于全国平均值;东北地区、华东地区和西北地区农民考虑过自主创业的比例低于全国平均值;华东地区农民通过网络来销售农产品或其他产品的比例和农民考虑过自主创业的比例均低于全国平均值。这说明经济发达地区农民的创业意愿和创业实践比例较低。华东地区经济发达、市场竞争激烈,很多行业已饱和,创业空间相对较小,尤其是华东地区农村资源禀赋有限,更凸显农村创业短板。华南地区农民考虑过自主创业的比例最高,为 29.62%,考虑过创业的 231 户农户中仅有 34 户通过网络来销售农产品或其他产品,创业意愿转化为创业实践的转化率仅为 14.72%。东北地区农民考虑过自主创业的比例最低,为 20.99%,考虑过创业的 152 户农户中有 28 户通过网络来销售农产品或其他产品,创业意愿转化为创业实践的转化率为 18.42%。虽然东北地区农民

创业意愿低,但创业转化率比华南地区高。农民通过网络来销售农产品或其他产品的比例东北地区最高,为 10.77%;华中地区最低,为 7.41%。西南地区农民通过网络来销售农产品或其他产品的占 9.75%,这与该地区农村特色农产品丰富有关。而华中地区的农村多为种植水稻和小麦等粮食作物。

2012 年笔者曾在云南省宾川县挂职。宾川县作为全国水果之乡,盛产葡萄、丑橘等特色水果。当地的创业青年通过淘宝网店或手机端开展水果网络销售,依托大理至上海的空运航线,实现 24 小时内将水果从地头送至上海顾客餐桌,从而实现农产品利润的指数级增长。

8.3.2　中国农村数字能力与创业的关联性分析

本研究将农村创业定义为:农村农民利用数字技术,基于自身创业意愿,通过机会识别与开发、要素资源整合与利用,最终实现销售农产品或其他产品的完整过程。

农民的创业情况依据入户问卷中"通过网络来销售农产品或其他产品"和"考虑过自主创业"的两个问题选项反映。本研究从这两个层次来量化农村数字能力对农村创业的影响,即分析创业意愿和创业实践的农民创业差异的根源分析。最终,有 1 360 个农民"通过网络来销售农产品或其他产品"创业样本,3 620 个农民"考虑过自主创业"。

本研究采用客观赋权法中的信息熵法,衡量中国农村数字能力。其指标体系包括 3 个一级指标、10 个二级指标。一级指标为数字技术赋能乡村能力、数字资源获取能力和数字应用能力。数字技术赋能乡村能力包括数字乡村服务、数字政务处理频率和数字信息备份频率;数字资源获取能力包括农民数字技术处理能力、农民普通话水平、农民网页浏览能力;数字应用能力包括农民办公软件掌握程度、农民电子邮件掌握程度、农民娱乐音视频软件掌握程度、农民教育教学类软件掌握程度。为进一步了解农村创业与农村数字能力关联性,从而为推进农村创业、促进乡村振兴建言献策,本研究将分析农村数字能力与"通过网络来销售农产品或其他产品"的创业实践和"考虑过自主创业"的创业意愿的关系。

图 8-7 体现了农村数字能力与"通过网络来销售农产品或其他产品"的创业实践。

从中可以发现,1 360 户"通过网络来销售农产品或其他产品"创业农户的数字能力指数为 2.869,高于全国农村数字能力指数(2.494),也高于不"通过网络来销售农产品或其他产品"创业农户的数字能力指数(2.578)。这说明数字能力越高的农户更会"通过网络来销售农产品或其他产品"创业。

分地区看,"通过网络来销售农产品或其他产品"农户的数字能力排名从高到低依次为华东地区、西北地区、西南地区、华南地区、华中地区、华北地区和东北地区。"通过网

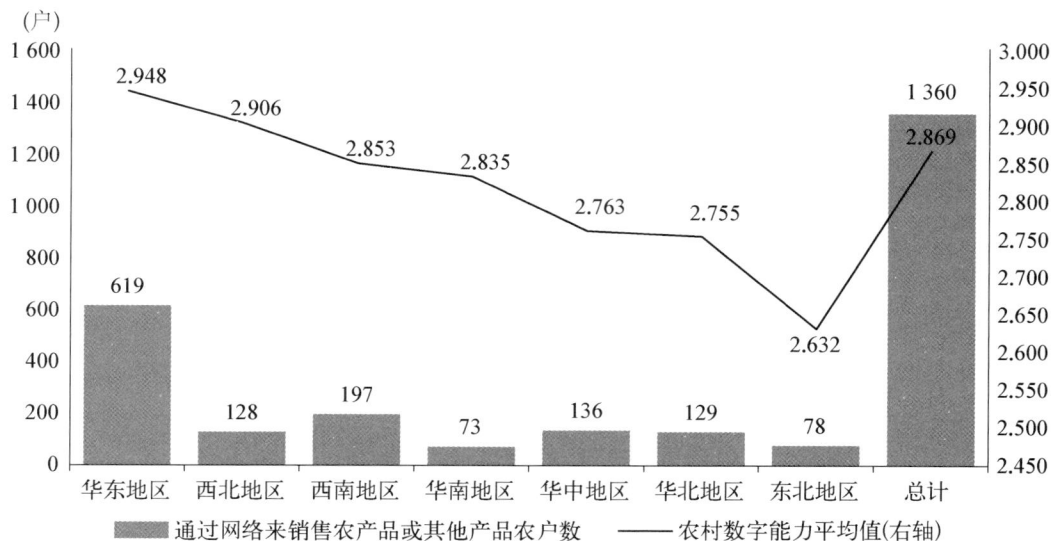

图 8-7　农村数字能力与通过网络来销售农产品创业

络来销售农产品或其他产品"创业农户的数字能力,华东地区最高(2.948),东北地区最低。对比这两个地区是否"通过网络来销售农产品或其他产品"创业农户的数字能力差,分别为 0.337 和 0.15;而同一地区是否"通过网络来销售农产品或其他产品"创业农户的数字能力差,西南地区最高,达到 0.37。华东地区"通过网络来销售农产品或其他产品"创业农户的数字能力平均值最高。虽然华东地区"通过网络来销售农产品或其他产品"创业农户比例(8.92%)略低于全国平均水平,但参与农户的数字能力高于全国平均水平,这就为保障农村创业实施打下了坚实基础。西北地区虽然农村数字能力最高,但"通过网络来销售农产品或其他产品"创业农户的数字能力略低于华东地区。东北地区虽然"通过网络来销售农产品或其他产品"创业农户的比例最高,但创业农户的数字能力仅为 2.632,低于全国平均水平,需要政府相关部门密切关注这部分农村创业群体的创业风险防范和企业数字化发展困境。

表 8-10 是"通过网络来销售农产品或其他产品"创业农户的数字能力和学历层次。

表 8-10　　　　　　　通过网络销售农产品创业农户的数字能力、学历层次

学 历 层 次		小学以下	小　学	初中/ 中专毕业	高中/ 职高毕业	大专毕业	本科及 以上	总　计
东北 地区	数字能力 均值	2.335	2.228	2.747	2.686	2.690	3.079	2.632
	农户数	6	13	37	12	6	4	78

学　历　层　次		小学以下	小　学	初中/中专毕业	高中/职高毕业	大专毕业	本科及以上	总　计
华北地区	数字能力均值	1.838	2.507	2.666	2.967	3.406	3.501	2.755
	农户数	11	14	57	28	15	4	129
华中地区	数字能力均值	2.270	2.484	2.645	2.844	3.101	3.393	2.763
	农户数	6	17	53	35	16	9	136
华南地区	数字能力均值	2.595	2.640	2.704	2.469	3.081	3.321	2.835
	农户数	2	12	25	8	15	11	73
西南地区	数字能力均值	2.476	2.513	2.688	2.797	3.399	3.466	2.853
	农户数	9	29	76	34	37	12	197
西北地区	数字能力均值	2.425	2.486	2.768	3.098	3.346	3.699	2.906
	农户数	5	17	59	25	13	9	128
华东地区	数字能力均值	2.301	2.427	2.675	2.943	3.268	3.630	2.948
	农户数	19	62	208	113	127	90	619
合计	数字能力均值	2.261	2.461	2.690	2.901	3.263	3.561	2.869
	农户数	58	164	515	255	229	139	1 360

　　从中可以看出,学历层次越高,"通过网络来销售农产品或其他产品"创业农户的数字能力越强;但是,"通过网络来销售农产品或其他产品"创业农户比例最高的,不是学历层次最高的"本科及以上",而是"初中/中专毕业",占比为 38.9%。在调研农户中,学历层次为"初中/中专毕业"的农户占比最高,达到 37.7%,这是因为未接受高等教育导致大部分低学历层次农户留在农村,因而推高了该学历层次农户"通过网络来销售农产品或其他产品"创业人数。"通过网络来销售农产品或其他产品"创业农户中,"大专毕业"及以上占比较高,达到 27.1%,说明受过高等教育的农户比较能接受"通过网络来销售农产品或其他产品"创业。

图 8-8 体现了农村数字能力与"考虑自主创业"的创业意愿。3 620 户"考虑过自主创业"农户的数字能力指数为 2.878,不仅高于全国农村数字能力平均值,而且高于"通过网络来销售农产品或其他产品"农户,比没有"考虑过自主创业"农户的数字能力指数高 0.36。这进一步说明农村数字能力越高对于"考虑自主创业"越具有促进作用,因此要加强农村数字能力建设,扎实开展分层分类全覆盖的农村数字能力培训。"考虑过自主创业"农户数字能力的地区排名从高到低依次为:华东地区、华北地区、西北地区、华中地区、华南地区、西南地区和东北地区。对比"通过网络来销售农产品或其他产品",西北地区虽然相应排名下降 1 位次,数字能力指数为 2.864,但高于该地区平均水平。华东地区"考虑过自主创业"农村数字能力平均值最高,为 2.931,比东北地区高 0.3。华南地区"考虑过自主创业"农户的比例最高,但参与农户的数字能力高于全国平均水平,需要引起密切关注。对比华东地区和东北地区是否"考虑过自主创业"农民数字能力,指数差分别为 0.374 和 0.221,而同一地区是否"考虑过自主创业"农户数字能力,华北地区指数差最高,为 0.432,这印证了数字能力越高的农户更愿意考虑自主创业。

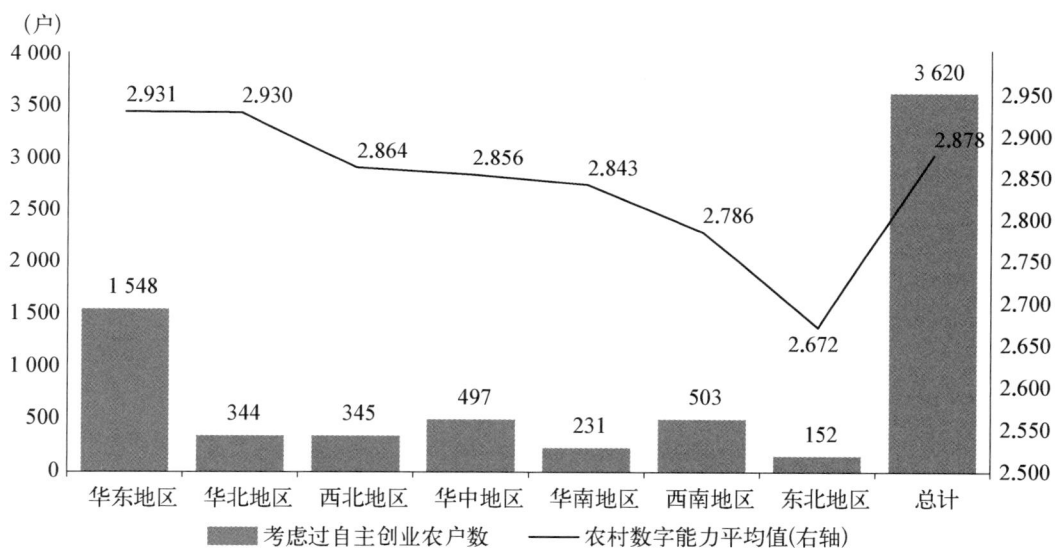

图 8-8　农村数字能力与考虑自主创业

表 8-11 是"考虑过自主创业"农户的数字能力和学历层次。可以看出,学历层次越高,"考虑过自主创业"农户的数字能力越强。除"初中/中专毕业"农户外,"大专毕业"及以上的占比为 26%,与"通过网络来销售农产品或其他产品"创业农户占比(27.1%)相近,均超过 1/4。

表 8 - 11　　　　　　　　　考虑自主创业农户的数字能力、学历层次

学历层次		小学以下	小　学	初中/中专毕业	高中/职高毕业	大专毕业	本科及以上	总　计
东北地区	数字能力均值	2.780	2.303	2.713	2.685	2.798	3.153	2.672
	农户数	3	24	75	26	18	6	152
华北地区	数字能力均值	2.296	2.385	2.621	2.926	3.268	3.424	2.786
	农户数	20	91	190	77	82	43	503
华中地区	数字能力均值	2.419	2.179	2.697	2.884	3.165	3.391	2.843
	农户数	6	23	90	39	47	26	231
华南地区	数字能力均值	2.297	2.452	2.701	2.950	3.261	3.525	2.856
	农户数	11	52	207	131	66	30	497
西南地区	数字能力均值	2.514	2.548	2.724	3.025	3.236	3.597	2.864
	农户数	15	49	149	73	37	22	345
西北地区	数字能力均值	2.056	2.439	2.821	2.998	3.436	3.605	2.930
	农户数	6	29	181	67	39	22	344
华东地区	数字能力均值	2.223	2.438	2.705	2.903	3.290	3.533	2.931
	农户数	27	140	589	290	299	203	1 548
合计	数字能力均值	2.320	2.419	2.710	2.927	3.265	3.511	2.878
	农户数	88	408	1 481	703	588	352	3 620

8.4　农村数字能力助力农村创业的政策建议

本研究构建了中国农村数字能力指标体系，包括 3 个一级指标、10 个二级指标，并

根据该指标体系计出当前中国农村数字能力指数为 2.494,落后于国家提出的数字乡村发展目标 0.784 个指数点,并且低于农村创业数字能力平均值。为进一步提升中国农村数字能力,激发农村创业活力,建议创新设置大学生创新创业岗,打造高效在线农村创业平台,推进线上线下相结合数字能力培训,践行"千万工程",从而跨越乡村数字鸿沟。

8.4.1　设置大学生创新创业岗,激活农村创业

农村创业不仅对学历层次有更高要求,而且让高学历层次人才担任村干部对农村创业具有显著正向作用。在村干部队伍中增加大学生岗位,符合当前中国乡村发展实际,更能有效激活农村创新创业活力。党的二十大明确指出,人才是第一资源,实施就业优先战略,强化就业优先政策,健全就业促进机制,促进高质量充分就业。2024 年大学毕业生人数预计达 1 179 万人,同比增加 21 万人,再创新高。[①]

国务院办公厅 2022 年印发《关于进一步做好高校毕业生等青年就业创业工作的通知》(国办发〔2022〕13 号),2023 年再次印发《关于优化调整稳就业政策措施全力促发展惠民生的通知》(国办发〔2023〕11 号),充分体现国家对大学生就业工作的重视。根据中国农业农村部发布的最新统计数据[②],中国有 489 403 个村委会。在稳定"三支一扶"计划、大学生志愿服务西部计划、"大学生乡村医生"专项计划,做好高校毕业生到城乡社区就业创业工作的基础上,在农村地区每村设置大学生创新创业岗 1～3 个,加快乡村数字人才引育和数字技术扩散,优化配置创新要素,激活农村创业创新。

在与数十名县、乡、村干部的交流过程中,我们深刻了解了地方政府对大学生数字人才和创新创业人才的双重需求。立足大学生数字创新创业岗,一方面,"Z 世代"大学生作为引领性、青年性的人才拥有新思维、新技术和新知识,这有助于推进农村创业由传统业态向现代化新业态转换、推进农村创业类型由低层次循环向高层次创新过渡,实现对农村数字能力的提升带动作用;另一方面,大学生背后的高校在创新创业方面积累了大量经验,依托大学生创新创业训练计划项目,发挥"互联网＋"大学生创新创业大赛引领功能,结合大学生数字创新创业岗,加大对大学生农村创业税费和免息贷款支持,推进大学生创新创业赋能乡村振兴,发挥"Z 世代"大学生对农村数字能力提升带动作用。

大学生创新创业岗既要坚持设,还要流得动。通过教育部、人社部、乡村振兴局、团中央等国家委办局设立大学生创新创业岗,并列入村干部组成序列,同时建立管理办法,强化岗位认同和职业归属感。设置大学生创新创业岗专项基金,保障大学生岗位待遇,

---

① 教育部、人社部 2023 年 12 月 5 日在京召开高校毕业生就业创业工作会议。
② 中国农业农村部官方网站. http://zdscxx.moa.gov.cn:8080/nyb/pc/index.jsp.

发挥大学生创新创业岗引领作用。最重要的是,要能保障大学生创新创业岗晋升通道,让大学生创新创业岗流动起来,如优先保障大学生创新创业岗工作满 2 年的大学生考公、考编、考研的加分项。

8.4.2 打造在线农村创业平台,吸引大学生就业创业

目前,全国农村地区开始使用数字乡村服务平台(如网格化监控系统、乡村大数据主题展示、宅基地农房租赁管理信息等)和定期备份和管理关于村庄的数据资料占比较高,每周使用政务 App、微信发布或分享村庄日常事务的频率较高。无论数字乡村数字化平台,还是数字资料备份,以及数字化宣传,这既为大学生开展数字创业提供天然土壤,也为做好农村创业提供丰富数据支撑。高校在大学生创新创业方面已经积累了大量的经验,也建立了许多创客空间和在线创业平台。

充分利用已有的创业条件,由国家乡村振兴局、中国农业农村部和教育部牵头,设立大学生农村创业基金,组建全国高校农村创业联盟,整合高校、企业、社会创客空间资源,围绕在线教育、在线娱乐、在线服务等在线新经济领域,构建大学生农村创业实践、资助扶持、企业注册、场地租赁和税费减免等一体化平台,吸引作为网络原住民的高校大学毕业生在线创业和就业。

同时,汇聚政、产、企、学、研等各方力量,融合政策、信息、技术、人才等要素,推进"千校联千县兴万村"活动,为大学生提供全面、精准、便捷、高效和共享的在线创业和就业服务。允许乡村合作社、小微企业和餐饮旅游等其他服务企业法人以养老保险、医疗保险和住房公积金三类个人账户的资金为质押,申请低息贷款,贷款额度可为质押资金的 2~3 倍,帮助其扩大再生产,并带动更多人就业创业。

8.4.3 线上线下结合,跨越乡村数字鸿沟

1 360 户"通过网络来销售农产品或其他产品"创业农户的数字能力指数为 2.869,3 620 户"考虑过自主创业"农户的数字能力指数为 2.878,均高于全国农村数字能力指数 2.494。为推进中国农村数字能力提升,必须从乡村数字治理和农民数字能力培训两方面进行,并且要齐头并进。

在推进乡村数字治理能力提升方面,首先,要进一步加强数字乡村基础设施建设,继续保持 5G 和宽带全覆盖,并切实有效降低农村地区手机网络费用,从而保障数字乡村服务平台、政务处理平台 100%融入农民和村干部,得到有效使用。其次,要加强村干部数字乡村治理能力培训,切实提升村干部数字能力,从而进一步提升数字政务处理和数

字信息备份工作水平,真正让中国农村经济社会发展融入数字经济浪潮。可以通过充分发挥村干部学历提升计划、高校慕课和学习强国等学习平台功能,引导村干部结合自身专业技能,有效提升自身数字能力。最后,要在村干部选拔及聘用考察、选任考核中,增加数字能力专项考察,如数字政务处理、办公软件操作能力等。

在推进农民数字能力提升方面,要线上线下相结合,做到全覆盖,切实让全体农民共建共享数字乡村建设和发展成果,促进乡村振兴和共同富裕目标的实现。立足大学生创新创业岗,依托全国高校农村创业联盟,培养和建设一支优秀的专兼职相结合的农村数字能力培训师资队伍。培训形式做到结合线上和线下培训资源,采用混合式培训方法,开展讲座、课堂教学、案例分析、小组讨论、实践操作等,增强培训效果。坚持分类实施,针对 60 岁及以上老年人做好数字能力普及性培训,开展电脑操作、互联网使用、电子邮件收发、数字交流、数字安全等内容培训;针对 60 岁以下农民可以重点推进创新创业与数字能力培训相结合,培训应涵盖基本的数字技能(如电脑操作、互联网使用、电子邮件收发、电子商务等)和数字素养(如信息获取、数字交流、数字安全、数字创业等)。

另外,为培训活动提供必要的财政补贴、税费优惠和场地资金支持,努力构建"数字乡村有你有我"的共建共享氛围,切实提高乡村居民的数字技能和素养,助力乡村数字化发展。同时,有利于缩小城乡数字鸿沟,促进乡村社会的包容和公平。

8.4.4 践行"千万工程",补齐农村数字能力短板

农民自主创业意愿虽然受农村数字能力、性别、年龄、学历、担任村干部等因素影响,但农村数字能力对农村创业的促进作用显现,且呈现数字能力越强,创业实践和意愿越明显的态势。因此,要促进农村创业,必须补齐农村数字能力短板。一方面,学习践行"千万工程"经验,采取更加主动的方式对农村的待就业大学生进行数字技能培训,最大限度调动希望就业、能够就业的待就业大学生返乡就业创业,为乡村经济的发展注入新的活力,不断优化农村村干部学历层次和年龄结构。在这个过程中,高校、企业和县域乡镇等合作伙伴应共同参与,通过产学研合作方式,共同培养具备数字能力的农村创业人才。

当前,乡村数字人才仍面临较大短缺。许多农村企业负责人坦言,虽然急需招聘数字化技能人才,但很难找到合适的人选,希望高校能够提供更多符合企业需求的人才,帮助乡村建设和发展。为了满足农村创业的数字化人才需求,全国各高校应加大力度、优化人才培养结构,为乡村建设行动储备数字技术人才。一方面,高校通过加强数字技能培训,帮助大学生更好地适应农村创业需求,提高他们的就业竞争力,同时为乡村经济的

发展作出更大的贡献。另一方面,高校要优化人才培养结构,加强对数字技术人才的培养。这不仅包括计算机科学、大数据分析等专业领域人才,还包括具有跨学科背景的复合型人才,尤其是熟悉"三农"问题的数字化人才培养。这些人才需要具备扎实的数字技术基础,同时能将技术与农村创业的实际需求相结合。

县域乡镇企业也应积极参与数字人才培养。企业可以通过与高校合作,提供实践机会和项目资源,让数字技术人才将理论知识应用到实践中去。企业还可以通过提供实习机会、奖学金等方式,吸引更多的优秀人才参与农村创业。这样不仅可以解决农村创业中数字能力不足的问题,还可以为乡村振兴注入新的活力。

8.5　小　　结

《乡村建设行动实施方案》发布1周年,数字乡村发展初见成效。但是,中国农村数字能力水平抑制了农村创业,制约乡村振兴和共同富裕目标的达成。课题组利用上海财经大学2023年"千村调查"数据,构建了中国农村数字能力指标体系,衡量了全国及区域农村数字能力发展现状。

研究发现,中国农村数字能力地区发展相对均衡,但亟须提高。进一步分析了农村数字能力与农村创业的关联性,结果显示:当前中国农村数字能力与农村创业正相关,"通过网络来销售农产品或其他产品"和"考虑过自主创业"农户的数字能力均高于全国农村数字能力,且呈现中国农村数字能力越高,"通过网络来销售农产品或其他产品"和"考虑过自主创业"农户越多的趋势,但当前中国农村数字能力已严重抑制了农民自主创业意愿。

有关政府部门迫切需要重视相关问题,可积极整合高校、企业和社会创业资源,设立农村大学生创新创业岗,化大学生就业难并解乡村振兴之困,向乡村延伸"人才红利";培养和建设一支优秀的专兼职相结合的农村数字能力培训师资队伍,培训形式结合线上和线下培训资源,采用混合式培训方法,开展讲座、课堂教学、案例分析、小组讨论、实践操作等,实施全覆盖农村数字能力提升培训计划,跨越乡村数字鸿沟;持续"千万工程"经验,最大限度调动希望就业和能够就业的待就业大学生返乡就业创业,通过产学研合作的方式,共同培养具备数字能力的农村创业人才。

第 9 章

农村数字金融发展与农村创业

9.1 引　　言

乡村振兴是我国农村地区经济建设与发展的重要战略部署,为解决我国经济发展不平衡不充分、加快实现农业农村现代化提供解决方案。近年来,逆全球化思潮、粮食保护主义、极端气候等现象的涌现,以及我国城乡发展差距依然较大,都对我国农业农村发展提出挑战,亟须提高我国农业农村竞争力。2017 年,党的十九大报告第一次提出"乡村振兴"战略,旨在解决"三农"(即农业、农村、农民)问题,促进城乡经济的融合发展。2018年中央一号文件《中共中央、国务院关于实施乡村振兴战略的意见》对实施乡村振兴战略进行全面部署。其中,在金融支持乡村振兴维度上,明确指出要"开拓投融资渠道,强化乡村振兴投入保障,引导更多金融资源支持乡村振兴,要强化金融服务方式创新,提高金融服务乡村振兴能力和水平",尤其强调"普惠金融重点要放在农村"。沿着这一思路,2019 年中央一号文件提出"打通金融服务'三农'各个环节",2020 年要求"稳妥扩大农村普惠金融改革试点",2021 年进一步提出"发展农村数字普惠金融",2022 年要求"强化乡村振兴金融服务",2023 年强调"撬动金融和社会资本按市场化原则更多投向农业农村"。

在乡村振兴战略的实施下,农村经济建设呈现多元化特点。农村地区及农民的金融需求是否也发生相应改变,愈发复杂化、多样化?比之传统金融服务模式,农村数字金融是否更有优势满足现阶段农村地区的发展需求,赋能乡村振兴战略的实施?为了回答这些问题,本章基于 2023 年"千村调查"数据,以农村数字金融发展赋能农村创业作为切入点,先刻画我国农村数字金融发展和农村创业整体现状,再从微观层面考察数字金融使用对农户创业行为及创业意愿的影响和作用机制。此外,本章还将探讨在推广数字金融过程中,如何处理好技术普及与金融监管之间的关系,确保农村地区的居民能够充分、安全地享受数字金融带来的红利。

农村创业在促进农村经济社会发展及缩减城乡差异方面扮演着关键角色。这一过程通过活化本地资源、激励农民积极性与创造性,不仅促成了产业繁荣,也为乡村振兴提供了自发动力;同时,它还扩展了农民的收入途径,改进了民生质量,助力共同富裕目标的实现。而数字金融作为一种创新的金融服务模式,为农村创业者的资金获得提供新的可能性。在现代信息技术的推动下,特别是互联网、大数据和云计算的广泛应用,数字金融已显著降低了金融服务的提供成本并提高了普及率。这种变革极大地增强了金融资源的可获取性,尤其是对于在传统金融体系中处于边缘位置的弱势群体。因此,数字金融不仅可能为农村地区提供更加广阔的金融服务访问能力,也可能促进资金的有效流通和资源的合理配置,打通金融服务"最后一公里"。

多个数字金融企业已经开始深入农村市场,推广针对农村需求的产品和服务。例如,蚂蚁金服利用农户在淘宝网的线上交易数据,为他们提供基于信用的无需抵押和担保的小额信贷服务,从而解决了农村地区传统金融服务的不足。再如,京东金融推出针对农村市场的多种金融产品,信用购物服务"京东白条"使农村消费者能在没有即时支付的情况下购买商品。此外,京东金融还提供小额贷款服务,帮助农村企业家和小微企业解决资金问题。北京大学数字金融研究中心在 2017 年发布的《IDF 年度研究报告:数字金融支持实体经济发展》中进一步证实了这些观点。该报告指出,在宏观层面,数字金融的发展显著提升了企业的创业积极性,尤其在城镇化率较低的地区,数字金融指数的边际效应更显著。这表明,在农村和低城镇化地区,数字金融的推广和应用不仅可能对改善金融服务环境具有重要意义,也可能对促进当地经济和社会发展起到显著作用。

当前,尽管数字金融在农村地区的发展日益受到关注,但关于其对农户创业行为的影响,特别是从微观层面的研究仍相对缺乏。这一研究领域的深入探讨对于理解和促进农村经济发展具有重要意义。首先,微观层面的研究可以揭示数字金融服务如何影响个别农户的创业决策和行为。这包括评估数字金融产品和服务对农户创业意愿、风险承担能力以及创业策略的具体影响。通过深入分析,研究者可以更好地理解农户在接触和使用数字金融服务后的行为变化,以及这些变化如何影响他们的经营成效和长期发展。其次,从微观角度研究数字金融对农户创业的影响,有助于识别和评估可能的差异性因素。例如,不同地区、不同经济背景和不同教育水平的农户可能会有不同的反应和适应方式。

这种差异化分析可以为政策制定者提供更精准的信息,帮助他们设计更有效的政策和程序,以促进数字金融在农村地区的普及和有效应用。

本章首先考察我国农村创业整体情况。研究结果显示,我国农村创业的自主意愿较高,但实际参与度偏低,且具有非常明显的地区差异,其中女性参与度尤其低。

其次,考察我国农村数字金融整体发展情况。研究结果显示,我国农户的数字金融参与度较高,数字金融在农村地区具有一定的普及程度,但是农户参与数字金融的深度仍有待提高。数字金融参与主要体现为数字支付,而非投资理财或融资贷款;线上金融平台也主要集中为手机银行,而非金融科技类公司。比较不同性别的数字金融参与度情况,数字金融在农村地区的女性农户中有更高的普及程度,男性农户更多地通过网络借贷平台和线上贷款等方式参与数字金融,女性农户更多地通过数字支付、手机银行、理财和保险产品等方式参与数字金融。

最后,从微观层面考察数字金融使用情况对农户创业行为的影响和作用机制。为此,我们构造了农村数字金融指标。统计结果显示,数字金融使用、数字金融使用广度的均值都很高,说明我国农村地区的数字金融普及度高。之后,我们构造了 Probit 模型,并选取按照县域和受访者年龄分组后的数字金融使用组内平均水平作为工具变量,来解决模型可能存在的内生性问题。回归结果显示,数字金融使用概率每提升 1%,农户创业概率将增加 $0.794\%\sim1.306\%$,农户创业意愿则提升 $0.487\%\sim1.057\%$。可见,数字金融使用不仅推动了农户的创业意愿,而且能够提升农户实际参与创业。此外,结果还显示,家里常住人口越多,越有可能、越有意愿选择创业;家庭成员中有党员或干部的农户不倾向于创业,虽然其创业意愿更高;月收入越高、不是贫困户的农户,创业概率和意愿越高,说明创业农户主要是相对高收入人群;年龄大的农户创业意愿低。通过考察数字金融使用对不同类型农户的创业行为影响,我们发现:在创业行为方面,非弱势农户受到的影响更显著;在创业意愿上,弱势群体受到的影响更显著。这可能是由于弱势群体创业者面临的融资挑战往往比非弱势群体更严重,"属性错配""领域错配"和"阶段错配"等传统金融模式普遍存在的问题,使得传统金融机构只愿"锦上添花"不愿"雪中送炭",这很大程度制约了微观经济主体在创业活动上的潜在驱动力。

基于实证结果,本书相关建议如下。首先,重视数字金融在农村的发展,鼓励数字金融下乡。东部地区要加强技术与金融的融合渗透,大力推进农村金融机构数字化转型。中部地区应结合乡村振兴战略,提高创业者对数字金融产品的感知价值。西部地区应着力于加大数字金融的宣传与使用培训力度,让更多的农村居民知晓、愿意且能够获取数字金融服务,积极参与创业。其次,加强数字农村建设,完善农村基础设施。构建面向农村地区的数字技术普及教育体系,深化数字素质教育。加强数字基础设施建设还可以建立覆盖面更广的征信体系,征信体系可以为数字金融发展提供制度支持。再次,探索数字金融推动创新创业巾帼行动的新模式,更大程度激发女性创业活力。政府部门可以通过引入社会公益组织、鼓励产学研合作等方式,提高农村女性对数字金融的普及程度和使用深度,帮助女性创业者缓解创业融资信息不对称和资金约束问题。最后,提升弱势群体对数字金融产品的使用能力,以激发其创业热情,提升其创业能力。

9.2　文　献　综　述

9.2.1　数字金融发展与创业相关研究

数字金融,是指通过任何形式的数据,包括数字、文本、图像、声音等提供金融服务,用于银行、保险、信托等金融产业。数字金融可以提供环境和工具指导创业(Perry,2019)。

要探究数字金融对于农村创业的影响,需要先确定数字金融对于创业整体的影响。李俊丽(2022)研究指出数字金融可以通过场景、大数据和创新金融服务补足传统普惠金融服务的短板,降低金融服务门槛和服务成本。谢绚丽等(2018)通过研究新增企业注册信息和数字金融指数的省一级数据,指出数字金融的发展对创业有显著的促进作用,而且数字金融的覆盖广度、使用深度和数字支持服务程度均对创业有显著的促进作用。杜念宇和赵建(2023)发现数字金融能够显著地促进城市的创新创业活动。该研究表明,从创新创业子维度看,数字金融对新建企业、外来投资、发明专利和实用新型专利公开数等有显著的促进效应;从区域看,数字金融对创新创业的驱动效应呈现东部最弱、中部次之、西部最强的特征。

从上述内容可以看出,数字金融能够促进中国创新创业,且能够显著促进城市创业活动。

9.2.2　农村创业及其形成过程相关研究

由于农村地区的经济行为模式和城市存在差异性,因此,要研究数字金融对于农村创业的影响需要先确定农村创业形成过程。

李岳云和杨宁(2018)指出农业创业是农村创业的主要领域,农业创业直接推动现代农业发展,农民是农村创业的主力,培育新型农民是农村发展的当务之急,也是推进新农村建设的长远之举。张怀英(2018)指出,乡村振兴实践中出现了合作社领办型、创业平台助推型、美丽农村引领型、龙头企业带动型、乡贤返乡兴业型五种助推乡村振兴的典型农村创业模式,各种模式具有不同的内涵特征和结构要素,政策要素、平台要素、产业培育要素、资金要素和人才要素等因素相互作用,决定了农村创业的形成过程及成效,进而推动当地乡村振兴的实现。

9.2.3 数字金融对农村创业的影响

根据现有文献来看,数字金融对于农村创新的作用可以体现在两个方面。一是通过降低金融服务门槛和服务成本,为农村创业提供资金要素,促进创业活动。晋一然等(2021)指出,数字金融通过增加农户创业融资渠道对创业起到正向的促进作用,从而显著提升农户创业的数量与质量。二是通过提升农民市场参与度,增加农户经济活力,促进创新创业活动。王倩和张晋嵘(2022)采用 Probit 模型研究指出,数字金融显著促进农民创业,探讨了该作用的地区差异和城乡差异,并对“农民金融市场参与度”等指标进行中介效应分析,指出影响的传导路径。王若诗(2022)研究发现,农户创业选择、创业质量与数字金融显著正相关。同时,农户由于客观环境、经济地位等特征的差异,对数字金融利用能力不同,即数字金融对农户创业的影响存在异质性差异。

9.2.4 文献述评

现有文献探究了数字金融对于创业的整体影响,解释了农村创业的形成过程,指出数字金融对于农村创业影响的过程体现在降低金融服务门槛、刺激农村主体市场参与度。然而,现有文献忽略了农村创业形成过程中的返乡创业这一重要因素。此外,现有文献关注了数字金融整体指标,如数字金融指数,忽略了数字金融不同的具体形式对于农村创业的影响。

9.3 农村创业整体状况

首先,我们考察中国农村创业的整体情况。根据 2023 年“千村调查”数据①,中国农村创业的自主意愿较高,但实际参与度偏低,且地区差异明显,各省份表现不同,农村创业参与程度较高。不同性别参与程度不同,女性参与度尤其低。

---

① 2023 年“千村调查”入户调查数据,共计回收 14 946 份问卷。

9.3.1　农村自主创业意愿

（1）农村地区自主创业意愿整体较高

农村地区自主创业意愿整体较高。[①]　全国平均而言,24.23%的农村居民曾经考虑过自主创业,见图 9-1。

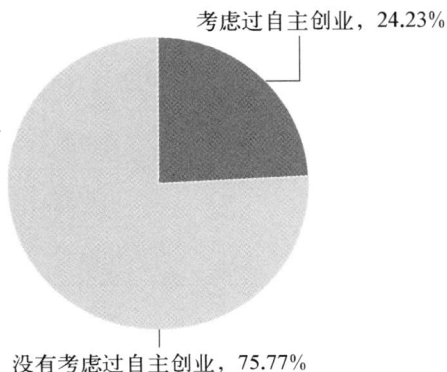

图 9-1　农村地区考虑过自主创业居民的比例

（2）农村居民自主创业意愿地区差异明显

图 9-2 是各地区农村居民考虑过自主创业的比例。其中,东北地区考虑过自主创业的农村居民占比最低,为 20.99%;中部地区最高,为 27.07%;东部地区低于全国均值。

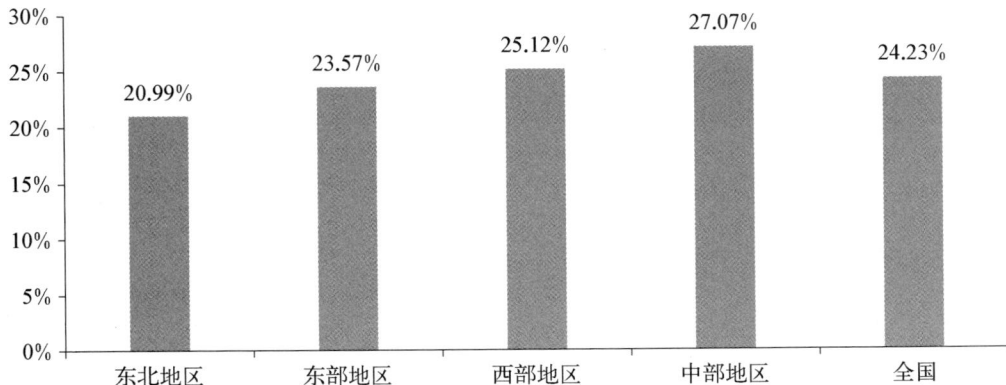

图 9-2　各地区农村居民考虑自主创业的比例

表 9-1 是各省份农村居民考虑自主创业的比例。其中,上海市农村居民考虑自主

---

① 参见 2023 年"千村调查"入户调查问卷 F011,"您有没有考虑过自主创业（　）1. 有;2. 没有"。

创业的比例最低,仅为 13.36%;其次是吉林省,为 17.53%;广西壮族自治区最高,达到 37.20%。从中可以看出,自主创业意愿与省份的发展程度并无明显相关性。

表 9-1　　　　　　　　　　各省份农村居民考虑自主创业的比例

省　份	占　比	省　份	占　比
安徽省	27.03%	辽宁省	22.30%
北京市	19.44%	内蒙古自治区	22.22%
福建省	29.44%	青海省	27.08%
甘肃省	20.36%	山东省	19.08%
广东省	22.42%	山西省	19.19%
广西壮族自治区	37.21%	陕西省	29.58%
贵州省	30.29%	上海市	13.36%
河北省	33.19%	四川省	24.37%
河南省	28.49%	西藏自治区	25.00%
黑龙江省	26.67%	新疆维吾尔自治区	21.33%
湖北省	18.16%	云南省	21.46%
湖南省	30.81%	浙江省	25.06%
吉林省	17.53%	重庆市	23.91%
江苏省	21.15%	江西省	31.53%

　　注:表格中忽略了天津市、宁夏回族自治区和海南省,三者样本数量分别仅为 12 份、60 份、48 份,样本数量太少缺乏参考价值。下同。

　　(3)男性的自主创业意愿高于女性,但存在地区差异

　　按性别分,农村男性居民考虑自主创业的比例整体高于女性,但存在地区差异性。农村男性居民考虑自主创业的比例为 25.48%,女性居民为 22.42%,男性居民自主创业意愿显著较高,见图 9-3。

　　表 9-2 分地区描述了不同性别居民考虑自主创业的比例。除西部地区女性居民考虑自主创业比例高于男性外,其他地区均为男性居民高于女性。东部地区男性居民和女性居民考虑自主创业的比例差距最大。

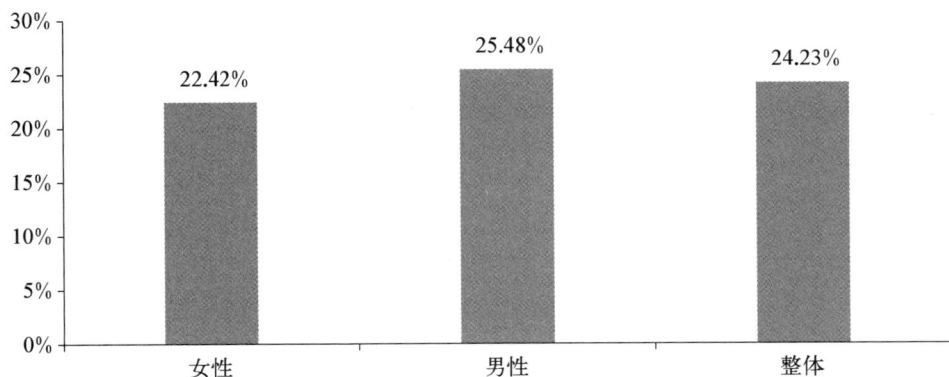

图 9 - 3　不同性别农村居民考虑自主创业的比例

表 9 - 2　　　　　　　各地区不同性别农村居民考虑自主创业的比例

	整　　体	女　　性	男　　性
东北地区	20.99%	19.40%	21.93%
东部地区	23.57%	20.62%	25.64%
西部地区	25.12%	26.14%	24.39%
中部地区	27.07%	25.47%	28.17%
全国	24.23%	22.42%	25.48%

（4）居民担任过村干部、高收入家庭的自主创业意愿较高

担任过村干部的居民考虑自主创业的比例显著高于未担任过村干部的居民,见表 9 - 3。总体来看,担任过村干部的居民考虑自主创业的比例为 30.29%,未担任过村干部的居民为 22.68%;分地区看,所有地区担任过村干部的居民考虑自主创业的比例均高于未担任过村干部的居民。其中,中部地区二者差距最显著,为 15.39%,东部地区差距最小,为 5.8%。

表 9 - 3　　　　　　　不同地区居民考虑自主创业的比例

	整　　体	担任过村干部	未担任过村干部
东北地区	20.99%	28.57%	19.18%
东部地区	23.57%	28.11%	22.31%

续　表

	整　体	担任过村干部	未担任过村干部
西部地区	25.12%	32.32%	23.60%
中部地区	27.07%	39.44%	24.05%
全国	24.23%	30.29%	22.68%

高收入家庭考虑自主创业的比例显著高于低收入家庭。从整体看,农村居民考虑自主创业的比例随收入水平上升而上升,见图9-4。月收入低于3 000元的居民考虑自主创业比例低于全国平均水平。有趣的是,在自主创业意愿随收入水平上升的趋势中,月收入100~1 000元的居民占比低于月收入0~100元的居民,月收入超过50 000元的居民占比低于月收入10 000~50 000元的居民。

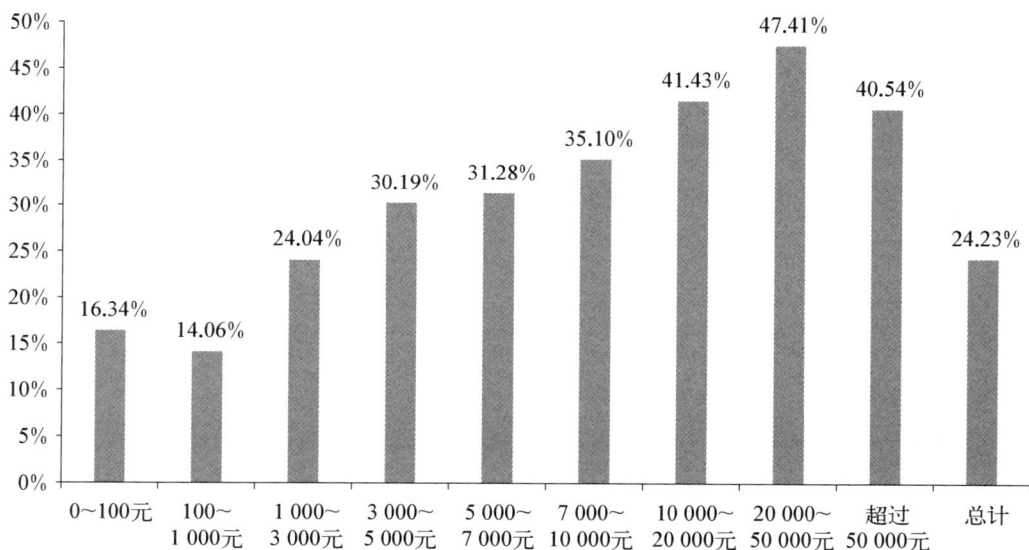

图9-4　不同收入水平农村居民考虑自主创业的比例

9.3.2　农村居民创业的参与现状

（1）农村地区居民实际参与创业的人数较少

农村地区居民实际参与创业的人数较少。农村居民从事经商或创业人数[①]与有相

[①]　参见2023年"千村调查"入户调查问卷C001,"现在主要从事何种工作?（　）1.务农;2.务工;3.经商;4.退休;5.其他",这里按照选择3和选择5来填写"创业"的问卷计数。

关意愿的人数相比，占比较低，且存在地区差异。图9-5描述了全国农村地区居民从事经商或创业的比例，7.82%的农村居民从事经商或创业。

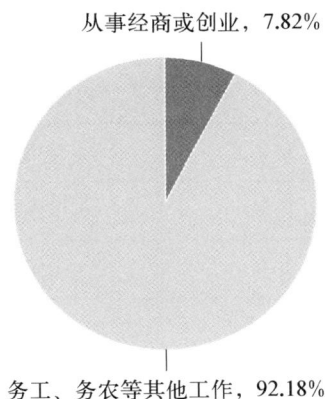

从事经商或创业，7.82%

务工、务农等其他工作，92.18%

图9-5 农村地区居民从事经商或创业的比例

（2）实际参与创业人数存在明显的地区差异

各地区农村居民从事经商或创业的比例均显著低于考虑自主创业居民的比例。图9-6描述了各地区农村居民从事经商或创业的占比情况，东北地区占比最低（3.45%），东部地区最高（8.38%）。与图9-2所示的各地区居民自主创业意愿相比，东部地区实际创业情况下降相对较低，东北地区下降显著。

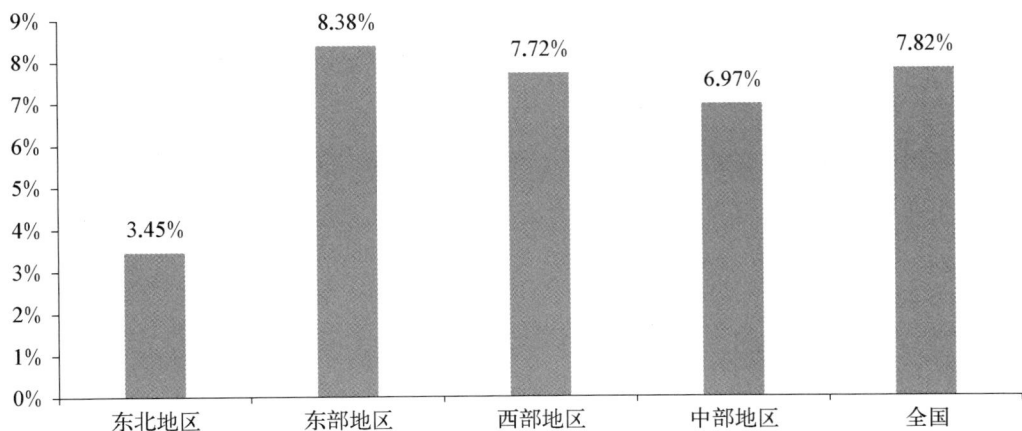

图9-6 各地区农村居民从事经商或创业的比例

表9-4为各省份农村居民从事经商或创业居民的比例。其中，山西省比例最低，为1.16%；河北省最高，为16.5%。这与前文分析的自主创业意愿相似，也说明实际自主创业与地区的发展程度并无明显相关性。

表 9 - 4　　　　　　　　　　　各省份农村居民从事经商或创业的比例

省　份	比　例	省　份	比　例
安徽省	12.75%	辽宁省	5.07%
北京市	7.41%	内蒙古自治区	6.94%
福建省	14.95%	青海省	8.33%
甘肃省	4.19%	山东省	5.92%
广东省	15.98%	山西省	1.16%
广西壮族自治区	7.85%	陕西省	9.33%
贵州省	13.70%	上海市	5.03%
河北省	16.52%	四川省	7.19%
河南省	6.76%	西藏自治区	5.00%
黑龙江省	2.50%	新疆维吾尔自治区	9.00%
湖北省	4.74%	云南省	5.09%
湖南省	8.80%	浙江省	10.28%
吉林省	2.27%	重庆市	6.41%
江苏省	6.23%	江西省	4.58%

（3）女性创业参与度整体偏低

农村地区女性居民在创业方面的参与度整体较低，也存在地区差异性。农村女性居民从事经商或创业的比例为 7.27%，低于全国平均水平，见图 9 - 7。

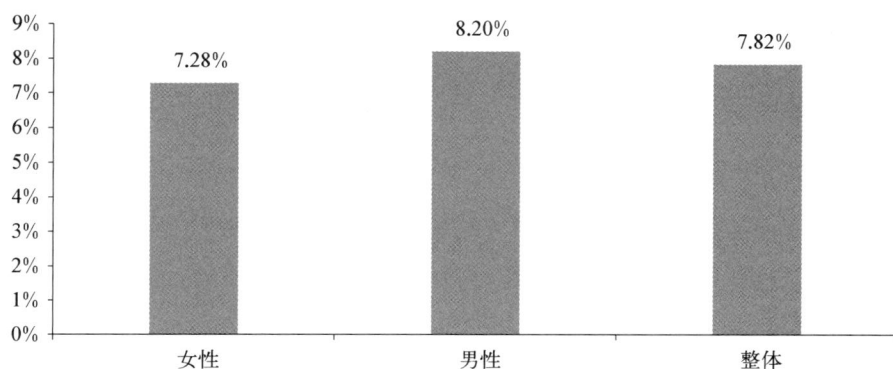

图 9 - 7　不同性别农村居民从事经商或创业的比例

　　分地区看,东北地区农村女性从事经商或创业的比例最低,为 5.22%;华南地区最高,为 12.92%;见表 9-5。

表 9-5　　　　　　　　　　各地区不同性别农村居民从事经商或创业的比例

	整　体	女　性	男　性
东北地区	3.45%	5.22%	2.41%
东部地区	8.38%	6.89%	9.43%
西部地区	7.72%	8.14%	7.42%
中部地区	6.97%	8.31%	6.06%
全国地区	7.82%	7.28%	8.30%

　　(4) 担任过村干部的居民创业参与度低

　　担任过村干部的居民从事经商或创业的比例显著低于未担任过村干部的居民。从全国来看,担任过村干部的居民从事经商或创业的比例为 5.60%,未担任过村干部的比例为 8.39%,见图 9-8。值得一提的是,担任过村干部的居民自主创业意愿较高,实际从事经商或创业的比例却较低。

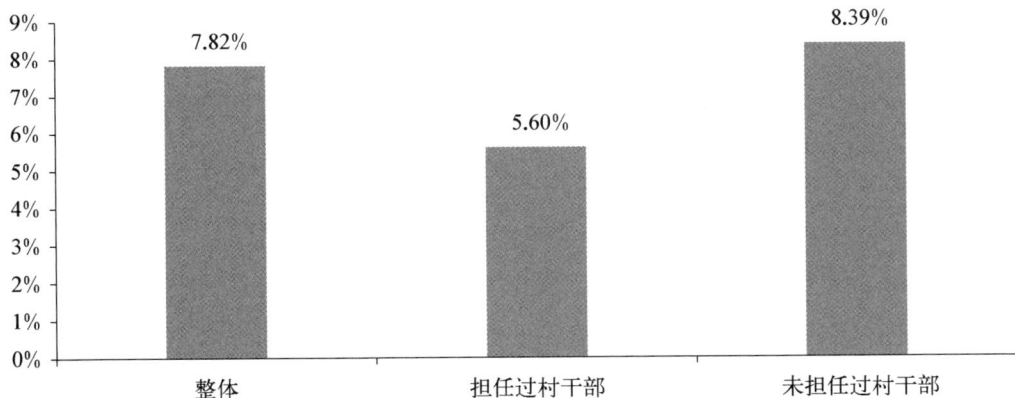

图 9-8　农村居民从事经商或创业的比例

　　分地区看,除东北地区外,担任过村干部的居民从事经商或创业的比例普遍低于未担任过村干部的居民。东北地区担任过村干部的居民从事经商或创业的比例为 3.57%,略高于未担任过村干部的居民,但仍低于其他地区的整体水平,见表 9-6。

表 9-6　　　　　　　　　各地区分农村居民从事经商或创业的比例

	整　　体	担任过村干部	未担任过村干部
东北地区	3.45%	3.57%	3.42%
东部地区	8.38%	5.87%	9.08%
西部地区	7.72%	5.75%	8.14%
中部地区	6.97%	4.72%	7.52%
全国	7.82%	5.60%	8.39%

（5）高收入家庭居民的创业参与度显著较高

图 9-9 是不同收入水平的农村居民考虑自主创业的占比情况。高收入居民考虑自主创业的比例显著高于低收入居民，且该比例随收入水平上升而加速上升。收入水平超过 50 000 元的居民从事经商或创业的比例最高，为 40.56%；收入水平低于 100 元的居民从事经商或创业比例最低，为 1.28%；值得注意的是，收入水平为 20 000~50 000 元的居民从事经商或创业的比例却低于收入水平为 10 000~20 000 元的居民。此外，相比于自主创业意愿，实际从事经商或创业的比例在各收入水平差距更为显著。

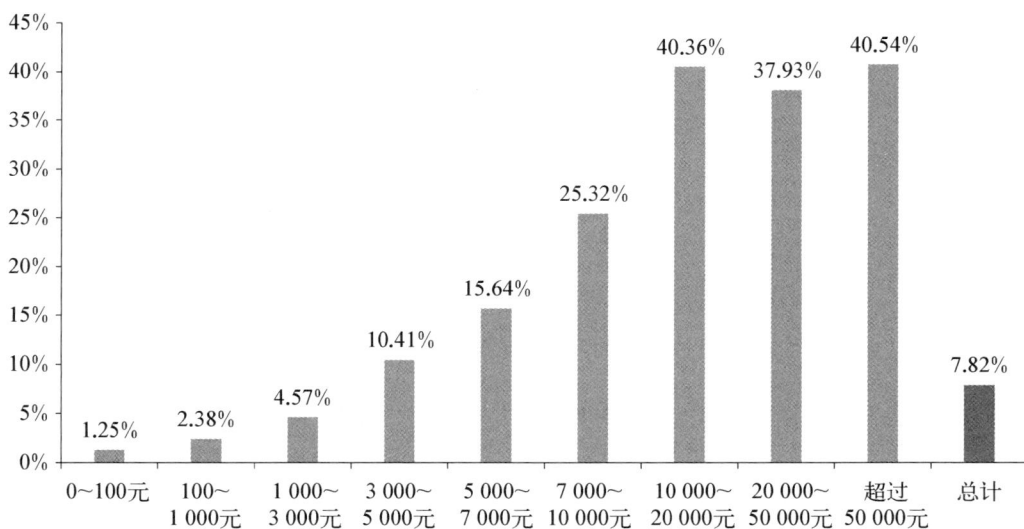

图 9-9　不同收入农村居民从事经商或创业的比例

9.3.3　影响农民创业的因素

个人技能对农民创业的影响较大。在 4 个对农民创业可能会构成影响的因素备选

项中①,认为个人技能对创业构成影响的占 12.73%,认为家庭条件对创业构成影响的占
10.43%,认为社会资源对创业构成影响的占 11.28%,认为政府支持对创业构成影响的
占 11.95%,见图 9-10。

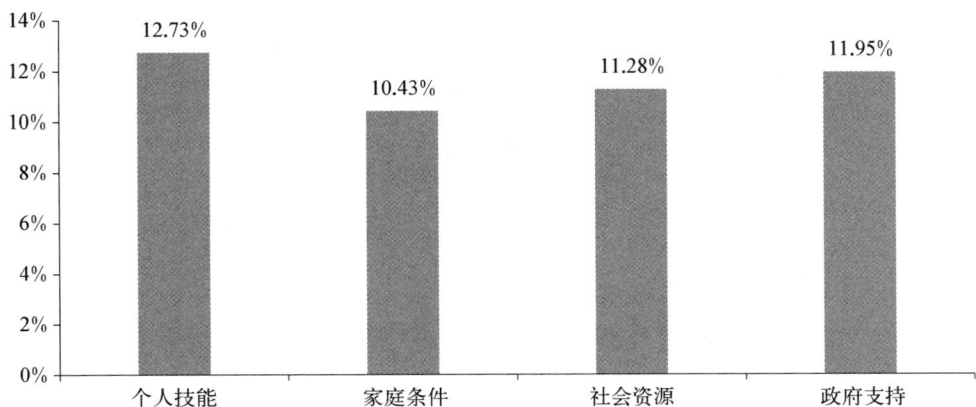

图 9-10 影响农村居民创业的因素

9.4 农村数字金融的整体发展概况

本节考察我国农村数字金融整体发展情况。研究结果显示,我国农户的数字金融参
与度较高,数字金融在农村地区具有一定的普及程度,但农户参与数字金融的深度仍有
待提高。数字金融参与主要体现为数字支付,而非投资理财或者融资贷款;线上金融平
台主要集中为手机银行,而非金融科技类公司。比较不同性别居民的数字金融参与度情
况,数字金融在农村地区的女性居民中有更高的普及程度,男性居民更多地通过网络借
贷平台和线上贷款等方式参与数字金融,女性居民更多地通过数字支付、手机银行、理财
和保险产品等方式参与数字金融。

9.4.1 农村居民数字金融的参与度

(1)农村居民的数字支付工具较普及

支付宝和微信支付等是中国最主要的数字支付工具,当前农村居民的数字支付工具
普及程度较高。图 9-11 描述了农村居民支付宝、微信支付等数字支付工具的使用情
况。数据显示,仅有 19.99%的农村居民没有使用过数字支付工具,80.01%的农村居民

---

① 参见 2023 年"千村调查"入户调查问卷 F012,"您认为哪些因素将对您返乡创业构成重要影响( )【可多
选】1. 个人技能;2. 家庭条件;3. 社会资源;4. 政府支持;5. 其他"。

使用过支付宝、微信支付等数字支付工具。其中,23.22%的农村居民更多地使用数字支付工具进行线上消费,25.02%的农村居民更多地使用数字支付工具进行线下消费,31.71%的农村居民使用数字支付工具进行线上和线下消费的规模相近。

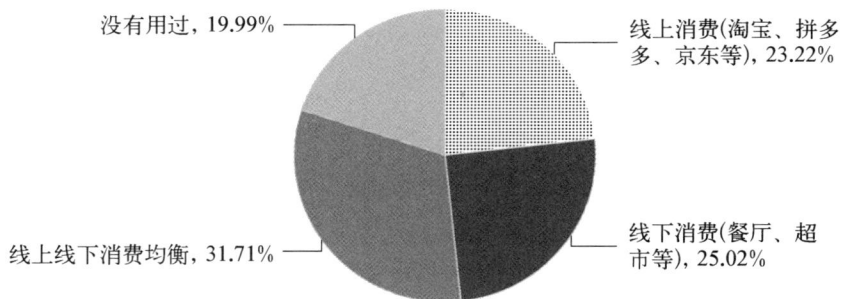

图 9‑11　农村居民使用支付宝、微信支付等数字支付工具的情况

（2）农村居民使用线上金融平台较为普及

图 9‑12 是农村居民线上金融平台的使用情况。数据显示,45.83%的农村居民未曾使用过线上金融平台,54.17%的农村居民使用过线上金融平台。其中,手机银行的使用比例最高,为 51.85%;金融科技公司的使用比例为 3.91%,网络借贷平台的使用比例为 3.91%,消费金融公司的使用比例为 0.98%。

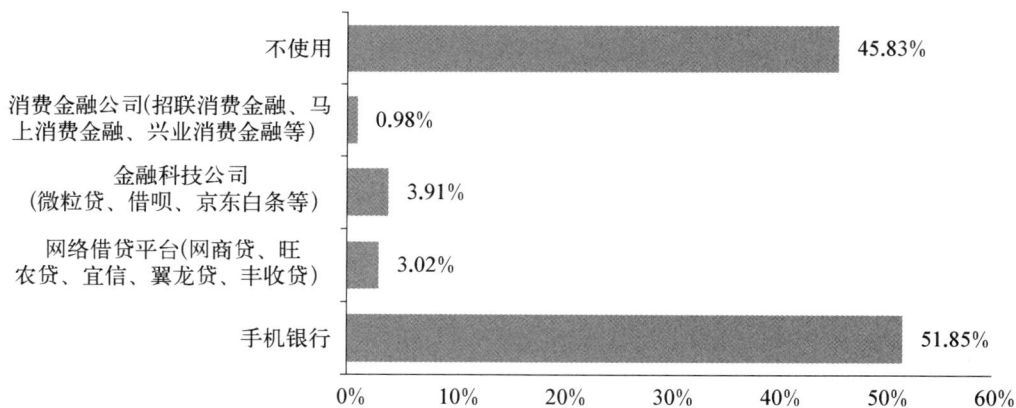

图 9‑12　农村居民使用线上金融平台的情况

（3）农村居民线上贷款使用不多

图 9‑13 为农村居民线上贷款的使用情况。数据显示,81.80%的农村居民未曾办理过贷款,18.30%的农村居民办理过贷款。办理过贷款的农村居民中,12.86%办理过非线上贷款,2.62%办理过资金占比 30%以下的线上贷款,1.10%办理过资金占比 30%~50%的线上贷款,1.62%办理过资金占比超过 50%的线上贷款。

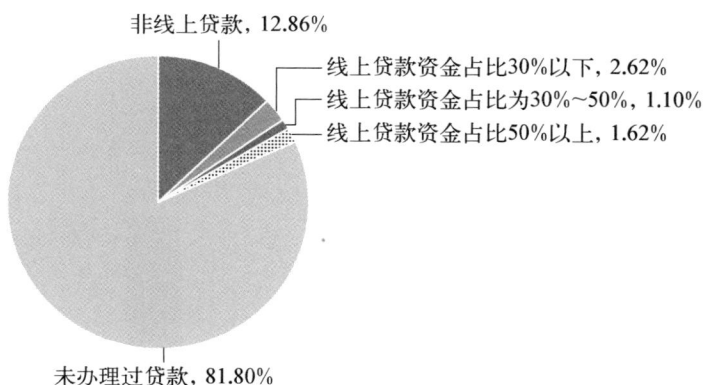

图 9 - 13　农村居民使用线上贷款的情况

（4）农村居民使用手机银行尚可，但使用的功能大多简单

数据显示，48.05％的农村居民未曾使用过手机银行，51.95％的农村居民使用过手机银行。图 9 - 14 是农村居民使用手机银行各类功能的情况。使用手机银行的农村居民中，43.03％经常使用账户查询功能，33.13％经常使用在线支付功能，33.09％经常使用转账汇款功能，16.99％经常使用代缴费用功能，6.10％经常使用个人理财功能。

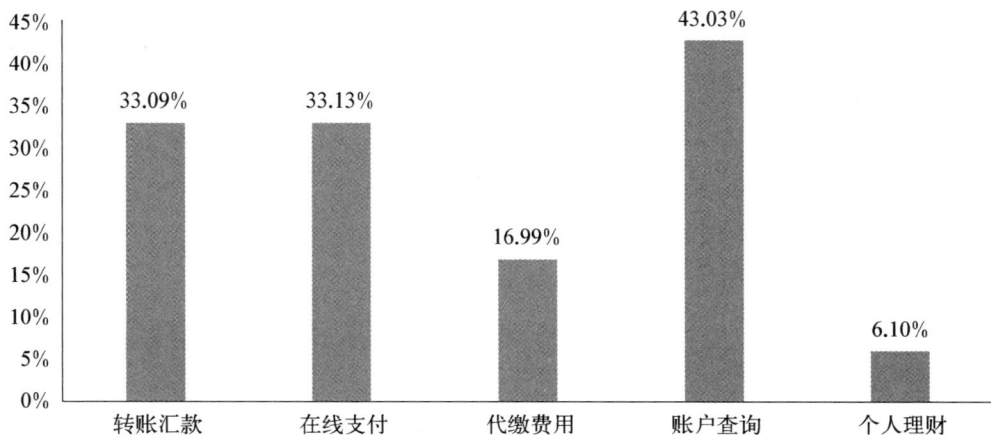

图 9 - 14　农村居民使用手机银行各类功能的情况

（5）农村居民基本未通过互联网购买保险

数据显示，49.95％的农村居民未曾购买过保险，50.05％的农村居民购买过保险。图 9 - 15 显示了农村居民购买保险的渠道。购买过保险的农村居民中，29.19％通过保险专管员购买保险，15.64％通过村委购买保险，4.87％通过邮储银行购买保险，4.27％通过其他银行购买保险，仅 4.09％通过互联网购买保险。

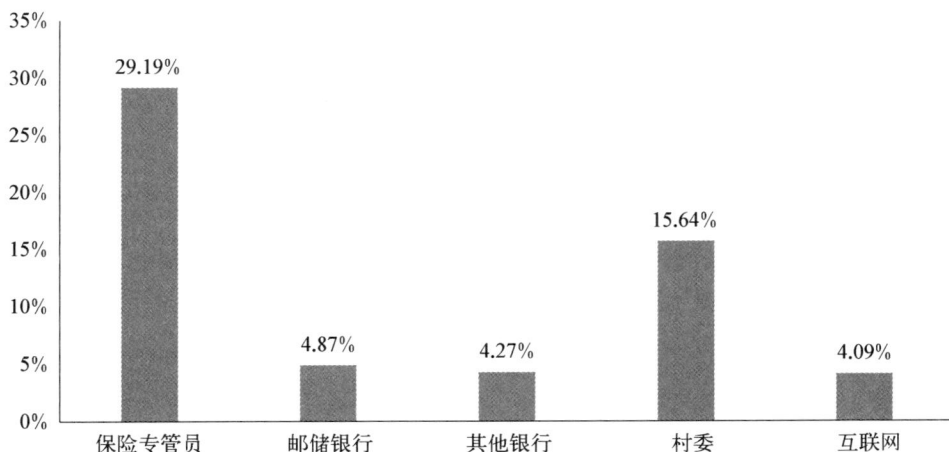

图 9-15   农村居民购买保险的渠道

9.4.2   不同性别农村居民数字金融参与度

（1）农村女性居民使用线上消费更多

图 9-16 为不同性别农村居民使用支付宝、微信支付等数字支付工具的情况。使用过数字支付工具的农村女性居民比例为 81.09%，高于农村男性居民（79.25%）。农村女性居民使用数字支付工具进行线上消费的比例为 25.43%，高于农村男性居民（21.72%）；农村女性居民使用数字支付工具进行线下消费的比例为 21.83%，低于农村男性居民（27.26%）。

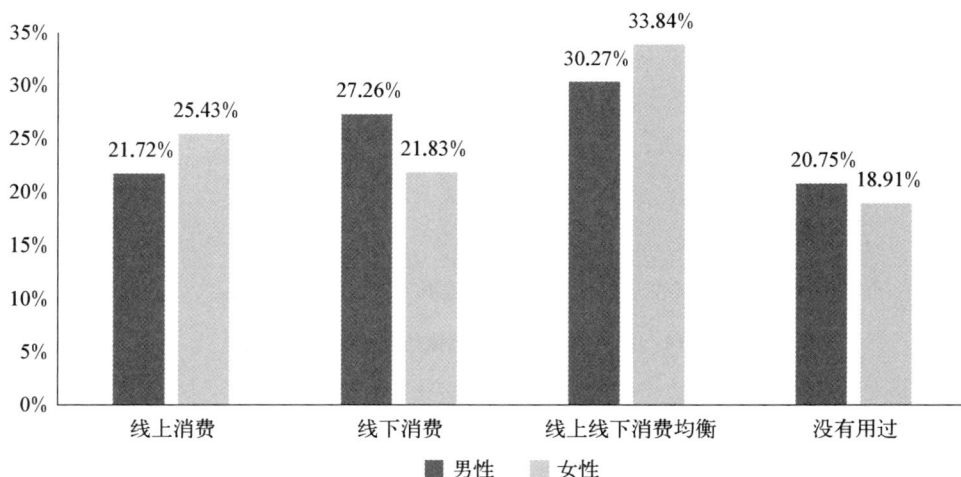

图 9-16   不同性别农村居民使用数字支付工具的情况

（2）农村两性居民使用线上金融平台相近，女性略高

图 9-17 是不同性别农村居民使用线上金融平台的情况。农村男性、女性居民使用

过线上金融平台的比例相近,分别为 56.54% 和 56.67%。其中,女性居民使用手机银行的比例更高,为 49.63%,高于男性居民(48.74%);男性居民使用网络借贷平台等其他线上金融平台的比例更高,为 3.10%,高于女性居民(2.51%)。

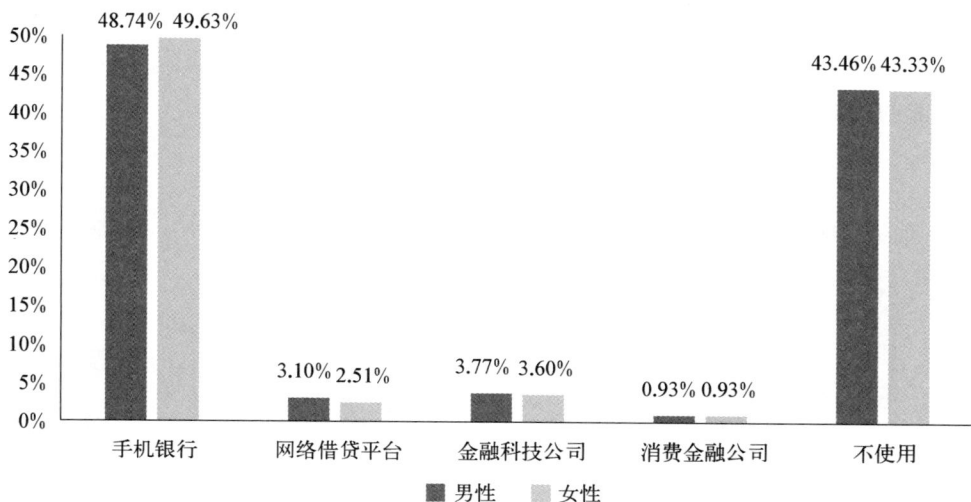

图 9‐17　不同性别农村居民使用线上金融平台的情况

(3) 农村男性居民使用线上贷款略高于女性居民

图 9‐18 为不同性别农村居民使用线上贷款的情况。农村男性居民使用线上贷款的比例高于女性,为 5.51%。考虑到农村男性居民使用过贷款的比例(18.70%)可以发现,在使用过贷款的农村男性居民中使用过线上贷款的比例为 29.50%,均高于农村女性居民的使用比例。

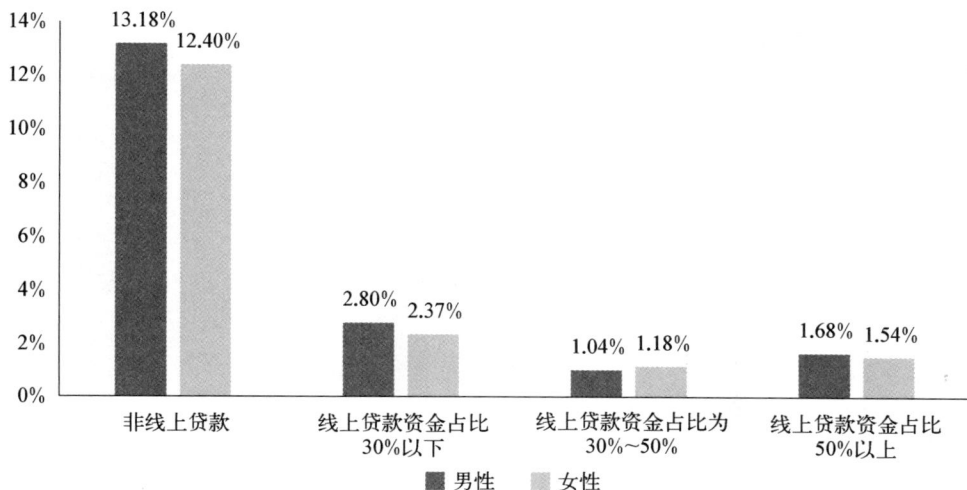

图 9‐18　不同性别农村居民使用线上贷款的情况

（4）农村女性居民使用手机银行比例略高，特别是个人理财功能

图 9-19 为不同性别农村居民使用手机银行各类功能的情况。使用过手机银行的女性居民比例为 74.67%，高于男性居民（72.44%）。其中，女性居民相比男性居民更多地使用手机银行的个人理财功能。数据显示，农村女性居民经常使用个人理财功能的比例为 3.73%，高于男性居民（3.12%）。在使用过手机银行的女性居民中，经常使用个人理财功能的比例为 5.00%，也高于男性居民（4.31%）。

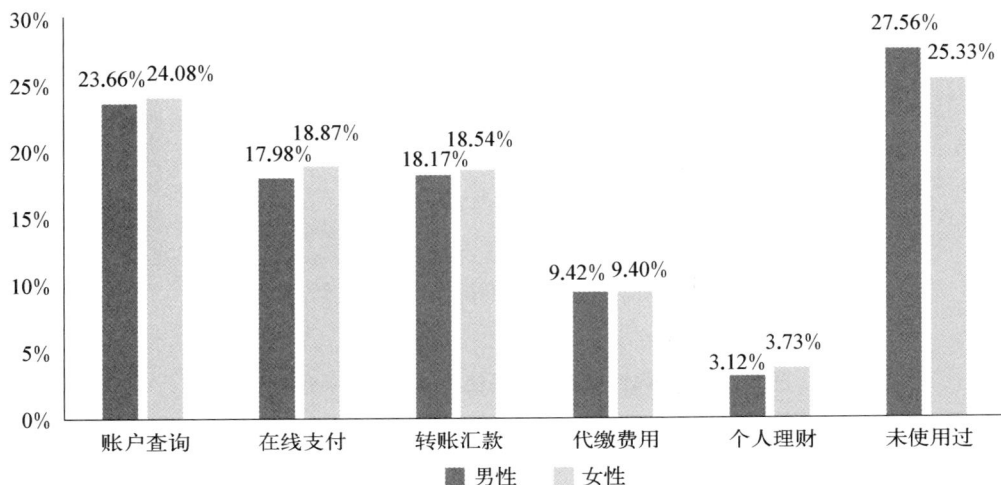

图 9-19 不同性别农村居民使用手机银行各类功能的情况

（5）农村女性居民购买保险比例略高，包括互联网保险

图 9-20 为不同性别农村居民购买保险的渠道。数据显示，55.47% 的农村女性居

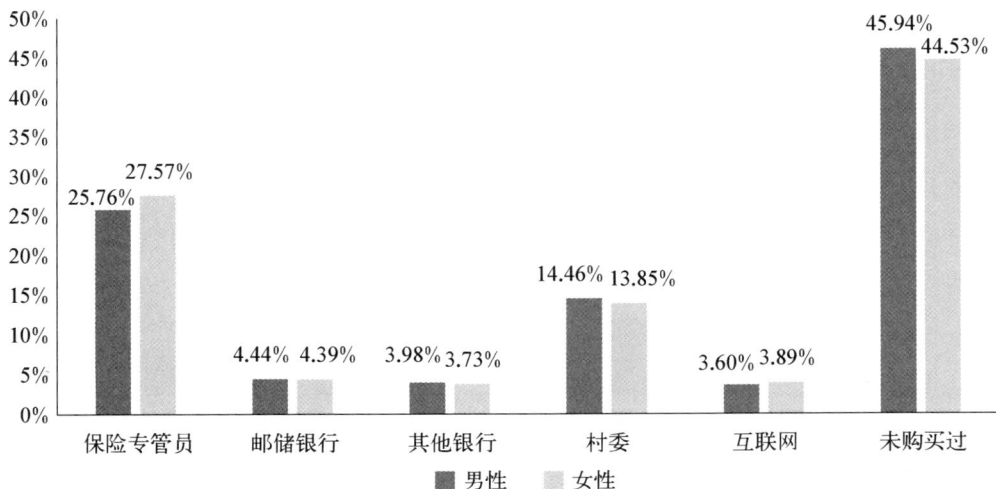

图 9-20 不同性别农村居民购买保险的渠道

民购买过保险,高于男性居民(54.06%)。其中,女性农户比男性居民更多地通过互联网购买保险,该比例女性居民为 3.89%,男性居民为 3.60%。

9.4.3　农户数字金融参与度的区域比较

为进一步理解不同地区农村数字金融参与度的差异,我们划分了中部地区、东部地区、西部地区、东北地区 4 个区域。

（1）西部地区农村居民使用数字支付工具的比例最高

图 9 - 21 描述了各地区农村居民使用支付宝、微信支付等数字支付工具的情况。

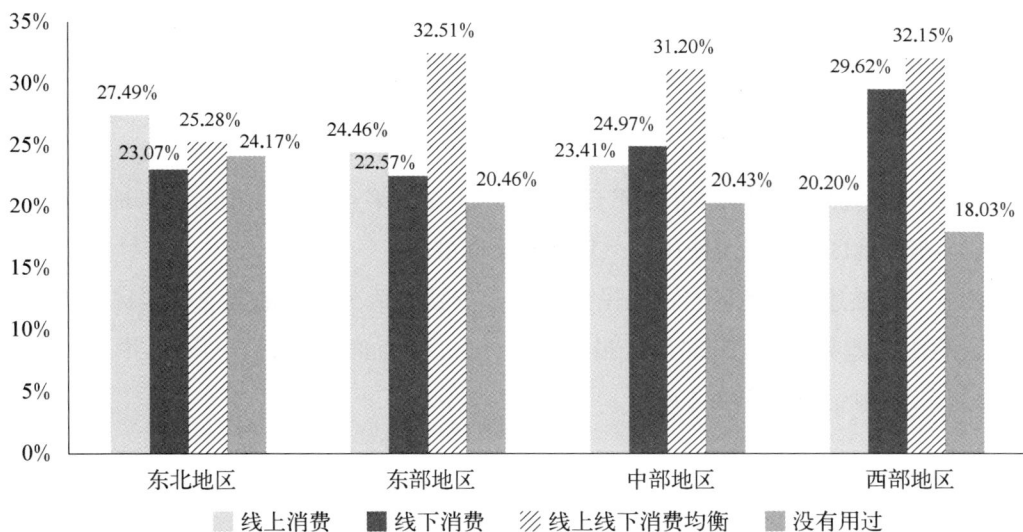

图 9 - 21　各地区农村居民使用数字支付工具的情况

可以发现,各地区使用过数字支付工具的农村居民比例有所差异,西部地区最高,达 81.97%,中部地区为 79.57%,东部地区为 79.54%,东北地区最低,为 75.83%。各地区农村居民倾向使用数字支付工具进行线上消费的比例差异较大,东北地区用于线上消费比例最高,达 27.49%,东部地区为 24.46%,中部地区为 23.41%,西部地区最低,为 20.20%。

（2）东部地区农村居民使用线上金融平台的比例最高

图 9 - 22 描述了各地区农村居民使用线上金融平台的情况。各地区农村居民使用过线上金融平台的比例差异较大,东部地区最高,达 61.97%,中部地区为 54.30%,西部地区为 51.73%,东北地区最低,为 45.49%。

只考虑使用过线上金融平台的农村居民样本,东北地区使用手机银行的比例最高,达 95.80%,东部地区为 86.75%,中部地区为 86.34%,西部地区最低,为 85.82%。相反,

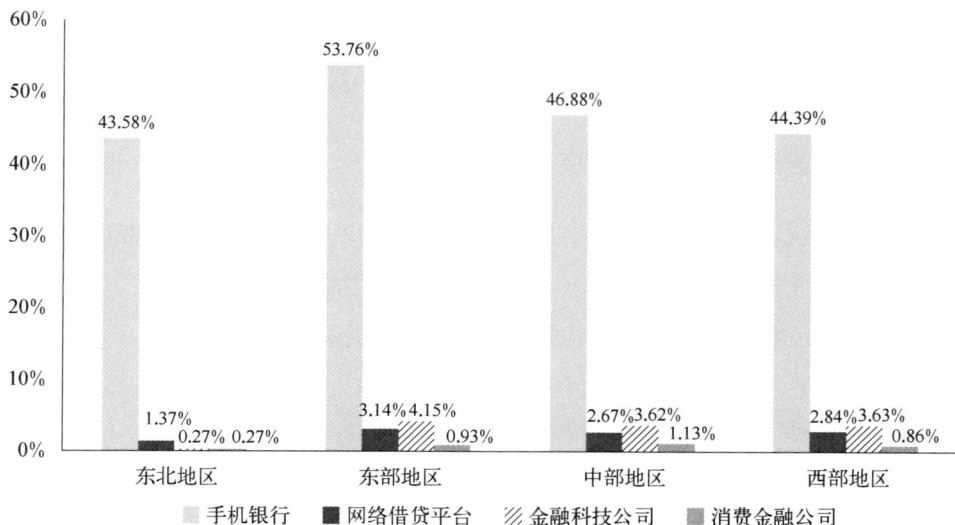

图 9 - 22 各地区农村居民使用线上金融平台的情况

东北地区农村居民使用过网络借贷平台等其他线上金融平台的比例最低,西部地区最高。

（3）东部地区农村居民使用线上贷款的比例最高

图 9 - 23 描述了各地区农村居民使用线上贷款的情况。各地区农村居民办理过线上贷款的比例差异较大,东部地区最高,达 5.66％,西部地区为 5.48％,中部地区为 5.19％,东北地区最低,为 2.49％。

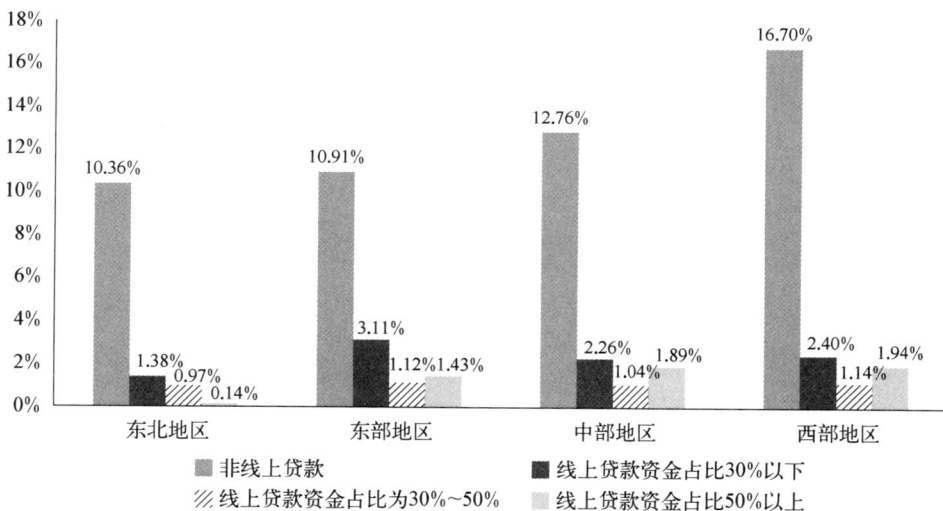

图 9 - 23 各地区农村居民使用线上贷款的情况

只考虑办理过贷款的农村居民样本,东部地区办理过线上贷款的比例最高,为 34.17％,中部地区为 28.90％,西部地区为 24.71％,东北地区最低,为 19.35％。

（4）东部地区农村居民使用手机银行的比例最高

图 9-24 描述了各地区农村居民使用手机银行各类功能的情况。各地区农村居民使用过手机银行的比例差异较大,东部地区最高,达 77.45％,中部地区为 70.83％,西部地区为 70.59％,东北地区最低,为 59.44％。

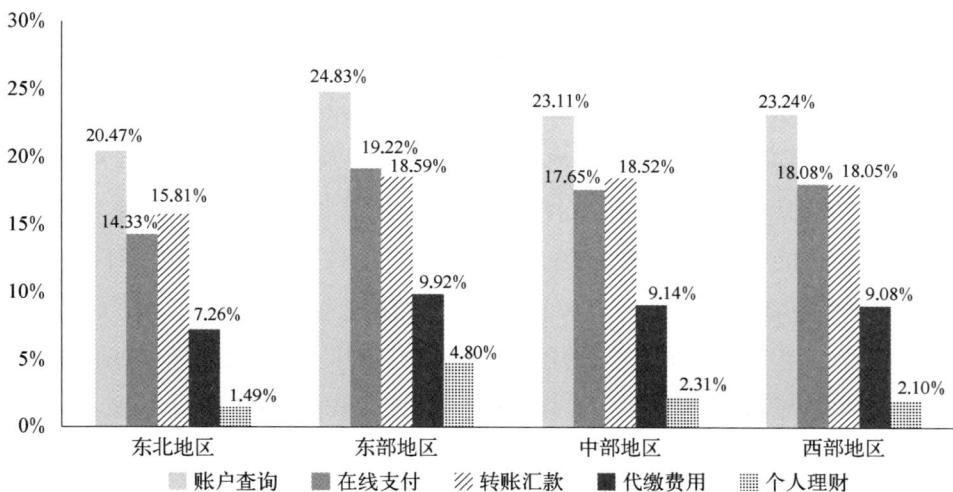

图 9-24 各地区农村居民使用手机银行各类功能的情况

各地区农村居民经常使用个人理财功能的比例差异也较大,东部地区最高,达 4.80％,中部地区为 2.31％,西部地区为 2.10％,东北地区最低,为 1.49％。

（5）东部地区农村居民购买保险的比例最高

图 9-25 描述了各地区农村居民购买保险的渠道。各地区农村居民通过互联网购

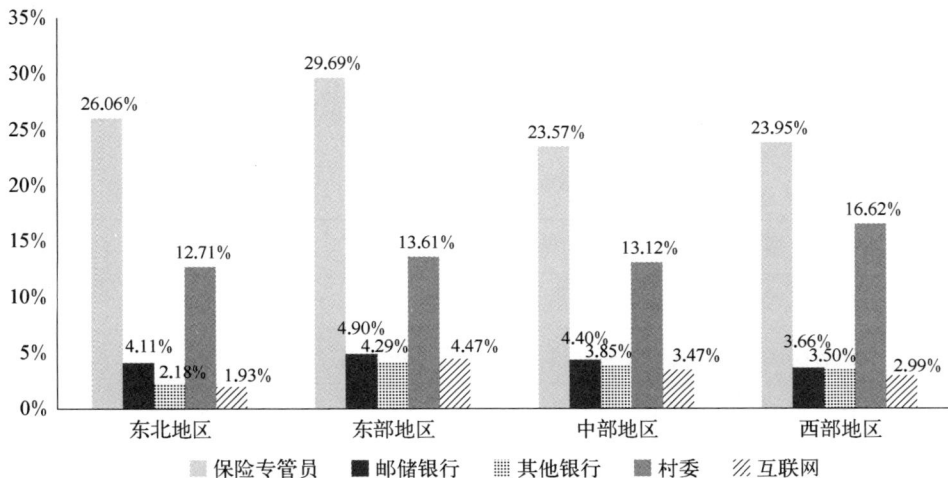

图 9-25 各地区农村居民购买保险的渠道

买保险的比例差异较大,东部地区最高,为 4.47%,中部地区为 3.47%,西部地区为 2.99%,东北地区最低,为 1.93%。

9.5 农村数字金融发展助推农村创业

本节旨在从微观层面考察数字金融使用情况对农村居民创业行为的影响和作用机制。为此,我们首先构造农村数字金融指标。统计结果显示,数字金融使用、数字金融使用广度的均值都很高,说明我国农村地区的数字金融普及度高。随后,我们构造 Probit 模型,并选取按照县域和受访者年龄分组后的数字金融使用组内平均水平作为工具变量,来解决模型可能存在的内生性问题。回归结果显示,数字金融使用概率每提升 1%,农村居民创业概率将增加 0.794%~1.306%,农村居民创业意愿则提升 0.487%~1.057%。可见,数字金融使用不仅推动了农户的创业意愿,而且提升了农户实际参与创业。

此外,结果还显示,家庭常住人口越多,越有可能、越有意愿选择创业;家庭成员中有党员或干部的农村居民不倾向于创业,虽然其创业意愿更高;月收入高、不是贫困户的农村居民,创业概率、意愿大;年龄大的农村居民创业意愿低。

最后,我们还考察了数字金融使用对不同类型农村居民的创业行为影响,发现在创业行为方面,非弱势农村居民受到的影响更显著;在创业意愿方面,弱势群体受到的影响更显著。

9.5.1 农村数字金融指标构建

参考已有文献并结合数据,本节从农村居民的数字支付、数字借贷、数字保险和数字理财四个维度对农户数字金融的使用情况进行衡量。并将农村居民对上述四个维度的使用种类数进行加总,衡量农村居民数字金融的使用广度。

表 9-7　　　　　　　　　　　　　数字金融指标构建

是否使用	受访者开通了支付宝、微信支付等第三方支付账户	是/否	何婧和李庆海(2019)
	受访者是否存在网络借款或借出款	是/否	
	受访者购买理财产品时是否通过 App、网页、第三方平台	是/否	
	受访者是否购买过网上保险产品	是/否	
使用广度	农户使用数字金融产品的种类数		张龙耀(2021)

为了识别农村居民对数字金融的使用情况,我们选取 2023 年"千村调查"问卷的如下问题进行考察:

问题 1：您使用支付宝、微信支付等主要用于( )。

选项：① 线上消费(如淘宝、拼多多、京东等);

　　　② 线下消费(如餐厅、超市等);

　　　③ 线上线下消费均等;

　　　④ 没有用

问题 2：贷款资金中线上占比为( )。

选项：① 完全不用线上贷款;

　　　② 30% 以下;

　　　③ 30%～50%;

　　　④ 50% 以上

问题 3：手机银行的功能,您常用的有( )。(可多选)

选项：① 账户查询(如账户余额、交易明细、贷款记录等);

　　　② 在线支付;

　　　③ 转账汇款;

　　　④ 代缴费用;

　　　⑤ 个人理财;

　　　⑥ 其他;

　　　⑦ 没有手机银行

问题 4：您家购买保险的渠道有( )。(可多选)

选项：① 保险专管员;

　　　② 邮储银行;

　　　③ 其他银行;

　　　④ 村委;

　　　⑤ 互联网(包括手机 App 或电脑终端);

　　　⑥ 其他。

说明：如果受访农村居民在回答问题 1 时,选择了选项①或②或③,则认为该农村居民参与了数字支付,否则认为其没有参与数字支付;

　　　如果受访农村居民在回答问题 2 时,选择了选项②或③或④,则认为该农村居民参与了数字借贷,否则认为其没有参与数字借贷;

如果受访农村居民在回答问题 3 时,选择了选项⑤,则认为该农村居民参与了数字理财,否则认为其没有参与数字理财;

如果受访农村居民在回答问题 4 时,选择了选项⑤,则认为该农村居民参与了数字保险,否则认为其没有参与数字保险;

如果受访农村居民参与了数字理财、数字信贷、数字支付或数字保险中的任何一项,则认为其使用了数字金融。

数字金融广度则是农村居民参与数字理财、数字信贷或数字支付、数字保险种类数的加总。

9.5.2 农村数字金融助推农民创业的量化分析

（1）数据来源

数据来自 2023 年上海财经大学"千村调查"数据。该数据通过实地走访和问卷调查的方式获取,采用的问卷是 2023 年"千村调查"的入户调查问卷。此次调查调研农村社区 472 个,受访者 14 939 位。在数据收集环节,调查问卷对所有问题编码,并按照编码的规则将调查数据进行整理。

（2）指标介绍

被解释变量为创业情况和创业意愿。创业情况,按照农村居民是否创业构建虚拟变量,"0"表示从事其他工作（务农、务工、退休、其他不属于创业的工作）,"1"表示从事经商或创业。创业意愿,按照农村居民是否考虑创业构建虚拟变量,"0"表示没有考虑过自主创业,"1"表示考虑过自主创业。

解释变量为数字金融使用和数字金融使用广度。数字金融使用,按照数字金融使用情况构建虚拟变量。数字金融使用广度,按照数字金融使用情况构建连续变量。

控制变量有性别、村干部、贫困户、家庭常住人口、年龄、文化程度、是否党员、月收入、健康状况、社会信任、本村透明度、风险偏好。

变量的具体说明见表 9－8。

表 9－8　　　　　　　　　　　　　　　变量说明

变　　量	变　量　说　明
创业情况	虚拟变量,"0"表示从事其他工作（务农、务工、退休、其他不属于创业的工作）,"1"表示从事经商或创业
创业意愿	虚拟变量,"0"表示未考虑自主创业,"1"表示考虑过自主创业

续 表

变 量	变 量 说 明
数字金融使用	虚拟变量,"0"表示未使用任何数字金融种类,"1"表示使用过
数字金融使用广度	连续变量,使用数字金融的种类数
性别	虚拟变量,"0"表示女性,"1"表示男性
村干部	虚拟变量,"0"表示未担任过村干部,"1"表示担任或担任过村干部
贫困户	虚拟变量,"0"表示不曾是贫困户,"1"表示曾是贫困户
家庭常住人口	数值表示常住人口数
年龄	数值表示当前年龄
受教育程度	虚拟变量,"1"表示小学以下;"2"表示小学;"3"表示初中/中专毕业;"4"表示高中/职高毕业;"5"表示大专毕业;"6"表示本科及以上
党员	虚拟变量,"0"表示不是党员,"1"表示是党员
月收入	数值表示平均每个月收入(人民币元)
健康状况	虚拟变量,"1"表示很不好;"2"表示不好;"3"表示一般;"4"表示好;"5"表示很好
社会信任	以人情礼金的变化作为代理变量,"1"表示减少,"2"表示不变,"3"表示变好
本村透明度	虚拟变量,"0"表示认为本村村务不透明,"1"表示认为本村村务透明
风险偏好	虚拟变量,"0"表示没买过保险,"1"表示买过保险

数字金融使用、数字金融使用广度的变量统计指标见表 9-9。

表 9-9 变量描述性统计

变 量	样本量	平均值	标准差	最小值	中位数	最大值
创业情况	14 939	0.078 2	0.268 5	0	0	1
创业意愿	14 939	0.242 3	0.428 5	0	0	1
数字金融使用	14 939	0.804 4	0.396 7	0	1	1
数字金融使用广度	14 939	0.955 4	0.620 7	0	1	4
性别	14 939	0.590 8	0.491 7	0	1	1
村干部	14 939	0.232 2	0.422 3	0	0	1

变　　量	样本量	平均值	标准差	最小值	中位数	最大值
贫困户	14 939	0.180 7	0.384 8	0	0	1
家庭常住人口	14 939	3.516 8	1.680 7	1	3	28
年龄	14 911	50.729 4	14.993 1	10	52	105
受教育程度	14 939	3.246 0	1.325 6	1	3	6
党员	14 939	0.244 3	0.429 7	0	0	1
月收入	14 939	3 475.987 0	3 737.386 8	0	2 600	25 000
健康状况	14 939	3.860 3	0.974 7	1	4	5
社会信任	14 939	2.288 3	0.738 9	1	2	3
本村透明度	14 939	0.850 8	0.356 3	0	1	1
风险偏好	14 939	0.499 2	0.500 0	0	0	1

创业情况均值为 0.078 2,标准差为 0.268 5,这说明创业情况存在显著个体差异。只有 7.8% 的农村居民实际参与创业。

创业意愿均值为 0.242 3,标准差为 0.428 5,这说明农村居民的创业意愿显著高于实际参与创业。

数字金融使用变量的均值为 0.804 4,标准差为 0.396 7,这说明 80% 的农村居民都使用过数字理财、数字信贷、数字支付或数字保险中的任意一种。

数字金融使用广度变量的均值为 0.955 4,标准差为 0.620 7,这说明大部分农民只使用过数字理财、数字信贷、数字支付或数字保险中的一种。

(3) 模型构建

为探究数字金融使用情况对农户创业行为的影响,设定如下 Probit 模型:

$$\Pr(chuangye_i = 1) = \alpha_1 + \beta_1 digital_i + \lambda_1 control_i + \varepsilon_i$$

其中,$chuangye_i$ 代表农户创业变量,分为创业情况($chuangye_{1i}$)和创业意愿($chuangye_{2i}$);$digital$ 代表数字金融变量,分为数字金融使用情况($digital_{1i}$)和数字金融使用广度($digital_{2i}$);$control_i$ 代表上述提到的一系列控制变量。α 代表常数项,ε 代表误差项。

我们选取工具变量法来解决模型可能存在的内生性问题。参照尹志超等(2015)的研究思路,我们在多次尝试不同工具变量的基础上,最终选取了按照县域和受访者年龄分组后的数字金融使用组内平均水平作为工具变量。数字金融使用与农村居民所在地区和农村居民年龄存在较大相关性,农村居民的数字金融使用水平会受到同年龄段其他人的数字金融使用平均水平的影响。但是,该平均水平往往不会直接影响某位农村居民的创业行为及创业绩效。本文根据受访者年龄变量,将农村居民样本按照年龄段划分为5个子样本,各子样本农村居民所属的年龄段分别为18~30岁、30~40岁、40~50岁、50~60岁和60岁以上,然后选择同县同年龄段农户样本的数字金融使用平均水平作为工具变量,采用Ⅳ-Probit模型进行回归。

(4)回归结果:创业行为

表9-10为数字金融使用对创业行为影响的回归结果。

表9-10 数字金融使用对创业行为的影响

	（1）		（2）		（3）	
	Probit 检验		Ⅳ-Probit 第一阶段回归		Ⅳ-Probit 第二阶段回归	
数字金融使用	0.794***	(8.327)	—	—	1.306***	(6.998)
性别	-0.004	(-0.113)	0.005	(0.882)	-0.006	(-0.152)
村干部	-0.125***	(-2.599)	-0.006	(-0.932)	-0.123**	(-2.529)
贫困户	-0.210***	(-3.562)	-0.042***	(-5.721)	-0.180***	(-3.012)
家庭常住人口	0.042***	(3.711)	0.006***	(3.738)	0.037***	(3.200)
年龄	-0.000	(-0.022)	-0.001	(-1.520)	0.004*	(1.937)
受教育程度	-0.027	(-1.500)	0.026 1***	(9.482)	-0.038**	(-2.068)
党员	-0.178***	(-3.624)	0.037***	(5.221)	-0.201***	(-4.030)
月收入	0.578***	(22.834)	0.042 1***	(13.720)	0.545***	(19.902)
健康状况	0.035	(1.621)	0.012***	(4.031)	0.028	(1.301)
社会信任	-0.004	(-0.148)	-0.002	(-0.481)	-0.004	(-0.151)
本村透明度	-0.047	(-0.886)	0.011	(1.443)	-0.059	(-1.099)
风险偏好	0.150***	(3.886)	0.049 1***	(8.660)	0.116***	(2.888)
常数项	-6.938***	(-21.308)	-0.386***	(-7.962)	-7.144***	(-21.410)

续　表

	(1)		(2)		(3)	
	Probit 检验		Ⅳ - Probit 第一阶段回归		Ⅳ - Probit 第二阶段回归	
工具变量	—	—	0.815***	(45.413)	—	—
县域	控制		控制		控制	
N	13 577		13 577		13 577	
R^2	0.230 3		—		0.408 9	
Wald 检验	—		—		10.47***	
AR 检验	—		—		48.92***	
F 检验	—		—		48.66***	

注：① *、**、*** 分别代表在 10％、5％、1％的水平上显著。② 括号内为经过稳健性调整或 cluster 后的回归系数 t 值或 z 值。③ 在回归中年总收入变量使用了对数值。

其中，(1)列是 Probit 回归结果，(2)列和(3)列分别是增加了工具变量的 Ⅳ - Probit 模型第一阶段和第二阶段的回归结果。Wald 检验结果为 10.47，在 5％的显著性水平下，拒绝了解释变量为外生的假设，由此认为工具变量的引入是必要的。F 统计量为 48.66，表明第一阶段回归是有效的，且在 Ⅳ - Probit 第一阶段的回归中，工具变量的影响显著且系数值为正，即工具变量与数字金融使用变量显著正相关，说明该工具变量是有效的。此外，AR 检验值为 48.92，在 1％的显著性水平下拒绝了弱工具变量的假设，再次证明本文引入工具变量是有效的。

从回归结果来看，无论是未添加工具变量还是添加了工具变量后，数字金融使用变量的影响均在 1％的水平上显著，本书关注的系数数字金融使用值分别为 0.794 和 0.487，表明数字金融使用显著促进了农村居民开展创业活动，数字金融使用的概率每提升 1％，农村居民创业的概率增加 1.306％。

从控制变量来看，第一，家庭常住人口变量与创业行为之间呈现显著的正向关系，即家里人口越多，越有可能选择创业；第二，家庭成员中有党员或干部的农村居民不倾向于创业，可能政治性较强的家庭更为保守，不喜欢风险较大的创业活动；第三，月收入高、不是贫困户的农户，创业的概率越大，说明创业农户主要是相对高收入人群。

(5) 回归结果：创业意愿

其中，(1)～(3)列为数字金融使用对农户创业意愿影响的回归结果，分别对应基于

Probit 模型、增加了工具变量的 IV‑Probit 模型第一阶段和第二阶段的回归结果。Wald 检验结果为 30.53，在 1% 的显著性水平下，拒绝了解释变量为外生的假设，由此认为工具变量的引入是必要的。F 统计量为 42.48，工具变量的影响显著且其系数值为正，即工具变量与数字金融使用变量显著正相关，说明该工具变量是有效的。此外，AR 检验值为 86.21，在 1% 的显著性水平下拒绝了弱工具变量外生的假设，再次证明工具变量选取的有效性。

　　由表 9‑11 可知，数字金融使用对农户创业意愿有显著的正向影响。在三个模型中，数字金融使用的概率每提升 1%，创业意愿分别提升 0.487% 和 1.057%，即数字金融使用不仅推动了农村居民的创业意愿，而且提升了农村居民实际参与创业。控制变量也保持了较强的稳定性。

表 9‑11　　　　　　　　　　数字金融使用对创业意愿的影响

	(1)		(2)		(3)	
	Probit 检验		IV‑Probit 第一阶段回归		IV‑Probit 第二阶段回归	
数字金融使用	0.487***	(10.522)	—	—	1.057***	(9.240)
性别	0.176***	(6.573)	0.005	(0.921)	0.178***	(6.582)
村干部	0.142***	(4.429)	−0.006	(−0.823)	0.142***	(4.388)
贫困户	−0.016	(−0.457)	−0.039***	(−5.412)	0.008	(0.210)
家庭常住人口	0.049***	(6.248)	0.006***	(3.732)	0.044***	(5.530)
年龄	−0.019***	(−15.638)	−0.001	(−1.392)	−0.014***	(−9.189)
受教育程度	−0.004	(−0.342)	0.026***	(9.834)	−0.014	(−1.108)
党员	0.078**	(2.348)	0.036***	(5.252)	0.053	(1.573)
月收入	0.167***	(10.973)	0.041 8***	(14.000)	0.129***	(7.675)
健康状况	0.025*	(1.802)	0.012 8***	(4.553)	0.017	(1.198)
社会信任	0.039**	(2.229)	−0.002	(−0.472)	0.040**	(2.227)
本村透明度	−0.062	(−1.644)	0.009	(1.210)	−0.073*	(−1.911)
风险偏好	0.301***	(11.279)	0.048***	(8.832)	0.267***	(9.641)

续 表

	（1）		（2）		（3）	
	Probit 检验		IV - Probit 第一阶段回归		IV - Probit 第二阶段回归	
常数项	−2.706***	（−11.844）	−0.394***	（−8.362）	−2.953***	（−12.574）
工具变量	—	—	0.823***	（48.350）	—	—
县域	控制		控制		控制	
N	14 395		14 395		14 395	
R²	0.156 4		—		0.414 8	
Wald 检验	—		—		30.53***	
AR 检验	—		—		86.21	
F 检验	—		—		42.48	

注：① *、**、*** 分别代表在 10％、5％、1％的水平上显著。② 括号内为经过稳健性调整或 cluster 后的回归系数 t 值或 z 值。③ 在回归中年总收入变量使用了对数值。

从控制变量来看，第一，家庭成员中有党员或干部的农村居民创业意愿更高；第二，男性、月收入高、家庭常住人口多的农村居民创业意愿更高；第三，年龄越大的农村居民创业意愿更低。

（6）回归结果：异质性分析

数字金融是实现金融普惠的重要手段，也被称为"数字普惠金融"。我们关注了数字金融使用对不同资源群体农村居民的创业行为及创业意愿的影响，选取了性别、地区、教育水平、收入水平四个变量来反映农村居民的资源获取能力。女性、西部地区、低教育水平、低收入的农村居民获取信贷资源能力较弱，在创业中属于弱势创业群体。例如，已有研究表明，女性创业者在企业创建和成长过程中常常面临融资挑战。无论是通过强关系还是弱关系网络，女性创业者往往需要为寻找资金支持做出更多的努力。

本节分别将性别与数字金融使用的交叉项、地区与数字金融使用的交叉项和教育水平、收入水平与数字金融使用的交叉项引入模型。如果某项资本与数字金融使用的交叉项变量的影响显著且系数值为负，则说明数字金融使用对该项资本弱势农户的创业行为或创业意愿的影响更为显著，即数字金融使用更多地促进了弱势群体农户创业。分析结果见表 9 - 12。

表 9‑12 异质性分析

	是 否 创 业		创 业 意 愿	
	系 数	Z 值	系 数	Z 值
数字金融使用×性别	0.414**	2.243	0.025	0.283
数字金融使用×地区差异	0.090*	1.68	−0.065	−0.57
数字金融使用×教育水平	−0.122	−1.586	−0.107***	−2.666
数字金融使用×收入水平	0.253***	3.029	0.058	1.479

注：*、**、*** 分别代表在 10%、5%、1% 的水平上显著。

表 9‑12 的回归结果显示，数字金融使用对四类资本非弱势农村居民的创业行为影响比对弱势农村居民的影响更加显著。但创业意愿上，弱势群体似乎更显著。这是由于弱势群体创业者面临的融资挑战往往比非弱势群体更严重，"属性错配""领域错配"和"阶段错配"等传统金融模式普遍存在的问题，使得传统金融机构只愿"锦上添花"不愿"雪中送炭"，这在很大程度上制约了微观经济主体在创业活动上的潜在驱动力。因此，仍需进一步发挥数字金融的普惠作用，使众多有创业意愿的弱势群体跨越"资金鸿沟"开展创业活动。

（7）数字金融使用对农户创业的稳健性检验

考虑到变量选择以及计量模型选择可能会对回归结果产生的影响，本书进行了稳健性检验。

首先，更换模型。更换计量方法是稳健性检验的常用方法，考虑到 logistic 回归应用的广泛性，本书采用 logistic 回归进一步验证基准回归结果，表 9‑1 的（1）和（2）列的结果表明依然稳健。

其次，更换数字金融指标。更换数字金融指标，采用数字金融使用广度指标代替数字金融使用指标，表 9‑13 的（3）和（4）列的结果表明依然稳健。

表 9‑13 稳健性检验

变量	更换模型——Logit 模型				更换数字金融指标			
	（1）		（2）		（3）		（4）	
数字金融使用	1.769***	(7.862)	0.934***	(10.462)				
数字金融使用广度					0.412***	(6.517)	0.450***	(10.755)

续　表

变量	更换模型——Logit 模型				更换数字金融指标			
	(1)		(2)		(3)		(4)	
性别	−0.029	(−0.394)	0.305***	(6.607)	−0.023	(−0.304)	0.304***	(6.581)
村干部	−0.187**	(−2.004)	0.239***	(4.387)	−0.191**	(−2.043)	0.233***	(4.273)
贫困户	−0.408***	(−3.436)	−0.028	(−0.454)	−0.432***	(−3.651)	−0.046	(−0.743)
家庭常住人口	0.078***	(3.556)	0.086***	(6.373)	0.082***	(3.814)	0.089***	(6.645)
年龄	0.000	(0.004)	−0.032***	(−15.333)	−0.004	(−1.177)	−0.033***	(−16.106)
受教育程度	−0.055	(−1.587)	−0.015	(−0.678)	−0.077**	(−2.209)	−0.035	(−1.585)
党员	−0.348***	(−3.646)	0.140**	(2.488)	−0.331***	(−3.466)	0.152***	(2.681)
月收入	1.199***	(23.289)	0.298***	(11.110)	1.195***	(23.631)	0.306***	(11.457)
健康状况	0.065	(1.562)	0.042*	(1.728)	0.077*	(1.855)	0.048**	(1.980)
社会信任	−0.001	(−0.021)	0.068**	(2.239)	−0.002	(−0.031)	0.067**	(2.201)
本村透明度	−0.098	(−0.961)	−0.102	(−1.557)	−0.093	(−0.925)	−0.088	(−1.346)
风险偏好	0.305***	(4.087)	0.521***	(11.281)	0.263***	(3.451)	0.468***	(9.983)
常数项	−14.244***	(−21.373)	−4.776***	(−11.728)	−12.913***	(−20.731)	−4.440***	(−11.010)
县域	控制		控制		控制		控制	
N	13 577		14 395		13 577		14 395	
R^2	0.236 6		0.156 4		0.229 9		0.156 0	

注：*、**、***分别代表在 10%、5%、1%的水平上显著。

9.6　相关建议和总结

本节基于"千村调查"的微观数据，研究了数字金融使用与农户创业的关系。研究发现，数字金融使用激发了农村居民的创业热情，提高了农村居民的创业意愿。数字金融能够缓解农村居民信贷约束，增强农村居民的金融服务可得性，提升农村居民的信息可得性,拓宽其信息获取渠道,提升农村居民对周边环境的信任感,促进合作,最终激励农村居民创业。数字金融使用对有资源优势的群体(如男性、东部地区等)参与创业的影响更大,更有助于推动他们实际参与创业。

对于弱势群体,数字金融使用有助于提高他们的创业意愿,但处于弱势群体的群众真正参与创业较少,特别是对农村地区教育水平越低的人影响更明显。因此,要不断提升弱势群体对数字金融产品的使用能力,以激发其创业热情,使众多有创业意愿的弱势群体跨越"资金鸿沟"开展创业活动。

基于实证结果,相关建议如下。

9.6.1　重视数字金融在农村的发展,鼓励数字金融下乡

加强国家数字金融发展顶层设计。通过完善数字金融法律法规体系,为数字金融创造预期稳定、创新余地充足的发展空间,促进科技手段在农村金融服务中的应用,引导资源向农村地区流动。例如,在数字金融监管方面,以鼓励创新为基本原则,加强整体审慎监管,通过完善平台公司在金融领域的政策体系,在构建"穿透式"监管防范化解金融风险、保障金融消费者和投资者合法权益的同时,引导金融服务模式创新,降低融资成本。

东部地区要加强技术与金融的融合渗透,大力推进农村金融机构数字化转型,不断创新数字金融服务的模式,全面提升农村数字金融服务质量,吸引更多的人在农村创业。中部地区应结合乡村振兴战略,创新更能满足农村创业需求的数字金融服务与产品,提高创业者对数字金融产品的感知价值,使其能更方便地获取创业资金,降低创业风险,持续推进数字金融使用的深度。西部地区应着力于拓宽数字金融的覆盖范围,结合区域农村优特色产业发展需求,创新数字金融产品,吸引更多的人来西部农村创业;加大数字金融的宣传与使用培训力度,让更多的农村居民知晓、愿意且能够获取数字金融服务,积极参与创业。

9.6.2　加强数字农村建设,完善农村基础设施

加强数字基础设施建设可以解决数字金融普及程度不够的问题。一方面,要加大对农民和低收入群体的支持,加快推进 5G 基站、大数据中心、人工智能等数字基础设施建设以保障基础硬件设施的完善;同时推动实现互联网提速降费,提升互联网用户覆盖率。这样在提高其参与的积极性和自觉性的同时,避免由于基础数字化硬件设施差异导致的数字鸿沟。另一方面,要加强数字化素质教育。构建面向农村地区的数字技术普及教育体系,加强农村地区数字技能的培训。将数字化技术与计算机使用技能加入青少年教育

体系,培养数字网络意识,深化数字素质教育。

加强数字基础设施建设可以建立覆盖面更广的征信体系。征信体系可以为数字金融发展提供制度支持。传统的征信体系缺乏部分农村居民的信用信息,加之他们本身收入不稳定,农村居民往往难以获得足够的信贷资金支持。因此,要更好地发挥数字金融的作用,进一步促进农村经济发展,必须建立适应于数字金融的新型征信体系。利用数字化技术,可以将消费记录等金融信用信息加以收集,构建多指标的信用体系。多重信息判断农村居民等低收入群体能否享受某种金融产品和服务的方式,有利于降低弱势群体取得贷款的难度。

9.6.3 探索数字金融推动巾帼创业新模式,更大程度激发女性创业活力

农村女性劳动力创业是提高女性就业参与率、激发市场活力的重要内容,但容易被忽视。在当前"大众创业,万众创新"的时代背景下,对女性创业的关注具有重要的现实意义。本书的研究对政府推动农村女性创业的政策优化有一定启示意义。首先,政府部门可以通过引入社会公益组织、鼓励产学研合作等方式,搭建农村女性与数字金融平台进一步接触的桥梁,提高农村女性对数字金融的普及程度和使用深度,并且为女性创业者提供系统化、个性化的培训,以更好地利用数字金融工具,从而推进农村女性创业。其次,由于我国劳动力市场中普遍存在性别歧视现象,女性创业者较男性创业者更难以从正规金融机构获取融资。政府可以与正规金融机构协同合作,通过数字金融平台提供创业融资信息和线上金融服务,帮助女性创业者缓解创业融资信息不对称和资金约束问题,改善农村女性对正规金融机构借款偏好,从而推进农村女性创业。最后,提高政府扶持政策对农村女性创业者的关注度,根据农村女性创业的需求及面临的困境,为其提供更多的创业指导、培训和咨询,帮助建立女性创业者交流平台。同时,加强相关政策信息的微信推送宣传,让农村女性了解并充分利用各种扶持政策,使相关政策在农村女性创业活动中真正发挥作用。

9.6.4 提升数字金融产品使用能力,激发创业热情,提升创业能力

特别是鼓励弱势群体进行创业,不仅能提高就业率,还能促进社会融合。如今,弱势群体,尤其是那些生活在偏远地区、教育水平较低、收入有限的群体,仍然面临数字金融使用能力不足的问题。为了激发其创业热情,提升其创业能力,制定一系列政策措施至关重要。首先,强化弱势群体创业信贷扶持。弱势群体创业的高风险与金融机构的稳定收益诉求相斥,数字金融的发展需要补贴,政府的创业信贷扶持政策可以在一定程度上

弥补这一结构性缺陷。通过加强信贷政策扶持,加大财政贴息和优惠利率放贷,从而降低弱势群体的贷款成本,激发其创业热情。其次,推动数字金融产品的普及,降低使用门槛。政府可以通过提供补贴或优惠政策,鼓励金融机构向弱势群体提供更加友好和实用的数字金融产品。针对数字金融必须因地制宜,满足弱势群体创业主体的差异性、个性化需求。最后,帮助弱势群体获得数字金融知识和创业技能。政府可以通过与金融机构、社会公益组织等合作,建立面向弱势群体的定期培训课程,通过开展数字金融知识培育、金融能力培训、创业孵化培训等一系列综合化服务,消除数字鸿沟,从而提升弱势群体对数字金融产品的使用能力,并且提高其创业能力。同时,政府部门可以帮助建立弱势群体创业者交流平台,帮助弱势群体更好地规划和实施创业计划。

参考文献

1. From fintech to finlife：The case of fintech development in China[J]. China Economic Journal，2016(03)：225－239.

2. Huang W，Liu H. Early childhood exposure to health insurance and adolescent outcomes：Evidence from rural China[J]. Journal of Development Economics，2023，160：102925.

3. Perry H. Beaumont：Digital Finance：Big Data，Start-ups，and the Future of Financial Services [M]. Routledge，2019.

4. 陈丹,姚明明.数字普惠金融对农村居民收入影响的实证分析[J].上海金融,2019(06)：74－77.

5. 陈慧卿等.数字普惠金融的增收减贫效应：基于省际面板数据的实证分析[J].经济地理,2021 (03)：184－191.

6. 封进,吕思诺,王贞.医疗资源共享与患者就医选择：对我国医疗联合体建设的政策评估[J].管理世界,2022,38(10)：144－157＋173＋158.

7. 龚沁宜,成学真.数字普惠金融、农村贫困与经济增长[J].甘肃社会科学,2018(06)：139－145.

8. 郭峰等.测度中国数字普惠金融发展：指数编制与空间特征[J].经济学(季刊),2020(04)：1401－1418.

9. 韩文龙,唐湘.数字普惠金融发展对城乡收入差距的影响：基于农村创业中介效应的分析[J].电子科技大学学报(社科版),2021,23(05)：95－103.

10. 姜美善,梁泰源.传统金融与数字普惠金融的减贫增收效应：差异性与互补性[J].广东财经大学学报,2023(05)：57－74.

11. 晋一然,于海玉,王梦颖.乡村振兴背景下数字金融对农户创业的影响研究[J].黑龙江粮食,2022 (06)：68－70.

12. 李俊丽.乡村振兴背景下数字普惠金融助力农民创业困境的纾解研究[J].长春工程学院学报(社会科学版),2022,23(03)：41－45.

13. 连炜敏,鲁春义.数字金融发展与农民增收：基于农民创业调节效应和门槛效应的视角[J].上海立信会计金融学院学报,2023,35(02)：16－31.

14. 刘丹,方锐,汤颖梅.数字普惠金融发展对农民非农收入的空间溢出效应[J].金融经济学研究,2019(03)：57－66.

15. 刘魏.数字普惠金融对居民相对贫困的影响效应[J].华南农业大学学报(社会科学版),2021(06)：65－77.

16. 刘心怡等.数字普惠金融与共同富裕：理论机制与经验事实[J].金融经济学研究,2022(01)：135－149.

17. 刘志阳,李斌,陈和午.社会创业与乡村振兴[J].学术月刊,2018,50(11):77-88.

18. 刘自强,张天.数字普惠金融对农民收入的影响及其空间溢出效应[J].当代经济研究,2021(12):93-102.

19. 宋健.农村养老问题研究综述[J].人口研究,2001(06):64-69.

20. 王倩,张晋嵘.数字金融对农民创业的影响分析[J].武汉金融,2022(01):42-49.

21. 王若诗.数字金融对农户创业的影响研究[D].西南大学,2022.

22. 王永仓,温涛,王小华.数字金融与农户家庭增收:影响效应与传导机制:基于中国家庭金融调查数据的实证研究[J].财经论丛,2021(09):37-48.

23. 吴海涛,秦小迪.数字金融、家庭创业与城乡财富不平等[J].武汉大学学报(哲学社会科学版),2022,75(06):121-132.

24. 谢绚丽,沈艳,张皓星.数字金融能促进创业吗?来自中国的证据[J].经济学(季刊),2018,17(04):1557-1580.

25. 薛凯芸,王越,胡振.共同富裕视角下数字普惠金融对农户收入的影响:来自黄河流域中上游地区的证据[J].农业现代化研究,2022(06):971-983.

26. 姚凤阁,李丽佳.数字普惠金融减贫效应及区域差异研究[J].哈尔滨商业大学学报(社会科学版),2020(06):3-18.

27. 张怀英.农村创业助推乡村振兴的模式选择及其实现机制[J].吉首大学学报(社会科学版),2018,39(03):92-98.

28. 张勋等.数字经济、普惠金融与包容性增长[J].经济研究,2019(08):71-86.

29. 赵黎.新医改与中国农村医疗卫生事业的发展:十年经验、现实困境及善治推动[J].中国农村经济,2019(09):48-69.